Le Coran

POUR LES NULS

Le Coran POUR LES NULS

Sohaib Sultan

Malek Chebel
pour l'adaptation française

FIRST
Editions

Le Coran pour les Nuls

Publié par
Wiley Publishing, Inc.
111 River St.
Hoboken, NJ 07030-5774

ISBN : 978-2-7540-0982-9
Dépôt légal : 3e trimestre 2009

Édition : Marie-Anne Jost
Correction : Correctif
Mise en page : Catherine Kédémos
Production : Emmanuelle Clément

Imprimé en France

Éditions First
60, rue Mazarine
75006 Paris – France
Tél. : 01 45 49 60 00
Fax : 01 45 49 60 01
E-mail : firstinfo@efirst.com
Internet : www.editionsfirst.fr

À propos de l'auteur

Sohaib Nazir Sultan a étudié l'islam traditionnel pendant plusieurs années au Moyen-Orient et aux États-Unis où il a vécu. Durant ses années d'études, il a bénéficié des enseignements d'éminents universitaires reconnus en théologie et en droit islamiques, aussi bien dans le cadre du programme des cours que par ses rencontres personnelles.

Sohaib vit actuellement à Chicago. Il est titulaire d'un master en études islamiques. Il est souvent invité dans les églises et les synagogues à parler de la foi musulmane et du rôle qu'elle joue dans le monde actuel. Dernièrement, il a servi d'analyste des affaires islamiques pour la BBC lors d'une série d'émissions de radio menées sous la forme de dialogues sur les relations entre chrétiens et musulmans aux États-Unis.

À propos de l'adaptateur

Anthropologue des religions, conférencier et spécialiste réputé de l'islam, **Malek Chebel** compte à son actif plus de vingt-cinq ouvrages de vulgarisation. Du *Dictionnaire amoureux de l'islam* (Plon) à *L'Islam et la Raison* (Perrin), en passant par des ouvrages aussi divers que l'*Anthologie du vin et de l'ivresse en islam* (Seuil), *Le Kama-Sutra arabe* (Pauvert) ou plus récemment *L'Islam pour les Nuls* (First), Malek Chebel n'a pas cessé de réinventer l'« islam des Lumières » – un titre qu'il a donné à l'un de ses livres – au sens où, à ses yeux, il est le moyen le plus sûr pour accéder à la modernité.

On lui doit aussi le *Traité du raffinement* (Payot), *Le Sujet en islam* (Seuil) et un *Dictionnaire des symboles musulmans* (Albin Michel), qui est aujourd'hui un classique. Depuis peu, Malek Chebel écrit aussi pour les enfants et les adolescents (dernier titre paru : *Treize contes du Coran et de l'islam*, aux éditions Flammarion). Il a à cœur de partager sa science avec tous, son rêve étant de « réussir à écrire le livre le plus simple du monde ».

Les directions nouvelles tracées par cet auteur prolifique sont aussi nombreuses que méconnues. Ainsi, pour rédiger son volumineux ouvrage sur *L'Esclavage en terre d'islam* (Fayard), Malek Chebel a voyagé dans de nombreux pays arabes et musulmans, dont le Maghreb, l'Afrique sahélienne (Sénégal, Mali, Kenya, Tanzanie), les pays du Golfe, le Yémen, les sultanats d'Oman et de Brunei, l'Inde, l'Égypte et la Turquie.

Malek Chebel vient de publier une nouvelle traduction du Coran (Fayard), accompagnée d'un *Dictionnaire encyclopédique du Coran* (Fayard), la somme de dix années de travail soutenu.

Sommaire

Cinquième partie : Le Coran et son rapport au monde.......... 261

Introduction

Partons à la découverte d'un univers passionnant ! *Le Coran pour les Nuls* met à votre portée la précieuse Révélation, vénérée par plus de 1,4 milliard d'hommes et de femmes dans le monde entier.

À chaque chapitre, vous aborderez le Coran sous un angle particulier, ce qui vous permettra d'avoir un aperçu de la complexité des problèmes abordés et des controverses soulevées, notamment depuis les événements tragiques du 11 septembre 2001 qui ont propulsé l'islam sur le devant de la scène.

Puisse cet ouvrage répondre à toutes les questions que vous vous posez à propos du Livre saint de l'islam et élargir votre regard sur la foi musulmane et sur la tradition des adeptes du Prophète Mohammed.

Pourquoi ce livre ?

Le Coran est au centre de la vie et de la culture musulmanes depuis plus de 1 400 ans. Toute interprétation de l'islam et de son rôle dans le monde doit, pour être légitime aux yeux des musulmans, s'enraciner dans les textes de l'Écriture sainte. Le Coran est pour les musulmans **le** Livre par excellence.

Le Coran est probablement le livre le plus utilisé et le plus diffusé dans le monde non seulement par les musulmans eux-mêmes mais également par des militants et des intellectuels non musulmans. Si vous souhaitez prendre part aux discussions sur l'avenir du monde et de l'islam, il vous faut au préalable acquérir un minimum de connaissances et de compréhension des enseignements du Coran.

Les musulmans affirment souvent que l'islam est une religion impliquant tout un mode de vie qui touche à la fois à des expériences intérieures et à des réalités externes. Cet ouvrage vous permettra d'apprécier le rôle intime du Coran dans la vie individuelle et communautaire des musulmans : un rôle qui suscite des expériences de vie spirituelle intense et cimente la cohésion des personnes au sein de la communauté. L'islam est de nos jours la première religion monothéiste du monde par ses adhérents, et tout homme cultivé se doit de s'intéresser à ce phénomène de société. L'islam est la religion qui connaît aujourd'hui la progression la plus rapide aux États-Unis, en Afrique et en Europe.

Le Coran pour les Nuls vous permet de comprendre de l'intérieur le rôle que joue le Coran dans la vie quotidienne d'un musulman, mais aussi à l'échelon de la société. Ce livre étant une introduction à l'Écriture sainte, il se contente d'en présenter les différentes interprétations possibles mais ne cherche pas à entrer dans les polémiques qui agitent les cercles de réflexion musulmans et non musulmans.

J'ai écrit ce livre en tant que musulman américain ; mes propres expériences religieuses ont joué un rôle dans son écriture. Cela dit, *Le Coran pour les Nuls* essaie d'être le plus objectif possible et de présenter la vision la plus communément admise par les musulmans de base sur le Coran.

En général, les ouvrages sur le Coran sont soit trop universitaires pour le lecteur moyen ou trop succincts pour donner une vision d'ensemble du Coran et de son contenu. C'est ce qui rend *Le Coran pour les Nuls* unique en son genre. Ce livre est organisé selon un modèle simple et facile à lire qui vous permet de trouver rapidement et clairement la réponse aux questions que vous vous posez.

Pour compléter cet ouvrage, je vous recommande la lecture de *L'Islam pour les Nuls*, de Malcolm Clark et Malek Chebel, aux éditions First. Ce livre réussit l'exploit de présenter clairement et de façon globale l'histoire, la culture, et la civilisation, avec ses aspects politiques, du monde musulman. On y trouve également une bonne présentation des différentes sectes et doctrines existant dans la mouvance de l'islam.

Conventions d'écriture

Voici les conventions d'écriture que nous avons adoptées tout au long de cet ouvrage.

Les musulmans croient fermement que le Coran est la parole vivante, réelle, de Dieu, révélée par l'ange Gabriel au prophète Mohammed. Par conséquent, quand nous écrivons des formules du type : « Le Coran déclare » et « Dieu dit que », cela veut dire exactement la même chose. Ce livre a été écrit en se plaçant du point de vue d'un musulman qui s'adresse à un public majoritairement non musulman. Cependant, n'oubliez pas que pour les musulmans, le Coran représente le verbe de Dieu, sa parole immuable, inaltérable et éternelle.

Pour parler de la révélation sacrée, nous utilisons trois expressions différentes : le Coran, le Livre et l'Écriture sainte. Ces trois expressions veulent dire rigoureusement la même chose.

La plupart des passages coraniques expliqués dans ce livre ne sont pas des citations directes mais plutôt des paraphrases du texte original qui en respectent le sens. Plusieurs des passages cités directement ne constituent qu'une partie d'un verset, choisie parce que l'extrait en question apporte un éclairage sur le sujet abordé à cet endroit-là, tandis que le verset tout entier inclut souvent des éléments qui nous éloigneraient du sujet en cours.

Le Coran se compose de chapitres, appelés *sourates,* et de versets, appelés *ayat* (singulier, *aya*). Quand nous donnons des références du Coran, voici comment nous procédons : (sourate *: aya*) ou (sourate: *ayat*). Par exemple, si je cite la sourate 2, *ayat* 1 à 3, j'écris cette référence ainsi : (2:1-3).

Attention, ce système de transcription n'est pas le seul à exister. D'autres traducteurs du Coran ont préféré utiliser les chiffres romains. Au lieu d'écrire 2:1-3, ils notent : II, 1-3. Mais, si l'identification des chiffres romains est facile de 1 à 10 (I, II, III, IV, V, VI, VII, VIII, IX, X), et même jusqu'à trente (XI, XII, XIII, etc.), il est souvent plus difficile quand il s'agit de saisir en un clin d'œil des nombres plus grands : 46 par exemple (XLVI) ; 49 (XLIX) ; 66 (LXVI) ; 96 (XCVI) ; 114 (CXIV) ; etc.

La langue arabe est à la fois d'une très grande beauté et d'une très grande efficacité pour exprimer la pensée humaine et celle de Dieu. Un mot peut se traduire de plusieurs façons. Dans ce livre, nous avons choisi de traduire les concepts de telle façon qu'ils soient facilement compris par des non-musulmans. Chaque fois, nous avons privilégié la clarté des notions par rapport aux acceptions plus compliquées. On pourrait écrire un chapitre entier, voire un livre, pour expliquer la complexité de certaines notions arabes (comme la *taqwa,* par exemple, qui dénote à la fois la crainte de déplaire à Dieu et la piété), mais, pour des raisons de lisibilité, nous nous contentons de quelques mots pour cerner le sens de chaque mot arabe employé.

Pour la transcription des mots arabes en français (translittération) et tenant compte de la phonétique de la langue française, nous avons utilisé la translittération habituellement utilisée par les francophones, de sorte que vous puissiez identifier le mot facilement. Par exemple, la translittération appropriée du mot « Coran » est « Qur'an » et celle de « La Mecque » est « Mekkah » ; mais, pour des raisons de facilité de lecture, nous avons choisi d'adopter les transcriptions qui sont les plus familières aux lecteurs francophones.

Parfois, pour bien comprendre le Coran, il faut se risquer à consulter d'autres sources. La plus importante provient du prophète Mohammed, le principal interprète et pédagogue des enseignements du Livre. Tout au long de cet ouvrage, nous nous référons à ses paroles pour examiner les idées fondamentales présentées dans le Coran. Parfois, nous faisons également référence aux paroles des proches compagnons et des penseurs célèbres de la tradition islamique.

En conclusion, ce livre ne vous parle pas nécessairement de votre voisin, de votre ami ou de votre collègue musulman. Les chapitres qui suivent ne reflètent pas toujours l'état du monde musulman tel qu'il est aujourd'hui. En fait, la plupart des musulmans affirment que, dans le monde, nombreux sont les musulmans qui ont cessé de mettre en pratique les enseignements authentiques du Coran – qu'ils ont remplacé par leurs habitudes culturelles ancestrales, non remises en question, et servant de base de référence pour dicter leur comportement sur le plan individuel et communautaire. Ce livre cherche à présenter l'idéal coranique, qui ne se vérifie pas toujours dans la pratique. Cependant, si vous voulez comprendre le rôle du Coran dans la société, et sa capacité à réformer le monde musulman, il vous faut commencer par comprendre les idéaux proposés dans l'Écriture sainte.

À qui s'adresse ce livre ?

Pas besoin d'avoir vécu en pays musulman ou d'avoir étudié l'arabe aux Langues' O pour apprécier *Le Coran pour les Nuls.* Dans chaque chapitre, nous présentons simplement les principes fondamentaux qui vous permettront de comprendre ce que le Coran enseigne et comment y est perçu le monde visible et invisible.

Si vous êtes déjà quelque peu familiarisé avec le Coran, vous apprécierez de pouvoir approfondir votre expérience personnelle en clarifiant votre réflexion sur les concepts importants et les thèmes qui y sont abordés et sur lesquels vous vous interrogez. En outre, ce livre fournit quelques clés pour comprendre les différents styles littéraires du Coran, ce qui vous permettra d'être plus à l'aise avec le texte. En conclusion, vous découvrirez les fondements donnant lieu à des interprétations classiques et modernes de l'Écriture sainte. Vous acquerrez ainsi un éclairage supplémentaire, qui viendra enrichir votre propre perception du Coran.

Vous vous posez beaucoup de questions sur le Coran ? Vous êtes intéressé par les débats de société qui suscitent des polémiques dans les média et vous ne savez pas quelle est la position du Coran sur ces sujets ? Nous répondons aux questions les plus fréquemment posées et consacrons un chapitre aux fausses idées couramment colportées sur le Coran, pour montrer en quoi elles sont fausses ou biaisées.

Vous cherchez sans doute à vous faire une idée sur les interrogations les plus fondamentales à propos du Coran. Il ne s'agit pas ici de faire la critique de telle ou telle théorie ou de telle ou telle interprétation du Coran. Au contraire, nous avons choisi de présenter toutes les interprétations traditionnelles et courantes de l'Écriture sainte. Cela dit, n'oubliez pas, au fur et à mesure de votre exploration, que les interprétations du Coran sont aussi nombreuses que les étoiles dans le ciel, et que chaque communauté musulmane a la sienne, selon sa culture propre et son vécu.

Comment ce livre est organisé

Le Coran pour les Nuls n'est pas un manuel scolaire. Pas besoin de le lire de bout en bout en commençant par la première page.

En consultant le sommaire (au début du livre) ou l'index (à la fin du livre), vous saurez à quelle page trouver les informations qui vous intéressent à propos du Coran.

S'il est vrai que ce livre ne se lit pas forcément en commençant par le début, il est cependant conseillé à ceux qui ne connaissent rien au Coran d'entamer leur lecture par les chapitres de la première partie, pour se familiariser avec certaines notions.

Première partie : Le Livre ou la Parole de Dieu révélée

Cette partie présente les grands thèmes abordés dans le Coran et l'histoire de sa compilation. Vous y découvrirez également le style et la langue si particuliers du Coran. En conclusion, vous verrez comment le Coran se situe par rapport aux Écritures saintes judéo-chrétiennes.

Deuxième partie : L'âme du Coran

Le Coran a toujours été ouvert à l'interprétation et à la réinterprétation. Cette partie présente les méthodes traditionnelles d'exégèse du Coran et vous donne un aperçu des courants de pensée modernes qui cherchent à définir la volonté de Dieu à partir du Coran.

Troisième partie : Le monde vu par le Coran

Cette partie présente la vision du monde qui se dégage du Coran, vision du monde visible, mais aussi invisible, avec notamment le rôle des anges et la notion de Dieu. C'est ici que l'on traite du rôle et de la place de l'homme sur

Terre. L'Écriture sainte est envisagée également sous l'angle de ses relations avec les autres traditions religieuses.

Quatrième partie : Vivre le Coran

Cette partie explique le rôle du Coran, en tant que parole vivante guidant les croyants dans leur vie spirituelle et visant à permettre l'instauration de civilisations véritablement morales et saines. Vous y trouverez une présentation des préceptes coraniques sur la façon de bien mener sa vie de famille.

Cinquième partie : Le Coran et son rapport au monde

Dans cette partie, vous découvrirez la modernité du Coran et sa contribution au monde actuel, à la fois sur le plan des pratiques et des comportements mais aussi des idées et des façons de penser. Cette partie présente les enseignements coraniques sur la société, la loi, la guerre et la paix, les femmes, et la modernité.

Sixième partie : La partie des Dix

Le premier chapitre de cette partie mentionne dix idées fausses sur le Coran, et explique en quoi elles sont bien éloignées de la réalité. Le deuxième chapitre vous propose des pistes à approfondir si vous souhaitez poursuivre votre exploration du Coran au-delà de votre lecture.

À la fin de l'ouvrage, vous trouverez un glossaire des termes coraniques employés et une liste des références aux prophètes dans tout le Coran.

Les icônes utilisées dans ce livre

Pour faciliter votre lecture du *Coran pour les Nuls,* un certain nombre d'icônes sont utilisées :

Cette icône met l'accent sur une information essentielle concernant le Coran, qui vous aidera à mieux le comprendre.

Cette icône donne un exemple vous permettant de mieux comprendre un concept coranique particulier. Elle vous indique également d'autres pistes de lecture.

Cette icône vous sensibilise à des points qui suscitent des divergences de vue importantes, qui découlent d'interprétations diverses du Coran.

Cette icône met en valeur des paroles du prophète Mohammed, de ses compagnons, ou de théologiens qui pourront nourrir votre réflexion.

Cette icône donne une information sur la façon dont les musulmans pratiquent leur foi dans leur vie de tous les jours.

Cette icône attire votre attention sur un point sujet à controverse ou source de malentendu dans le Coran.

Par où commencer ?

Vous pouvez commencer ce livre là où vous voulez ou y rechercher simplement une référence sur un point qui vous intéresse. Voici quelques précisions qui pourront vous aider à trouver plus rapidement ce que vous recherchez :

Si vous êtes intéressé par le message le plus fondamental du Coran et de ses enseignements, allez au chapitre 1. Consultez également l'annexe A pour vous familiariser avec une certaine terminologie coranique indispensable.

Si vous voulez comparer le Coran avec d'autres traditions religieuses, lisez les chapitres 5 et 10.

Si vous êtes intéressé par l'histoire du Coran, sa structure et son style littéraire, lisez les chapitres 2, 3 et 4.

Pour mieux connaître l'ensemble des croyances de base contenues dans le Coran et la vision du monde qu'il véhicule, reportez-vous aux chapitres 8, 9 et 10.

Pour percevoir la manière dont les musulmans mettent le Coran en pratique, parcourez les chapitres 11 à 15.

Pour découvrir le point de vue du Coran sur les questions de société et les sujets à controverse, lisez les chapitres 16 à 19.

En conclusion, si vous voulez approfondir votre connaissance du Coran au-delà de ce livre, reportez-vous au chapitre 21, qui fourmille de références bibliographiques ou autres.

Première partie

Le Livre ou la Parole de Dieu révélée

Je lui ai dit que nous étions complètement perdus. Il m'a proposé une carte routière... et il nous conseille de lire le Coran pour nous guider.

Dans cette partie...

Même si vous pouvez commencer ce livre par n'importe quel chapitre, au gré de vos envies, il est conseillé à ceux qui ne connaissent encore rien au Coran de commencer leur lecture ici.

Dans cette partie, nous nous intéressons au style dynamique, à la langue et à la composition du Coran. Vous y trouverez un éclairage sur le message global qu'il véhicule et vous y apprendrez comment le Coran est apparu sous la forme d'un livre. Vous pourrez également comparer le Livre saint de l'islam aux Écritures judéo-chrétiennes.

Chapitre 1

Présentation du Coran

Dans ce chapitre :

- Définition du Coran
- Le message coranique en résumé
- À qui s'adresse le Coran ?
- La foi musulmane et les musulmans en bref

Vous allez maintenant découvrir l'un des textes les plus respectés et les plus sacrés. Commencez par vous familiariser avec quelques éléments fondamentaux concernant la révélation divine connue sous le nom de « Coran ».

Dans ce chapitre, nous nous intéressons à la signification du Coran et explorons le message divin, qui s'adresse aussi bien au lecteur qu'à tous les croyants. Vous y trouverez également quelques précisions importantes sur la foi et la communauté musulmanes, qui devraient vous aider à mieux appréhender la façon dont le Coran voit le monde.

Une révélation venue directement du ciel

À RETENIR

Pour les musulmans, le Coran, sous sa forme et dans sa langue originelles, constitue mot pour mot la parole de Dieu, non altérée, conservée telle quelle pour toujours. Quand un musulman dit : « Dieu dit que » ou « le Coran déclare que », il dit en fait exactement la même chose avec des mots différents pour ne citer qu'une seule source : Dieu lui-même.

Le Coran établit une relation directe entre sa source (Dieu) et les destinataires du Livre (l'humanité). C'est pourquoi les musulmans le vénèrent profondément. De fait, dans les milieux imprégnés de la tradition islamique, le simple fait d'exprimer un doute sur l'authenticité de l'origine divine du Coran est considéré comme une manifestation d'incrédulité.

Le sens du mot « Coran »

Sur le plan linguistique, le mot « Coran » (prononcer : *Qour'an*) vient de plusieurs racines, qui éclairent chacune un aspect de la signification que revêt le Livre saint pour les musulmans, tant du point de vue culturel qu'identitaire.

Le mot « Coran » a pour racine *Qara'a,* qui signifie « lire » ou « réciter ». Il veut donc dire : « récit ». (Le tout premier mot révélé au prophète Mohammed fut *iqra,* soit : « lis ! » ou « récite ! ».) Cette définition rend bien compte du fait que le Coran est par nature de tradition orale, une tradition jalousement préservée et bien comprise comme étant la voix toute majestueuse de Dieu, qui s'élève par la bouche humaine du récitant (voir chapitre 2).

Ce mot vient également de la racine à l'origine du mot « cité », laquelle renvoie à l'idée de civilisation. Le Coran est le livre fondamental de la civilisation islamique, tout comme le sont la Torah et la Bible pour la civilisation occidentale. Pour les musulmans, le Coran préfigure l'identité islamique des individus et de la société tout entière.

Le Coran est également désigné sous le nom de « Livre », ce qui en soi était déjà un concept révolutionnaire pour les Arabes à l'époque préislamique. Ce n'est qu'à partir de la révélation coranique que les Arabes ont commencé à transmettre la connaissance par des écrits. Auparavant, tout était transmis oralement. Le Coran est réellement le premier vrai livre pour les Arabes.

La racine bédouine du mot « livre » en arabe signifie « relier ». Le Coran aujourd'hui encore est le livre qui unit tous les cœurs partout dans le monde musulman, indépendamment de la langue ou de l'origine culturelle. Les musulmans peuvent avoir différents comportements et styles de vie sur le plan culturel mais tous partagent la même connaissance et le même amour du Livre saint, lequel transmet une éthique et des valeurs communes. Cette expérience partagée a facilité la diffusion de l'islam dans toute l'Asie, l'Afrique, et certaines parties de l'Europe.

Un exemple à suivre : le prophète Mohammed

Mohammed est le dernier prophète et messager de Dieu, soit *khatem al-anbiya.* Il est celui qui a transmis le Coran, qu'il enseigna aux tribus de l'Arabie. À ce titre, il a un rôle très important à la fois dans le Livre et dans l'islam.

Le Coran décrit le prophète Mohammed comme un cadeau divin fait à l'humanité (21:107) et le meilleur exemple à suivre pour vénérer Dieu (68:4).

Dans leur vie quotidienne, les musulmans cherchent à imiter la nature, le caractère, et les actions de Mohammed, le meilleur des serviteurs de Dieu.

Le rôle du prophète Mohammed est extrêmement important dans la loi islamique parce que ses paroles et ses actions viennent juste après le Coran pour l'interprétation et l'élaboration du droit islamique (voir chapitre 17). En outre, les enseignements du Prophète et l'exemple de sa vie complètent les enseignements coraniques par la clarification ou par l'examen des idées et des concepts qu'ils apportent.

Mohammed a prêché le message de l'islam, qui signifie « soumission à Dieu seul » ; il n'a jamais demandé à être adoré. Vouer un culte à Mohammed équivaut donc à se placer en dehors de la foi musulmane. C'est pourquoi l'appellation ancienne de « Mahométans », utilisée autrefois pour parler des musulmans, est non seulement incorrecte mais offensante pour les musulmans.

Dans ce livre, vous trouverez des paroles et des exemples de Mohammed, partout où cela est approprié, pour compléter les explications destinées à éclairer les concepts coraniques. Reportez-vous au chapitre 11 pour en savoir davantage sur le Prophète et sur son rôle dans l'islam.

Découverte des messages fondamentaux du Coran

Cette section donne un bref aperçu des différents thèmes abordés dans le Coran.

L'unicité de Dieu

Le message coranique se concentre sur le dogme de l'unicité de Dieu, appelé en arabe *tawhid*. Ce concept stipule que Dieu est le créateur de tous les êtres, le principe moteur de toute créature vivante, et que sa puissance ne connaît pas de limites (voir chapitre 8).

Culte et service rendus à Dieu

Le Coran enseigne que toutes les créatures sur Terre et dans l'Univers sont soumises à Dieu dans le culte en suivant ses lois. Ainsi, le Soleil et la Lune, les plantes et les arbres, les animaux s'inclinent en signe de louange à Dieu, dont la miséricorde et la compassion vont jusqu'à leur permettre de vivre et de prospérer.

Dans ce théâtre de la création divine, les êtres humains jouent un rôle unique. Dieu a choisi les hommes, parmi toutes ses créations, pour être les gérants et les représentants sur Terre de sa grandeur (voir chapitre 8 pour plus d'informations sur le but de la vie humaine). Les êtres humains, dès lors, se doivent de bâtir une civilisation qui soit respectueuse de Dieu, en établissant des lois voulues par lui, connues sous le nom de *chari'a* en arabe (voir chapitre 17).

Des prophètes pour enseigner et guider

Les êtres humains sont dotés de raison, d'une pensée supérieure, du langage et du libre arbitre qui leur permettent de travailler à rendre l'humanité meilleure. Pour guider les hommes dans cette tâche colossale, Dieu a envoyé des prophètes, à travers l'histoire et dans toutes les communautés sur Terre, pour enseigner aux hommes les manières de l'excellence spirituelle, morale, et éthique (16:36). Les musulmans témoignent de leur vénération pour ces prophètes en disant : « La paix soit sur lui » dès qu'ils mentionnent le nom de l'un d'entre eux.

Dieu a également envoyé sur Terre ses livres révélés, tels que les psaumes et la Torah, pour enseigner aux hommes la différence entre le bien et le mal, et les inciter à appliquer les lois divines sur Terre.

Accomplissement des révélations passées

Le message de l'unicité de Dieu et l'ensemble des croyances qui en découlent sont restés les mêmes quel que soit le prophète ; mais ce sont les lois de Dieu qui ont évolué en fonction de la société et de l'époque, trouvant leur accomplissement avec l'ultime révélation coranique et la prophétie de Mohammed (voir chapitre 11). Tous les prophètes qui ont prêché ce message, et leurs successeurs, sont considérés dans l'optique du Coran comme étant musulmans – c'est-à-dire s'étant soumis de leur plein gré à la volonté de Dieu (22:78).

Le Coran ne prêche pas un nouveau message ni à l'extrême une nouvelle religion. Au lieu de cela, le concept de l'islam de soumission à la volonté de Dieu a existé depuis le premier jour et a été enseigné au prophète Adam, le premier homme sur Terre. Ce message a été présenté à différentes périodes et à différentes communautés sur Terre, en fonction de la situation des personnes concernées et en adéquation avec leur époque.

Selon le Coran, Dieu a choisi la révélation coranique comme message final pour parachever et compléter les enseignements de toutes les révélations précédentes, aussi bien sur le plan théologique que sur le plan juridique. En tant que message ultime, le Coran fournit des conseils non seulement pour une communauté ou un temps spécifique mais pour toute l'humanité.

Un guide pour cheminer sur le plan spirituel

La soumission à Dieu crée la paix et l'harmonie chez l'individu, qui s'écarte dès lors des manières du monde. Dans la soumission à Dieu, les gens sont libérés de la servitude à d'autres personnes ou à leurs propres désirs intérieurs (9:31). En s'offrant au divin, l'homme peut réussir sa vie, en s'élevant sur les plans spirituel et moral (voir chapitre 13 pour plus d'informations sur la vision coranique de l'individu).

Les adeptes de cette voie de l'illumination, décrite comme « Lumière de la Lumière », recherchent constamment le moyen de plaire à Dieu, qui nourrit spirituellement leur âme durant toute leur vie.

Rechercher la justice

Le Coran insiste particulièrement sur le fait que la révélation divine doit servir de catalyseur pour établir la justice et lutter contre l'injustice sous toutes ses formes (voir chapitre 16 pour plus d'informations sur le rapport du Coran à la société). Au centre de cet enseignement se trouve le concept de *djihad,* qui signifie « lutter, faire des efforts pour rester dans le chemin de Dieu ». C'est un effort intérieur, sur soi-même et vers l'extérieur, pour choisir le bien et combattre le mal.

Le Coran attire l'attention des fidèles sur la nécessaire sollicitude que l'on doit témoigner aux pauvres, aux orphelins, aux veuves, et à tous ceux qui sont opprimés dans la société (5:8). Si l'on y réfléchit bien, toute l'histoire des prophètes passés est axée sur la nécessité d'établir la justice et de lutter contre le mal.

Cette doctrine sociale implique qu'il est impossible pour les musulmans de séparer leur vie religieuse de leurs responsabilités sociales (6:162-164). Le Coran enseigne qu'une telle distinction est erronée et prêche que non seulement les individus mais également les institutions doivent servir Dieu afin de créer une société équitable.

Rendre compte de ses actes

La mise en œuvre des enseignements du Coran est liée au fait que Dieu nous considère comme ses gérants sur Terre. Au Jugement dernier, chacun d'entre nous se verra demander des comptes et sera récompensé en conséquence (17:13-14). Le Coran enseigne que Dieu est infiniment juste, et ceux qui seront punis ce jour-là le seront uniquement en raison de leur propre fait, de leurs actes passés. Ceux à qui sera accordé le paradis seront rétribués à la mesure de leur foi en Dieu et de leurs actions justes (voir chapitre 9 pour plus de détails sur le Jugement dernier).

La Révélation et les noms qu'elle se donne

Pour comprendre ce qu'est le Coran et le but de sa révélation, regardons comment il s'identifie d'après les divers noms et qualités donnés à la Révélation. On trouve dans le Livre saint pas moins de 50 noms différents pour qualifier la Révélation. En voici cinq parmi les plus représentatifs et les plus significatifs :

Le Guide

Le Coran se présente comme un guide (2:2) destiné à ceux qui ont conscience que Dieu est le principe moteur qui les fait vivre. Le Coran n'est donc pas un livre d'histoire, de science, ou même un traité de philosophie – bien qu'il présente certaines de ces caractéristiques. Il est censé, avant tout, servir de guide à chacun pour mener sa vie selon « la voie droite » (1:6) du culte et du service rendus à Dieu seul.

On pourrait comparer le Coran à un guide pratique pour la conduite de la vie quotidienne. Les musulmans dévots se remémorent les enseignements et les conseils contenus dans le Coran à chaque fois qu'ils ont une décision à prendre. Les musulmans ne récitent pas le Coran tout au long de la journée uniquement par goût du rituel mais plutôt pour intérioriser la voix de Dieu, la faire pénétrer en eux afin qu'elle les aide à faire des choix moraux, que ce soit sur le plan du culte, des relations familiales ou des interactions avec les autres (voir les chapitres de la quatrième partie pour plus d'informations sur le Coran comme source de conseils).

Par le biais d'anecdotes sur l'histoire des prophètes et des peuples du passé, les versets du Coran prodiguent un enseignement qui nourrit la vie spirituelle et morale de l'homme. Le Livre saint met également en garde contre les chemins de destruction que les générations précédentes ont pu emprunter.

Le fait de considérer le Coran comme un guide de vie donne aussi un sens aux lois coraniques et aux rituels prescrits, qui orientent les actions humaines de manière qu'elles soient bénéfiques pour l'individu et pour la société (voir chapitre 17 pour en savoir davantage sur la loi islamique).

Le Discernement

Le Coran déclare « qu'on exalte la bénédiction de celui qui a fait descendre le livre de discernement sur son Serviteur, afin qu'il soit un avertisseur à l'univers » (25:1).

Le Coran, en d'autres termes, marque clairement la distinction entre le bien et le mal, entre la droiture et l'impiété. Le Livre rejette tout relativisme moral, dans lequel les attitudes culturelles ou les tendances du temps brouillent la notion de bien et de mal. Par opposition, les valeurs morales et l'éthique musulmanes sont fondées sur une révélation divine qui juge le bien et le mal selon des principes universels et invariables (voir chapitre 14). Ces principes moraux cherchent à préserver la religion, la vie, l'intellect, la dignité humaine, le bien-être et les liens intergénérationnels – plutôt que de faire perdurer une attitude de permissivité ou de céder à des objectifs temporels et purement terrestres.

La Preuve

Le Coran ne demande pas aux hommes de suivre aveuglément le message coranique sans faire usage de leur faculté de penser et de raisonner. En réalité, le Coran critique fortement ceux qui se contentent d'agir en imitant leurs ancêtres sans se poser de questions (2:170).

Le Coran vient en quelque sorte apporter la preuve de la véracité du message de Dieu (4:174). Dans presque tous les chapitres, on trouve des réflexions profondes au sujet des merveilles de la création de Dieu, invitant le lecteur à réfléchir à la beauté de l'univers, des plantes, des animaux et des montagnes, ainsi que sur la création de l'humanité (2:164). Tout ceci concourt à affirmer l'existence de Dieu, des faveurs qu'il prodigue à l'humanité, et la soumission due à ses seules lois divines et à son message.

Le Coran en tant que preuve joue également un rôle sur le plan historique, en réplique à tous ceux qui émirent des doutes sur les dons de prophétie de Mohammed. Les juifs et les chrétiens ont demandé à Mohammed de prouver son inspiration divine par quelque miracle. Après tout, si Mohammed était un prophète, il devait certainement pouvoir accomplir des miracles, comme le prophète Moïse, ou guérir sur-le-champ les malades, comme Jésus. Le Coran relève ce défi en offrant la forme la plus élevée d'arabe littéraire que l'on n'ait jamais connu dans l'histoire de cette langue.

Les mots merveilleux du Coran ont modifié à jamais le visage de la langue arabe, surpassant toute la poésie antéislamique, qui était à son apogée avant la révélation coranique. Aujourd'hui encore, le Coran sert de norme, de référence, pour juger de la qualité d'un écrit en langue arabe. La langue du Livre est d'autant plus remarquable qu'elle a été transmise par le prophète Mohammed, pourtant illettré et fort peu enclin à la poésie. (Les paroles du prophète Mohammed, connues sous le nom de *hadith,* sont pleines de sagesse mais n'ont rien de comparables à la qualité littéraire du Coran, qui vient directement de Dieu.)

En résumé, le principal miracle et la preuve qui attestent du caractère prophétique des révélations de Mohammed se trouvent être le Coran lui-même.

Le Rappel

Le Coran annonce que la révélation divine n'est rien de moins qu'un rappel à l'univers (6:90). Ainsi, le Livre rappelle à ses fidèles et à ses lecteurs trois choses en particulier :

- Les enseignements et les combats des prophètes passés qui ont prêché la soumission exclusive à la volonté de Dieu (l'islam) comme mode de vie. En outre, il rappelle les lois originelles et la doctrine morale des Écritures saintes précédentes, telles celles du Nouveau et de l'Ancien Testaments.
- L'âme humaine est, à l'état naturel, pure et en accord avec les enseignements moraux de Dieu. Le Livre vient rappeler ce que l'âme sait déjà et accepte, même si elle a pu dévier du droit chemin pour avoir mené sa vie sans tenir compte de la présence divine.
- Dieu est présent constamment auprès de l'homme, qui ne peut rien lui cacher. Les croyants devraient vivre en ayant pleinement conscience de cette réalité.

Étant donné cette dimension de rappel au monde, le message coranique, qui s'exprime dans toute l'Écriture sainte, est universel. Le Coran n'a pas été envoyé pour une période ou une nation données mais pour tous les peuples jusqu'à la fin des temps (voir chapitre 5 pour plus d'informations sur le message universel du Coran).

Le Coran se voit également comme rappel parce qu'il continue et confirme les révélations précédentes qui prêchent l'unicité de Dieu (21:25). Le Coran enseigne que ce message a été révélé aux communautés du monde par divers prophètes et messagers à travers l'histoire, le prophète Mohammed étant le dernier prophète et messager de Dieu.

En raison de l'universalité du message prophétique, on peut trouver beaucoup de similitudes entre le Coran et les Écritures saintes révélées par les prophètes Moïse et Jésus (voir chapitre 5 pour en savoir plus sur les similitudes entre le Coran et les Écritures saintes judéo-chrétiennes). Cependant, le Coran a été également révélé pour clarifier les malentendus théologiques antérieurs qui se sont développés dans les croyances en Dieu, et pour attirer les personnes vers les lois reformées de Dieu.

La Guérison

Le Coran se décrit comme ayant une valeur thérapeutique pour apaiser le cœur des hommes et des femmes (17:82). Cette qualité coranique ouvre un chemin spirituel pour la purification du cœur par le souvenir de Dieu. La Révélation essaie d'attendrir les cœurs endurcis, afin de restaurer et de préserver l'humanité des personnes meurtries.

Le Coran, à cet égard, cherche à élever le cœur spirituel de l'homme à un niveau qui le situe dans l'amour du divin et place son âme dans un état constant de gratitude envers Dieu – état que l'on appelle le *shukr* –, aux heures fastes comme aux heures sombres (2:152). La doctrine de la guérison guide l'esprit et le cœur en les mettant dans un état de contentement qui permet à la lumière de Dieu de pénétrer dans l'âme, de sorte que chaque mot et chaque acte de la personne soit en accord avec sa conscience profonde de la présence divine.

À qui sont destinées les paroles du Coran ?

Le Coran est universel. Il est écrit pour tous sans discrimination liée au sexe, à la culture ou aux croyances religieuses. Cependant, dans certains passages et de façon plus ou moins développée, le Coran s'adresse plus spécialement à six groupes de personnes :

- **L'humanité tout entière** : Ces versets portent habituellement sur des enseignements universels, des avertissements, et d'heureuses nouvelles. De tels passages commencent habituellement par les formules « Ô vous les êtres humains » ou « Ô enfants d'Adam ». Vous trouvez la plupart de ces apostrophes dans les périodes les plus anciennes de la Révélation, connues sous le nom de « chapitres mecquois » (voir chapitre 2).

- **Les croyants** : Ces versets parlent du comportement et de la décence musulmans et introduisent souvent une loi. Vous y trouvez également des mises en garde pour éviter de prendre des chemins déviants mais aussi d'heureuses nouvelles pour tous ceux qui sont inébranlables et patients dans la foi. Ces passages commencent habituellement par des formules du type « Ô vous qui croyez » ou se terminent par « Ceci est pour ceux qui croient ».
- **Les gens du Livre** : Le Coran accorde beaucoup d'attention aux juifs et aux chrétiens, qui ont été destinataires des révélations antérieures. Quand le Coran s'adresse à ces deux communautés religieuses, il emploie l'expression de « gens du Livre ». Le Coran recourt à des histoires de prophètes respectés que les trois religions ont en commun pour rappeler aux gens du Livre l'universalité du message de soumission exclusive à Dieu.

  Le Coran s'adresse parfois à chaque groupe séparément. Par exemple, après la migration historique de la première communauté musulmane de la ville de La Mecque vers la ville de Médine, le prophète Mohammed fait intervenir dans la discussion des tribus juives pour débattre de la révélation coranique. Le Coran contient plusieurs passages qui répondent aux questions des juifs mais accentuent également certaines tensions existant entre les deux communautés (pour en savoir davantage sur ce dialogue entre partisans du Coran et juifs, reportez-vous au chapitre 5).
- **Les hypocrites** : Le Coran trouve l'hypocrisie détestable et a des paroles très dures pour la condamner. Habituellement, ces versets avertissent des châtiments qui attendent les hypocrites dans l'au-delà et conjurent ces personnes de changer leurs manières de faire et de croire.
- **Ceux qui rejettent la foi** : Le Coran parle abondamment de ceux qui rejettent le message coranique à grand renfort d'arguments philosophiques spécieux et autres déclarations d'incrédulité.

ATTENTION !

Traiter ces personnes de « mécréantes, » ou même, pire encore, d'« infidèles, » est une mauvaise traduction qui ne correspond pas à la notion coranique d'incrédulité. Le mot utilisé en arabe est *kafir*, qui est un terme très générique, mais qui désigne au départ quelqu'un d'ingrat. Du point de vue coranique, la plus grande ingratitude est de rejeter la vérité du Créateur (Dieu) après qu'elle a été rendue manifeste. Cependant, quelqu'un qui n'a jamais entendu le message du Coran, ou seulement une déclaration faussée de ses enseignements, n'a jamais eu véritablement l'occasion d'accepter ou de rejeter la Révélation. Par conséquent, il serait plus exact de dire que ces personnes « rejettent la foi » ou « nient les signes et les bénédictions de Dieu ».

- **Le lecteur** : La lecture du Coran peut ouvrir à une conversation avec l'Écriture sainte, au fil des questions qui amènent le lecteur à réfléchir. Rien que dans un seul chapitre, le Coran demande 31 fois, « lesquels donc des bienfaits de votre Seigneur nierez-vous ? » (55) après avoir cité la liste des bénédictions qui viennent de Dieu.

  Le Coran pose également des questions pour attirer toute l'attention de ses lecteurs d'une manière intime, par exemple en parlant du Prophète : « Ne t'a-t-il pas trouvé orphelin et ne t'a-t-il pas donné un abri ? Ne t'a-t-il pas trouvé égaré, ne t'a-t-il pas guidé ? Et ne t'a-t-il pas trouvé dans le besoin et enrichi ? » (93:6-8).

Notions de base sur l'islam et sur les musulmans

Pour bien comprendre l'islam, il est intéressant de connaître quelques principes fondamentaux.

Les six piliers de la foi

L'islam repose sur six piliers de foi qui forment ensemble ce que l'on appelle l'*iman*.

Le premier pilier de la foi est la croyance en un seul Dieu. C'est l'affirmation du monothéisme absolu, qui ne tolère aucun doute ou exception à ce sujet.

Le deuxième pilier de la foi est la croyance dans les anges (voir chapitre 9), qui remplissent diverses fonctions selon les instructions reçues de Dieu. Par ces anges, Dieu a livré ses révélations à divers prophètes au fil du temps. Les musulmans doivent croire aux révélations et respecter inconditionnellement tout prophète qui prêche l'unicité de Dieu.

La croyance dans ces livres et dans les prophètes constitue respectivement le troisième et le quatrième pilier de la foi.

Le cinquième pilier est lié au fait que les musulmans doivent croire à la responsabilité de leurs actes, bons ou mauvais, et savoir qu'ils seront récompensés ou punis en fonction de leurs mérites. Cette notion se manifeste dans la croyance au Jugement dernier (chapitre 9), dont le Coran certifie qu'il ne peut être mis en doute.

Le sixième et dernier pilier de la foi est la croyance dans le décret divin de Dieu, selon lequel la présence de Dieu est comprise comme intemporelle.

Cette croyance enseigne également que la connaissance de Dieu est parfaite, de même que son pouvoir et sa volonté, qui peuvent s'exercer sur toute chose.

La bonne attitude

Les piliers de l'islam et les articles de foi doivent s'enraciner dans la pratique de la manière la plus belle et la plus parfaite qui puisse être. Cette attitude s'appelle l'*ihsan*. Le prophète Mohammed a défini l'*ihsan* comme l'attitude de celui qui croit comme s'il voyait Dieu et qui sait que Dieu le voit vraiment. C'est l'essence même de la crainte de déplaire à Dieu qui renforce le sentiment d'humilité et de gratitude envers Dieu. Une telle attitude, reflet de la foi, permet de recueillir les fruits de ce mode de vie induit par l'adhésion à l'islam.

Les cinq piliers de l'islam

Les musulmans comparent souvent les pratiques islamiques à une construction dotée d'une solide fondation et de quatre piliers de soutènement (voir schéma 1-1).

La base, et premier pilier de l'islam, est la déclaration de la foi, connue sous le nom de *chahada*. Elle consiste à déclarer : « Je témoigne qu'il n'y a pas d'autre dieu que Dieu, et je témoigne que Mohammed est son serviteur et messager. » Les musulmans répètent cette déclaration plusieurs fois par jour et sont censés parler et agir en gardant à l'esprit cette vérité.

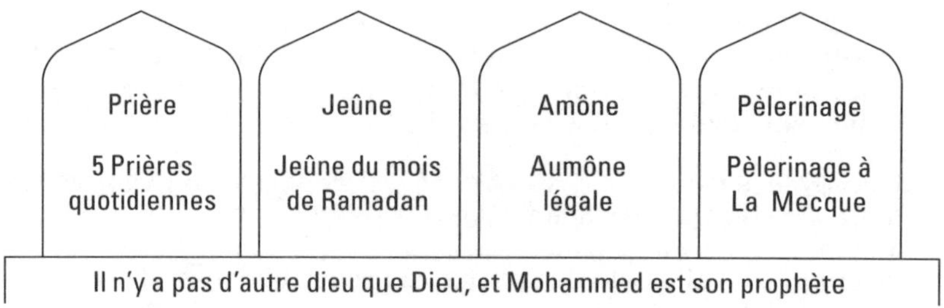

Schéma 1-1 : Les cinq piliers de l'islam.

La déclaration de foi, premier pilier transversal, en quelque sorte, sert de base aux quatre piliers de soutènement. Le deuxième pilier est la prière, *salat* en arabe, qui est récitée cinq fois par jour depuis l'aube jusque dans la nuit. La prière habituelle dure environ dix minutes et se compose de la récitation coranique, du salut incliné et de la prosternation devant Dieu.

Pendant le mois de *ramadan* – le neuvième mois du calendrier islamique, qui est le mois pendant lequel Dieu a commencé à révéler le Coran – tous les musulmans aptes qui ont atteint l'âge de la puberté pratiquent le troisième pilier en jeûnant. Le jeûne se dit *sawm.* Il commence au lever du soleil et prend fin au coucher du soleil chaque jour du mois de ramadan. Le jeûne consiste à se priver de nourriture, d'eau et de relations sexuelles. Les musulmans sont censés avoir un comportement exemplaire pendant ce mois de ramadan.

Le quatrième pilier de la foi est celui de l'aumône, connue sous le nom de *zakat.* Tout musulman qui en a les moyens doit donner aux pauvres et aux indigents une fois par an.

Le dernier pilier de la foi est le pèlerinage, connu sous le nom de *hadj,* qui consiste à se rendre une fois dans sa vie à La Mecque et dans les environs. Les musulmans vont visiter la Ka'aba, la première maison de Dieu construite par le prophète Abraham et par son fils Ismaël. Les fidèles vont également au mont Arafah où Adam et Ève sont censés être descendus du ciel sur la Terre. Le pèlerinage comprend plusieurs étapes, et il est très éprouvant physiquement et psychologiquement. Des millions de musulmans vont tous les ans en pèlerinage pour commémorer la vie et les luttes du prophète Abraham, de son épouse Hagar, et de son fils Ismaël. C'est une manière pour eux de se rapprocher de Dieu.

Voir chapitre 12 pour plus d'informations sur la prière, le jeûne, l'aumône légale et le pèlerinage.

Musulmans : les adeptes de l'islam

Le terme « musulman » s'applique à tous ceux qui adoptent l'islam comme mode de vie, professent la foi en un seul Dieu et croient à la prophétie de Mohammed. (Le mot « musulman » signifie littéralement « celui qui se soumet dévotement à la volonté de Dieu seul ».)

Étant donné qu'il est impossible (et que ce n'est pas du ressort des êtres humains) de voir ce qui est dans le cœur des hommes et des femmes, il suffit de se déclarer soi-même adepte de l'islam pour être déclaré musulman. Cependant, ce titre de musulman ne garantit pas le succès en ce monde ni dans l'au-delà. Seule la foi en Dieu et les actions justes peuvent nous rapprocher de la maison éternelle du paradis.

À RETENIR

Tous les Arabes ne sont pas musulmans, et tous les musulmans ne sont pas arabes, loin de là. Même si l'Arabie est le lieu de naissance de l'islam, on y trouve aussi beaucoup d'Arabes juifs et chrétiens. D'ailleurs, les Arabes ne constituent que 18 % environ de l'ensemble de la population musulmane, laquelle compte approximativement 1,4 milliard de personnes. Les musulmans sont majoritaires dans une grande partie de l'Afrique, au Moyen-Orient, en Asie du Sud, et même dans certaines régions d'Europe ; la plus forte proportion se trouve en Indonésie. Les musulmans forment une communauté forte et dynamique en Occident, y compris aux États-Unis, qui comptent quelque 7 millions de musulmans.

Pour en savoir plus sur l'islam et sur les musulmans dans le monde, nous vous conseillons de vous référer à *L'Islam pour les Nuls*, de Malcolm Clark et Malek Chebel, aux éditions First.

Chapitre 2

De la Révélation à la rédaction du Livre

Dans ce chapitre :

- Comprendre l'histoire et la nature de la Révélation
- Compilation du Livre
- Une Écriture sainte conservée intacte depuis plus de 1 400 années

Le prophète Mohammed et ses compagnons se montrèrent extrêmement attentifs à recueillir les paroles du Coran et à les authentifier, de sorte qu'ils ne tombèrent pas dans les mêmes erreurs que leurs prédécesseurs. Les musulmans sont convaincus que Dieu a tenu sa promesse de protéger le Coran contre toute corruption humaine.

Ce chapitre explique comment les musulmans relatent la façon dont le prophète Mohammed a reçu la Révélation et la façon dont elle s'est répandue. Nous verrons également comment les paroles du Coran ont été compilées et réunies dans un livre et comment son contenu a pu rester intact au fil du temps.

Histoire de la révélation du Coran à Mohammed

Comme la Torah pour les juifs, le Coran est considéré par les musulmans comme ayant existé de toute éternité en Dieu « préservé sur une tablette » (85:22). Quand le moment fut venu de révéler le Livre au monde, par l'intermédiaire du prophète Mohammed, le Coran est descendu au dernier étage du ciel (*bait al-izza*) en vue de sa révélation imminente. Le Coran décrit cet événement, connu sous le nom de *lailat ul' qadr,* dans l'une des plus belles sourates du Livre :

« Nous avons fait descendre le Coran (le Livre) la nuit de la puissance : et qui t'expliquera ce qu'est la nuit de la puissance ? La nuit de la puissance est meilleure que mille mois. Durant celle-ci descendent les anges ainsi que l'esprit, par permission de leur Seigneur, pour tout ordre. Elle est paix et salut jusqu'à l'apparition de l'aube » (97).

Le commencement de la Révélation

Mohammed, un homme profondément réfléchi depuis son enfance, passa plusieurs jours seul à l'écart de tous, méditant et adorant Dieu dans la caverne de Hira. Selon le propre récit de Mohammed, un jour, tandis qu'il méditait, un esprit vint lui parler en lui donnant cet ordre : « Lis ! » Mohammed fut effrayé par la voix et répondit : « Je ne sais pas lire. » Selon la version orthodoxe, l'esprit s'empara de Mohammed, le serrant le plus fort qu'il put, jusqu'à ce que cela devienne insupportable pour Mohammed. Il lui commanda de lire de nouveau. Mohammed fut ébranlé par cette expérience et répéta en toute honnêteté : « Je ne sais pas comment ni quoi lire ! » L'esprit s'empara encore une fois de Mohammed, le serrant fortement, puis finalement le laissa partir. Cette fois, l'esprit, connu sous le nom d'ange Gabriel, révéla à Mohammed les premiers mots du Coran : « Lis, au nom de ton Seigneur qui a créé, qui a créé l'homme d'une adhérence. Lis ! Ton Seigneur est le Très noble, qui a enseigné par la plume, a enseigné à l'homme ce qu'il ne savait pas » (96 :1–5).

Cette expérience marque le commencement de la révélation divine, la finalité de l'islam et la prophétie de Mohammed, qui a continué à recevoir le Coran par étapes de la bouche de l'ange Gabriel pendant une période de vingt-deux ans (610-632 de notre ère).

Très déstabilisé par cette expérience, Mohammed se confia à son épouse Khadidja. Celle-ci le réconforta, persuadée qu'il avait bien reçu un message divin. Elle l'emmena voir son cousin Waraqa Ibn Nawfal, un moine chrétien (converti par la suite à l'islam) pour lui demander conseil. Après avoir écouté le récit de l'expérience de Mohammed, Waraqa le rassura en lui affirmant qu'il était le nouveau prophète.

PAROLES DE SAGESSE

« C'est sûr, par Celui qui a mon âme entre ses mains, tu es un prophète pour les gens d'ici. Il est venu à toi l'archange le plus grand de tous (Gabriel), celui qui est venu à Moïse. Comme les prophètes hébreux, tu seras appelé menteur, tu seras maltraité, ils te chasseront et te déclareront la guerre. »

Le Coran corrobore cette notion de révélation ou d'inspiration divine, que l'on appelle en arabe *wahy.* Le Livre confirme en plusieurs endroits que l'inspiration reçue par Mohammed est de la même source et de la même nature que celle des messagers qui l'ont précédé, tels les prophètes Noé, Abraham, Moïse et Jésus.

Les musulmans sont convaincus que le Coran est divinement créé dans sa forme, son contenu, son message et ses mots même. Mohammed a été l'instrument qui a permis sa transmission au monde. C'est pourquoi il n'est pas, à leurs yeux, l'auteur ou le rédacteur de l'Écriture sainte. De fait, le Coran décrit Mohammed et son peuple comme des illettrés (7:157 ; 62:2). Le Coran réfute également l'idée que Mohammed ait pu écrire le Coran en disant : « Et avant cela tu ne récitais aucun livre, et tu n'en écrivais aucun de ta main droite. Sinon, ceux qui nient la vérité auraient eu des doutes. Dans ce cas, en effet, les causeurs des vanités auraient douté » (29:48).

La richesse, les femmes et le vin dans l'Arabie préislamique

Les historiens recourent à deux grandes sources pour connaître la vie telle qu'elle était en Arabie préislamique : le Coran et la poésie célèbre de ce temps. Elles dressent toutes deux le tableau d'une société qui idéalisait la richesse, les femmes et le vin. La culture de l'époque était très attachée à tout ce qui était matériel, et la société très marquée par l'injustice et les disparités économiques. C'est dans ce contexte que le Coran a été révélé.

Les *sourates* (ou chapitres) les plus anciennes ont des mots très forts pour critiquer l'arrogance et le matérialisme de l'époque, qui mènent à l'injustice sociale et affectent principalement les pauvres, les indigents, les orphelins, les veuves et les femmes.

La sourate 107 illustre ce mépris coranique pour l'arrogance et le matérialisme : « Vois-tu celui qui traite de mensonge la Rétribution vraie (*din*) ? C'est bien lui qui repousse l'orphelin et n'encourage point à nourrir le pauvre. Malheur donc à ceux qui prient. Malheur donc à ceux qui prient tout en négligeant et retardant leur prière, qui sont pleins d'ostentation et refusent l'ustensile (à ceux qui en ont besoin). Ceux qui veulent seulement être vus et félicités mais refusent même les besoins amicaux. »

Afin de redresser cette situation, le Coran a institué un pilier de la foi, connu sous le nom de *zakat,* pour faire le lien entre les riches et les pauvres, en rendant l'aumône obligatoire. De plus, le Coran a créé des lois pour mettre fin à des pratiques commerciales immorales et à la corruption. Le Coran a ainsi rendu l'usure illégale parce que cette pratique installait les pauvres dans un endettement chronique.

L'Arabie préislamique était dure envers les femmes. Les gens étaient affligés à la naissance d'une petite fille. Il arrivait même que l'on enterrât les fillettes vivantes afin de sauver la face à l'égard de la société. Le Coran condamne vigoureusement ce comportement immoral dans plusieurs passages (16:59 et 81:8-9, par exemple).

La richesse, les femmes et le vin dans l'Arabie préislamique *(suite)*

En outre, comme dans la plupart des autres sociétés de l'époque, les femmes ne bénéficiaient pas de droits fondamentaux liés, par exemple, à l'héritage, la possession de biens fonciers ou à un statut égal à celui de l'homme devant la loi. Le Coran a amélioré le statut des femmes en leur accordant des droits d'héritage, le droit à la propriété et le droit à posséder un commerce, un statut d'égalité devant la loi et dans la religion (voir chapitre 19 pour en savoir plus au sujet des femmes dans le Coran). Les femmes étaient souvent harcelées et agressées sexuellement. Le Coran a mis les femmes à l'honneur dans la société, en les encourageant à s'habiller décemment, à avoir un comportement correct (24:31-33:59), tout en demandant aux hommes de respecter les femmes.

De même, dans la société préislamique, les orphelins étaient stigmatisés et maltraités. En réaction, le Coran a encouragé les fidèles à traiter avec bonté les orphelins, en assurant la protection de leur richesse jusqu'à ce qu'ils aient atteint l'âge de prendre soin d'eux-mêmes, et qu'ils puissent se marier, en dépit du statut social inférieur qui leur était conféré (4:1-10).

Le vin et autres produits enivrants étaient présents dans la culture préislamique. La consommation d'alcool empêchait le développement spirituel et moral de l'homme et détournait les gens des problèmes graves de leur temps. Le Coran a donc interdit l'alcool, afin de favoriser la prise de conscience de la présence de Dieu chez les fidèles et qu'ils puissent faire des choix moraux pour mener leur vie.

Bien évidemment, ces changements et d'autres préceptes remettaient sérieusement en question le *statu quo* de l'Arabie préislamique. Ils furent combattus vigoureusement par certains, notamment par les chefs tribaux qui bénéficiaient largement de ce système. Les musulmans ont alors été persécutés, tournés en dérision et, par la suite, chassés de leurs maisons de La Mecque, en raison de leur appel à instaurer une société juste établie sur des lois divines.

Pour en savoir plus sur l'histoire de l'islam, vous pouvez vous référer à l'ouvrage intitulé *L'Islam pour les Nuls*, de Malcolm Clark et Malek Chebel, publié aux éditions First.

Les étapes de la Révélation

Mohammed raconta à ses compagnons comment l'inspiration divine lui est venue de deux manières, par le biais de l'ange Gabriel :

- D'une part, cette Révélation a sonné à ses oreilles « comme le carillon d'une cloche » qui tinta jusqu'à ce qu'il ait compris tout ce qui devait lui être révélé.
- D'autre part, la Révélation lui a été transmise par l'ange Gabriel qui a pris la forme d'un homme.

Selon la tradition islamique, l'ange Gabriel a rendu visite au prophète Mohammed chaque mois de ramadan (le mois du jeûne, où commença la révélation du Coran) pour examiner avec lui tout ce qui avait déjà été révélé du Coran. L'année précédant la mort de Mohammed, l'ange Gabriel est venu deux fois pendant le ramadan, pour passer en revue la totalité du Coran, mettant ainsi un point d'orgue à son contenu et à son organisation.

Si le Prophète a reçu la Révélation par étapes, et non d'un seul trait, c'est pour plusieurs raisons :

- Pour ancrer la Révélation dans la vie de Mohammed en tant que messager de Dieu. Dans tout le Coran, on trouve ainsi des passages sur l'histoire des prophètes passés, narrant les difficultés qu'ils ont rencontrées dans leur prédication, ce qui a pour objet de rendre Mohammed et ses compagnons plus résolus encore.
- Pour faire accepter progressivement les lois divines à une communauté qui n'était pas habituée à la pratique des manières divines. Si le Coran avait été révélé d'un seul trait, il aurait sûrement été difficile aux croyants de changer radicalement de style de vie du jour au lendemain. Par exemple, l'interdiction de l'alcool a été révélée en trois étapes différentes – d'abord en vue de limiter son utilisation, puis par paliers successifs, de l'interdire formellement – parce que l'alcool était très présent dans la culture arabe préislamique. Il aurait été impossible d'imposer cette prohibition d'un seul coup.
- Pour rendre la mémorisation du Coran et sa mise en application par la communauté aussi faciles que possible. Le Coran ayant été révélé en quelques versets à la fois, il était plus facile pour les croyants de retenir l'Écriture sainte et de mettre en pratique les enseignements qui en découlent.

Les sept niveaux de langue du Coran

Selon un *hadith,* l'ange Gabriel a récité le Coran au Prophète de sept manières différentes, qui sont le reflet de la diversité des dialectes en Arabie (à cette époque). Mohammed a déclaré à un de ses compagnons : « Ce Coran a été révélé pour être récité de sept manières différentes. Vous pouvez donc le réciter de la manière qui vous convient le mieux. »

Aujourd'hui encore, les musulmans continuent à lire l'Écriture sainte dans le même texte, dans la même langue, que le prophète Mohammed, à de petites exceptions près (pour plus d'informations, voir la section « Compilation du Coran » plus loin dans ce chapitre).

Les périodes mecquoises et médinoises

Le prophète Mohammed a reçu la première révélation tandis qu'il était à La Mecque, période qui correspond aux treize premières années de sa vie en tant que prophète. Les sourates et les passages qui lui furent révélés à cette époque sont connus sous le nom de « sourates mecquoises ». La deuxième période de la Révélation a eu lieu après que Mohammed et son compagnon ont fui les persécutions pour s'installer à Médine, période qui dura dix ans. Les passages et les sourates révélés à cette époque sont appelés les « sourates médinoises ».

À RETENIR

Le Coran n'est pas organisé chronologiquement. Les passages mecquois et les passages médinois semblent entremêlés dans plusieurs sourates, particulièrement dans les plus longues (voir chapitre 3 pour savoir quelles sont les sourates révélées à La Mecque et celles révélées à Médine).

Phase mecquoise de la Révélation

Il est intéressant de constater que la majorité des sourates mecquoises se trouvent à la fin du Livre et sont habituellement assez courtes. En effet, 85 des 114 sourates ont été révélées pendant la phase mecquoise, ce qui fait une proportion de 11 parties (ou *juz'*) sur 30 (voir chapitre 3).

Pendant cette phase de la vie prophétique de Mohammed, le Coran se concentre en majeure partie sur l'appel à embrasser l'islam. Ces passages s'adressent à l'humanité dans son ensemble plus qu'à la communauté des croyants. De ce point de vue, les thèmes des sourates mecquoises peuvent être classés par catégories comme suit :

- **L'unicité de Dieu (*Tawhid*)** : Les sourates de cette période introduisent une notion radicalement différente de Dieu pour la majorité de la population arabe païenne. Au début de la Révélation, le Coran s'est concentré sur la nécessité de convaincre les païens qu'il n'y avait qu'un seul Dieu. Il annonce que le culte ne doit être rendu qu'au Dieu unique et qu'il n'a aucun associé. C'était le principal message du Coran durant cette phase.
- **Le Jugement dernier et la vie après la mort** : L'enseignement doctrinal suivant, pendant la phase mecquoise, a trait à la prédication du Jugement dernier et de la vie après la mort. C'était un changement radical par rapport aux croyances païennes qui n'avaient aucune idée de la notion de comptes à rendre de ses actes, après la mort.
- **Une conduite pieuse** : Le Coran, à ce stade, met particulièrement l'accent sur la nécessité, pour ceux qui embrassent l'islam, de se comporter de façon honnête et morale. Les enseignements de cette période visent à transformer des personnalités intransigeantes, dures

et impatientes en êtres humains sereins, compatissants et patients. Le Coran fustige également les pratiques injustes et immorales, sur le plan économique et social, qui étaient le fruit du matérialisme et de l'arrogance de cette époque. Pendant cette phase, le Coran a invité à affranchir les esclaves et à traiter correctement les orphelins, les pauvres et les femmes.

Phase médinoise de la Révélation

Bien que ces sourates aient été révélées après les sourates mecquoises, la plupart d'entre elles se trouvent au début du Livre. Ces sourates sont généralement beaucoup plus longues que les sourates mecquoises ; 29 sur 114 ont été révélées pendant la phase médinoise, ce qui constitue environ 19 parties sur 30 au total. Même si ces sourates médinoises sont en petit nombre, elles occupent la plus grande partie du Livre en raison de leur longueur.

Les sourates médinoises s'adressent davantage à la communauté des croyants qu'à toute l'humanité. Ces sourates se concentrent sur les sujets suivants :

- **Code juridique :** Une grande partie des lois coraniques, regroupées sous le nom de *chari'a,* sont issues des révélations de la période médinoise. À cette époque, le droit communautaire devint aussi important que celui des personnes, ce qui permit de créer une société fonctionnant sur des bases morales. Une grande majorité des lois présentées dans le Coran est le fruit des expériences de la communauté musulmane de Médine.
- **Rapport entre les immigrés et les gens du cru :** Le Coran parle abondamment des relations entre les musulmans qui ont émigré de La Mecque (*mouhadjiroun*) et les habitants de Médine qui les ont accueillis (*ansar*). Ils sont unis entre eux par des liens communautaires. C'est dans ce cadre-là que sont conçus les droits et les responsabilités des uns envers les autres.
- **Les hypocrites :** Le Coran aborde aussi le problème des hypocrites pendant cette phase. Ces hypocrites sont ceux qui avaient infiltré la communauté musulmane en se faisant passer pour musulmans, mais qui sont en réalité des ennemis de l'islam, tels les Arabes païens de La Mecque.
- **Les gens du Livre :** Le prophète Mohammed et la communauté musulmane entrent en contact et nouent des rapports sociaux et politiques avec les juifs et les chrétiens de Médine. On trouve beaucoup de passages traitant des discussions théologiques entre le prophète Mohammed et les gens du Livre. Les relations entre ces deux groupes sont également envisagées dans ces sourates.

Transmission de la Révélation à la communauté

Le prophète Mohammed a transmis le Coran à sa communauté de deux façons :

La tradition orale

Avec l'aide de l'ange Gabriel, Mohammed a mémorisé la Révélation et l'a ensuite enseignée à ses disciples. La société arabe avait à cette époque une très forte tradition orale, où la mémorisation de la poésie et des histoires constituait la principale forme d'éducation, particulièrement en l'absence d'une tradition écrite savante.

Quand Mohammed récitait et enseignait le Coran, ses compagnons gardaient précieusement les versets dans leur mémoire. Le prophète Mohammed a encouragé cet apprentissage par cœur à plusieurs reprises (voir les récits de sa vie ou *hadith*). La plupart des compagnons de Mohammed ont mémorisé de grandes parties du Coran et certains, y compris trois de ses épouses, en ont appris par cœur la totalité.

Le Prophète a encouragé ceux qui apprenaient par cœur le Coran à l'enseigner à d'autres. Quand l'islam a commencé à se répandre largement, il a envoyé des délégués spéciaux aux diverses communautés à cette fin.

VIE QUOTIDIENNE

La mémorisation est absolument nécessaire pour effectuer les cinq prières quotidiennes qui, en partie, exigent la récitation de certains passages du Coran. À cet égard, la mémorisation du Coran demeure une part importante de l'expérience musulmane à ce jour.

La tradition écrite

Le Coran est unique parmi les Écritures saintes du monde parce que le Livre a été écrit par plusieurs scribes, pendant la vie même du prophète Mohammed, qui en a dirigé la composition. Un *hadith* rapporte qu'à Médine, Mohammed a eu plus de 29 scribes, qui ont noté chacune des révélations reçues par le Prophète. Le Prophète lui-même leur a indiqué dans quelle sourate se trouvaient les versets.

POLÉMIQUES

Certains historiens occidentaux doutent que le Coran ait été noté pendant la vie du Prophète. Mais les musulmans se réfèrent à un *hadith* (les *hadith* servent également de documents historiques) qui précise que le Coran a bien été écrit du vivant de Mohammed. Le Coran lui-même laisse entendre l'existence d'une forme écrite quand il déclare : « dans un Livre bien gardé que seuls les purifiés touchent » (56:78-79).

Compilation du Coran

Un an et demi après la mort du prophète Mohammed, la communauté musulmane, sous le califat d'Abou Bakr, a connu des conflits internes et externes. Dans un de ces affrontements, connu sous le nom de « bataille de Yamama », plusieurs compagnons qui avaient retenu par cœur la totalité du Coran ont été tués. Omar, qui succéda à Abou Bakr, eut peur que la perpétuation du Coran ne soit fragilisée par la mort des premiers compagnons, car il y avait bien quelques pages écrites mais pas encore un livre complet. Omar conseilla au calife Abou Bakr d'ordonner la recension complète du Coran en un seul livre afin de conserver l'Écriture sainte.

Au départ, Abou Bakr hésita à assumer cet énorme projet, parce qu'il craignait d'outrepasser sa mission, étant donné que Mohammed lui-même n'avait pas songé à rassembler en un seul livre toute la Révélation. Cependant, Omar prit le temps de le convaincre que la compilation des différents écrits rassemblés en un seul livre préserverait le Coran de toute future corruption ou tragédie. Abou Bakr fit alors appel à Zaïd ibn Thabit – un des érudits parmi les compagnons – qui avait été l'un des principaux scribes. Il lui confia la tâche de rassembler les différentes versions du texte pour les réunir en un seul livre.

Zaid ibn Thabit réclama que lui soient présentées toutes les archives écrites du Coran. Les soumissions devaient répondre à quatre critères :

- Les textes devaient avoir été écrits à l'origine, en présence et conformément aux instructions du prophète Mohammed.
- Deux témoins devaient attester que les écritures avaient bien été rédigées en présence de Mohammed.
- Les écritures ne pouvaient pas inclure des passages du Coran explicitement abrogés par le Prophète.
- Tous les écrits devaient être validés par la mémoire de ceux qui avaient appris par cœur le Coran en entier.

Les scribes ont recueilli et copié tous les manuscrits qui répondaient à ces conditions. Ce livre unique fut alors donné à Abou Bakr. Quand ce dernier disparut, le livre fut confié à Omar, qui lui succéda comme calife. Après l'assassinat d'Omar, le livre est allé à Hafsa, sa fille, veuve de Mohammed.

Préserver à tout prix les langues du Coran

Tandis que les frontières de la civilisation islamique s'élargissaient au-delà de la péninsule arabique et que des locuteurs non arabophones embrassaient la nouvelle foi, de nouveaux défis virent le jour. Le fait que le Coran ait été révélé en sept dialectes différents (voir l'encadré intitulé : « Les sept niveaux de langue du Coran » précédemment dans ce chapitre) généra une certaine confusion parmi les musulmans, dans la mesure où le récit de certains passages différait d'un groupe à l'autre.

Pendant le califat de `Othman, le troisième calife de l'islam, l'unité de la communauté musulmane a été mise à mal, car les musulmans revendiquaient chacun, par ignorance, la supériorité de tel ou tel récit dialectal sur les autres. Un des conseillers de `Othman, Hudhayfa ibn al-Yaman, envoya un message urgent au calife : « Vite ! Venez au secours des musulmans pour éviter qu'ils divergent au sujet du texte du Coran comme l'ont fait les juifs et les chrétiens avec leurs Écritures saintes. »

`Othman et son conseiller décidèrent de rétablir l'unité parmi les musulmans, en produisant un livre écrit exclusivement dans la langue qoraïchite – la langue que parlait le prophète Mohammed. La transcription initiale du Coran, faite pendant le califat d'Abou Bakr, a servi de principale source à cette nouvelle version. Cette fois, cependant, la langue qoraïchite a eu la préférence sur toutes les autres versions. Un comité composé des compagnons qui étaient les mieux informés sur le Coran, y compris Zaid ibn Thabit, a surveillé le projet et a approuvé sa version définitive. Connue sous le nom de « vulgate othmanienne », elle est encore aujourd'hui la référence.

`Othman a ordonné que l'on brûle toutes les autres copies du Coran. C'est ainsi que la communauté musulmane a pu unifier son récit en une seule langue. Ce Coran a été copié et envoyé aux principaux centres de rayonnement du monde islamique où des hommes instruits ont enseigné aux autres l'art et la manière de réciter le texte, dans l'approbation générale. Aujourd'hui, il n'y a absolument aucune discordance entre musulmans sur le texte du Coran, accepté par tous, mot pour mot.

Par ailleurs, les sept langues locales du Coran originel sont toujours connues, enseignées, et documentées sous la forme écrite et orale, dans différentes régions du monde musulman. Cependant, la récitation othmanienne sert de référence unique pour tous les musulmans.

À RETENIR

Le Coran a été compilé, authentifié et diffusé dans tout le monde musulman en l'espace de vingt ans après la mort du Prophète. De nos jours, les musulmans emploient encore des personnes connaissant le Coran par cœur, pour authentifier l'exactitude du texte imprimé, avant l'étape de la publication. À la différence de ce qui se fait dans d'autres traditions religieuses, la mémorisation demeure la principale méthode pour préserver le Coran inaltéré.

Le Coran dans les publications modernes

Les copies écrites les plus anciennes du Coran ne comportaient aucune marque de voyelle (*tashkil*) ni points diacritiques (*i'jam*). À l'époque, on apprenait le Coran oralement. La version écrite servait simplement d'« antisèche » à ceux qui avaient appris par cœur le Coran. Cependant, une science de la « voyellisation » du texte coranique s'est développée durant les deux premiers siècles suivant la mort du Prophète.

Avec l'invention de la presse typographique, des copies du Coran ont pu être diffusées et répandues plus rapidement, jusque dans les zones les plus reculées du monde. L'arabe du Coran imprimé a eu besoin de marques de voyelle et de points diacritiques pour aider principalement les non-arabophones à prononcer correctement et à reconnaître les lettres.

Lire le texte en se trompant sur les voyelles ou sur les points diacritiques peut mener à de sérieuses erreurs de sens. Par exemple, dans la sourate 9:3, si le mot « messager » est mal lu et prononcé *rasoulihi* au lieu de *rasoulouhou*, on modifie le sens et, au lieu de dire « Dieu et son messager désavouent les païens », on dira à tort « Dieu désavoue les païens et son messager », ce qui constitue un contresens flagrant.

Par ailleurs, dans les versions primitives du Coran, les lettres ayant la même forme ne pouvaient pas être différenciées, car les seuls éléments qui le permettent sont les points diacritiques (points placés au-dessus ou au-dessous du corps de la lettre). Ainsi, les lettres *Ba, Ta,* et *Tha* se dessinent d'un simple trait. Dans les versions primitives, aucun point diacritique ne venait préciser de quelle lettre il s'agissait, car la culture orale de l'époque rendait cela superflu. Aujourd'hui, il n'en est plus de même et il est indispensable que les points diacritiques soient notés pour que l'on puisse lire correctement l'Écriture sainte. Voici comment on différencie les lettres de même forme :

- *Ba* s'écrit avec un point au-dessous du corps de la lettre.
- *Ta* avec deux points au-dessus du corps de la lettre.
- *Tha* avec trois points au-dessus du corps de la lettre.

Ces points facilitent la lecture du texte sacré.

La seule différence entre les premières et les dernières versions du Coran porte sur la présence de ces points diacritiques dans les versions les plus récentes, qui aident le lecteur moderne à lire correctement le texte sacré (voir figures 2-1 et 2-2).

Figure 2-1 : Calligraphie d'un Coran très ancien.

© Neema Frederic/CORBIS SYGMA

Figure 2-2 : Texte imprimé d'un Coran moderne.

© Harold Naideau/CORBIS

VIE QUOTIDIENNE

Respect !

Les musulmans ont une grande vénération pour le Livre et le traitent avec respect. Le Coran lui-même n'exige qu'une seule condition à sa manipulation : le fidèle doit être pur quand il, ou elle, le touche (56:79). Les spécialistes du Coran considèrent cette pureté comme étant une pureté rituelle (voir chapitre 12).

Il existe dans la culture musulmane d'autres traditions pour témoigner du respect dû au Livre sacré. Par exemple, les musulmans placent le Coran sur la plus haute étagère dans leur maison. De même, ils ne le posent jamais par terre. C'est pour cela qu'ils placent le Livre sacré sur un support en bois en forme de X qui le protège du contact avec le sol (voir figure 2-3) ou sur une table lorsqu'ils récitent le texte.

Beaucoup de musulmans se déplacent avec leur Coran, de sorte qu'ils peuvent le lire ou s'y rapporter toutes les fois qu'ils le souhaitent ou en ressentent le besoin. Par ailleurs, les musulmans affichent des versets, tels que le verset 2:255, sur les murs de leur maison, à l'intérieur de leurs voitures et sur des pendentifs, afin de se mettre sous la protection de Dieu.

Dans la culture musulmane, on fait appel au Coran à l'occasion d'événements aussi bien heureux que malheureux. Par exemple, à l'occasion d'un mariage, on fait souvent passer les mariés sous le livre du Coran quand ils entrent dans leur nouvelle maison. Aux enterrements, certains musulmans placent le Coran au-dessus du cercueil et, souvent, on lit le Coran en entier à l'intention de la personne décédée, après l'enterrement. Cela a pour but d'obtenir la bénédiction, la miséricorde et le pardon de Dieu.

Cependant, les théologiens soulignent que la plus grande dévotion que l'on puisse porter au Coran consiste à croire en son message et à suivre ses enseignements, en se soumettant intégralement à Dieu.

Une mémoire qui tient du miracle : la préservation du Coran à travers les siècles

Perpétuant la tradition du prophète Mohammed et de ses compagnons, les musulmans partout dans le monde continuent à apprendre par cœur des passages du Coran. Beaucoup apprennent plusieurs parties du Livre, tandis que d'autres mémorisent le Coran tout entier. Ceux qui parviennent à le connaître par cœur sont honorablement reconnus comme *hafidh* (pluriel : *houffadh*), ou, selon la tradition, *qari* (pluriel : *qouraa*), c'est-à-dire « ceux qui savent réciter le Coran ».

Ces érudits ont la responsabilité d'aider les autres à mémoriser le Coran. Cette tradition de professeur-étudiant remonte au prophète Mohammed, qui a appris le Coran avec l'aide de l'ange Gabriel qui fut son professeur ; les compagnons ont ensuite mémorisé le Livre avec Mohammed. Au fil des générations suivantes, d'autres jeunes musulmans ont appris le Coran par cœur avec l'aide des premiers compagnons qui furent leurs professeurs. Cette tradition orale est suivie encore aujourd'hui.

Celui qui a réussi à retenir par cœur le Coran, avec l'aide d'un professeur, se présente devant un groupe de maîtres aînés qui lui font passer un examen. Un lecteur choisit au hasard un passage du Coran et en récite la première ligne. L'étudiant continue la récitation de ce passage soit jusqu'à la fin de la *sourate*, soit jusqu'à ce qu'on lui demande d'arrêter. Le lecteur choisit alors un autre passage à réciter.

Dans les pays musulmans, cet examen est retransmis chaque vendredi à la télévision nationale. C'est un témoignage très fort de l'attachement que les musulmans portent à leur Écriture sainte.

Préservation de l'arabe du Coran

La langue est beaucoup plus qu'un moyen de communication entre différentes cultures. Elle se trouve au cœur même de la culture et de la vision du monde qu'adopte un peuple. Les penseurs religieux estiment que la langue arabe est exceptionnelle, grâce à la profondeur spirituelle qu'elle peut avoir en véhiculant le sens du Coran.

C'est pour cette raison que les musulmans sont très attachés à garder intact l'arabe du Coran.

Le Coran, un art divin

Dans les cultures et les civilisations islamiques, la récitation raffinée et la psalmodie du Coran expriment toute la beauté de la langue arabe, tandis qu'à l'écrit la calligraphie des versets coraniques donne au texte toute sa splendeur.

Récitation

L'art de la récitation du Coran s'appelle *tajwid* en arabe. Les jeunes étudiants apprennent cet art de professeurs qualifiés. Les musulmans récitent le Coran toute leur vie (voir figures 2 et 3).

Le Coran à entendre

Comme le Coran a une musicalité et un rythme qui lui sont propres, psalmodier le texte de l'Écriture sainte avec une belle voix n'est pas aussi difficile qu'on pourrait le penser. Une fois, je me souviens avoir dirigé la prière à la mosquée, quand un groupe de visiteurs non musulmans est venu. Après la prière, un des invités m'a dit : « Oh ! là, là ! Vous avez dû en passer du temps pour apprendre à déclamer le Coran aussi bien ! » En réalité, les musulmans présents savaient bien que ma voix était plutôt médiocre, comparée à celle des grands chantres de la Parole que l'on peut entendre de par le monde musulman. La voix naturellement belle de la diction s'exprime aisément quand le Livre est récité avec un cœur et un esprit purs.

Les bons récitants du Coran sont aussi connus dans le monde musulman que les vedettes de variétés en Occident. Les gens parlent des qualités de ces récitants dans les dîners et, quand ils apparaissent à la télévision, ils sont regardés avec beaucoup d'intérêt.

Figure 2-3 : Un homme en train de lire et méditer le Coran conformément à l'usage musulman.

© Dean Conger/CORBIS

Dieu a appris à Mohammed « à réciter le Coran dans des tonalités lentes, mesurées, rythmiques » (73:4). Il y a quatre modes de récitation dans l'art du *tajwid* :

- ***Hadr* :** Récitation du Coran à la vitesse normale de quelqu'un qui parle.
- ***Tartil* :** Lecture lente prononcée en méditant sur le sens du texte.

- ***Tajwid tahqiq*** : Lecture lente, mais plus soignée encore. Habituellement utilisée pour enseigner à d'autres l'art de la récitation.
- ***Tajwid*** : Lecture à un rythme qui se situe entre normal et lent. La plupart des chefs de prière (imams) emploient ce mode de récitation pour diriger la prière à la mosquée.

CONSEIL

Si vous voulez écouter une psalmodie du Coran, vous trouverez sur Internet quelques exemples de qualité, récités en arabe. Jetez un coup d'œil aux quelques recommandations données au chapitre 22, vous y trouverez quelques adresses.

Les sonorités du Coran : à savourer sans modération !

La récitation des paroles de Dieu, car c'est bien ce qu'est le Coran pour les musulmans, permet au croyant d'intérioriser profondément, dans son cœur, le message divin. Le prophète Mohammed décrit le cœur d'un croyant qui ne récite pas et ne connaît pas par cœur le Coran comme « une maison abandonnée. »

Chez les musulmans, le simple fait d'entendre les paroles du Coran peut émouvoir le plus présomptueux des croyants. C'est une expérience très intense pour beaucoup d'entre eux. Si vous voulez vraiment comprendre ce qu'est le Coran, il faut absolument que vous écoutiez une psalmodie du texte (voir chapitre 22 pour trouver des exemples). Même si vous ne comprenez pas les mots arabes, la psalmodie peut vous faire vibrer et comprendre le lot d'émotions que la récitation du Livre sacré provoque chez un musulman.

De la musique dans les mots

Si vous regardez les pages d'un Coran, vous verrez tout un ensemble de signes diacritiques (voir la section « Le Coran dans les publications modernes » précédemment dans ce chapitre) qui sont autant d'apostilles musicales qui structurent la récitation du Coran.

Ces signes aident le lecteur du Coran à prononcer correctement les mots entre eux de sorte que le flot rythmique demeure constant et que l'on passe sans rupture d'un mot à l'autre. Les signes diacritiques indiquent également au lecteur où faire une pause dans un long verset, où élever la voix et où l'abaisser. Ces signes montrent enfin comment prolonger le son d'une lettre afin de marquer profondément la sensibilité des auditeurs.

Dans les premiers temps de l'islam, ces signes diacritiques ne figuraient pas dans le Livre, mais ils sont par la suite devenus nécessaires à mesure que le nombre de musulmans non arabophones se développait. Ces lecteurs non arabophones pouvaient ainsi réciter le Coran correctement et être sûrs du sens du texte, ce qui est encore l'objectif visé aujourd'hui. Ceux qui apprennent le Coran en entier apprennent également à retenir l'endroit de ces signes diacritiques et comment les appliquer dans chaque passage de l'Écriture sainte. L'effet est garanti : la voix du récitant fait passer diverses émotions suscitées par le Coran et véhiculées par ces signes.

Le Coran et la beauté : la calligraphie

Contrairement à ce qui se pratiquait pendant la période préislamique en Arabie, où les artistes représentaient des images et érigeaient des statues de leurs dieux, les musulmans n'ont pas le droit de représenter de quelque manière que ce soit Dieu ou l'un de ses prophètes. Cela est considéré comme sacrilège.

C'est dans l'art de la calligraphie que s'est développée la meilleure forme d'expression artistique pour exprimer la beauté des mots divins. Cette belle tradition s'affiche dans tout le monde musulman sur les murs des mosquées – les plus célèbres étant celui de la Ka'aba, à La Mecque, et le Dôme du Rocher à Jérusalem – ainsi que sur les pages du Coran. On trouve également des calligraphies de versets coraniques aux portes des magasins, des maisons, des écoles et des hôpitaux, quand le propriétaire est musulman.

La calligraphie est reconnue en Arabie comme étant une « musique pour les yeux ». Dans les versions les plus courantes, les lettres s'attachent les unes aux autres en arabesques harmonieuses (voir figure 2-4). D'autres fois, ces lettres se combinent pour former un dessin évocateur, tels une mosquée, un animal quelconque ou un paon, par exemple.

Hormis la Bible, on ne connaît sans doute aucun autre livre qui s'est aussi merveilleusement prêté aux artisans de la beauté que le Coran. On dit souvent que la calligraphie musulmane est « la fille du Coran ineffable » ; elle est née du travail acharné des copistes de la première heure, qui ont voulu donner à cette œuvre sa dimension supra-humaine et céleste. C'est en copiant et en recopiant des lettres aussi souples que les *Alif*, les *Mîm*, les *Nûn*, les *Lâm*, – autant de lettres de l'alphabet arabe – que les calligraphes ont fini par inventer un art visuel extrêmement riche en nuances et en évocations esthétiques. L'effet que l'on ressent face au travail d'un grand calligraphe du Coran est si grand qu'il m'a fallu – dans un autre ouvrage – appeler cela « la psalmodie du calame », car la plume de roseau semble éprouver des émotions à nulle autre pareilles : elle crisse, elle s'adoucit, elle pleure, elle se lamente. Dans tout cela, un chant mystérieux naît du frottement du calame avec le plan de travail, le calligraphe n'étant plus ici que le metteur en scène, certes magnifique, qui pose un à un les artifices secrets de la beauté. Ils sont ainsi des milliers à avoir transcrit les versets coraniques, à commencer par la formule propitiatoire qu'est la *Basmala*. Celle-ci consiste à dire « Au nom de Dieu clément et miséricordieux » (*Bismi Allah ar-Rahman ar-Rahim*). Une fois que tout le Coran a été transcrit manuellement, lettre par lettre, verset par verset, sourate par sourate, le calligraphe se lance alors dans une liste mystérieuse qui le transporte de joie, une joie mystique évidemment. Cette liste, ce sont les Beaux Noms d'Allah, au nombre de 99. On les trouve ainsi dans des frises, dans des rouleaux de soie, sur des parchemins.

Voici un petit historique de la calligraphie islamique depuis les origines jusqu'à nos jours. La calligraphie n'a commencé à être un art distinct de la copie qu'à la fin de la dynastie Umayyade et au début de la dynastie Abbasside. Parmi les dizaines de calligraphes qui, à l'époque, s'affairaient déjà dans les ateliers du Calife, il y avait un certain Ibn Mouqla (885-940), sans doute le plus grand des maîtres calligraphes de la première génération. Il était respecté au point d'être qualifié de « géomètre des calligraphes », en raison de la précision avec laquelle il définissait son espace et s'y tenait. Toutefois, c'est son disciple abbasside qui passera plus vite à la postérité. Ibn Al-Bawwab (mort vers 1022) ou tout simplement Al-Bawwab, littéralement : « L'Homme de la porte ». C'est à ce grand maître de Bagdad que l'on doit l'un des styles les plus esthétisants, le *nûskhi*, ce qui – il faut bien l'admettre – a donné au vieux coufique (né à Koufa, comme son nom l'indique) une issue très satisfaisante. Plusieurs siècles après, tant en Irak (certainement lieu de naissance de la calligraphie arabe et donc musulmane) qu'en Égypte et en Iran, l'art calligraphique allait connaître des développements internes extraordinaires, comme si elle se régénérait de ses propres sources.
On assista par exemple à l'invention de plusieurs styles différents, dont le *taliq* et le *nastaliq*. L'autre développement aura lieu en Iran, dans les villes de Tabriz, Chiraz et Ispahan, et a pour nom la « miniature ». Nous ne développerons pas cet aspect des mutations propres à l'art islamique, car elles interviennent dans un cadre extérieur à celui du Coran. C'est la dimension profane de la création, son côté esthétique pur, sans connexion avec le verbe divin. En revanche, la calligraphie du Coran connaîtra son plus grand essor en se diversifiant et en voyageant. Au XVIIIe et au XIXe siècle, les plus grands calligraphes du Coran étaient des Égyptiens ou des musulmans venus d'ailleurs, qui trouvaient là, au Caire, un cadre parfait pour exalter leur talent. Tous ces artisans étaient préposés à l'ornementation de la robe qui couvre le temple sacré de la Ka'aba, monument cubique situé au cœur de la grande mosquée et que les autorités khédivales de l'époque devaient convoyer en grande pompe du Caire à La Mecque, à l'occasion de la caravane du pèlerinage que l'on appelait le *Mahmal*. Aujourd'hui, parmi les signes de souveraineté que le royaume d'Arabie saoudite a voulu exprimer dès le début du XXe siècle, il y a cette œuvre magistrale, une immense tenture, que les calligraphes du royaume doivent couvrir de fils d'or, en hommage à l'unicité du Dieu Un et en hommage à Mohammed, son Envoyé et Prophète.

Figure 2-4 : Une belle calligraphie islamique orne habituellement les mosquées.

© Lindsay Hebberd/CORBIS

Sur Internet, vous pouvez chercher « La Mecque » puis cliquer sur « Ka'aba », pour apprécier la qualité du travail effectué sur la tenture de la Ka'aba. Ceux qui ont dans leur bibliothèque le *Guide de La Mecque et de Médine* (des éditions Jeune Afrique, 1991) pourront voir un atelier de ce type aux pages 104 et 105.

Si vous êtes de passage à Dublin, en Irlande, consacrez une matinée à la Chester Beatty Library, car c'est la seule institution européenne à conserver une copie du Coran qu'Ibn al-Bawwab, le grand maître bouyide de Bagdad, aurait calligraphié en 1001. Le musée national d'Art islamique à Ankara, en Turquie, est d'une richesse remarquable. Il en est de même du musée d'Art islamique du Caire. Dans tout le monde arabe, il y a toujours une librairie, une bibliothèque, un musée et parfois une galerie privée pour vous ravir le cœur et l'esprit en matière de copies manuelles du Coran, d'art et de calligraphie.

D'une manière plus large, voici quelques titres d'ouvrages ou de catalogues ayant pour thème la calligraphie et l'art visuel en islam :

- *Les Arts de l'islam des origines à 1700*, Catalogue de l'Orangerie des Tuileries (1971).
- *L'Art du livre arabe*, Paris, Bibliothèque Nationale de France, 2001.

- BURCKHARDT T., *L'Art de l'islam. Langage et signification*, Paris, Sindbad, 1985.
- GRABAR O., *La Formation de l'art islamique*, Paris, Flammarion, 1987.
- LEVI-PROVENÇAL E., « Sur un Coran copié partiellement à la main de l'Abdeloualide Abou Zayyan Mohamed (1393-1399) », in *Hespéris*, n° 1, Paris, 1921, p. 84-86.
- MASSOUDY H., *Désir d'envol : une vie en calligraphie*, Paris, Albin Michel, 2008. Une biographie visuelle de l'un des plus grands calligraphes actuels.
- MASSOUDY H. : `http://pagesperso-orange.fr/hassan.massoudy/`
- STIERLIN H., *L'Art de l'Islam en Orient. D'Ispahan au Taj Mahal*, Paris, Gründ, 2002.

Sur votre moteur de recherche, tapez « Calligraphes arabes » pour avoir des informations sur Nja Mahdaoui, Ghani Alani et Lassaad Métoui.

Chapitre 3

Composition du Livre saint

Dans ce chapitre :

- Découvrez comment le Livre est organisé
- Goûtez au style narratif du Coran
- Sachez différencier les premières sourates des plus tardives

Dans ce chapitre, nous dévoilons pour vous les mystères du style narratif du Coran. Vous y trouverez quelques exemples de sourates des débuts de la Révélation et des sourates plus tardives. Nous évoquerons également quelques aspects intéressants liés à l'organisation du Livre. Ces informations vous donneront quelques clefs pour aborder la lecture du Coran.

Quelle est la composition du Coran ?

Le Coran est structuré à partir de trois éléments essentiels : les expressions, phrases ou versets, connus sous le nom d'*ayat*, les chapitres, appelés « sourates » ; et les grandes parties, appelées *juz'*.

Les ayat

Les *ayat* sont formées de phrases plus ou moins longues ; elles peuvent être composées d'une seule lettre ou au contraire comporter une bonne dizaine de mots qui forment un verset (*aya*). Dans une édition imprimée du Coran, chaque verset porte un numéro (1, 2, 3 et ainsi de suite), ce qui permet de les identifier facilement. Dans cet ouvrage, vous trouverez d'abondantes références aux versets. Dans les éditions du Coran moderne, le numéro du verset est clairement noté.

'Aya veut dire « signe » en arabe, ce qui correspond bien à la notion de caractère divin de chaque mot, et même de chaque phrase, dont chacune est véritablement un signe de Dieu. Dans chaque *aya* (verset, signe), les musulmans voient la sagesse, la beauté et les enseignements spirituels qui témoignent de la beauté de Dieu.

La sourate 2, dite *Al-Baqara* (« la Vache ») est celle qui contient le plus grand nombre de versets – 286. Les sourates 103, 108 et 110 sont les plus courtes ; elles ne comportent que 3 versets chacune. Au total, le livre contient 6 219 versets.

Les sourates

La sourate est le nom donné aux chapitres du Coran. (En arabe, le mot *sourate* signifie « rangée » ou « clôture ».) Les sourates varient en longueur, elles peuvent aller de 3 *ayat* (voir sourate 108) à 286 *ayat* (voir sourate 2). Au total, le Livre comporte 114 sourates.

Chaque sourate commence par les mots « Au nom de Dieu, le Clément, le Miséricordieux, » excepté la sourate 9. Lorsque l'on récite le Coran, on commence chaque sourate en prononçant cette formule, qui rappelle les attributs dominants de Dieu.

Tous les chapitres portent un numéro. Quand on veut faire référence à un passage du Coran, on donne en premier le numéro du chapitre suivi du numéro du verset. Ainsi, la référence à la sourate d'ouverture, *aya* (verset) 3 s'écrira comme suit : (1:3).

Chaque chapitre porte également un nom qui est dérivé de l'idée ou de son thème central, ou simplement des premiers mots de la sourate. Il n'est pas toujours évident de comprendre le choix du nom donné à la sourate. Par exemple, la sourate 2 est appelée *Al-Baqara,* ou « la Vache. » Ce chapitre décrit la manière dont les enfants d'Israël ont adopté le culte du Veau d'or quand le prophète Moïse les a laissés seuls pendant quarante nuits ; cependant, cette histoire ne constitue qu'un court extrait des 286 versets de la sourate.

En général, mais pas toujours, les sourates sont disposées en fonction de leur longueur respective :

- Les plus longues – celles qui ont plus de 100 versets – sont appelées *Al-tiwal* (« les longues »). Ce sont les sourates allant de 2 à 10.
- Les sourates comptant environ 100 versets sont appelées *Al-mi'oun* (« les centenaires »). Ce sont les sourates 10 à 35.

- Les sourates qui comptent moins de 100 versets sont appelées *Al-mathani*. Ce sont les sourates 36 à 49.
- Le dernier ensemble de sourates, qui comptent généralement moins de 50 *ayat*, sont appelées *Al-mufassal*. Ce sont les sourates 50 à 114.

Les juz'

Juz' signifie littéralement la « partie » ou la « portion ». Cette partie est une construction artificielle, qui a été choisie pour permettre la lecture du Coran tout entier, échelonnée sur une période d'un mois. Plus particulièrement au cours du ramadan, les communautés de fidèles récitent un *juz'* par jour, afin de pouvoir réciter la totalité du Coran en un mois. C'est pourquoi le Coran est divisé en 30 parties, comme l'indique le tableau 3-1.

Tableau 3-1 Les *juz'* du Coran

Numéro du **juz'**	***Sourate et*** **ayat**
Juz' 1	1:1–2:141
Juz' 2	2:142–2:252
Juz' 3	2:253–3:92
Juz' 4	3:93–4:23
Juz' 5	4:24–4:147
Juz' 6	4:148–5:82
Juz' 7	5:83–6:110
Juz' 8	6:111–7:87
Juz' 9	7:88–8:40
Juz' 10	8:41–9:93
Juz' 11	9:94–11:5
Juz' 12	11:6–12:52
Juz' 13	12:53–14:52
Juz' 14	15:1–16:128
Juz' 15	17:1–18:74

Juz' 16	18:75–20:135
Juz' 17	21:1–22:78
Juz' 18	23:1–25:21
Juz' 19	25:22–27:59
Juz' 20	27:60–29:45
Juz' 21	29:46–33:30
Juz' 22	33:31–36:27
Juz' 23	36:28–39:31
Juz' 24	39:32–41:46
Juz' 25	41:47–45:37
Juz' 26	46:1–51:30
Juz' 27	51:31–57:29
Juz' 28	58:1–66:12
Juz' 29	67:1–77:50
Juz' 30	78:1–114:5

Les noms et les thèmes des sourates

Le Coran se compose de 114 chapitres, appelés *sourates* en arabe, qui peuvent comporter jusqu'à 286 versets et au minimum 3 versets.

Le tableau 3-2 indique les noms de chaque sourate, en français et en arabe, et décrit succinctement les thèmes traités dans chacune. Cette liste signale également si la sourate a été révélée à La Mecque (MC) ou à Médine (MD).

Tableau 3-2 Noms des sourates et thèmes

Numéro de sourate	*Nom en arabe et en français*	*Thèmes majeurs*
1	Fatiha : Introduction (MD)	Introduction à l'ensemble du message coranique

2	Al-Baqara : La Vache (MD)	Nature de l'homme ; récit d'Israël ; récit d'Abraham ; la Ka'aba et la communauté islamique ; combat de l'homme pour rester sur la voie de Dieu ; nature de Dieu
3	Al-Imran : Famille d'Amran (MD)	Juifs et chrétiens ; leçons tirées des batailles de Badr et Uhud ; responsabilités des musulmans à l'intérieur et à l'extérieur de leur communauté
4	An-Nissa : Les femmes (MD)	Traitement des femmes et des orphelins ; droits de succession, mariage, et famille ; communauté de Médine et hypocrites ; gens du Livre
5	Al-Ma'ida : La table du festin (MD)	Obligations à remplir ; bonnes manières ; droiture ; critique des juifs et des chrétiens ; justice et solidarité ; vie et miracles de Jésus
6	Al-An'am : Les bestiaux (MC)	Nature de Dieu et de ses signes ; paganisme
7	Al-A'raf : Les murailles (MC)	Évolution religieuse de l'homme dans l'histoire ; vie des prophètes
8	Al-Anfal : Les prises de guerre (MC)	Réflexions sur la victoire ; puissance de la vérité
9	At-Tawba : La repentance (MD)	Traités ; éthique de la guerre ; puissance de la vérité
10	Yunus : Jonas (MD)	Signes de Dieu ; ingratitude de l'homme
11	Hud : Houd (MC)	Miséricorde et patience ; Noé, Houd, Loth
12	Yusuf : Joseph (MC)	Histoire de Joseph ; le pardon
13	Al-Ra'd : Le tonnerre (MD)	Révélation ; de la vertu et du vice
14	Ibrahim : Abraham (MC)	Les ténèbres opposées à la lumière ; histoire d'Abraham
15	Al-Hijr : Nom d'une région rocheuse d'Arabie (MC)	Satan, ange du mal ; Abraham ; le Coran
16	An-Nahl : Les abeilles (MC)	Toute création glorifie Dieu ; le Coran
17	Al-Isra : Le voyage nocturne	Les prophètes ; le culte ; l'orgueil ; le Coran

18	Al-Kahf : La caverne (MC)	Notion d'intemporalité ; enseignements de sagesse
19	Maryam : Marie (MC)	Marie et Jésus ; Abraham et sa famille
20	Ta-Ha : Ta-Ha (MC)	La révélation ; la vie de Moïse ; le Jugement dernier
21	Al-Anbiyaa : Les prophètes (MC)	Le Jugement dernier ; rétribution des bonnes œuvres
22	Hajj : Le pèlerinage (MD)	Le pèlerinage ; miséricorde et vérité de Dieu
23	Al-Mouminoun : Les croyants (MC)	Foi et pratique religieuse ; unité des prophètes
24	An-Nour : La lumière (MD)	Politesse dans les rapports sociaux et recommandations pour les femmes, lumière de Dieu
25	Al-Furqan : Le discernement (MC)	Le Coran, outil de discernement par excellence ; différence d'interprétation des signes
26	Ach-Chou'ara : Les poètes (MC)	Luttes prophétiques ; combat de la vérité contre l'erreur
27	An-Naml : Les fourmis (MC)	Moïse, Salomon, Salih ; la gloire de Dieu
28	Al-Qassas : Le récit (MC)	Pharaon contre Moïse ; Mohammed
29	Al-Ankabut : L'araignée (MC)	Épreuves dans la prédication ; nature du Coran
30	Ar-Roum : Les Byzantins (MC)	Création de Dieu ; l'homme, corrupteur
31	Luqman : (MC)	Rôle des parents à l'égard de leurs enfants
32	As-Sajda : La prosternation (MC)	Signes de Dieu pour l'homme ; révélation
33	Al-Ahzab : Les coalisés (MD)	L'homme et la femme ; les femmes du Prophète
34	La tribu des Saba (MC)	Pouvoir et justice ; la foi et l'incroyance
35	Fatir : Le Créateur (MC)	La création de Dieu et la louange ; le bien et le mal
36	Ya-Sin : (MC)	La révélation ; la nature ; le Jugement dernier
37	As-Saffat : Les rangs (MC)	Paix et victoire ; le mal ; les prophètes

38	Sad : (MC)	Pouvoir spirituel et tentations du monde
39	Az-Zumar : Les groupes (MC)	Unité dans la création ; révélation ; rôle de direction du Coran
40	Ghaffir : Celui qui pardonne (MC)	Le bien et le mal
41	Fussilat : Les versets clairement exposés (MC)	Attitude des hommes envers la foi et la Révélation
42	Ach-Choura : La concertation (MC)	Défendre la Révélation ; le mal opposé à la bonne direction
43	Az-Zoukhrouf : Les ornements (MC)	Révélation ; Abraham ; Jésus
44	Ad-Doukhan : La fumée (MC)	Révélation ; l'orgueil opposé à la vérité spirituelle
45	Al-Jathiya : L'agenouillée (MC)	Les conséquences de la dérision et de l'incroyance
46	Al-Ahqaf : Nom d'une région caillouteuse du sud de l'Arabie (MC)	Le but de la création
47	Mohammed (MD)	La défense de la foi en butte à l'hostilité
48	Al-Fath : La victoire (MD)	Les éléments de l'ultime conquête ; Hudabiya
49	Al-Hujurat : Les appartements (MD)	Règles communautaires à observer pour bien vivre ensemble
50	Qaf : (MC)	Les signes de Dieu ; le Jugement dernier
51	Az-Zariyat : Les ouragans (MC)	Les vents ; les signes de Dieu ; le rappel à Dieu ; l'Au-delà
52	At-Tur : Le Mont (MC)	Les bonnes et les mauvaises actions
53	An-Najm : L'étoile (MC)	La révélation ; la nature de Dieu ; l'incroyance
54	Al-Qamar : La lune (MC)	Le Jugement dernier approche ; l'insouciance
55	Al-Rahman : Le Tout-miséricordieux (MD)	Bienfaits de Dieu envers l'humanité
56	Al-Waqia : L'événement inéluctable (MC)	Le Jugement dernier et l'Au-delà
57	Al-Hadid : Le fer (MD)	Dieu tout-puissant et omniscient

58	Al-Moujadala : La Plaidoirie (MD)	Rejet du mensonge et de la sottise
59	Al-Hachr : Le rassemblement (MD)	Expulsion des juifs de Médine
60	Al-Mumtahana : L'éprouvée (MD)	Les ennemis de la foi ; l'exemple d'Abraham ; mariage de croyants et de non-croyants
61	As-Saff : Le rang (de bataille) (MD)	Les signes de Dieu ; faire avancer la cause de Dieu
62	Al-Joummu'a : L'assemblée (MD)	Pureté et sagesse ; prières du vendredi
63	Al-Mounafiqoun : Les hypocrites (MD)	La nature des hypocrites
64	Taghabun : Perte et profit mutuels (MD)	Le créateur est unique ; l'Au-delà
65	At-Talaq : Divorce (MD)	Quelques lois concernant le divorce
66	At-Tahrim : L'interdiction (MD)	Harmonie dans la vie de famille
67	Al-Moulk : La royauté (MC)	Ombres de l'extérieur contre vérité intérieure
68	Al-Qalam : Le calame (MC)	Dieu règne ; la justice de Dieu
69	Al-Haqqa : La réalité inéluctable (MC)	La vérité prend le pas sur la fausseté
70	Al-Ma'arij : L'ascension (MC)	Patience et longueur de temps mènent au ciel
71	Nuh : Noé (MC)	Les luttes du prophète Noé
72	Al-Jinn : Les djinns (MC)	Nature et histoire des djinns
73	Al-Mouzzammil : L'enveloppé (MC)	Prière et humilité dans la vie spirituelle
74	Al-Mudathir : Celui qui est couvert d'un manteau (MC)	Prière et patience dans l'effort spirituel
75	Al-Qiyama : La résurrection (MC)	Le Jugement dernier ; la psychologie de l'être intérieur
76	Al-Insan : L'homme (MD)	Plaidoyer contre l'athée

77	Al-Moursalat : Les envoyées (MC)	L'Au-delà pour ceux qui rejettent la foi
78	An-Nabaa : La nouvelle (MC)	L'amour de Dieu et sa promesse
79	An-Nazi'at : Les arrachantes (MC)	La mort ; la chute de l'orgueil
80	Abasa : Il s'est renfrogné (MC)	Rappel à l'ordre du Prophète ; l'Au-delà
81	At-Takwir : L'extinction (MC)	Le dernier jour ; le Jugement dernier ; le Coran
82	Al-Infitar : La lézarde (MC)	Le dernier jour ; le Jugement dernier
83	Al-Moutaffifin : Les fraudeurs (MC)	Condamnation vigoureuse de la fraude
84	Al-Inchiqaq : La fêlure (MC)	Le dernier jour ; le Jugement dernier
85	Al-Bourouj : Les signes du zodiaque (MC)	Dieu défend ceux qui croient en Lui
86	At-Tariq : L'astre nocturne (MC)	Protection pour chaque âme
87	Al-A'la : Le Très-Haut (MC)	Purification de l'âme
88	Al-Ghachiya : L'enveloppante (MC)	Le bien contre le mal ; les signes de Dieu
89	Al-Fajr : L'aube (MC)	Vérités spirituelles ; psychologie de l'être intérieur
90	Al-Balad : La cité (MC)	Nature de l'homme ; psychologie de l'être intérieur
91	Ach-Chams : Le soleil (MC)	Réflexion sur la création de Dieu ; purification de l'âme ; rejet de l'arrogance
92	Al-Layl : La nuit (MC)	S'efforcer de plaire à Dieu
93	Ad-Douha : La lumière du matin (MC)	Intimité de Dieu avec l'homme
94	Al-Charh : L'ouverture (MC)	À l'adversité succède l'apaisement
95	At-Tin : La figue (MC)	Nature de l'homme

96	Iqra : Récite (MC)	Humbles origines de l'homme ; prédication
97	Al-Qadr : La Nuit de la destinée (MC)	La Nuit de la destinée (révélation du Coran)
98	Al-Baiyina : La preuve (MD)	Le destin de ceux qui rejettent la foi
99	Az-Zilzal : Le tremblement de terre (MD)	Le Jugement dernier
100	Al-Adiyat : Les coursiers (MC)	Pouvoir spirituel ; ingratitude de l'homme
101	Al-Qari'a : Le jour de clameur (MC)	Le Jugement dernier
102	At-Takathur : La supériorité numérique (MC)	L'amour de l'homme pour la richesse ; la mort
103	Al-Asr : L'époque (MC)	La nature du temps ; la nature du bien
104	Al-Humaza : Le diffamateur (MC)	Condamnation de la diffamation et de la médisance
105	Al-Fil : L'éléphant (MC)	La défense de La Mecque contre l'armée chrétienne d'Abraham, l'année où le prophète Mohammed est né
106	Quraych : Les gardiens de la Ka'aba (MC)	Appel aux Qoraïchites pour qu'ils reconnaissent l'unicité de Dieu et son message
107	Al-Ma'un : L'entraide (MC)	Véritable signification du culte ; la foi est indispensable aux bonnes œuvres ; sollicitude pour ceux qui sont dans le besoin
108	Al-Kauthar : Abondance (MC)	Richesse spirituelle obtenue par la dévotion
109	Al-Kaffirun : Les mécréants (MC)	Aucun compromis avec la vérité
110	An-Nasr : Le triomphe (MC)	Toute victoire vient de Dieu
111	Lahab : Lahab (MC)	Sort du cruel Lahab qui persécuta Mohammed et ses disciples

112	Al-Ikhlas : Pureté de la foi (MC)	Résumé de la doctrine musulmane ; unicité de Dieu
113	Al-Falaq : L'aube naissante (MC)	Chercher refuge en Dieu
114	An-Nas : Les gens (MC)	Appel à placer sa confiance en Dieu pour se protéger de tout mal

Comment décoder la morale de l'histoire

Les chapitres du Coran sont construits autour d'une morale. Dans les sourates les plus longues, qui dominent une grande partie du Livre, la morale est présentée de trois manières principales :

- Signes du divin dans l'univers, suivis d'enseignements moraux, d'un raisonnement et d'un principe de base.
- Enseignements qui se concrétisent par une loi ou un ensemble de lois qui cherchent à mettre en pratique ou à montrer des façons de vivre conformes à la morale.
- Enseignements ou principes moraux suivis d'une histoire ou d'une série d'histoires qui fourmillent de références historiques à des prophètes et à des civilisations passées pour étayer le bien-fondé de la morale présentée.

Voici quelques exemples de la façon dont la morale est présentée dans le Coran.

Par le biais de signes divins

Prenons les 13 premiers passages de la sourate *Al-Rahman* (55), qui est célèbre pour son éloquence et sa beauté. Cette sourate illustre bien la manière dont la morale est développée dans le Coran à partir de l'examen des signes émanant de Dieu.

La morale de cette sourate commence par énoncer toute une série de signes divins présents dans l'univers, puis présente une vertu en rapport avec la justice qui se reflète dans la création de Dieu et se termine par la question morale qui exige une réponse. Ce schéma se répète ensuite tout au long de la sourate et se retrouve dans bien d'autres.

Les sept premiers versets décrivent les preuves ou les signes de Dieu dans l'univers :

> « Le Tout-miséricordieux ! C'est Lui qui a enseigné Coran. Il a créé l'homme. Il lui a appris à s'exprimer clairement. Le soleil et la lune évoluent selon un calcul minutieux. Et l'herbe et les arbres se prosternent. Quant au ciel, Il l'a élevé bien haut, et Il a établi la balance afin que vous ne transgressiez pas dans la pesée. » (55:1-7).

Les deux versets suivants présentent les vertus morales de l'équilibre et de la justice :

> « Afin que vous ne transgressiez pas dans la pesée : donnez toujours le poids exact dans la pesée (dans la vie) » (55:8-9).

Les trois versets suivants font de nouveau allusion aux signes de Dieu :

> C'est Lui qui a étendu la terre pour tous les êtres vivants. Il s'y trouve les fruits et les palmiers-dattiers, aux fruits recouverts d'enveloppes. Tout comme les grains dans leur balle (pour le fourrage) et les plantes aromatiques » (10-12).

En conclusion, une question, qui revient 30 fois tout au long de cette sourate, présente un argument moral :

> « Lequel donc des bienfaits de votre Seigneur nierez-vous ? » (55:13).

Les signes des merveilles de Dieu sur Terre mènent à cette question essentielle : qui donc inspire la contemplation, suscite la réflexion, et la profonde gratitude du lecteur croyant ?

Par le biais des lois

Certaines sourates énoncent, les unes après les autres, des lois morales et des vérités divines. Elles sont souvent en rapport avec un enseignement moral présenté dans les tout premiers versets de la sourate, qui traite des droits de l'homme ou des liens du sang par exemple. La sourate se développe selon ce schéma, tout en apportant de nouvelles propositions, suivies de l'énoncé de lois morales, combinées avec des vérités.

La sourate *Al-Nissa*, par exemple, présente la morale sous forme d'un enseignement doctrinal suivi de la présentation de lois juridiques.

Le verset 1 commence par une déclaration morale universelle :

> « Ô hommes ! Craignez votre Seigneur qui vous a créés d'un seul être et qui, ayant créé de celui-ci une épouse, fit naître de leur union un grand

> nombre d'hommes et de femmes. Craignez Dieu que vous invoquez dans vos requêtes mutuelles ; craignez (de rompre) les liens du sang. Certes, Dieu vous observe » (4:1).

Ce passage, qui traite des droits mutuels de l'homme et de la femme, se poursuit par l'énoncé d'une série de lois destinées à mettre en application des droits sociaux envers les membres les plus faibles de la société – les orphelins notamment (4:2-9). Ensuite, à partir de ces lois, une vérité morale est présentée : « Ceux qui dilapident injustement les biens des orphelins introduisent le feu dans leurs propres entrailles. Ils seront la proie des flammes de l'enfer » (4:10).

Ensuite, la morale aborde l'énoncé des lois liées à l'héritage, en le faisant sous l'éclairage du tout premier verset qui parle des liens du sang. Ces lois cherchent à établir la justice entre les membres de la famille, de sorte que la richesse soit répartie entre les personnes de la lignée du défunt (4:11-12). Là encore, la morale saisit l'occasion d'exposer une autre loi, qui décrit le destin de ceux qui obéissent à Dieu et à son messager, par opposition à ceux qui désobéissent obstinément à ses enseignements (4:13-14).

À partir de là, le Coran poursuit, en veillant à la préservation de la lignée, en énonçant des lois qui punissent la fornication, car elle menace les fondements moraux de la famille (4:15-18). Puis, le texte revient aux enseignements du début, sur le thème des droits mutuels de la famille en incitant les hommes à traiter leurs épouses avec bonté et justice (4:19-21). L'importance de la famille est mise en valeur par l'exposé d'une liste d'interdits sur le type de personnes qu'un homme ou une femme musulmans ne peuvent pas épouser (4:22-25).

De nouveau, la morale du Coran passe des lois morales aux vérités morales qui les sous-tendent et qui expliquent que Dieu souhaite avant tout guider l'humanité sur le chemin d'une belle vie, ce que ne réalisent pas ceux qui suivent leurs passions les plus basses et se détournent de ces enseignements. En outre, Dieu veut rendre Ses lois accessibles aux hommes, car il sait que l'« homme a été créé faible » (4:26-28).

Par le biais d'histoires du passé

Sous cette forme narrative, le Coran commence souvent par une morale ou un ensemble d'enseignements moraux qui sont ensuite expliqués par des histoires de prophètes ou d'autres personnages sages, pour conclure sur une vérité ou un ensemble de vérités morales.

Ainsi, par exemple, la sourate *Houd* (11) présente une morale en évoquant les expériences des prophètes qui viennent renforcer le sens profond de la section.

Les passages d'ouverture du chapitre présentent son argumentation morale :

> « (Le Coran enseigne) de n'adorer qu'un seul Dieu. Je suis, en vérité, pour vous un avertisseur de sa part et un annonciateur. Demandez pardon à votre Seigneur et revenez à lui en pécheurs repentants. Il vous permettra alors de jouir pleinement de la vie durant le laps de temps fixé et accordera sa faveur à tout homme de mérite. Si vous vous détournez [de lui], je crains pour vous le châtiment d'un grand jour. À Dieu vous retournerez. Il est omnipotent ! » (11:2-4).

Ce verset poursuit en faisant valoir que Dieu sait toutes choses, qu'elles soient visibles ou invisibles, puisque c'est Lui qui a créé la Terre et c'est Lui qui présidera au Jugement dernier (11:5-8). À partir de là, le chapitre parle de la nature de l'homme, qui tend à tomber dans le désespoir quand la tristesse vient remplacer la joie. À l'inverse, l'homme tend à tomber dans l'arrogance quand, après une période de tristesse ou de souffrance, survient toute une suite de faveurs divines qui lui apportent la joie. Ceux qui échappent à cette attitude hypocrite sont ceux « qui font preuve de patience et de persévérance et qui œuvrent dans la droiture ». Ceux-là sont alors pardonnés pour leurs péchés et accèdent au bonheur (11:9).

Après cet exposé, les croyants sont avertis de ne pas délaisser les enseignements du Livre, même lorsque ceux qui rejettent la foi les déprécient pour leurs croyances et leurs mœurs. Le chapitre se poursuit en défendant la sainteté du Coran en rappelant qu'il ne dit que la vérité. Les croyants ne devraient pas s'inquiéter ni s'écarter de leur objectif qui est de vénérer Dieu, en dépit des efforts déployés par ceux qui mentent au sujet de Dieu et essaient de détourner les hommes de suivre Son chemin (11:12-23).

Le chapitre présente alors une certaine similitude avec les premiers versets en expliquant avec clarté la morale à tirer des 23 *ayat* précédents. « Ces deux catégories [de gens] sont comparables à l'aveugle et au sourd [par rapport] à celui qui voit et qui entend. Sont-ils comparativement égaux ? Ne réfléchissez-vous donc pas ? » (11:24).

La sourate cherche à démontrer que seul Dieu doit être adoré et que, pour parvenir au bonheur, on doit pratiquer les vertus de patience, de persévérance, faire de bonnes actions et se montrer humble. À l'inverse, ceux qui sont impatients et arrogants, rejettent la foi et le travail pour détourner l'homme de marcher sur le chemin de Dieu, seront punis dans l'au-delà.

Ces principes moraux étant désormais clairement établis, le Coran se risque à évoquer l'histoire de prophètes du passé qui ont lutté pour prêcher la parole de Dieu, mais qui ont à chaque fois à faire face à une opposition niant la vérité.

L'expérience du prophète Noé

Au tout début, il y eut le prophète Noé, qui remplit sa mission prophétique en mettant son peuple en garde et en l'incitant à servir le Dieu unique. Ceux qui rejettent la foi raillent Noé en le traitant de menteur. Noé dit à son peuple qu'il est venu en vérité, qu'il ne demande aucun gain matériel et cherche seulement à les sauver de leur état d'incroyance (11:25-35). Puis, Dieu demande à Noé de construire une arche qui le sauvera du déluge. La plupart de ses congénères rejettent ses avertissements, y compris son propre fils. Et, quand la parole de Dieu devient réalité, le peuple de Noé périt, à l'exception de ceux qui ont bien accueilli ses enseignements prophétiques (11:36-48).

La morale à tirer de l'expérience de Noé ramène directement à l'argumentation des premiers versets d'ouverture de cette sourate. « Voici quelques nouvelles de l'Inconnaissable… Sois patient. L'heureux dénouement sera pour les pieux » (11:49).

Le prophète Houd et son peuple

Houd était un prophète envoyé au peuple de ‘Ad comme un frère parmi eux. Lui aussi dit à son peuple qu'il ne cherche aucune récompense matérielle en échange de ses prédications, invitant les hommes à se repentir des péchés commis et à se tourner vers Dieu. Mais le peuple de ‘Ad rejette ce message et préfère persister dans son culte aux idoles, tout en clamant que Houd est sous l'emprise du démon (11:50-54).

Le prophète Houd se justifie en disant qu'il les invite simplement à vénérer le Dieu unique et à mettre leur confiance en Dieu, car Dieu est le seul à connaître toute chose. Il avertit alors ses congénères de la punition de Dieu s'ils persistent dans le péché. En conclusion, Dieu décrète la destruction du peuple de ‘Ad, à l'exception du prophète Houd et de ceux qui l'ont écouté (11:55-60).

Le prophète Salih et le peuple de Thamud

Le prophète Salih, comme Noé et Houd avant lui, a été envoyé à son peuple avec le même message : adorer Dieu seul et se repentir. Cette fois encore, le peuple de Thamud accuse Salih de mensonge et réclame des preuves manifestes. Dieu envoie cette preuve avec la naissance miraculeuse d'une chamelle d'une rare beauté (le Coran reste vague sur la nature exacte de ce miracle, mais certains récits relatent que cette chamelle est soudainement apparue de la terre). Salih dit à son peuple de laisser cette chamelle errer à sa guise, sans lui faire le moindre mal. Mais, parce qu'ils sont résolus à rejeter la foi, les voilà qui tuent la chamelle et rejettent les preuves manifestes envoyées par Dieu (11:61-64).

Salih les avertit qu'un jour viendra, sous peu, où ils seront détruits parce qu'ils auront persévéré dans le rejet de la foi. Le peuple de Thamud a bien été par la suite détruit lors d'un cataclysme effroyable (11:65-68).

La patience d'Abraham et l'histoire de Loth

Insistant de nouveau sur le nécessaire recours à la patience, cette sourate raconte le moment où Abraham et son épouse reçoivent la bonne nouvelle de la venue prochaine d'un fils, après de longues années d'attente patiente et de confiance en Dieu (11:69-73).

Abraham plaide, auprès des anges qui lui apportent la bonne nouvelle, en faveur du peuple de Loth, plus attiré par les hommes que par les femmes de leur cité. Les anges préviennent le prophète Loth que si les gens de son peuple ne se détournent pas de leur immoralité, ils seront anéantis. Ils lui suggèrent de partir avec sa famille. Son épouse refuse le départ, elle est anéantie avec les autres citadins (11:74-83).

Le prophète Chou'aïb et le peuple de Madyan

Le prophète Chou'aïb a été envoyé aux gens de Madyan comme étant l'un des leurs. Comme les prophètes précédents, il les invita à ne vénérer que Dieu seul et à pratiquer la justice au plan économique – ce qui à l'époque ne se faisait pas. Comme les autres peuples, ceux de Madyan raillèrent Chou'aïb et se détournèrent de lui pour se complaire dans le matérialisme (11:84-88).

Chou'aïb les met en garde contre la haine qu'ils manifestent envers lui, motivée par leur refus de se détourner des pratiques injustes qui profitaient uniquement aux riches et aux puissants. Il les avertit qu'ils risquent de connaître le même sort que les peuples de Noé, de Houd, de Salih et de Loth. Il leur demande de se convertir et de demander pardon à Dieu. Chou'aïb est alors tourné en dérision comme étant un homme sans richesse et sans notabilité (11:89-93).

En conclusion, à cause de leur persistance à rejeter la foi et leur amour immodéré du matérialisme, les gens de Madyan sont anéantis, excepté Chou'aïb et ceux qui l'ont suivi (11:94-95).

Le prophète Moïse affronte le pharaon tyrannique

Cette sourate mentionne brièvement un épisode de l'histoire du prophète Moïse et sa lutte contre les forces tyranniques du pharaon. Moïse est venu en apportant des signes clairs, mais le pharaon et ses chefs se sont fourvoyés et pour cela seront anéantis comme les autres non-croyants avant eux. Au jour du Jugement dernier, le pharaon emmènera ses disciples dans le feu de l'enfer (11:96-99).

Conclusion de la morale

Après avoir mentionné les histoires et les luttes des prophètes héroïques et pieux, le Coran revient aux fondements de la morale qu'il défend. Toutes ces histoires ont un point commun : la vérité est toujours opposée aux faux-semblants. Ceux qui sont dans la vérité sont rejetés, raillés et opprimés par ceux qui récusent la foi. Mais, à la fin, la vérité et la patience finissent par l'emporter sur l'illusion engendrée par les apparences.

Le Coran analyse ces événements historiques en faisant valoir que la destruction de ces peuples n'est pas le fait de la colère divine en soi mais la conséquence de leur attitude : « Ce n'est pas nous qui leur avons fait du tort. Ils se sont eux-mêmes fait du tort. Les divinités autres que Dieu qu'elles ont invoquées ne leur ont pas profité quand est venue l'heure de votre Seigneur. Elles n'ont rien apporté si ce n'est la perdition » (11:101). La sourate poursuit en disant que ce récit historique est un signe pour ceux qui ont la crainte de déplaire à Dieu, et que toutes les communautés vivant dans l'injustice finissent un jour ou l'autre par tomber, en raison de leur arrogance. En revanche, ceux qui sont de bonne volonté sont récompensés en ce monde et dans l'autre (11:102-109).

En conclusion, la sourate conseille aux croyants de prendre un chemin qui les gardera de l'arrogance et de l'incrédulité : se montrer fidèle dans la foi avec ceux qui partagent leur foi, ne pas se laisser attirer par ceux qui pratiquent le mal, faire régulièrement leurs prières et faire preuve de patience (11:115).

Synthèse du message dans les sourates de la fin

Les sourates les plus courtes, comptant en général moins de 50 *ayat*, se trouvent pour la plupart dans la dernière partie du Coran. La morale enseignée y est beaucoup plus simple que dans les sourates plus longues, parce qu'elle se concentre sur un thème central, présenté comme un enseignement, sans longues références aux prophètes passés et aux lois divines.

La plupart de ces sourates se focalisent sur la croyance en l'unicité de Dieu, le Jugement dernier, le paradis et l'enfer, les vertus à pratiquer et la condamnation de l'immoralité.

CONSEIL

Étant donné que ces sourates présentent les fondements du message coranique, vous pouvez, si vous le souhaitez, commencer par la fin du Livre saint et vous familiariser avec ces enseignements de base, avant de lire les sourates les plus longues qui se trouvent au début. Un bon point de départ consiste à commencer par n'importe quelle sourate à partir du *juz'* 30 du Coran (voir la section intitulée « *Juz'* » précédemment dans ce chapitre).

Illustrons notre propos par un exemple tiré d'une sourate donnée :

> « Malheur à tout diffamateur calomniateur qui amasse des richesses et se complaît à les compter ! Il s'imagine que sa fortune le rendra éternel ! Gare à lui ! Il sera précipité dans la Géhenne dévorante. Et qu'est-ce qui te fera connaître ce qu'est la Géhenne ? C'est le feu allumé de Dieu, qui atteindra les cœurs. Il se refermera sur eux en colonnes étendues » (sourate 104).

Cette sourate courte fait ressortir une morale assez simple : l'immoralité de celui qui propage la calomnie et pratique la médisance, tout en étant matérialiste, l'entraîne vers l'enfer. C'est le même genre de morale toute simple que l'on retrouve dans la plupart des sourates les plus courtes.

Chapitre 4

La langue du Coran

Dans ce chapitre :

- Les racines de la langue arabe
- Les différentes figures de style
- Écouter la voix de Dieu

Ce chapitre vous parle de la langue arabe, dont il est important d'avoir quelques rudiments pour pouvoir goûter au message coranique. Dans un deuxième temps, il examine les différents genres littéraires utilisés dans le Livre saint : récits historiques, loi sacrée et expressions pieuses de la foi.

L'arabe : une langue claire et limpide

La langue arabe est d'une grande richesse tant au point de vue sémantique que phonétique. Elle a un grand pouvoir d'évocation, ce qui confère au texte un sens à la fois exotérique et ésotérique. Tout commentateur ou exégète du Coran se doit d'avoir une excellente maîtrise de la langue arabe pour saisir à la fois le sens externe (exotérique) et le sens caché (ésotérique).

Le Coran lui-même manifeste une grande vénération pour la langue, qualifiée de « langue arabe claire » (26:193-195). Pour les musulmans, Dieu a choisi l'arabe comme langue de la révélation finale parce qu'elle résonne au fond des cœurs plus que toute autre langue de l'époque et du lieu de la Révélation (41:44 ; 42:7).

L'arabe demeure une langue vivante parlée par des millions de personnes à travers le monde. À la différence de l'araméen, du latin, du grec ancien et d'autres langues, l'arabe du Coran est encore préservé, enseigné et étudié aujourd'hui. En outre, d'autres langues classiques, telles que l'ourdou, le persan, le berbère, le turc et même l'espagnol, sont imprégnées de la langue arabe.

Voyons différents aspects de la langue arabe qui peuvent faciliter votre compréhension du message coranique.

Une langue bien enracinée…

À RETENIR

Les mots arabes sont dérivés de racines de trois (et parfois quatre) lettres à partir desquelles émerge une constellation de significations. Chaque mot se rattache à une racine, composée en général de trois lettres, qui donne le concept de base de ce mot. Ces racines sont d'une grande richesse de sens et peuvent générer une multitude de mots aptes à décrire toute pensée, tout sentiment humain, tout nouveau phénomène apparaissant dans notre monde en constante évolution.

Les racines de tous les mots

Les racines trilitères qui forment la trame de la langue arabe en font une langue facile à apprendre pour les enfants et les non-arabophones. Les étudiants peuvent ajouter des lettres au début, au milieu et à la fin des racines, pour créer de nouveaux mots au sens bien structuré.

Prenons un exemple : les lettres *Mou* en arabe au début d'un mot expriment la notion d'acceptation. Ainsi, quand vous remplacez le « i » de « islam » par *Mou*, ce mot devient *mouslim*, qui signifie « celui qui a accepté l'islam », ou « celui qui s'est soumis à la volonté de Dieu ». De même, le mot pour la « foi » en arabe est *iman*. En mettant *mou* au lieu de « a » vous obtenez *moumin*, qui veut dire « celui qui a accepté la croyance » ou « le croyant ».

La langue arabe semble au début tout à fait exotique et difficile pour les non-arabophones, en particulier ceux qui n'utilisent pas l'alphabet arabe. Cependant, structurellement, les linguistes sont d'accord pour dire que l'arabe est l'une des langues les plus faciles à apprendre, en raison de son schéma simple et logique, qui permet de former n'importe quel mot à partir d'une racine trilitère.

La traduction du Coran de la langue arabe originelle dans une autre langue s'avère difficile, parce que la terminologie arabe exprime en général plusieurs nuances, plusieurs facettes d'un même concept, difficiles à rendre de façon aussi riche dans une autre langue. Chaque mot arabe véhicule une pensée philosophique qui est exprimée par sa racine.

Un exemple : le Coran dispose de beaucoup de mots pour parler du péché mais tous expriment une idée centrale qui signifie « se rebeller » ou « corrompre ». La philosophie du Coran sur le péché se rapporte également à l'idée de se rebeller ou de corrompre la nature originelle de l'humanité, qui est au départ en harmonie avec la volonté de Dieu. Il est intéressant de noter que le mot en arabe pour le « repentir » est *tawba,* qui signifie littéralement « revenir ». Le Coran envisage le repentir comme un « retour » de l'individu à l'état de pureté originelle dans lequel Dieu a créé tous les hommes et toutes les femmes.

CONSEIL

Voici trois illustrations de mots importants utilisés dans le Coran qui permettent de bien comprendre le sens du mot à partir de sa racine trilitère :

- **Islam :** Dans le monde entier, on emploie ce mot pour parler de la religion adoptée par plus d'un milliard de personnes. Il n'en reste pas moins vrai que la plupart des non-musulmans, et même beaucoup de musulmans, ne savent pas ce que signifie vraiment ce mot en arabe. Le mot *islam* est souvent traduit par « soumission » ou « obéissance », ce qui est assez juste sous sa forme (active) intensive.

  Si l'on observe bien le mot *islam*, on constate que le mot vient de trois lettres « SLM », qui produisent à leur tour un vaste choix de mots liés au concept philosophique de l'islam. Ainsi, la racine « SLM » forme la base du mot *salam*, qui est habituellement traduit par le mot « paix » mais qui exprime beaucoup plus qu'une absence de conflit. Le mot *salam* suggère également l'idée de bonté, de prospérité, de perfection, d'intégrité et de santé. Le mot *salim* dérive également de la racine « SLM » ; *salim* exprime la pureté et l'absence de défaut, de corruption et d'immoralité.

  Les racines philosophiques du mot *islam* vont beaucoup plus loin que l'idée de soumission ou d'obéissance. Dans sa globalité, le mot *islam* renvoie à l'idée de paix et d'intégrité par la soumission ou l'obéissance intérieure et extérieure à la volonté de Dieu.

- ***Taqwa* :** Ce mot extrêmement important est utilisé dans le Coran pour décrire le rapport qui existe entre Dieu et l'homme. Il est souvent simplement traduit par « piété » ou « crainte de déplaire à Dieu ».

  Le mot *taqwa* vient de la racine trilitère « TQW ». Cette racine produit des mots dont le sens est en rapport avec des significations comme « se protéger, » « épargner », « se garder contre le mal », « être en sécurité » et « prendre pour bouclier ». *Taqwa* exprime donc l'état de piété envers Dieu qui protège, écarte et préserve l'âme de tout mal venant de l'intérieur et de l'extérieur. Ceux qui s'efforcent d'avoir cette attitude spirituelle augmentent en eux la capacité à se garder du mal.

- ***Djihad* :** Ce mot est à tort devenu synonyme de « guerre sainte ». Si l'on examine, en effet, le mot *djihad* à partir de sa racine « JHD », on arrive à un sens propre autant que philosophique entièrement différent. La racine « JHD » exprime l'idée de « labeur », « d'effort vers » et « de lutte » entre autres. À partir de là, le mot *djihad* employé dans le Coran peut exprimer l'idée d'une lutte intérieure pour s'efforcer d'avoir la foi et la pureté, et combattre l'incrédulité et le mal.

Il est intéressant de noter que le mot qui décrit le travail d'évolution de la pensée dans la tradition islamique provient de la même racine. Ce mot a un sens philosophique en rapport avec un travail de réflexion poussée, qui fait de son mieux pour avancer dans la connaissance de la volonté divine sur toutes les questions qui se posent à l'homme.

Les sens que peut prendre le mot *djihad* sont multiples et ne sauraient en aucun cas se limiter au domaine de la guerre.

Préserver l'arabe du Coran

La plupart des langues évoluent avec le temps. La lecture d'une œuvre de Corneille, par exemple, est différente de la lecture d'un roman moderne en français d'aujourd'hui. À un moindre degré, il en va de même pour les Arabes qui comparent l'arabe classique du Coran à l'arabe moderne d'aujourd'hui.

Cependant, en raison des racines trilitères qui sont à l'origine de la formation des mots arabes, même les mots employés dans le Coran et tombés en désuétude par la suite peuvent être compris dans leur sens originel, en remontant à la racine, même si le sens du mot a évolué depuis. Imaginons, tout à fait hypothétiquement, que le mot *kitab*, signifiant « le livre », soit un jour remplacé par un autre mot en arabe moderne. Les étudiants en langue arabe pourraient remonter à la racine trilitère de *kitab*, qui est « KTB ». De cette racine émerge une pluralité de significations qui évoque l'idée du livre, « écrire », « relier » et « rassembler ». Même si vous n'avez aucune notion de ce que *kitab* veut dire, en regardant la racine trilitère et d'autres mots formés à partir de ces racines, vous pouvez retrouver la signification originelle de *kitab* dans le Coran.

La signification des mots arabes dans le Coran est également historiquement préservée par l'interprétation scolastique (*tafsir*) des Écritures, les récits authentiques du prophète Mohammed (*hadith*) et les dictionnaires classiques de langue coranique qui sont archivés dans plus de 30 volumes.

La langue arabe ne peut pas s'appauvrir parce qu'aucun mot ne peut être perdu à jamais, même s'il n'est plus employé en arabe moderne. C'est une caractéristique essentielle de l'arabe que le Coran met en avant en soulignant que le Coran est immuable. Ainsi, la langue elle-même s'avère être un moyen essentiel, par lequel s'accomplit la promesse de Dieu de préserver le Coran sous sa forme originelle, tel qu'il a été révélé au prophète Mohammed.

Les traductions du Coran

Même si vous ne prévoyez pas de lire le Coran en arabe, il est important que vous soyez sensibilisé à la nature trilitère de la langue et à ce que cela implique quand on en vient à parler de « traductions » du Livre.

Étant donné que chaque mot en arabe dérive d'une racine, il ne peut y avoir une seule traduction pour un mot donné.

Toute bonne traduction du Livre reconnaît que l'arabe du Coran ne peut pas être parfaitement traduit. Il est seulement interprété dans une autre langue. En fin de compte, toutes les « traductions » sont en réalité des interprétations.

Les meilleures « traductions » du Coran utilisent plusieurs mots pour traduire telle ou telle notion arabe exprimée dans l'Écriture sainte. L'auteur doit au bout du compte décider, en fonction de sa vision philosophique, du choix du ou des mots qu'il souhaite employer pour rendre compte de la vaste terminologie arabe du Coran.

La plupart des « traductions », particulièrement celles qui sont réalisées par des musulmans, font précéder leur travail de mention du genre « Le message coranique », « Introduction à la lecture du Coran » ou « Traduction et commentaire du Coran » sur la couverture, pour éviter de laisser croire que le livre fournit une traduction littérale de l'arabe du Coran.

Les premières traductions du Coran faites par des missionnaires chrétiens n'ont pas toujours été à la hauteur de la tâche. La plupart d'entre elles ont introduit des sens étrangers au texte, voire insultants, tels que le mot « infidélité » pour traduire le mot koufr, qui dénote le rejet de la foi, mots qui sont toujours malheureusement en circulation. Certaines traductions modernes sont extrêmement imprécises, et même nuisibles au message coranique. Cependant, il existe aussi en France une tradition d'orientalistes érudits qui ont contribué de façon respectueuse et extrêmement documentée à des traductions du Coran, lesquelles sont d'excellentes introductions à la connaissance du texte sacré et de la langue arabe.

Nous vous recommandons, en dehors de la nôtre (voir p. 367), quatre traductions de qualité en français :

- *Le Coran*, traduction de Régis Blachère, Paris, Maisonneuve-Max Besson succ., 1947, et 1973.
- *Le Coran*, traduction de Denise Masson, Paris, Gallimard, collection « La Pléiade », 1967.
- *Le Coran*, traduction de Hamza Boubakeur, Paris, Maisonneuve et Larose, 1979.
- *Le Coran*, traduction de Hachemi Hafiane, Paris, Éditions du Châtelet, 2008.

Il peut être très intéressant de comparer chacune des quatre traductions. Cela peut vous aider à voir l'étendue des développements que l'on peut faire à partir des concepts présents dans le Coran. En outre, cela peut contribuer à affiner votre jugement sur les travaux des exégètes du Coran, dont les nombreuses notes de bas de page qui agrémentent le texte se révèlent très intéressantes et bien utiles.

Pour bien comprendre le contenu du Livre saint, sa composition littéraire et la langue qu'il emploie, voici ce que vous pourriez faire :

- Lire *Le Coran pour les Nuls* de A à Z en guise d'introduction à la compréhension du Coran.
- Étudier le Coran avec un groupe d'amis pour confronter différents points de vue sur l'Écriture sainte et avoir matière à discussion sur les thèmes abordés dans le Coran.
- Noter vos réactions et vos pensées sur un carnet au fur et à mesure de votre découverte du Coran. Cela pourra vous être extrêmement utile par la suite, et vous pourrez y revenir pour réétudier les questions que vous vous êtes posées et voir si vous pouvez y apporter des réponses au fil de votre lecture.

Style littéraire de l'Écriture sainte

La beauté du Coran tient en grande partie à sa prose rimée et à son style littéraire. Cependant, le Coran lui-même insiste particulièrement pour faire valoir que son texte ne relève pas du genre poétique. Il s'agit d'autre chose (69:40-43).

Si le Coran n'était qu'un texte poétique, alors les critiques le qualifieraient d'« œuvre d'art », plutôt que de le considérer comme un livre de sagesse et un guide spirituel. Considérer le Coran comme une œuvre de poésie crée le danger de transformer le Livre en recueil de maximes élégamment tournées, alors qu'il s'agit d'un trésor de vérités morales et de lois divines, destiné à guider les hommes dans la vie.

En outre, la poésie, la plupart du temps, se présente comme un genre littéraire qui a pour visée de faire partager des expériences, des idées ou des émotions propres au poète utilisant son talent personnel et sa maîtrise de la langue et de la prosodie. Or, le Coran n'est pas le fruit de l'expérience ou de l'émotion d'une seule personne. En revanche, c'est une Écriture sainte d'origine divine qui fournit des lois et des enseignements concrets faits pour être appliqués et non simplement commentés.

Plutôt que d'évoquer la poésie, une meilleure description du genre littéraire du Coran consisterait à parler de prose rimée, ce que l'on appelle *saja'* en arabe. Le Coran ne connaît pas les règles de la prosodie telles qu'on les connaît en Occident, avec le mètre et les rimes alternant selon un schéma précis. Cependant, le livre parvient à produire un effet de rimes irrégulières qui donne vie même aux lois les plus compliquées.

En fait, la prose rimée du Coran est si éloquente que le simple fait de mal réciter un seul mot heurte toute oreille arabe. Quand une telle erreur se produit, on perçoit une faille dans l'éloquence du livre, comme si l'oxygène venait à manquer dans un organisme vivant. En d'autres termes, c'est comme une note fausse qui ferait irruption dans la partition d'un virtuose. Prenons l'exemple d'une sourate courte, la 112, en arabe :

> *Qul huwa Allahu ahad* : Dis : Il est Dieu unique.
> *Allahus samad* : Dieu l'imploré.
> *Lam yalid wa lam yulad* : Il n'a ni enfanté ni été enfanté.
> *Wa lam yakun lahu kufu'an ahad* : Nul ne saurait l'égaler.

Si l'on se trompe et que l'on dit *wahid* au lieu de *ahad* dans le premier vers, on casse le rythme de la récitation. Même si les deux mots signifient la même chose, seul le mot *ahad* s'insère harmonieusement dans le rythme prosodique de la sourate.

Le Livre ne permet pas à l'oreille humaine d'accepter des mots qui sonnent faux. Cet attribut de la langue fait du Coran un livre qui préserve son intégrité ; quand on écoute une récitation du Coran, on perçoit immédiatement si des mots ont été changés, de façon accidentelle ou délibérée.

Procédés littéraires dans le Coran

Le Coran comporte trois genres littéraires principaux : les paraboles (en arabe, *mathal*), les dictons appelés *qawl*, et les serments, appelés *qasm*. Vous trouverez aux paragraphes suivants une courte description et des exemples de chacun de ces trois éléments.

Paraboles

Une parabole est un récit allégorique chargé d'un enseignement moral ou religieux. Le Coran utilise les paraboles pour simplifier des vérités spirituelles ou pour livrer des enseignements théologiques et juridiques importants. Les paraboles sont particulièrement présentes, car le Coran cherche à faire comprendre le mieux possible à l'auditeur le message qu'il veut faire passer.

Les passages de ce type commencent habituellement par une formule du genre : « La parabole de… » ou bien ils se terminent par quelque chose comme : « Ainsi, Dieu parle en paraboles. »

Presque toutes les sourates du Livre se servent de la parabole. La sourate 10:24 en contient un exemple typique :

> « En vérité, la vie présente est comparable à une eau que nous faisons descendre. Grâce à elle les végétaux [poussent], s'enchevêtrent. Les hommes et les troupeaux s'en nourrissent. La terre prend des couleurs variées et s'embellit. Les hommes s'imaginent qu'ils sont [par eux-mêmes] capables d'en [récolter les fruits]. C'est alors que notre ordre l'atteint de nuit ou de jour : nous en faisons un chaume comme si [cette végétation florissante] n'y avait pas poussé la veille. Nous exposons ainsi en détail nos signes pour ceux qui réfléchissent. »

Dictons

Les dictons sont un procédé littéraire utilisé pour répondre à des questions ou à des controverses théologiques.

Le Coran emploie ce procédé littéraire pour répondre aux adversaires ou aux critiques du message coranique, ou à ceux qui voudraient discuter avec le prophète Mohammed et ses compagnons. Les dictons apparaissent principalement en réponse aux questions et aux controverses des polythéistes arabes et des gens du Livre. Il arrive parfois que les dictons soient destinés à la communauté musulmane. Les passages qui contiennent des dictons commencent toujours par « Dis : … »

On trouve des exemples de dictons dans tout le Coran. Dans la sourate 10, par exemple, il y a un passage intéressant qui emploie ce procédé pour contrecarrer les croyances des païens :

> « Dis : Lequel de vos associés [peut] commencer la création et la recommencer ? Ajoute : Dieu commence la création et la recommence : comment [pouvez] vous vous en écarter ? Dis : Lequel de vos associés [peut] diriger vers la vérité ? Ajoute : Dieu dirige vers la vérité ! Est-ce celui qui dirige vers la vérité qui est plus digne d'être suivi ou celui qui ne dirige qu'autant qu'il est lui-même dirigé ? Qu'avez-vous donc ? Comment jugez-vous ? » (10:34-35).

Serments

Les serments sont un procédé littéraire qui présente une déclaration formelle ou un engagement pris par Dieu dans le Coran.

Le Coran recourt aux serments pour mettre en valeur le sérieux ou la puissance d'un enseignement spécifique. L'Écriture sainte utilise également ce procédé littéraire pour montrer la grandeur de la création de Dieu et ses merveilles. Les passages de ce type s'ouvrent habituellement par des formules introductives qui renforcent ce qui va être dit, du style : « En effet, je jure… » ou « Par votre Seigneur… ».

Il est beaucoup plus difficile de trouver des exemples de serments que des paraboles ou des dictons. Les sourates de la fin contiennent plus de serments que celles du début ou du milieu. Voici un exemple de serment venant de Dieu :

> « En effet, je ne prendrai pas à témoin les levers et les couchers des étoiles, ce qui serait un solennel serment, si vous saviez. En vérité, [le Coran] est une noble prédication [figurant] sur un prototype céleste bien gardé que seuls les purifiés touchent. C'est une révélation [émanant] du Seigneur des mondes » (56:75-80).

L'Écriture transmet les serments de Dieu qui se manifestent dans les merveilles de Sa création : Dieu lui-même (16:56) ; le Coran (36:2 ; 44:2; 50:1) ; les vents (51:1) ; le ciel (51:7 ; 52:5) ; la montagne (52:1) ; la Ka'aba ou Temple de Dieu à La Mecque (52:4) ; l'océan (52:6) ; les étoiles (53:1) ; le calame (68:1) ; la nuit (74:33) ; l'aube (74:34) ; les anges qui extraient les âmes (79:1-2) ; le Jugement dernier (85:2) ; la terre (86:12) ; la ville de La Mecque (90:1) ; l'âme (91:7) ; la création de l'homme et de la femme (92:3) ; les figues et l'olivier (95:1).

Sens propre, sens figuré

Le Coran lui-même identifie deux types de versets dans l'Écriture sainte : les versets absolument clairs, qualifiés de *mouhkamat,* et les versets obscurs qui laissent le champ libre à plusieurs interprétations, appelés *moutachabihat.*

Les versets *mouhkamat* forment la base ou l'essence du Livre et doivent être appliqués à la lettre. En revanche, seul Dieu connaît la signification réelle des versets *moutachabihat.* Par conséquent, ces derniers ne doivent pas être invoqués en cas de polémique. En fait, le Coran dit que seuls ceux qui ont le cœur corrompu cherchent à trouver des réponses définitives pour éclairer les versets obscurs à leur manière et préfèrent s'en tenir aux *moutachabihat* plutôt qu'aux *mouhkamat* (3:7). Vous en saurez davantage en lisant les deux paragraphes suivants.

Mouhkamat

Ces versets sont clairs et faciles à comprendre immédiatement. En d'autres termes, leur signification est unidimensionnelle et il n'y a pas besoin d'explication ou de clarification pour les comprendre. La plupart des lois énoncées dans le Coran s'inscrivent dans la catégorie des *mouhkamat.*

Par exemple, dans les lois concernant les interdits sur la nourriture, le Coran dit : « Il vous est interdit [de manger] la chair d'une bête morte, le sang, la viande de porc, et [celle de] tout animal sur lequel on aura [en l'égorgeant] invoqué un autre nom que celui de Dieu. Cependant, celui qui est contraint [d'en consommer] par nécessité, et non par esprit d'opposition ou désinvolture, ne commet aucun péché. Dieu est tout-indulgent et tout-compatissant » (2:173). Ce verset dit clairement quelle nourriture est interdite et énonce la loi de la nécessité.

Un autre enseignement évident et clair concerne la première sourate « Dieu est unique » (112:1, par exemple). Il n'y a aucun doute, aucune ambivalence à ce sujet. Dieu est unique et n'a pas d'associés.

Moutachabihat

Certains versets nécessitent des explications supplémentaires ou ouvrent la porte à plusieurs interprétations. Les musulmans considèrent que seul Dieu connaît pleinement et entièrement le sens de ces versets. Ils concernent des aspects liés à la théologie, des vérités spirituelles et des récits de miracles prophétiques.

Un exemple : le verset suivant sur la nature de Dieu a fait couler beaucoup d'encre chez les théologiens, pour en élucider le sens :

> « Dieu est la lumière des cieux et de la terre. Sa lumière est semblable à une niche où se trouve une lampe. La lampe est dans un verre pareil à un astre étincelant qui s'allume grâce à un astre béni – un olivier, ni de l'orient ni de l'occident, et dont l'huile brillerait sans qu'un feu la touche ou peu s'en faut. Lumière sur lumière ! Dieu dirige vers sa lumière qui il veut. Il propose aux hommes des paraboles. Dieu connaît toute chose » (24:35).

Ce verset, et beaucoup d'autres, contient des vérités spirituelles et une sagesse qui peuvent donner lieu à plusieurs interprétations. Ainsi, selon certains mystiques, la niche mentionnée décrit la réalité divine inscrite dans le cœur du croyant pieux. D'autres font valoir que la niche est le cadeau de Dieu à l'humanité en la personne du prophète Mohammed qui donne vie à la lumière divine. Il existe encore beaucoup d'autres interprétations du même ordre.

Les lettres éparpillées dans le Livre

Parmi les versets classés par les théologiens comme étant *moutachabihat* figurent ceux qui commencent par les lettres isolées ou mystérieuses, appelées *al mouqatta'at.* Ces lettres figurent au début de 28 sourates. Par exemple, dans la deuxième sourate, les lettres d'ouverture sont « ALM », prononcées individuellement lettre après lettre, sur un ton appuyé, *Alif-Lam-Mim.* De même, toutes les sourates allant de 40 à 46, commencent par « HM », prononcées en allongeant la prononciation (sur une tonalité élevée) *Ha-Mim.*

Considérant que, pour les musulmans, seul Dieu sait vraiment ce que ces lettres abrégées signifient, il existe quatre théories reconnues sur leur signification :

- **Abréviation de phrases :** Certains spécialistes du Coran pensent que ces lettres sont des abréviations résumant des phrases entières. Ainsi, ils émettent l'hypothèse que *Alif-Lam-Mim* est une abréviation pour *Ana Allah A'lamu*, qui signifie : « Je suis Dieu, l'omniscient. »
- **Un symbole :** Pour d'autres, ce sont en fait des représentations symboliques de Dieu ou du prophète Mohammed. Par exemple, pour beaucoup de musulmans, les lettres *Ya-Sin* au début de la sourate 36 indiquent un nom que Dieu donne à Mohammed. C'est pour cela que beaucoup d'enfants musulmans portent le prénom de Yacine (*Ya-Sin*) ou Taha (*Ta-Ha*) en hommage au Prophète.
- **Attirer l'attention :** Pour certains exégètes, ces lettres pourraient être des moyens d'attirer l'attention du prophète Mohammed au moment où il a reçu la Révélation, puis de celle de son peuple quand il leur a transmis la Révélation. C'est une interprétation tout à fait sensée, parce que ces lettres créent un écho impressionnant quand elles sont lues à haute voix et psalmodiées en étant allongées. Ces lettres peuvent très bien constituer un moyen d'attirer l'attention des auditeurs pour les sensibiliser à une nouvelle révélation.
- **Le courant orientaliste :** En Occident, les étudiants de la tradition islamique apprennent que ces lettres représentent les noms ou les signatures des scribes qui ont écrit le Coran sous la surveillance de Mohammed. D'autres orientalistes pensent que ces lettres signalent le commencement d'une nouvelle sourate, qui était particulièrement importante dans la tradition orale du début ou dans les toutes premières copies écrites du Coran, où les sourates n'étaient pas encore identifiées indépendamment les unes des autres. Cette théorie paraît bien hypothétique, car, si elle était vraie, toutes les sourates commenceraient par ces lettres isolées.

Écouter la voix du Coran

Fait unique parmi les Écritures saintes du monde, l'intégralité du Coran se situe du point de vue de Dieu – et non, comme beaucoup pourraient le penser, du point de vue du prophète Mohammed.

- **Dieu s'adresse à Mohammed :** Toutes les fois que Dieu s'adresse spécifiquement au Prophète, il lui parle à la deuxième personne. Par exemple, le Coran dit : « Prophète ! Nous t'avons envoyé comme témoin, annonciateur d'une bonne nouvelle et avertisseur, appelant [les hommes] à Dieu, avec sa permission, tel un flambeau étincelant » (33:45-46).

- **Dieu parle de lui à la première personne :** Parfois il emploie le « Nous » de majesté et parfois simplement le « Je ». Le Coran dit ainsi : « Lorsque mes serviteurs t'interrogeront à mon sujet, dis-leur que je suis près d'eux, que j'exauce le vœu de celui qui m'invoque. Qu'ils répondent donc à mon appel et croient en moi pour être bien dirigés » (2:186).
- **Dieu parle de lui à la troisième personne :** Il y a également des passages où Dieu parle de lui-même à la troisième personne. Par exemple, le Coran dit : « C'est Dieu qui vous a soumis la mer pour que les vaisseaux y voguent avec sa permission, pour que vous recherchiez sa bienveillance et pour que vous soyez reconnaissants » (45:12).

  Le Coran établit une relation concrète entre Dieu et le lecteur en remplaçant parfois l'abstraite troisième personne « il » par les attributs de sa divinité. Ainsi, le Coran présente Dieu en lui donnant des noms comme « le Miséricordieux » ou « le Compatissant » afin de rendre plus solide le lien de l'homme avec le divin. On trouve de nombreux exemples de ces attributs divins dans tous les passages coraniques.
- **Dieu relate des conversations historiques :** Dieu relate des conversations qui ont eu lieu dans l'histoire, généralement entre des prophètes et leur peuple. Voici, par exemple, une conversation entre le prophète Moïse et le pharaon :

  Le pharaon demanda : « Mais qui est le maître des mondes ? » (Moïse) répondit : « C'est le Seigneur des cieux et de la terre et de ce qui est entre eux, si vous voulez croire avec certitude. » (Pharaon) dit à son entourage : « Avez-vous entendu ? » (Moïse) dit : « C'est votre Seigneur et le Seigneur de vos premiers ancêtres. » (Pharaon) dit : « Vraiment, le messager dépêché auprès de vous est, en vérité, un fou. » (Moïse) dit : « C'est le Seigneur de l'Orient et de l'Occident et de ce qui existe entre eux, si vous vouliez raisonner » (26:23-28).

Pour aller plus loin

Voici quelques références à consulter avec profit.

- BOUBAKEUR H., *Le Coran*, texte, traduction intégrale et notes, Paris, Maisonneuve et Larose, 1993 : des développements importants de ce livre imposant (plus de 2 000 pages) sont consacrés à l'exégèse coranique (p. 17-30), au sens des lettres préliminaires qui ouvrent certaines sourates (p. 61-62), à l'Évangile et la Torah (p. 205-213), à la place de l'argent dans le système éthique musulman (p. 579-590), à l'euthanasie (p. 1275-1279), aux anges, aux prophètes, Abraham, Marie et surtout Mohammed (p. 1557-1608). À la fin de l'ouvrage, comme pour conclure, l'auteur a rajouté une annexe très instructive, intitulée « Histoire du Coran ». Il y détaille, outre la recension du Coran, les différentes écoles de transmission et la psalmodie du texte, avec toutes ses couleurs.

- CHOUEMI M., *Le Verbe dans le Coran*, Paris, C. Klincksieck, 1966.

À RETENIR

Le pourquoi du comment

Le Coran est un livre vivant qui n'attache pas beaucoup d'importance aux petits détails de l'histoire. Il met en avant la morale de l'histoire – et non les détails pratiques : où, quand, comment, etc. On n'y trouve pas de dates, rarement de noms propres, et pratiquement jamais les circonstances historiques de tel ou tel récit.

Par exemple, la sourate 36:13-32 raconte l'histoire d'un homme venu à la ville pour prêcher le message de Dieu. Les habitants rejettent et raillent cet homme quand il essaye de les convaincre de la vérité. Dieu récompense alors l'homme pour ses efforts, tandis que les citadins sont anéantis pour avoir rejeté le message divin. Cette histoire ne donne jamais le nom de l'homme, ni de la ville, ni de l'époque où cela a eu lieu.

Le récit se concentre sur l'acceptation du message ; la forme narrative, non historique, vient étayer le fait que les vérités spirituelles transcendent les notions de temps, de lieu et même de personnes. En fait, le Coran relate ces histoires comme si elles avaient lieu à notre époque. Certains récits commencent par des formules telles que : « Rappelez-vous quand… »

Il arrive que l'on trouve une histoire, une doctrine théologique ou un enseignement moral répété plusieurs fois en différents endroits du Livre. Les attributs de Dieu, par exemple, apparaissent dans presque toutes les sourates. Le Coran aborde toutes sortes de sujets dans l'ensemble du Livre. Ces sujets sont toujours évoqués à plusieurs endroits, jamais dans une seule sourate ou un seul passage.

Chapitre 5

Dans le sillage d'Abraham

Dans ce chapitre :

- Point de vue du Coran sur les autres Écritures révélées
- Similitudes et différences entre la Torah, la Bible et le Coran

Commençons par noter que les trois grandes religions monothéistes se réclamant d'Abraham – le judaïsme, le christianisme et l'islam – partagent beaucoup en commun, y compris toute une lignée de grands prophètes envoyés par Dieu. Cependant, le récit de l'Ancien Testament, celui de l'Évangile et celui du Coran diffèrent sur quelques questions notoires.

Dans ce chapitre, nous étudions le regard que porte le Coran sur les révélations divines antérieures. Nous examinerons ensuite les similitudes et les différences sur les plans théologique et pratique entre les différentes Écritures saintes du judaïsme, du christianisme et de l'islam.

Les révélations antérieures

Le Coran a un point de vue sans ambiguïté sur les révélations précédentes. Dès le début, le Livre explique que les musulmans doivent croire non seulement au Coran mais également à tous les Livres saints qui ont été révélés aux prophètes antérieurs (2:4). Le Coran se considère en effet comme venant confirmer la Torah et l'Évangile (3:3).

Le Coran tient la Torah en grande estime, disant notamment : « Nous avons révélé la Torah qui est une direction, une lumière [et une référence] pour les prophètes soumis à la volonté divine, les rabbins, les grands prêtres gardiens et témoins de l'Écriture de Dieu [appelés] à rendre justice parmi ceux qui pratiquent le judaïsme » (5:44).

Le Coran souligne que les enfants d'Israël ont introduit de nouvelles lois dans la Torah, qui n'ont pas été révélées au prophète Moïse mais sont uniquement le fruit de caprices et de désirs humains (3:93-94). À cet égard, quand le Coran parle de la Torah, il parle uniquement de la révélation originelle qui a été transmise au prophète Moïse, et non de l'Ancien Testament et du Pentateuque.

Dans le Coran, le prophète Jésus réaffirme le message de la Torah, tout en reformulant certaines de ses lois afin de rendre licite ce qui dans le passé était interdit (3:50). Le prophète Jésus transmet une révélation désignée dans le Coran sous le nom d'*Injil,* que l'on traduit par « évangile ». Cet évangile est vénéré comme contenant « une direction et une lumière », « pour confirmer la Torah », et destiné « à ceux qui craignent Dieu » (5:46).

Les quatre récits de la vie de Jésus qui figurent aujourd'hui dans les évangiles de Marc, Matthieu, Luc et Jean ne sont pas considérés comme suffisamment complets pour constituer la totalité de l'Évangile, dont le Coran parle avec tant de tendresse.

Le passage qui reflète sans doute le mieux le point de vue du Coran sur le traitement que les juifs et les chrétiens ont réservé à leur Livre révélé se trouve au verset 3:78 : « Il y a parmi eux (les juifs et les chrétiens) une fraction d'entre eux qui altère le Livre avec leurs langues pour vous faire croire que ce [qu'ils lisent] y est. Or, ce n'est pas dans l'Écriture. Ils affirment que cela vient de Dieu. Ils attribuent leurs propres mensonges à Dieu, et ils le savent » (3:78).

Le Coran considère la Bible et la Torah de la façon suivante : Moïse a reçu la révélation divine sous la forme de la Torah. Jésus a reçu la révélation divine sous la forme de l'Évangile. Ces deux Livres ont été corrompus par les modifications apportées par les hommes et ne sont donc plus suffisamment fiables pour être considérés comme étant la parole de Dieu. Chacun de ces Livres contient en lui la vérité originelle, mais pas la totalité de cette vérité.

Similitudes entre les trois Livres

En résumé, on peut dire que ce que le Coran a de commun avec les Écritures des juifs et des chrétiens (que l'on appelle les « gens du Livre », *'Ahl al-Kitab* en arabe) tient en trois points :

- Affirmation théologique de l'unicité de Dieu.
- Lois divines communes.
- Récits d'expériences prophétiques.

Un seul Dieu pour tous

Le Coran s'adresse aux juifs et aux chrétiens en disant : « Ô vous qui avez reçu l'Écriture, adoptez une formule valable pour nous et pour vous [impliquant] que nous n'adorerons que Dieu, que nous ne lui associerons rien d'autre, que nous ne prendrons point les uns parmi les autres des maîtres en dehors de Dieu... » (3:64).

Le Coran est sur la même longueur d'onde que les juifs et les chrétiens pour affirmer la foi en un Dieu unique (monothéisme) et le fait qu'aucun prophète, aucun saint ne peut être adoré ou vénéré à l'égal de Dieu.

Mohammed est également considéré dans le Coran comme étant celui qui rappelle aux gens du Livre que Dieu seul est « notre Seigneur et votre Seigneur » (2:139). Dès lors, il n'y a pas lieu de se disputer entre musulmans, juifs et chrétiens. Tous monothéistes, dit l'Écriture sainte en substance.

Le Coran essaie également de remplir son rôle de « rappel » (voir le chapitre 1) en rappelant aux juifs et aux chrétiens leur alliance sainte avec Dieu, dont le point de départ est la foi et le culte du Dieu unique. Le Coran confirme et approuve la première alliance biblique selon laquelle « vous n'aurez pas d'autre Dieu que moi. Vous ne ferez pas pour vous-même une idole sous quelque forme que ce soit au ciel et sur la terre, au-dessous ou au-dessus des eaux. Vous ne vous prosternerez pas devant elles et ne les adorerez pas… » (Exode 20:4-5). Cette même façon de penser se retrouve très souvent dans le Coran (4:48, par exemple).

Le Coran partage également la vision biblique d'un Dieu créateur de l'univers (7:54) et reflète la même compréhension de la souveraineté de Dieu (6:59), de même que l'insistance de la Bible sur le fait que tout vient de Dieu (Matthieu 10:29-31).

Conforté par cette unité fondamentale de la foi, le Coran encourage le dialogue fécond (29:46) et la coexistence dans les liens du mariage et le partage de la nourriture (5:5).

Le Coran : passeur des lois divines

Les commentateurs occidentaux, étudiant les religions et les civilisations, présentent souvent les lois islamiques comme étant diamétralement opposées aux lois judéo-chrétiennes. C'est tout simplement faux. Le Coran reprend à son compte plusieurs de ces lois que l'on trouve dans la Torah et dans la Bible. En réalité, le Coran est considéré dans la tradition islamique comme venant confirmer et réformer les lois divines antérieures.

Les dix commandements

À RETENIR

Les dix commandements partagés par les juifs et les chrétiens sont presque identiques aux lois édictées dans le Coran, à ceci près que le Coran ne les énumère pas de façon aussi systématique que dans l'Ancien Testament (Exode 20:2-17) :

- Le premier commandement dans l'Ancien Testament interdit de vénérer d'autres dieux en dehors du Dieu unique. Le Coran interdit également strictement d'associer d'autres dieux à Dieu, péché qualifié de *chirk*. C'est le seul péché impardonnable de l'homme qui meurt sans se repentir (4:48).
- Le deuxième commandement interdit de produire des images de Dieu. Le Coran met en garde également contre l'idolâtrie et la fabrication d'images de Dieu (6:103 ; 14:35).
- Le troisième commandement interdit d'employer le nom de Dieu en vain. Le Coran interdit également aux musulmans d'employer le nom de Dieu dans un serment occasionnel (2:224).
- Le quatrième commandement déclare que le sabbat doit être respecté. C'est le seul commandement que le Coran n'inclut pas, parce qu'il considère que le sabbat a été prescrit seulement aux enfants d'Israël (16:124).
- Le cinquième commandement réclame que l'on honore ses parents. Le Coran dit qu'honorer ses parents va même jusqu'à ne pas exprimer le plus léger signe de frustration, pas même un « bof » ou un soupir de mécontentement ! (17:23).
- Le sixième commandement interdit le massacre ou le meurtre injuste. Le Coran interdit également le meurtre et compare l'assassinat d'un seul homme au meurtre de l'humanité tout entière (5:32 ; 17:33).
- Le septième commandement interdit l'adultère, qui est également interdit par le Coran (17:32).
- Le huitième commandement interdit le vol. Le Coran considère l'acte de voler comme étant l'un des crimes les plus odieux et le punit sévèrement (5:38-39).

- Le neuvième commandement interdit le mensonge et le faux témoignage. Le Coran condamne également vigoureusement le mensonge et le faux témoignage (2:283 ; 24:7). Le Coran commande aux musulmans de toujours dire la vérité même si elle va à l'encontre de leurs intérêts propres et de ceux de leur famille (4:135).
- Le dixième commandement interdit la convoitise. Le Coran interdit également la fâcheuse tendance à convoiter les possessions d'autrui (20:131).

D'autres lois

Les lois qui régissent le quotidien d'un musulman ressemblent souvent aux lois présentes dans la Torah. Par exemple, les lois de pureté après un rapport sexuel entre un mari et sa femme sont pratiquement les mêmes dans la loi islamique et dans la Torah (enseignées dans le Lévitique) (16-18).

Le code pénal contenu dans le Coran et celui de la Torah se recoupent également en certains points. Par exemple, l'islam est souvent critiqué parce qu'il punit de mort l'adultère, punition parfois inscrite dans son code pénal (voir le chapitre 17). Cependant, la Torah prévoit la même punition pour l'immoralité sexuelle, telle que l'adultère et l'inceste (Lévitique, 20:10-16). En outre, le Coran suit fondamentalement la même loi lorsqu'il s'agit du meurtre et du massacre – actes sanctionnés par la peine de mort dans les deux Écritures saintes (Coran, 2:178-179 ; Genèse, 9:6).

Mêmes lois, raisonnement différent

Parfois, les mêmes lois apparaissent dans les deux Écritures saintes, mais la sagesse ou le raisonnement qui sous-tendent ces lois peuvent être différents. Prenons par exemple la loi exigeant que les femmes cachent leurs cheveux. On condamne souvent l'islam parce qu'il exige que les femmes portent le foulard, ou *hijab* en arabe. Cependant, si vous lisez le passage biblique des Corinthiens, 11:3-10, vous verrez qu'on y lit que, quand une femme prie, elle doit couvrir ses cheveux ou les raser. En outre, la loi rabbinique traditionnelle, elle aussi, déclare que la décence et la bienséance exigent de se couvrir les cheveux. D'ailleurs, même les représentations modernes de femmes juives et chrétiennes traditionnelles, y compris la Vierge Marie, reflètent cette attitude.

Le port du voile exigé par l'islam et le judaïsme découle du même état d'esprit – le désir de sanctifier la vertu et la pudeur de la femme. Dans la Bible, en revanche, le fait que les femmes doivent se couvrir les cheveux s'explique par le fait que la femme est la « gloire de l'homme ».

Les lois édictées dans chacune des trois religions peuvent se recouper en partie, mais la sagesse et le raisonnement qui les sous-tendent peuvent différer. Cela peut expliquer pourquoi l'Occident considère à tort le *hijab* comme un symbole d'oppression et même comme un problème juridique controversé en Europe, en particulier en France, pays qui revendique farouchement sa laïcité.

La longue lignée des prophètes en partage

Selon le Livre, la voie empruntée par Abraham est celle de l'« islam », de la « soumission fervente ou obéissance à la volonté de Dieu », attitude qui définit bien l'esprit de la religion universelle de tous les prophètes.

Le Livre enseigne aux musulmans ceci : « Dis : Nous croyons en Dieu, à ce qui a été révélé à Abraham, Ismaël, Jacob, et aux [douze] tribus, à ce qui a été confié à Moïse, à Jésus, aux prophètes par leur Seigneur. Nous ne faisons aucune distinction entre eux et à Dieu nous sommes soumis » (2:136).

Le Coran considère le prophète Abraham comme « le modèle idéal » (60:4) de chacune des trois religions révélées, en raison de sa lutte déterminée pour obéir et servir Dieu seul. Sa soumission totale et complète à Dieu fait de son attitude spirituelle (*millat*) le modèle de tous les serviteurs pieux de Dieu (2:130-131). Le Coran insiste sur le fait que les fils d'Abraham, qui ont poursuivi la mission du prophète, ont suivi cette même voie, et que d'eux sont issus d'autres prophètes qui ont également poursuivi dans la voie d'Abraham (2:132-133).

Des 26 prophètes mentionnés dans le Coran, seuls cinq ne figurent pas dans la Bible : vous pouvez y trouver les noms des autres prophètes coraniques, mais leur histoire est souvent présentée sous un angle différent. Il est bien évident que les récits portant sur les prophètes mentionnent le rôle du prophète Jésus, ce qui n'est pas le cas dans la Torah, qui est antérieure à la venue de Jésus.

Le prophète Moïse suscite en particulier beaucoup d'attention dans le Coran (il est mentionné 44 fois), parce que sa prophétie établit des parallèles importants avec l'expérience sainte du prophète Mohammed :

- Les deux prophètes ont souffert de l'oppression, sous le joug de gouvernements tyranniques, et tous deux ont émigré pour pouvoir pratiquer leur foi librement.
- Les deux prophètes ont reçu la Révélation sous la forme d'un texte qui traite non seulement d'éthique spirituelle personnelle mais également régit des lois communautaires destinées à faire régner l'ordre et la justice dans la société.
- Les deux prophètes se sont trouvés dans la position d'hommes d'État appelés à défendre leur patrie, à faire la guerre et à assumer d'autres missions politiques.

Il existe beaucoup de similitudes entre Moïse et Mohammed, et le Coran revient constamment sur ces analogies, de façon explicite et implicite.

La grandeur des prophètes, qui transparaît à travers leur histoire, constitue un fonds commun des trois religions révélées qui en font ressortir une même sagesse partagée. Le dialogue interconfessionnel entre les trois religions révélées peut s'appuyer sur cette sagesse partagée qui émane de la vie des prophètes du Livre.

Différences entre le Coran et les Écritures judéo-chrétiennes

Même si les trois religions issues d'Abraham ont beaucoup en commun, il existe tout de même des différences de fond entre les trois Livres saints. Voyons maintenant ces différences :

L'histoire de l'humanité

Si le Coran et les Écritures judéo-chrétiennes ont à peu près le même récit sur la vie des prophètes, ils diffèrent néanmoins sur la façon dont sont présentés ces récits historiques.

La Torah, où l'on retrouve la plupart des histoires concernant les prophètes, commence par le début et procède à partir de là selon un ordre chronologique en partant du premier homme et de ses enfants. Ensuite, la mission prophétique prend forme et évolue au fur et à mesure avec chacun des prophètes appelés à guider les hommes. L'essentiel du message de la Torah est porté par l'histoire des prophètes jusqu'à Moïse, période où s'élaborent la théologie, la morale, l'éthique et les lois divines du judaïsme. L'Évangile suit plus ou moins la même trame historique.

Le Coran, quant à lui, introduit une perspective narrative légèrement différente, subtile mais déconcertante. Le livre commence au sens propre par une prière puissante qui présente la nature du rapport existant entre Dieu et l'homme. « Au nom de Dieu, le Tout-miséricordieux, le Tout-compatissant. Louange à Dieu, maître des mondes. Le Tout-miséricordieux, tout-compatissant. Maître du jour de la rétribution. C'est toi que nous adorons ! C'est de toi que nous implorons le secours ! Dirige-nous dans la bonne voie ; la voie de ceux que tu as favorisés de tes bienfaits, non de ceux qui ont démérité et des égarés » (1:1-7).

Après cela, dès la sourate 2, le Coran examine en profondeur la nature de la foi, de son rejet par l'homme et de l'hypocrisie. Le Coran poursuit en invitant ses lecteurs à croire en un seul vrai Dieu, tout en mettant au défi ceux qui ne croient pas au Coran. En conclusion, 30 *ayat* plus tard (voir le chapitre 3), le Coran introduit l'histoire de la création d'Adam, la question philosophique de la nature de l'homme exprimée par les anges, et aborde le problème de l'ange dispensateur du mal que l'on appelle Satan. Ce n'est que dix versets plus bas que le Coran abandonne son récit historique de la création d'Adam pour rappeler aux enfants d'Israël leur alliance avec Dieu et la vie de leur prophète, Moïse.

Le style narratif du Coran diffère énormément de celui de la Bible, car il a une approche qui n'est pas chronologique. Le centre d'intérêt principal du Coran concerne la foi et l'obéissance à Dieu. Ce thème moral est développé dans tout le livre par une série d'enseignements, de rappels et d'exhortations. L'histoire ne constitue pas la trame du récit, elle est plutôt un outil pour mettre en valeur les leçons tirées de l'expérience des prophètes et des civilisations antérieures. En d'autres termes, le Coran ne se concentre pas sur la complexité de l'histoire mais sur l'esprit moral et éthique des expériences vécues dans l'histoire.

Si la Bible veille particulièrement à préciser les lieux, la lignée et la descendance de ses personnages, le Coran, lui, n'attache pas d'importance à ces aspects factuels. On y trouve même un passage qui témoigne du désintérêt qu'inspirent la complexité et l'imbrication des faits historiques dans l'épisode dit « des gens de la caverne » (*Ashab al-Kahf*). Il y avait une dispute entre les gens du Livre pour savoir combien de personnes se trouvaient dans la caverne. Le Coran dit simplement : « N'entre pas, par conséquent, dans ces polémiques tant qu'elles ne sont pas claires… » (18:22). En d'autres termes, le Coran dit qu'il ne faut pas perdre de vue l'objectif et qu'il ne sert à rien de se perdre dans des controverses inutiles au sujet des faits historiques qui détournent des aspects moraux.

Généralement, la perspective historique (et même le récit des faits) dans le Coran est plus proche de celle du judaïsme traditionnel que de celle du christianisme traditionnel. Le Coran, tout comme la Torah, présente l'histoire comme une saga ininterrompue de désaccords humains, ponctuée de périodes où Dieu intervient et apporte la tranquillité ou la colère. Ni l'une ni l'autre tradition ne croit au péché originel de l'homme qui ne saurait être lavé que par la reconnaissance de Jésus, le sauveur. Cette croyance correspond au regard chrétien sur le monde, selon lequel l'homme a été créé pécheur, et Jésus a sacrifié sa vie pour racheter les péchés de l'humanité – un concept étranger aux musulmans.

Réformer les lois

La Torah et le Coran ont en commun un grand nombre de lois divines. Les musulmans pensent que Jésus a été envoyé pour rappeler et instituer les lois destinées aux enfants d'Israël (5:46) – notion que l'on retrouve dans Matthieu 5:17-20. Cependant, le Coran ajoute qu'il reformule des lois issues de révélations passées, leur ajoutant quelque chose « de meilleur ou d'équivalent » (2:106).

Les lois de la pureté, qui sont tout à fait sophistiquées et complexes dans le judaïsme orthodoxe, offrent un exemple de la façon dont le Coran simplifie ces lois. Si vous feuilletez un code de droit hébraïque, vous y trouverez des chapitres consacrés aux lois de purification corporelle. Dans les recueils de lois islamiques, en revanche, vous trouverez simplement une version simplifiée de ce type de lois. Le Livre saint de l'islam reprend l'intention des lois judaïques sur l'impureté rituelle, en instituant une méthode simple qui permet à celui qui est rituellement impur de se purifier aussitôt en lavant ses vêtements et son corps.

De même, s'agissant de la menstruation des femmes, la Torah prévoit que les femmes soient séparées du reste de la famille pendant sept jours avant de retrouver leur pureté rituelle (Lévitique, 15:19-33). La loi islamique simplifie ce processus de sorte que les femmes puissent rester avec leur famille et mener à bien leurs travaux quotidiens, tout en étant exemptées des cinq prières quotidiennes obligatoires et de tout rapport sexuel avec leur mari.

Dans certains cas, la loi islamique supprime complètement des pratiques dont l'équivalent a été rendu obligatoire pour les fils d'Israël. Ainsi, le vendredi, les musulmans assistent tous ensemble à la grande prière qui s'accompagne d'un sermon. C'est pourquoi, dans la plupart des pays musulmans, le vendredi est un jour férié. Cependant, la loi islamique n'attache pas d'autres lois ou restrictions au vendredi, en dehors du fait qu'il faut assister à la prière communautaire. À part cela, le vendredi est pour les musulmans un jour comme les autres.

Refonte des rituels religieux

Le Coran croit fermement que la prière, l'aumône purificatrice et le jeûne font partie de toutes les religions révélées par Dieu. Cependant, les enseignements de l'islam ont entraîné une refonte des pratiques rituelles.

Ainsi, la pratique du jeûne est passée d'un jeûne de vingt-quatre heures d'affilée à un jeûne qui dure de l'aube au coucher du soleil. De même, les prières en islam s'effectuent cinq fois par jour, au lieu des cinquante initialement prévues.

L'alliance de Dieu pour tous les peuples

L'alliance avec Dieu dans l'islam s'étend à toute la famille humaine, de façon universelle, sans considération de race ou de parenté. Le Coran considère l'ensemble des croyants musulmans du monde entier comme une seule communauté, l'*oumma*, qui ne connaît pas de frontière ethnique.

Selon la tradition islamique, les révélations divines antérieures s'adressaient à un peuple spécifique, en un lieu et une époque donnés. Jésus dit d'ailleurs dans la Bible : « Je suis venu pour la brebis perdue d'Israël. » En revanche, la religion initiée par le prophète Mohammed est universelle, puisque les musulmans considèrent qu'il s'agit du dernier messager de Dieu. Mohammed dit en effet : « Tous les prophètes qui sont venus avant moi ont été envoyés à un peuple seulement tandis que moi j'ai été envoyé à toute l'humanité. » Le Coran réitère ce point en disant : « Nous t'avons envoyé en bénédiction pour toute l'humanité. »

En d'autres termes, le Coran ne croit pas au « peuple élu » qui seul serait exclusivement responsable de mener à bien la mission reçue de Dieu. Le Coran considère que le message et les lois de Dieu sont universellement salutaires. L'alliance se prolonge avec chaque personne qui embrasse la foi de l'islam et devient une partie de l'*oumma*.

Un nouveau regard sur les prophètes

Les récits de la vie des prophètes sont certes partagés par les trois religions révélées et constituent en ce sens un héritage spirituel commun transmis par quelques grands personnages. Cependant, les récits du Coran et de la Bible abordent les choses de façon différente.

Certains juifs et certains chrétiens, ainsi que certaines écoles de pensée, considèrent que le Coran a puisé dans les récits de l'Ancien et du Nouveau Testament des bribes d'histoire, qu'il a ensuite remanié à sa guise. Faisons remarquer que le Coran ne s'en excuse pas et n'essaie pas de cacher le fait que beaucoup d'histoires sont semblables, sinon les mêmes, étant donné que le Coran n'apporte pas une nouvelle révélation mais plutôt développe et vient clore les révélations précédentes.

En outre, le Coran ne prétend pas être issu d'une nouvelle source mais bien de la même source que les révélations divines précédentes, qui n'est autre que Dieu lui-même. En même temps, les adeptes du Livre sont convaincus que certains récits de la vie des prophètes, provenant de la Bible et de la Torah, ont sans doute été déformés. Or, on apprend dans la Bible que certains prophètes n'ont pas toujours été dans le droit chemin, ce qui paraît inconcevable pour un musulman. Ces prophètes devaient être les hommes les plus nobles qui aient jamais existé afin d'être considérés comme des héros et des modèles spirituels pour tous les hommes.

Les prophètes, ces héros

Dans le Coran, tout prophète envoyé par Dieu avec une mission divine porte la qualité de *ma'soum,* ce qui signifie qu'il a l'innocence ou la protection de Dieu qui le garde de commettre de grands péchés. À ce titre, le Coran mentionne toujours des prophètes auréolés de titres de noblesse et de caractère pieux présentés en modèles à toute l'humanité. On ne trouve nulle part la plus petite évocation d'un éventuel manquement à cette règle. En revanche, dans la Bible, on trouve plusieurs exemples de prophètes commettant des actes immoraux, pour lesquels ils ne se sont pas toujours repentis.

Prenons l'exemple du récit du prophète Joseph, que le Coran qualifie de « plus belle histoire ». Dans le Coran, le récit de sa vie est pratiquement identique à celui de la Bible, la morale de l'histoire étant sans aucun doute la même. Cependant, certains épisodes présentent des différences notables qui illustrent bien les différences de point de vue des deux traditions.

Quand Joseph est tenté par l'épouse de son maître, la Bible ne dit pas s'il a succombé à la tentation ou non. Le Coran, en revanche, s'efforce de le disculper de toute conduite immorale, en ajoutant des détails importants au récit : l'épouse du maître essaie de séduire le prophète Joseph en fermant à clef les portes et en l'emprisonnant dans sa chambre. Joseph répond en disant : « À Dieu ne plaise… vraiment aucun bien ne vient à ceux qui font du tort » (12:23). Ensuite, le Coran dit que Joseph aurait volontiers cédé aux avances de la femme, « mais il a vu un signe évident de son Seigneur. Nous avons ainsi agi pour détourner de lui le mal et la turpitude. Il était en effet du nombre de nos serviteurs choisis » (12:24). Puis, quand Joseph s'efforce d'échapper à la tentation de séduction de la femme, elle le saisit par-derrière, déchirant le dos de sa chemise. Le maître ouvre alors soudainement la porte pour trouver son épouse et Joseph en situation de dispute. L'épouse accuse immédiatement Joseph d'avoir tenté de la séduire (12:25). Joseph bat en retraite, rétorque que c'est l'épouse du Maître qui a essayé de le séduire, et que d'ailleurs sa chemise déchirée le prouve bien. Si la chemise de Joseph avait été déchirée à l'avant, il aurait été évident que c'est elle qui essayait de lui échapper. Mais, puisque la chemise était déchirée par-derrière, il était clair que Joseph avait essayé de fuir. Le maître se rend à l'évidence et réprimande son épouse pour son attitude (12:26-29).

Par ce supplément de récit, le Coran s'efforce de défendre l'honneur et la chasteté du prophète Joseph. Il est clair que le Coran veut défendre l'innocence et la vertu des grands prophètes proposés en modèle pour l'humanité.

Parfois, plutôt que d'ajouter des détails, le Coran préfère rejeter les récits qui figurent dans la Bible pour garder intact l'honneur d'un prophète. Dans la Bible, par exemple, le prophète David est accusé d'avoir espionné Bethsabée en train de prendre son bain et d'avoir ensuite commis l'adultère avec elle. Pour le Coran, cette version est complètement inimaginable au regard de la mission prophétique de David. En effet, le Coran rapporte l'histoire de la conduite héroïque de David face à Goliath et félicite son sens du jugement mais rejette complètement toute référence à son affaire d'adultère supposé avec Bethsabée. De fait, David figure parmi les plus grands prophètes, car il est lui aussi l'un des destinataires d'un livre divin qui regroupe les psaumes, *zabour* en arabe.

La vie du prophète Abraham vue par la tradition islamique

Le Coran donne quelques détails intéressants sur la vie du prophète Abraham qui mettent en relation sa vie et ses œuvres avec la foi islamique. Le Coran raconte ainsi qu'Abraham, jeune homme déjà plein de sagesse, essaie de convaincre son père et sa communauté de se détourner du culte des idoles (21:51-70). Il est alors rejeté et même persécuté pour avoir prêché l'unicité de Dieu. Cette histoire ne se retrouve ni dans le Nouveau ni dans l'Ancien Testament. Dans le Coran, cette histoire est mise en parallèle direct avec l'expérience du prophète Mohammed, qui également rejette le culte des idoles et est chassé hors de la ville en raison de sa prédication.

En outre, de manière significative, le Coran rattache le prophète Abraham à la ville de La Mecque, où il construisit la Ka'aba avec son fils Ismaël. C'est là qu'Abraham supplie avec ferveur Dieu de donner à la ville de La Mecque un prophète et un climat de dévotion (2:125-129). Cette relation contribue à situer le prophète Mohammed dans la lignée d'Abraham, par l'intermédiaire du prophète Ismaël, et fonde la légitimité de l'islam au rang des religions monothéistes. Bien que cette histoire-là ne figure pas dans le récit de la Torah relatant la vie d'Abraham, elle reflète bien la prière d'Abraham qui souhaite faire naître une grande nation de la lignée d'Ismaël, et la promesse de Dieu de bénir la terre et la famille d'Abraham (Genèse 12:1-3 et 17:4).

Sentir le pouls de Mohammed battre dans l'Écriture biblique

Le point de controverse principal entre les juifs et les chrétiens concerne l'authenticité de Jésus comme Messie. Pour les juifs, aucun prophète ne peut venir après Moïse, et aucun Livre divin ne peut suivre la Torah. Le Coran, en revanche, se place en défenseur de l'authenticité du prophète Jésus à l'égard des juifs, et de l'authenticité du prophète Mohammed envers les juifs et les chrétiens.

Le Coran défend sans réserve l'idée que la mission prophétique de Mohammed est inscrite en filigrane dans les Écritures originelles de la Torah et de l'Évangile. Le Livre cite les paroles du prophète Jésus aux enfants d'Israël : « Je suis l'envoyé de Dieu auprès de vous, venant confirmer ce qui, de la Torah, est antérieur à moi et annoncer un messager qui viendra après moi, dont le nom sera Ahmad » (abréviation Mohammed) (61:6). Ce passage a incité les commentateurs du Coran à rechercher dans les Écritures saintes de l'Ancien et du Nouveau Testament des preuves de la venue de Mohammed. Ces recherches ont donné lieu à d'intéressantes théories.

Ceux qui ont étudié la Torah avancent le fait que dans le Deutéronome 18:18 la prophétie de Mohammed est annoncée en ces termes : « Je leur susciterai, du milieu de leurs frères, un prophète semblable à toi, je mettrai mes paroles dans sa bouche ; et il leur dira tout ce que je lui ordonnerai. » Pour les chrétiens, ce passage annonce la venue de Jésus. Cependant, certains exégètes audacieux de l'Ancien et du Nouveau Testament font valoir qu'il y a une plus grande similitude entre le prophète Moïse et le prophète Mohammed qu'entre Moïse et Jésus, tant du point de vue de leur nature que de leur mission. En outre, ces mêmes exégètes disent que la mention d'un prophète venu « du milieu de leurs frères » évoque davantage la lignée de Mohammed avec le frère Ismaël plutôt que la lignée de Moïse et de Jésus par Isaac.

D'autres spécialistes des Testaments font remarquer que le terme utilisé en grec dans les Évangiles est celui de *periclytos,* que l'on traduit en français par « paraclet » qui signifie « l'avocat », « celui qui parle à votre place pour vous défendre ». Pour les exégètes musulmans, ce terme est plus proche du mot arabe *Ahmad* ou *Mohammed*, qui signifie « celui qui est béni de Dieu ». Le mot grec qui a donné « paraclet » interprété ainsi induit l'idée de « grandes bénédictions » et, par là, se rapproche beaucoup du sens du mot *Mohammed.*

Ces commentateurs précisent que, dans la Bible, on parle toujours au futur du « paraclet », que les chrétiens considèrent comme le Saint-Esprit, et non au présent. C'est pourquoi il ne peut pas se rapporter au Saint-Esprit qui était censé habiter Jésus. Aussi une minorité de commentateurs de l'Ancien et du Nouveau Testament et du Coran considèrent-ils qu'en fait le « paraclet » annonce le prophète Mohammed (Jean, 14:16 ; 15:26 ; 16:7).

Différences de regard sur Marie et Jésus

Le Coran témoigne d'une grande estime pour Marie et son fils Jésus. Cependant, ces deux personnages sont perçus de façon très différente par les chrétiens et par les musulmans.

Marie dans le Coran et dans la Bible

Le Coran tient Marie en si haute estime qu'il la décrit comme « choisie parmi les femmes du monde » (3:42). La sourate 19 porte même le nom de Marie. Il est intéressant de noter que le Coran parle davantage de Marie que la Bible et donne certains détails sur la naissance virginale de Jésus qui ne figurent pas dans la Bible.

Ces passages disent que « les douleurs de l'enfantement la poussèrent vers le tronc d'un palmier-dattier. « Plût à Dieu que je fusse morte et à jamais oubliée », aurait-elle dit, en évoquant sa propre mort en raison de la douleur et de l'accusation déshonorante d'adultère qu'elle s'était attirée. Une voix lui répond alors : « Ne t'afflige pas ! Ton Seigneur a mis à tes pieds une source. Secoue le tronc du palmier-dattier vers toi : il en tombera pour toi des dattes toutes fraîches prêtes à être cueillies. Mange, bois et réjouis-toi ! » Marie est également invitée à rester silencieuse jusqu'au moment où elle reviendra auprès des gens de son village avec son bébé Jésus (19:22-26).

Il ne faut pas oublier que le Coran déclare que l'accouchement de Marie a été un signe miraculeux de Dieu, ni plus ni moins. Les musulmans n'attribuent à Marie aucun caractère divin, hormis celui d'avoir reçu le « souffle divin », incarné en Jésus.

Jésus dans le Coran et dans la Bible

Dès le berceau, Jésus parle miraculeusement pour défendre la virginité de sa mère et se présenter en messager de Dieu. Dans son prêche aux enfants d'Israël, le Jésus du Coran se définit de trois manières, dont deux sont en totale opposition avec la vision chrétienne.

Premièrement, Jésus dit dans un passage éloquent : « Je suis en effet un serviteur de Dieu. Il m'a donné la Révélation et a fait de moi un prophète » (19:30). Ainsi, dans ce passage, le Jésus du Coran déclare nettement qu'il n'est pas Dieu, mais que, au contraire, il lui est soumis. Il confirme également son statut de Prophète et de récepteur du Livre divin.

Le Coran poursuit en disant que Dieu, dans sa majesté, « n'engendre pas un fils ». En revanche, sa parole est créatrice et fait exister ce qu'elle nomme par le simple fait de la nommer. Ainsi, Jésus dans le Coran n'est pas non plus le fils de Dieu.

La doctrine islamique considère Jésus comme un prophète et un messager de Dieu qui est venu et a fait de nombreux miracles pour convaincre les enfants d'Israël de la véracité de son message. En outre, Jésus est considéré comme le Messie, mais pas comme le sauveur de l'humanité (3:45). En résumé, dans le Coran, Jésus n'est ni Dieu ni le fils de Dieu et n'a aucun autre attribut divin.

Pour terminer, mentionnons également la crucifixion, dont le sens est expliqué de façon très différente dans le Coran et dans la Bible. Le christianisme croit que Jésus a été crucifié sur la croix pour racheter les péchés des hommes. Le Coran, en revanche, dit que Dieu a sauvé Jésus de la crucifixion en l'élevant jusqu'aux cieux. Dieu a simplement laissé croire qu'il avait été crucifié. Étant donné que le Coran n'adhère pas à la croyance au péché originel, il n'y a aucune raison pour que Jésus soit mort sur la croix pour racheter les péchés de l'humanité, selon la tradition islamique.

La tradition islamique croit également, comme les chrétiens, que Jésus reviendra sur Terre à la fin des temps pour combattre l'antéchrist. Cependant, les musulmans considèrent que, à son retour, Jésus proclamera sa vraie nature de messager de Dieu, confirmera les enseignements du prophète Mohammed et mourra comme tout être humain sur Terre. Cette croyance au retour de Jésus est vaguement évoquée dans le Coran (43:61).

Pour aller plus loin

Pour mieux connaître les diverses interactions entre ces prophètes ainsi que les religions qu'ils ont fondées, nous vous conseillons différents choix de lecture :

- ARNALDEZ R., *À la croisée des trois monothéismes. Une communauté de pensée au Moyen Âge*, Paris, Albin Michel, 1993. Dans cet ouvrage, vous lirez avec profit les chapitres suivants : « Rencontre de Mohammad avec les juifs et les chrétiens » ; « La civilisation de Cordoue » et « La pensée philosophique et théologique dans l'Occident ».
- BERQUE J. et CHARNAY J.-P., *Normes et valeurs dans l'Islam contemporain* (dir.), Paris, Payot, 1966.
- CAHIERS DE FANJEAUX, n° 18, « Islam et chrétiens du Midi XIIe-XIVe siècles », Toulouse, Privat, 1983.
- COLLOQUE DE CORDOUE, *Ibn Rochd, Maïmonide, saint Thomas d'Aquin ou la filiation entre foi et raison,* Paris, Climats/Association freudienne internationale, 1994, p. 131-142.

- COURBAGE Y. et FARGUES P., *Chrétiens et Juifs dans l'islam arabe et turc*, Paris, Payot, 1997.
- GRUNEBAUM G. E. von, *L'Identité culturelle de l'Islam,* Paris, Gallimard, 1973.
- LEWIS B., *Comment l'islam a découvert l'Europe,* Paris, La Découverte, 1984.
- MONNOT G., *Islam et religions*, Maisonneuve et Larose, 1986.

Deuxième partie

Comprendre le Coran

J'écoute un *tube* des années 1960, une psalmodie du Coran ! Un sacré morceau !

Dans cette partie…

Dès que la communauté musulmane s'est retrouvée orpheline, à la mort du prophète Mohammed, la tradition de l'interprétation (ou exégèse) du Livre, *tafsir* en arabe, s'est développée. L'interprétation du Coran joue un rôle capital dans la vie des musulmans. Elle leur donne les clefs pour mieux cerner leurs convictions religieuses et agir en conformité avec la volonté de Dieu.

Dans cette partie, vous apprendrez à connaître les différentes méthodes traditionnelles d'interprétation et certains commentateurs classiques célèbres. Nous verrons également comment les commentateurs contemporains interprètent le Coran.

Chapitre 6

Qu'est-ce que l'exégèse ?

Dans ce chapitre :

- Présentation de la science de l'interprétation coranique
- Méthodes traditionnelles d'exégèse

Dans toute l'histoire islamique, les musulmans ont consulté l'Écriture sainte pour réaffirmer les enseignements traditionnels, et trouver de nouvelles significations et des réponses aux débats de société qui émergent avec chaque nouvelle génération.

Certains aspects du Coran sont limpides et sans ambiguïté de sens (*al-mouhkamat*). D'autres, en revanche, peuvent susciter des interprétations divergentes, ce qui est considéré non comme un obstacle mais comme une richesse et une bénédiction pour la communauté musulmane, car cela lui permet de progresser.

Dans ce chapitre, nous abordons la science de l'interprétation coranique, c'est-à-dire l'exégèse. Ensuite, nous verrons plus en détail les différentes techniques classiques développées pour mieux comprendre l'Écriture sainte.

Apprendre pour se laisser guider

Le Coran pousse ses adeptes à être « interactifs » et exige d'eux de constants efforts pour se rapprocher de Dieu. Chacun des versets, même le plus simple, est un trésor de sagesse spirituelle, un tremplin pour la foi et un guide moral. Ces versets influent sur la vie individuelle et collective de la communauté musulmane (*oumma*).

Il est important de veiller à ce que l'interprétation de l'Écriture sainte soit vraiment authentique, car c'est le socle sur lequel s'élaborent l'ensemble des croyances et la morale musulmane.

Quelle place a l'interprétation ?

La majorité des musulmans considère le Coran comme étant la parole incontestée de Dieu. C'est pourquoi tout enseignement authentique doit être corroboré en esprit, sinon en toutes lettres, dans le Coran. Le Coran fournit la norme, ou le critère, par lequel toutes les autres idées sont jugées. Si une idée, un acte religieux, ou tout aspect de la vie moderne entre en conflit avec l'esprit du Livre, alors cette idée ou cet acte ne peuvent pas faire autorité et ne peuvent pas être proposés en modèles aux croyants.

Les musulmans ont historiquement reconnu les divergences de vues sur la plupart des sujets religieux non fondamentaux. En effet, ils apprécient que le Coran possède suffisamment de profondeur et de latitude pour permettre d'appréhender les choses sous divers angles.

Cependant, si divergences de vues il y a, elles doivent pouvoir s'appuyer sur de solides bases théologiques puisées dans les enseignements du Livre. Pour proposer une nouvelle perspective ou une nouvelle idée à propos du Coran (et de l'islam), il faut au préalable vérifier qu'elle est bien étayée par un fondement moral légitimé par l'Écriture sainte, à plus forte raison si cette idée vient contredire certains enseignements fondamentaux de l'Écriture sainte.

Les intellectuels, musulmans ou non, qui essayent de promouvoir dans le monde musulman certaines idées, telles la démocratie ou la tolérance, doivent s'appuyer sur des enseignements coraniques pour faire avancer leurs idées. De même, pour combattre les idées reçues, comme la violence injustifiée, il leur faut démontrer que cela est foncièrement opposé à l'esprit et à la lettre du Coran.

Aucun organisme religieux n'a pour mission d'encadrer l'interprétation coranique, et, par conséquent, chacun peut offrir sa propre interprétation. Cependant, cela ne signifie pas que tout un chacun arrivera à légitimer sa position sans avoir les connaissances et la maturité requises pour cela. La communauté musulmane évite en général de donner des interprétations qui offrent des explications peu orthodoxes ou manifestement erronées.

Le Coran est un livre de direction spirituelle. L'interprétation a pour objet d'aider les croyants à tirer parti de cette direction spirituelle.

Petit abécédaire de l'interprétation coranique

La science de l'interprétation coranique utilise une terminologie précise avec laquelle vous allez vous familiariser :

- ***Tafsir* (pluriel : tafassir)** : « explication » ou « interprétation ». Se rapporte à la science de l'interprétation coranique (ou exégèse).
- ***Ta'wil*** : Diffère du *tafsir* en ce qu'il interprète les significations les plus profondes d'un verset en recourant aux mécanismes sophistiqués de la linguistique arabe et à d'autres méthodes.
- ***Moufassir* (pluriel : moufassiroun)** : Celui qui pratique l'interprétation ou le commentaire ; un interprète (exégète) du Coran. Les musulmans, partout dans le monde, témoignent beaucoup de respect à certains grands interprètes célèbres et à leurs travaux.

  Traditionnellement, seuls les érudits qui ont passé une bonne partie de leur vie à étudier les sciences coraniques se risquent à écrire de volumineux commentaires du Coran (*tafsir*). Leurs travaux sont en général très respectés par les musulmans.

  Il ne suffit pas d'être savant. La personne qui reçoit ce titre doit avoir un cœur pur, dénué de toute arrogance et d'autosatisfaction, et ne pas chercher à innover. Ces spécialistes, en général, consolident leurs propres *tafassir* en étudiant également les biographies des grands exégètes classiques.
- ***Sunna*** : Habitude ou manière d'être du prophète Mohammed. Considérée comme la deuxième source de *tafsir* après le Coran lui-même. (La sunna ne doit pas être confondue avec l'adjectif « sunnite » qui vient du mot sunna mais qualifie le groupe majoritaire de musulmans dans le monde.)
- ***Sahaba*** : Se rapporte à la génération des compagnons qui ont vécu et côtoyé le prophète Mohammed. Leurs commentaires sont tenus en haute estime, et même considérés comme faisant autorité par certains. Est considéré comme la troisième source de commentaires après la sunna.
- ***Tabi 'oun*** : La génération qui a succédé aux compagnons du Prophète. Les rapports et les avis des savants de cette génération forment une part importante des commentaires.
- ***Tafsir bi'l-ra'y*** : Interprétation qui se fonde sur la raison et une réflexion intellectuelle poussée (*ijtihad*) en vue de mieux maîtriser le sens du Coran. Naturellement, ce type de commentaire ne constitue pas simplement un jeu de devinettes ou des élucubrations intellectuelles.

Il doit s'appuyer sur un raisonnement solide, appuyé sur des sources fiables.

- ***Tafsir mahmud*** : Se rapporte à une interprétation qui trouve ses fondements dans les sources bien établies du Coran lui-même, dans la sunna, ou dans la loi islamique.
- ***Tafsir madhmum*** : Interprétation condamnée ou réprouvée parce qu'elle ne prend pas en compte les sources authentiques qui font autorité.
- ***Tafsir bil-ichara*** : Se rapporte au *tafsir* fondé sur le symbolisme du Coran et sur l'intériorisation ; intériorisation de l'Écriture sainte. Cette forme de *tafsir* est pratiquée principalement par les mystiques musulmans qui affirment que certains ont un cœur et un esprit si purs qu'ils peuvent percevoir la dimension cachée du Coran en même temps que sa dimension externe.

  Certains refusent de reconnaître la validité de ce type de spéculation controversé, car si cette forme d'interprétation donne de la densité et de la profondeur aux commentaires du Coran, elle ne peut pas être employée pour définir la loi islamique, étant donné qu'elle ne peut généralement pas produire de preuves solides. Ce tafsir ne doit pas contredire la signification évidente ou claire des versets auxquels il s'applique ; il doit raisonner à partir d'au moins un mot employé explicitement dans les versets en question.
- ***Isra'ilyat*** : Traditions et récits d'origine juive (et parfois chrétienne) qui servent de point de départ à des récits plus ou moins controversés du Coran. La première génération de musulmans employait rarement les *isra'ilyat*. Ils sont devenus populaires ultérieurement.

Le Coran affirme que les juifs et les chrétiens ont ajouté à leur tradition des récits sans fondement, qui sont parfois de pures fables. En conséquence, ce type de commentaire, en particulier de nos jours, n'est pas considéré d'un œil favorable et pour beaucoup, il est utilisé pour combler des lacunes existant dans les récits sur les prophètes figurant dans le Coran.

Certains sont vrais, sans l'ombre d'un doute, parce qu'ils confirment le Coran. Certains sont absolument faux, parce qu'ils contredisent clairement le Coran. Certains ne sont ni totalement vrais ni totalement faux ; et le Coran ne les confirme pas, pas plus qu'il ne les contredit.

Trouver le bon tafsir

On trouve dans un certain nombre de pays musulmans des émissions de télé et des programmes à la radio qui enseignent diverses interprétations. Ces programmes rencontrent une très grande audience. Cependant, aucun organisme religieux ni aucune autorité religieuse n'a à donner son aval ou sa préférence pour telle ou telle interprétation.

Chaque communauté est libre de choisir l'interprétation qui lui convient en fonction de sa culture, du lieu et du moment. Ainsi, les musulmans qui vivent en Arabie saoudite choisissent en général de se référer au commentaire traditionnel, parce qu'ils sont très attachés à ce que l'on ne se réfère qu'à des sources fermement établies comme authentiques. Les musulmans qui vivent en Afrique de l'Ouest, pour leur part, sont généralement plus attirés par les commentaires ou interprétations qui s'attachent à faire ressortir le sens caché des passages du Coran.

Malheureusement, la tradition extrêmement riche d'interprètes et de penseurs de l'islam s'est considérablement appauvrie depuis le siècle dernier environ. Il en résulte que les musulmans d'aujourd'hui sont tout simplement plus enclins à s'en référer aux interprétations répandues dans leur communauté sans prendre le temps ou faire l'effort d'étudier par eux-mêmes les différents commentaires.

La langue représente une barrière importante pour certains parce que la plupart des commentaires classiques sont rédigés en arabe et n'ont pas encore, pour la plupart, été traduits dans d'autres langues. Beaucoup de communautés sont influencées par les commentaires en circulation dans leurs langues respectives.

Méthodes d'interprétation

Les outils qui permettent de pratiquer le commentaire sont très sophistiqués et complexes. Dans cet ouvrage, nous nous attachons simplement à vous donner un aperçu des méthodes les plus couramment utilisées pour interpréter l'Écriture sainte.

À RETENIR

La lecture intégrale du Coran permet de clarifier, au fur et à mesure de la lecture, un certain nombre des enseignements théologiques et moraux qui s'y trouvent.

Le Coran s'explique de lui-même

La profondeur du Coran est telle qu'elle permet à chaque sourate d'expliquer, de commenter et de préciser ses propres versets. Aussi, celui qui veut interpréter le Coran doit-il avoir une connaissance et une compréhension complètes de l'Écriture sainte avant de pouvoir expliquer un passage simple.

Un exemple : le passage 2:37 rapporte l'histoire de la création ; il indique simplement que, après avoir péché, Adam a reçu des « paroles inspirées » lui révélant qu'il (et Ève) bénéficiait de la pitié de Dieu. Puis, cinq chapitres plus bas, le passage 7:23 clarifie ces paroles inspirées : « Seigneur ! Nous avons agi injustement envers nous-mêmes. Si tu ne nous pardonnes pas, et ne nous accordes pas ton pardon, nous sommes perdus. »

Un interprète qui n'aurait pas une connaissance complète du Livre risquerait de faire un sérieux contresens en tirant hâtivement des conclusions importantes sur tel ou tel sujet en particulier. Il est donc très important que l'interprète ait entièrement lu et compris le Coran avant de se lancer dans la moindre interprétation du message coranique sur quelque sujet que ce soit.

Passages clairs et passages ambigus

Le Coran dit bien que certains de ses *ayat* sont clairs et non ambigus (*mouhkamat*), tandis que d'autres sont ambigus ou de nature métaphorique (*moutachabihat*) (3:7).

Les versets clairs forment la trame du Livre. Ils énoncent les croyances fondamentales (« Il n'y a qu'un seul Dieu », par exemple), des rites religieux (tels que la prière et l'aumône) et des lois explicites (telles que la prohibition du vol).

Les versets ambigus traitent d'aspects de la foi dont la nature ne peut pas être totalement connue (comme celle de l'ange jouant de la trompette au jour du jugement). Les musulmans acceptent tels quels ces passages sur la foi et leur donnent un certain nombre d'interprétations.

ATTENTION !

Bien que le Coran encourage l'interprétation, les musulmans doivent tout de même éviter de se lancer dans des conjectures trop personnelles pour élucider ces versets ambigus, car seul Dieu sait ce qu'ils signifient vraiment. Autrement, les musulmans risqueraient de dériver vers un schisme, à partir de versets ambigus, s'ils ne tenaient pas compte également de la nécessaire adhésion du croyant à des doctrines et des lois qui sont claires et explicites (3:7).

L'interprétation de ces deux types de passages se range dans les deux catégories suivantes :

- ***Tafsir al-dhahir,*** ou interprétation d'un sens clair, explicite (*dhahir*) ;
- ***Tafsir al-baatin,*** ou interprétation des sens cachés et intérieurs (*baatin*).

Le commentaire sur les versets explicites est utilisé dans deux cas. Le premier est connu comme étant celui fondé sur une explication du prophète Mohammed, de ses compagnons et de leurs disciples respectifs. Le second est connu comme étant le commentaire personnel, basé sur une réflexion portant sur la langue arabe, sur les différents modèles de lecture, la jurisprudence, l'histoire ou les circonstances de la Révélation, et la connaissance profonde des méthodes interprétatives.

Les versets explicites sont d'abord examinés dans leurs significations claires et externes. Ensuite, on étudie leurs significations métaphoriques sur la base d'une solide connaissance de l'arabe ou d'une vérification étayée par la tradition transmise par le prophète Mohammed et ses compagnons.

Le commentaire ésotérique est par nature beaucoup plus controversé puisqu'il traite de versets qui sont, par leur nature même, métaphoriques et philosophiques. Les admirateurs de ce type de commentaire trouvent que la tradition leur fournit des pistes inexplorées pour extraire des sens contenus dans des versets apparemment simples. Cependant, cette tradition de commentaire soulève également beaucoup de critiques. Certains estiment que ces interprétations sont plutôt sans intérêt du fait qu'elles ne contribuent pas à l'objectif final du Livre qui est de servir de guide aux croyants pour leur vie sur Terre.

Les interprètes plus portés sur les aspects juridiques, ou plus intéressés par le Livre en tant que guide pour la vie terrestre, concentrent beaucoup de leur attention sur les versets explicites. Ceux qui sont intéressés par la signification spirituelle et intérieure au cœur du Coran se tournent davantage vers les versets symboliques au sens implicite.

En général, les exégètes essaient d'expliquer les sens à la fois externe et caché d'un passage. La plupart des interprètes se concentrent plus sur la signification externe que sur la signification cachée. Ceux qui s'attachent plutôt à la signification cachée sont en général des mystiques ou sont influencés par la pensée mystique.

Interprétation des significations externes

L'interprétation d'un verset explicite implique de lire le verset du point de vue juridique. L'exégète prend chaque verset ligne par ligne et en extrait des lois.

Le commentaire d'un érudit musulman intéressé par l'aspect juridique pourrait s'élaborer de la façon suivante :

1. **Examiner le passage en question**

   L'interprète démarre par la lecture du texte originel du Coran. Prenons, par exemple, le passage 2:239: « Si vous vous sentez en danger, priez en marchant ou sur vos montures. La sécurité retrouvée, souvenez-vous de Dieu selon ce qu'il vous a enseigné et que vous ne connaissiez point. »

   Ici, le commentateur recherche les injonctions juridiques claires et des principes coraniques qui pourraient servir à élaborer des lois qui ne sont pas explicitement énoncées dans l'Écriture sainte.

2. **Donner une explication générale du texte**

   L'interprète examine les circonstances spécifiques de la Révélation contenue dans ce verset, de manière à pouvoir comprendre et expliquer quand et comment les injonctions juridiques peuvent s'appliquer.

   Le passage 2:239, par exemple, traite de la prière en voyage dans des circonstances qui ne permettent pas le rituel habituel (voir le chapitre 12). Ce passage a été révélé à l'époque de la bataille de Badr, dans laquelle les musulmans durent faire face au danger.

3. **Dégager des principes juridiques à partir de ce passage**

   L'érudit cherche à employer sa vaste connaissance du Coran pour parvenir à adapter les principes dégagés afin qu'ils soient applicables concrètement dans la vie des musulmans.

   Voici, par exemple, les principes juridiques qu'il pourrait dégager à partir du verset 2:239 :

   - **Première règle** : Si vous êtes en danger au cours d'un voyage, vous avez le droit de ne pas vous tourner vers la Ka'aba.
   - **Deuxième règle** : Si vous êtes en danger au cours d'un voyage, vous avez le droit de prier tout en continuant votre chemin (à pied, à cheval, etc.).
   - **Troisième règle** : Cette loi n'est valable qu'en situation de danger et ne peut pas être employée pour justifier la négligence de celui qui voyage

en toute sécurité. Si les conditions le permettent, le voyageur doit prier conformément à ce qui est prévu dans la loi.

4. **Loi réelle dégagée**

   Dans le cas du passage 2:239, on pourrait dégager les lois suivantes :

   - **Première loi dégagée** : Dieu veut la sécurité pour ses serviteurs, et non le danger. Donc, quand un musulman est en situation de danger, il doit choisir la voie de la sécurité.
   - **Deuxième loi dégagée** : À l'époque moderne, cette loi permet aux musulmans de prier en voiture ou en avion, si la situation l'exige.

5. **Confirmer la loi dégagée**

   L'interprète doit aussi attester que dans d'autres passages du Coran il est fait allusion à cette loi en y apportant des limitations ou au contraire des développements. Le commentateur doit étudier également les autres *ayat* qui traitent du même sujet, pour voir si d'une façon ou d'une autre ils viennent limiter ou étendre le domaine d'application du principe juridique étudié.

Interprétation des sens cachés

Les interprètes recherchant des significations cachées examinent scrupuleusement la racine trilitère des mots arabes employés dans le texte (voir le chapitre 4 pour plus d'informations sur l'arabe et ses racines trilitères). Cette analyse poussée permet de dégager des sens cachés supplémentaires qui viennent s'ajouter aux significations littérales, évidentes, du texte considéré.

Ces commentateurs essaient également d'expliquer plus en détail les métaphores du Coran, ceux qui préfèrent les explications claires (voir la section précédente) lisent les métaphores de façon plus immédiate, plus littérale – encore qu'il leur arrive, à eux aussi, de se plonger dans des interprétations de versets métaphoriques.

L'interprétation des sens cachés débouche souvent sur différents points de vue à partir d'un même passage. Le commentaire du 2:255, qui exalte les attributs de Dieu, fournit un bon exemple de ce phénomène. Une partie d'un verset dit : « Son Trône s'étend sur les cieux et sur la terre ».

Les interprètes de ces versets ont amplement discuté pour savoir ce que « le trône, » ou *kursi* en arabe, signifiait. Certains rapportent les divers commentaires faits par les compagnons du Prophète sur la longueur et la largeur que peut avoir le Trône de Dieu. Ils mettent l'accent sur la signification apparente (*dhahir*). Divers interprètes expliquent le sens caché (*baatin*), comme étant l'expression de la connaissance de Dieu, de sa grandeur, et de sa souveraineté. Le mot « trône », *kursi*, selon ces commentateurs, est employé de façon métaphorique par Dieu pour expliquer sa nature en des termes que l'esprit humain peut saisir. Une lecture mystique du trône s'attache davantage aux sens cachés impliquant l'âme et le cœur. Ainsi, les mystiques expliquent que le trône symbolise « le cœur de l'homme de foi qui est le trône de Dieu ».

Du général et du particulier

On peut aussi répartir les passages du Coran en deux autres catégories : d'un côté, ceux qui peuvent s'appliquer à un grand nombre de personnes (*`aam*) et, de l'autre, ceux qui s'adressent plus spécifiquement à tel ou tel groupe (*khaas*).

Les versets qui s'adressent à tous sont faciles à identifier, car ils annoncent clairement la couleur, (« Ô humanité... ») et la communauté musulmane dans son ensemble (« Ô vous qui croyez... »). Le Coran dit par exemple : « Toute âme fera l'expérience de la mort » (3:185). Voici un autre exemple où le Coran dit : « Ô vous qui croyiez ! Il vous est prescrit de jeûner comme ceux qui vous ont précédés, afin que vous manifestiez votre piété » (2:183).

Un verset à vocation générale peut également mettre des restrictions, qui excluent certaines personnes de la loi énoncée. Par exemple, pour poursuivre sur le thème du jeûne, le Coran dit : « Quiconque aura aperçu la nouvelle lune observera le jeûne. Celui qui est malade ou en voyage devra plus tard jeûner un nombre de jours égal au nombre de jours de rupture... » (2:185). Le jeûne demandé à tous est ainsi assorti de restrictions concernant ceux qui sont malades ou en voyage.

En outre, certains versets à visée générale énoncent une solution de remplacement, au cas où la première loi ne peut pas être appliquée, pour une raison ou une autre. Par exemple, dans le verset sur la pureté rituelle, le Coran énonce qu'il faut se laver avec de l'eau. Cependant, dans le même passage, il indique : « Et si vous ne trouvez aucune eau, purifiez-vous en prenant du sable ou de la terre propre et frottez-vous en le visage et les mains » (5:6). Ces versets apportent une solution de remplacement en cas d'empêchement à la règle générale.

Les versets qui sont réservés à une certaine élite, c'est-à-dire spécifiques, s'adressent en général à un petit groupe de personnes ou au prophète Mohammed (33:50, par exemple), ou sont limités à un événement particulier intervenu pendant la révélation du Coran. Ainsi, le Coran mentionne évasivement un épisode qui eut lieu pendant la vie du prophète Mohammed quand son épouse, Aïcha, a été faussement accusée d'adultère. « Que n'ont-ils eu spontanément, croyants et croyantes, de bonnes pensées en cette affaire quand ils en eurent entendu parler et que n'ont-ils dit : “C'est une calomnie manifeste.” Que n'ont-ils produit quatre témoins ? » (24:12-13).

Ces versets concernent un événement spécifique qui a eu lieu. Cependant, cela ne signifie pas que leur sagesse est limitée à cette histoire en particulier. Au contraire, ils invitent les musulmans à faire preuve de jugement quand circulent des rumeurs et à laisser le bénéfice du doute à la personne qui est accusée de quelque chose. C'est sur ce verset que se fonde le principe juridique selon lequel la personne est « innocente tant qu'on n'a pas apporté la preuve de sa culpabilité », principe que l'on retrouve dans le droit anglo-saxon.

Les interprètes s'efforcent de déterminer au mieux les passages considérés comme courants et ceux qui sont considérés comme spécifiques, parfois avec des divergences de vues. Leurs conclusions déterminent quels sont les dispositions juridiques, les préceptes, et les enseignements moraux et spirituels qui s'appliquent à toute l'humanité, à tous les musulmans, ou à un groupe et à une époque donnés, en particulier.

Importance du contexte de la Révélation

Le Coran est universel et éternel, tant du point de vue du sens que de son rôle de guide, selon la tradition islamique. Cependant, les interprètes du Coran étudient également les circonstances, les raisons ou les causes qui sous-tendent la Révélation (*Asbab al-Nouzoul*) pour affiner leur interprétation.

En règle générale, les circonstances qui ont prévalu à la révélation des versets sont de trois types différents :

- en réaction à un cas spécifique ou à une situation générale ;
- en réponse à une question posée au prophète Mohammed ;
- en réaction à des événements inconnus (enseignement général).

Prenons un exemple : le Coran indique qu'« à Dieu appartient l'Orient et l'Occident. En quelque direction que vous vous orientiez, vous serez en face de Lui… » (2:115). En lisant ce verset, on pourrait se dire qu'il est correct de prier dans n'importe quelle direction ! Cependant, le contexte historique rapporté par les compagnons du Prophète prouve que ces versets ont été révélés à un moment où un groupe de musulmans s'est trouvé coincé dans un endroit sombre et ne savait pas comment trouver la direction de la Ka'aba. Ainsi, ils se sont contentés d'une estimation et ont prié dans cette direction.

Le contexte historique de ces versets explique que, si un musulman n'a aucun moyen de connaître la direction de la Ka'aba, il peut prier dans la direction qui lui paraît la meilleure.

Il existe parfois un doute sur les circonstances historiques réelles dans lesquelles ces versets ont été révélés. Par conséquent, les musulmans ne considèrent pas cette méthode d'interprétation aussi fiable que d'autres méthodes, à moins que ces circonstances soient rapportées dans un propos du Prophète (hadith) dûment authentifié. En outre, il existe parfois plusieurs traditions sur telle ou telle circonstance ou telle ou telle cause qui expliquent la révélation des versets en question.

Versets abrogés

Le Coran fournit un code de loi qui permet aux hommes de mener une vie pieuse. Étant donné que Dieu a révélé le Coran par étapes pendant vingt-deux ans (610-632) (voir le chapitre 2), les lois morales qui sont issues du Coran se sont également développées avec le temps. En conséquence, les passages du Coran concernant certaines lois spécifiques ont parfois également évolué en deux ou plusieurs étapes. Le Coran lui-même identifie ce phénomène en déclarant : « Abrogeons-nous un verset, nous le remplaçons aussitôt par un verset meilleur ou équivalent » (2:106).

L'*abrogation* consiste à remplacer certaines injonctions ou préceptes juridiques par une autre injonction ou précepte portant sur le même sujet. Ainsi, certains versets qui ont été révélés dans la deuxième partie de la Révélation viennent remplacer certains versets datant du début de la Révélation.

Les avis varient quant à savoir quels sont exactement les versets abrogés et ceux qui ne le sont pas, ce qui fait de la science de l'abrogation une discipline très complexe. Parfois, le Coran offre deux visions du monde ou attitudes qui sont différentes et qui reflètent deux contextes différents. Cette situation ne mène pas automatiquement à l'abrogation de l'un des passages. Les deux enseignements en question doivent être appliqués en tenant compte de la sagesse qui émane à la fois des contextes historiques et scripturaires.

Pour mieux comprendre en quoi consiste l'abrogation, prenons deux passages du chapitre 73. Les versets 1-4 de ce chapitre déclarent : « Ô toi qui t'es enveloppé [dans tes vêtements] ! Lève-toi pour prier seulement une partie de la nuit ; la moitié de la nuit ou un peu moins ou un peu plus ! Et psalmodie le Coran distinctement. » Lu isolément du reste du Livre, ce passage pourrait être interprété comme signifiant que les musulmans devraient passer la majeure partie de la nuit en prière. Mais il y a une restriction dans le verset 20 : « Votre Seigneur sait que vous vous levez, toi et un groupe de tes compagnons, [pour prier] moins des deux tiers, la moitié et [parfois] le tiers de la nuit. Or, Dieu détermine la durée de la nuit et du jour et sait que vous ne saurez jamais supporter de telles veilles. Il use donc d'indulgence envers vous : récitez en conséquence du Coran ce qui est possible pour vous. Il sait qu'il y aura parmi vous des malades, que certains voyagent à travers la Terre en quête d'une faveur de Dieu. Récitez donc ce qui est possible pour vous ! Accomplissez la prière et acquittez-vous de l'aumône légale !... »

Il est clair que les derniers versets abrogent le premier sur ce sujet. Par cette science de l'abrogation, les musulmans savent qu'ils ne sont pas obligés de prier pendant la majeure partie de la nuit, comme cela aurait pu être compris en s'arrêtant à la lecture des quatre premiers versets.

Les règles de l'abrogation

Sans abrogation, les interprètes ne peuvent pas dériver de lois morales. Les spécialistes usent de trois critères pour juger des passages qui en abrogent d'autres :

- **Une mention authentiquement attribuée au prophète Mohammed ou à ses compagnons :** La tradition fiable relate explicitement ce que le prophète Mohammed a enseigné à ses compagnons, concernant certains passages abrogés du Coran.
- **Le consensus des spécialistes (*Ijma*) :** Ce consensus se fait quand les théologiens d'une certaine époque sont tous d'accord sur l'abrogation d'un ou de plusieurs versets donnés.
- **L'ordre historique des passages :** La loi ou le précepte revus abrogent ceux qui ont été révélés à une période antérieure.

Prenons un exemple : la première loi qui apparaît dans le Coran au sujet de la succession dit que, avant de mourir, un musulman doit faire savoir à qui il souhaiterait confier la responsabilité de son patrimoine, et ce testament doit être en fonction « d'un usage raisonnable » destiné à des ascendants ou à des descendants (2:180). Cependant, plus tard, tandis que la loi morale s'est développée, la loi sur la succession a été revue pour partager équitablement entre les membres de la famille (4:11-12). La loi ressortant de la sourate 4 vient alors abroger la loi énoncée dans la sourate 2.

Spécifier n'est pas abroger

Certaines lois n'abrogent pas des lois antérieures. Elles viennent plutôt les étendre ou au contraire les restreindre.

Un exemple : le verset 2:183 rend le jeûne obligatoire pour les musulmans. Cependant, en 2:184, on lit que ceux qui font face à des difficultés d'ordre physique ont la possibilité de « libérer un esclave ou de donner à manger à un indigent. » Au lieu d'abroger le premier verset cité, le verset 2:184 précise les conditions de la loi pour les personnes pour lesquelles le jeûne serait trop difficile à supporter, comme les personnes âgées et les malades.

Pour aller plus loin

Une littérature abondante a été publiée en France sur le Coran. Nous renvoyons le lecteur à la fin de ce volume pour qu'il ait une vue d'ensemble sur la bibliographie coranique. Ici, nous nous contentons de donner quelques pistes seulement, qu'il faut nécessairement compléter par des études croisées, et cela dans tous les domaines, à commencer par les nombreux sites ayant trait à la question sur Internet, puis dans les magasins de DVD et sur les supports audio, la lecture du Coran étant un art vocal à part entière :

- WELCH A. T., PARET R., PEARSON J. D., « Al-Kur'an » in *Encyclopédie de l'islam,* 1986, p. 401-431.
- ARNALDEZ R., *Le Coran. Guide de lecture*, Paris, Desclée de Brouwer, 1983.
- BLACHERE R., *Introduction au Coran*, Paris, Maisonneuve et Larose, 1991 (et 1995). Surtout son « Que-sais-je ? » sur le même sujet, Paris, Puf, 1966 (réédité depuis).
- BERQUE J., *Relire le Coran*, Paris, Albin Michel, 1993.

Chapitre 7

Interprétations du Coran aujourd'hui

Dans ce chapitre :

- Interprétations classiques du Coran
- Relecture de l'Écriture sainte à l'ère postcoloniale
- Les chiites et l'interprétation coranique

Aujourd'hui, le monde musulman traverse une période critique de son histoire. Sur le plan intellectuel, spirituel et même psychologique, les musulmans réfléchissent sur eux-mêmes, afin de redéfinir le paysage religieux, social et politique d'une civilisation qui a été, par le passé, considérée comme le phare de l'humanité.

Ce chapitre retrace l'histoire de l'interprétation coranique, en s'intéressant à certains des premiers compagnons qui ont étudié et ont enseigné le Coran. Ensuite, nous évoquerons quelques grandes figures de la science de l'interprétation coranique et discuterons brièvement de leurs approches respectives. En conclusion, nous évoquerons le travail influent de deux théologiens musulmans – Sayyid Qoutb et Sayyid Mawdoudi – et leur impact sur la pensée musulmane à l'ère postcoloniale.

Les grands commentateurs du Coran

Le jour où le prophète Mohammed est mort, la communauté musulmane s'est sentie fragilisée ; pour la première fois, les musulmans se retrouvaient démunis face aux questions qu'ils se posaient et auxquelles Dieu ne pouvait plus répondre directement par la bouche du Prophète.

À cette heure critique, Abou Bakr (un proche compagnon du prophète Mohammed, qui lui succéda en tant que premier *calife* de l'histoire) s'est présenté devant les musulmans et leur a récité avec émotion un passage du Coran qui soudainement prit tout son sens : « Mohammed n'est qu'un prophète. D'autres prophètes l'ont déjà précédé. Retourneriez-vous sur vos pas s'il mourait ou s'il était tué ? » (3:144). Puis, Abou Bakr déclara, en explicitant la signification de ce passage : « Si c'est Mohammed que vous adoriez, alors sachez que Mohammed est mort. Mais, si c'est Dieu que vous adorez, sachez que Dieu vit et qu'il vivra toujours. »

Par ces paroles, Abou Bakr a initié la science de l'interprétation, une science qui se développe encore de nos jours.

Dans les sections suivantes, nous évoquons certains grands interprètes du Coran et leurs contributions à la science de l'interprétation.

L'interprétation de la première génération et des générations successives était en grande partie, sinon totalement, établie sur le *tafsir* (ou commentaire) basé sur les enseignements de ses compagnons, transmis par une chaîne de récits remontant au prophète Mohammed. Cela confère à ces commentaires un caractère d'authenticité suprême aux yeux de la majorité des musulmans.

Les compagnons du Prophète

Pour comprendre l'Écriture sainte, les musulmans se sont fiés à plusieurs des proches compagnons du prophète Mohammed, tels Abou Bakr, Omar, `Othman, et 'Ali. Ces compagnons ont vécu au quotidien avec le Prophète et étaient donc les mieux à même de comprendre la signification profonde du Coran.

Le compagnon Ibn Abbas a été formé dès l'enfance aux enseignements du Prophète. Mohammed louait la sagesse de ce jeune homme. Il était profondément respecté par les autres compagnons, bien que beaucoup plus jeune que la plupart d'entre eux.

Parmi les autres jeunes compagnons qui ont grandi aux côtés du prophète Mohammed, mentionnons Ibn Zubair, Abdallah ibn Omar, et Abdallah ibn Al-As : ceux-ci ont été parmi les plus grands professeurs de Coran. On se réfère encore souvent avec un grand respect à leurs traditions.

Les épouses de Mohammed ont également apporté des contributions exceptionnelles à la science du commentaire, parce qu'elles partageaient la vie quotidienne du Prophète et savaient ce qu'il faisait et ce qui le souciait. Ces femmes, appelées « mères des croyants », ont rapporté plusieurs des pratiques de Mohammed.

Il est intéressant de remarquer que si les compagnons tenaient directement la Révélation de la bouche même du Prophète, leurs commentaires pouvaient néanmoins différer. Par exemple :

- **Ibn Abbas (VIIe siècle)** : renommé pour être très accommodant et souple dans ses avis sur la loi sacrée. Il est reconnu aujourd'hui pour son approche du Coran, tournée vers la modernité, particulièrement sur des sujets ayant trait aux droits des femmes.
- **Abdallah Ibn Omar (VIIe siècle)**: Sa personnalité était plus conservatrice et austère. Omar s'est parfois plaint d'Abdallah Ibn Abbas, dont il jugeait les avis (ou *fatwas*) trop laxistes et cléments. Omar est connu pour son interprétation stricte du Coran et de la loi sacrée.

En dépit de leurs différences, les compagnons se témoignaient les uns aux autres un grand respect et agissaient toujours en consultation mutuelle. Ils ont expérimenté la tradition qui dit : « Les divergences de vues au sein de l'oumma sont une bénédiction de Dieu ». Notons cependant que ces divergences de vues ne portent pas sur des enseignements fondamentaux, mais plutôt sur des questions mineures.

Élaboration des premiers commentaires

Les premiers commentaires ont été principalement transmis par la tradition orale, ce qui signifie qu'il existe très peu de versions écrites imputables à des compagnons de Mohammed. Cependant, leurs étudiants ont transmis leur savoir à leurs enfants et ont maintenu vivante pour les générations futures la chaîne de transmission de leurs interprétations. C'est ainsi que l'on bénéficie encore aujourd'hui de recueils d'interprétation de ces premiers compagnons. Malheureusement, pratiquement aucun n'a encore été traduit en français.

Au fil des générations

La génération qui a suivi les compagnons de Mohammed (*sahaba*) est qualifiée de *tabi'oun* (« authentique »). Ces interprètes étaient principalement originaires de trois endroits :

- **La Mecque :** Le groupe de La Mecque est considéré comme le mieux informé et le plus digne de confiance, parce qu'il s'est formé autour d'Ibn Abbas (voir la section précédente). Parmi ses étudiants, Moudjahid a été considéré comme l'interprète le plus sage. Les gens venaient de loin pour le rencontrer et bénéficier de ses enseignements. Le premier recueil de commentaires manuscrit est le sien.

- **Médine :** Les étudiants de Médine ont également appris de certains des plus grands compagnons. Parmi les étudiants d'Obay ibn Ka'b – Zaid ibn Aslam et Ka'b Al-Qouradi – figurent les grands interprètes de cette école.
- **L'Irak :** Le groupe des interprètes d'Irak a considérablement bénéficié des enseignements du compagnon Ibn Massoud qui vint s'installer en Irak. Bassorah et Koufa étaient les deux grandes villes de la connaissance. Les étudiants les plus célèbres de cette école étaient Al-Hasan Al-Basri et Ibrahim Al-Nakhai'.

Écoles classiques d'interprétation

Au fil du temps, ces commentaires ont été rassemblés dans des livres et beaucoup d'entre eux sont traduits en français.

Aujourd'hui encore, les érudits musulmans se réfèrent à ces ouvrages.

Le tafsir d'Al-Tabari

Le travail d'Ibn Jarir Al-Tabari (mort en 922) est le meilleur, le plus complet et le plus exhaustif de tous les commentaires. Tous les autres commentaires s'appuient fortement sur son travail, car il fut le premier à présenter le sien sous la forme d'un livre.

L'ouvrage de Tabari permet d'accéder à la connaissance du passé et témoigne d'une perspective intéressante et originale sur la tradition. Il est également connu pour sa maîtrise de la grammaire arabe, qu'il emploie à bon escient pour interpréter l'Écriture sainte.

ATTENTION !

Comme pour mieux les combattre, Tabari inclut les *israliyat*, c'est-à-dire les récits et les traditions controversés provenant du judaïsme mais pas nécessairement confirmés par des sources islamiques authentiques.

Le tafsir d'Al-Wahidi : revenir aux premiers temps de l'islam

Abou al-Hasan 'Ali ibn Ahmad Al-Wahidi (mort en 1076) a écrit un commentaire qui est une valeur sûre pour les commentateurs qui lui ont succédé.

Al-Wahidi a réalisé un brillant travail d'élucidation du contexte historique et du raisonnement initial (*asbab an-nouzoul*), qui sont à la base du Coran et s'avèrent extrêmement utiles pour trouver les clefs de compréhension des causes premières et de la sagesse du Livre saint. Son commentaire est célèbre pour le travail monumental qu'il représente dans ce domaine. Il est également connu pour son excellente connaissance de la grammaire arabe.

Ibn Kathir : l'interprète de l'école conservatrice

Ibn Kathir (mort en 1373) a soutenu Ibn Taymiyah, un théologien célèbre issu de l'école de la pensée conservatrice. Le commentaire d'Ibn Kathir est un excellent exemple d'analyse historique appliquée au Coran, et sa maîtrise du droit islamique rend ses prises de position particulièrement intéressantes.

Beaucoup considèrent le travail d'Ibn Kathir comme le plus important après celui d'Al-Tabari. Ibn Kathir s'avère plus strict dans sa défense des traditions, ne retenant que celles qui sont jugées vraiment authentiques.

Ibn Kathir rejette toutes les sources étrangères dans son interprétation, notamment celles provenant des *israliyat*. En outre, son modèle est unique, du fait qu'il veille particulièrement à expliquer le Coran par le Coran. Il renvoie constamment ses lecteurs à d'autres passages du Livre saint. Son travail est, avec celui de Tabari (IXe siècle) l'un des rares à être accessible en français sous le titre, *Tafsir Ibn Kathir*, aux éditions Darussalam ou, en version abrégée *Exégèse du Coran*, aux éditions Dar el-Kûtub al-Ilmiyah.

À ceux qui arrivent à lire la langue arabe, nous conseillons le commentaire abrégé d'Ibn Kathir en un volume, paru en 2001 à Beyrouth, auprès de la Reselah Publishers.

Al-Qourtoubi : le juriste pieux

Mohammed ibn Ahmad Abu Abdallah Al-Qourtoubi (mort en 1273) est connu comme étant un puits de science et un spécialiste du droit islamique. Son commentaire s'attache particulièrement à étudier le Coran sous l'angle du droit islamique. Il est également reconnu pour sa grande sagesse et son éloquence, ainsi que pour la profondeur de ses connaissances en grammaire arabe. Ses commentaires comptent parmi les meilleurs qui soient.

Al-Zamakhchari : l'interprétation fondée sur la raison

Abu al-Qasim Jar Allah Mahmoud ibn Omar al-Zamakhchari (mort en 1114) était connu en son temps comme l'un des penseurs les plus brillants du monde musulman. Sa connaissance de la grammaire arabe était probablement la meilleure dans l'histoire des exégèses coraniques. Son commentaire se fonde sur la raison dans le Coran et certains lui reprochent d'avoir mis trop d'emphase dans l'interprétation métaphorique du Livre.

Sur le plan théologique, Al-Zamakhchari considérait qu'il ne fallait pas prendre les attributs de Dieu à la lettre dans le Coran et qu'il valait mieux les considérer comme des symboles de ses attributs. Dans l'ensemble, les penseurs de l'orthodoxie (c'est-à-dire le dogme officiellement reconnu) ne sont pas fondamentalement en désaccord avec lui, mais il faut reconnaître qu'ils n'osent pas aller plus avant dans la voie du symbolisme pour interpréter l'Écriture sainte.

Mohammed Asad a été considérablement influencé par ce commentaire. Sa traduction et son commentaire du Coran doivent beaucoup aux travaux d'Al-Zamakhchari.

Al-Razi : le renouveau de la religion

À chaque siècle, Dieu envoie un théologien qui ravive la foi. Beaucoup considèrent Fakhr al-Din Al-Razi (mort en 1209) comme celui qui a réveillé la foi au VIIe siècle du calendrier islamique.

Fakhr al-Din Al-Razi est considéré comme le penseur le plus brillant qui ait jamais existé. Avant d'être un interprète du Coran, c'était un grand philosophe. Cela explique toute la place qu'accorde Al-Razi à la philosophie islamique dans le Coran, ce qui à cette époque était très rarement pris en compte.

Comme beaucoup de philosophes, Al-Razi est tombé dans des digressions sans fin sur un certain nombre de versets, ce qui rend son commentaire difficile à comprendre. Ses critiques disent que son commentaire est davantage un livre de théologie et de philosophie qu'une explication du Coran.

Al-Souyouti : le chercheur de la connaissance

Jalal al-Din al-Souyouti (mort en 1505) est allé dans presque tous les grands centres d'étude de la civilisation islamique pour enrichir ses connaissances de la tradition islamique. C'était un juriste d'exception, un historien brillant et un mystique pieux (*soufi*).

Certains le tiennent en haute estime et disent qu'il a revivifié la ferveur religieuse au xe siècle (du calendrier islamique). Cependant, ses interprétations mystiques lui valent autant de critiques que de louanges.

Al-Nisabouri : l'interprète mystique

Nizam al-Din al-Nisaburi (mort en 1327) est un auteur populaire de commentaires parmi les mystiques musulmans, encore aujourd'hui. Son recueil d'interprétations reflète les pensées d'Al-Zamakhchari et d'Al-Razi mais est davantage orienté sur un travail d'explication du Coran sous l'angle du mysticisme populaire.

Certains estiment qu'il prend trop facilement en compte des paroles de sagesse non authentifiées, au détriment de sources sûres.

Ibn Arabi : le célèbre mystique

Le plus grand travail imputable à un mystique musulman est certainement celui de Mouhyi al-Din ibn Arabi (mort en 1240), qui est particulièrement complet. Son commentaire, unique en son genre, fonde son explication du Coran non pas tant sur la science que sur l'expérience spirituelle.

Pour se défendre (à l'égard des traditionalistes), Ibn Arabi insiste sur le fait que l'interprétation du Coran ne doit pas reposer simplement sur une opinion ou sur un travail de devinette, ce qui est interdit (*haram*). En tout cas, la découverte de la signification intérieure ou cachée (*batin*) du Coran ne nuit pas à la pensée musulmane, même si parfois elle ne lui apporte rien.

Les grands courants du XXe siècle

Avec l'effondrement de l'Empire ottoman en 1923, la civilisation islamique a commencé à péricliter. Pendant des années, les musulmans ont enduré une série de défaites ininterrompues, menant à la colonisation de la majeure partie du monde musulman par des puissances européennes, telles que l'Angleterre et la France. Un siècle après, aux environs de 1945, on commençait déjà à pressentir la montée de mouvements sociaux, politiques et religieux venant ébranler la domination coloniale – ce qui a ouvert la voie à une nouvelle phase de l'histoire de l'interprétation coranique.

De ce chaos a émergé un réel besoin d'identité dans le monde musulman. Cherchant à restaurer la splendeur d'un passé glorieux, des partisans de la renaissance de l'islam ont commencé à émerger partout dans le monde musulman, militant pour faire évoluer l'islam sur le plan social et politique. Ces penseurs considéraient que la civilisation islamique était tombée parce que les musulmans avaient abandonné les enseignements vrais et authentiques de l'islam. Le commentaire de cette époque reflète cette réalité sociale et politique.

Les partisans de la renaissance mirent en parallèle la condition des musulmans d'aujourd'hui avec la condition des musulmans à l'époque du prophète Mohammed. Il n'est pas anodin de constater que ces mouvements restent ouverts dans leur interprétation de la loi coranique, afin d'appuyer leur revendication d'universalité de l'islam. Ainsi, on a vu des femmes, telle Zayn bint Ghazali – une Égyptienne qui a étudié le Coran et la loi islamique – jouer un rôle actif dans plusieurs de ces mouvements. En outre, leur vision politique faisait également une large place aux non-musulmans dans un État musulman, prenant comme modèle la constitution de Médine qui permet de régir de façon saine et harmonieuse les relations des citoyens entre eux sur une base religieuse.

Dans les sections suivantes, nous allons étudier d'un peu plus près l'interprétation coranique de Sayyid Aboul Ala' Al-Mawdoudi, qui a fondé le mouvement islamique du Pakistan appelé la *Jamaat Islami* (le « groupe islamique »). Nous évoquerons aussi Sayyid Qoutb, membre influent de la confrérie des Frères musulmans, basée en Égypte (*Ikhwan al-Mouslimin*). Ces deux interprètes du Coran exercent encore aujourd'hui une influence importante dans la communauté musulmane.

À RETENIR

L'argument central de ces deux personnalités influentes, dans leur commentaire, consiste à dire que le monde est tombé dans une période d'obscurantisme qui rappelle celle de l'« ignorance » (*jahiliyya*), c'est-à-dire la période qui se situe avant l'arrivée de l'islam en Arabie. Ces deux intellectuels, et les mouvements qu'ils ont inspirés, mettent en parallèle la corruption morale de l'Arabie préislamique avec celle du monde moderne (non seulement l'Occident, mais le monde musulman). Forts de ce constat, l'islam leur apparaît comme l'énergie qui réintroduira la lumière dans un monde obscurantiste.

Mawdoudi : un cadre pour un mouvement

La grande explication de Sayyid Mawdoudi sur le Coran, intitulée *Tafhim al-Qur'an* (« Comprendre l'islam » en français), est la plus influente dans le sous-continent indien, mais elle est également bien reçue ailleurs dans le monde.

Le commentaire de Mawdoudi ne ressemble à aucun autre parce qu'il se concentre sur la dynamique d'ensemble du Coran plutôt que sur une étude scrupuleuse, verset par verset, des différentes traditions.

Mawdoudi parle du rapport de l'homme à Dieu, et de son rôle comme représentant de Dieu sur Terre. Il démontre, mieux que tout autre, l'universalité du message véhiculé par le Coran, en s'appuyant sur son histoire et son attrait. Mawdoudi assemble les biographies des prophètes dans un vaste puzzle, qui fait ressortir un mouvement croissant visant à instaurer les voies de Dieu (*din*) sur Terre. Mawdoudi montre que chaque prophète a été envoyé pour lutter pour le bien, contre le mal, pour la vérité contre la fausseté, et pour la foi contre l'incroyance (ce qui est l'essence même du *djihad*).

Ce penseur influent a également donné une attention particulière au rôle de l'homme sur Terre, comme représentant ou gérant de Dieu. Mawdoudi, plus que tout autre avant lui, a insisté pour dire que le rôle de l'homme était la clef du progrès moral et social de l'homme.

Voici un exemple de la façon dont Mawdoudi a enseigné la nature du rapport de l'homme à Dieu. Il met en avant la facilité avec laquelle Dieu entre en relation avec les hommes simples.

Prenons le cas de quelqu'un qui a été choisi pour administrer un domaine en votre nom. Vous veillerez à ce que trois conditions soient remplies. Tout d'abord, la propriété de l'ensemble du domaine doit rester la vôtre et non celle de l'administrateur. En deuxième lieu, il doit administrer votre propriété uniquement selon vos instructions. Troisièmement, il exerce son autorité dans les limites que vous lui prescrivez. Car, pour la bonne gestion du domaine, il doit exécuter votre volonté et non la sienne. Ces trois conditions sont si inhérentes au concept de la représentation que si le représentant choisi de ne pas les respecter, il encourt une punition pour n'avoir pas respecté ses engagements. C'est exactement ce que signifie l'islam quand il affirme que l'homme est le représentant de Dieu sur Terre. Par conséquent, ces trois conditions sont également présentes dans le concept de *khilafat* (délégation de représentation de Dieu sur Terre).

Dans sa lecture du Coran en vue de façonner un mouvement islamique, Mawdoudi ignore, voire rejette, l'idée d'abrogation (voir chapitre 6) telle qu'elle est traditionnellement comprise. Il accepte l'idée que le Coran ait été révélé par étapes et que les lois se soient donc développées au fil du temps. Cependant, il voit ces changements comme l'application d'un principe de gradualité qui a abouti à la création de la cité-État – celle de Médine – dirigée par le prophète Mohammed.

Mawdoudi ne prend pas la tradition pour argent comptant. Par exemple, à propos de la discussion figurant dans le Coran sur le changement de la direction de la prière de Jérusalem vers La Mecque, la plupart des commentateurs classiques ont expliqué ce mouvement comme un retour de l'islam à La Mecque, dans le sillage de la tradition remontant au prophète Abraham. Mawdoudi est d'accord avec cette explication mais va plus loin dans son argumentation.

Mawdoudi montre que tous ceux qui déclarent qu'ils croient au Dieu unique et à la prophétie de Mohammed ont la responsabilité de lutter dans un « mouvement » pour le bien et contre le mal. Ce concept de mouvement représente en particulier un glissement dans l'interprétation coranique telle qu'on la connaissait jusqu'alors, qui ne comportait pas cette notion de dynamisme à mettre en œuvre.

La force des travaux de Mawdoudi repose sur sa capacité à communiquer le message du Coran à l'érudit autant qu'au profane. Par l'utilisation de métaphores et de la raison, Mawdoudi a effectivement articulé le rapport entre Dieu et l'homme, et le rôle de ce dernier sur Terre. Son commentaire se concentre sur l'islam comme mode de vie intégral. Son travail essaie d'expliciter les enseignements de l'islam sur l'interaction sociale, les principes économiques et la théorie politique.

CONSEIL

L'interprétation du Coran par Mawdoudi a été traduite en français sous le titre *Comprendre le Coran*. Vous pouvez y accéder sur Internet à l'adresse : `www.way-to-allah.com/fr/documents/comprendre _ l _ islam.pdf`.

Qoutb : le révolutionnaire controversé

Les travaux de Sayyid Qoutb sur le Coran figurent parmi les écrits les plus controversés qui existent dans la sphère musulmane. Depuis les événements tragiques du 11 Septembre, les universitaires sont malheureusement arrivés à la conclusion que son travail constitue le socle idéologique de mouvements terroristes, tel Al-Qaïda.

ATTENTION !

Cependant, en prenant du recul, on se rend compte que Qoutb était un homme beaucoup plus complexe que ce qu'en disent certains. Tout en prônant la réforme sur le plan social, légitimement imposée par la force si besoin, il a également défendu un encadrement moral strict du *djihad* (voir chapitre 18). Il serait incorrect de le cataloguer comme terroriste ou partisan du terrorisme.

Qoutb est né dans une famille pauvre en Égypte mais s'est rapidement distingué parmi les érudits de son temps par sa réflexion sur le monde moderne. Il est intéressant de noter que Qoutb n'a pas été remarqué, au départ, pour ses idées révolutionnaires sur le Coran et sur l'islam mais davantage pour son attachement à l'idéologie occidentale, dont il considérait qu'elle aurait dû servir de modèle en Égypte. Qoutb a été pro-occidental pendant la première partie de sa vie militante.

Qoutb partit étudier à l'étranger, aux États-Unis. Là, il fut confronté, lui l'Égyptien au teint basané, au racisme des lois de Jim Crow. Tout à coup, l'image de l'Occident que Qoutb avait à l'esprit se brisa en mille morceaux, et ses idéaux avec. Qoutb est revenu en Égypte au bout de deux ans environ et a étonné chacun par son revirement. Profondément affecté par son expérience de l'Occident, il préconise une révolution islamique.

Plus que n'importe quel autre commentaire, celui de Qoutb reflète assurément sa propre expérience au travers de sa lecture de l'Écriture sainte. Ses ouvrages, y compris son importante et volumineuse interprétation du Coran, se concentrent sur quelques points clés, bon nombre d'entre eux reflétant son intérêt passionné pour son époque.

Qoutb a étudié le concept de *jahiliyya,* terme employé traditionnellement pour parler de l'ignorance des hommes à l'égard des affaires de Dieu, et a abouti à la conclusion que cet état d'ignorance était à la source de tous les problèmes du monde. Pour Qoutb, l'ignorance signifie que l'homme domine l'homme. Il a présenté ce concept comme complètement opposé à l'islam, qui, au contraire, libère l'homme de toute autorité, en dehors de celle de Dieu. Qoutb en est sincèrement arrivé à penser que tant que certains hommes domineront d'autres hommes, le racisme, l'injustice et les inégalités régneront en maîtres. Qoutb a fait valoir que le chaos moral et spirituel ambiant ne cessera que lorsque l'humanité tout entière sera libérée de la tutelle des hommes pour se tourner vers Dieu.

Qoutb a estimé que les hommes n'étaient pas habilités à ériger des lois morales imposées à la société parce que, une fois soumise à ces lois morales édictées par les hommes, l'humanité ne sera plus libre pour se soumettre à l'autorité unique des seules lois morales qui en vaillent la peine : celles qui viennent de Dieu seul. Dans cette optique, tout gouvernement qui préconise des lois autres que celles émanant de Dieu commet essentiellement le péché de *chirk*, qui consiste à associer des partenaires à Dieu, seul péché impardonnable dans l'islam.

Selon lui, seuls deux principes peuvent libérer l'humanité de la domination de l'homme :

- **L'effort et le dépassement :** Qoutb a défendu l'idée selon laquelle le principe du mouvement implique qu'il faut transmettre aux hommes les enseignements du Coran par la parole, mais aussi par les actes. C'est à la seule condition que le mouvement puisse librement prêcher son message et pratiquer sa foi que ce combat en paroles et en actions peut être mené.

  Cependant, toujours selon Qoutb, on pourra être amené par la suite à mettre en place un autre type de lutte, si le mouvement perdait sa liberté de prêcher son message ou de pratiquer librement son culte. Alors, la lutte armée deviendra légitime pour lutter contre les forces de l'oppression et devra se poursuivre jusqu'à ce que l'humanité ait été libérée des institutions humaines responsables de l'oppression.

  Qoutb a également précisé que les musulmans doivent honorer le commandement divin contenu dans le Coran qui dit : « qu'il n'y ait aucune contrainte dans la religion » sans compromis. En fait, Qoutb écrit dans son interprétation du verset 2:192 que « … forcer quelqu'un à la conversion religieuse est la pire violation du plus fondamental des droits de l'homme. C'est donc une offense beaucoup plus honteuse que le meurtre, indépendamment de la forme que la coercition prend ou de la façon dont elle est exercée ».

Dans son interprétation, Qoutb définit également l'éthique de la guerre, en réponse au verset 2:191 qui présente le concept de la lutte armée. Dans son développement sur l'éthique de la guerre, il rappelle les critères moraux élevés tels qu'ils sont définis pour justifier la lutte armée dans la tradition islamique classique. Sur ce point, Qoutb diffère énormément des groupes terroristes, tel Al-Qaïda, qui sévissent de nos jours.

- **Loi de gradualité :** Qoutb a écrit que les musulmans doivent honorer le concept coranique de la loi de gradualité, signifiant par là qu'il s'oppose à l'application brutale de la loi islamique sur des personnes qui n'ont pas une juste compréhension de la religion révélée par Dieu. Selon Qoutb, il faut attendre que les personnes incriminées soient prêtes à se soumettre à la volonté de Dieu pour pouvoir appliquer la loi islamique.

  Pour lui, l'application progressive des lois doit s'échelonner sur une période de vingt-trois ans, période considérée comme norme idéale, que le mouvement islamique devrait appliquer. Ses croyances en la matière sont radicalement opposées à celles des groupes d'extrémistes qui veulent imposer brutalement les lois islamiques aux musulmans comme aux non-musulmans, sans distinction.

Certains affirment que les groupes terroristes radicaux utilisent les arguments de Qoutb pour fonder un État musulman selon leurs propres normes. Cependant, il est faux de dire que Qoutb et ces terroristes partagent la même idéologie et les mêmes objectifs.

Qoutb était un homme de son temps. Que l'on soit d'accord avec lui ou non, on peut reconnaître que ses ouvrages témoignent d'une aspiration profonde à vivre libre, en particulier débarrassé de l'oppression de régimes tyranniques.

Si vous êtes intéressé par l'interprétation du Coran selon Qoutb, sachez qu'il a été traduit en français sous le titre suivant : À *l'ombre du Coran*, de Sayyid Qoutb, aux éditions Alphabeta.

Mohammed Rida : le réformateur influent

Mohammed Rachid Rida est originaire d'Égypte et a été l'élève du professeur Mohammed Abduh. Il a écrit une interprétation du Coran intitulée *Tafsir al-manar,* qui s'est avérée aussi influente que controversée. Rida se contente d'interpréter 12 parties (*juz'*) seulement du Coran. Son ouvrage n'en présente pas moins des perspectives intéressantes sur la façon dont les musulmans continuent à s'attaquer aux questions de la modernité.

Beaucoup félicitent Rida pour sa capacité à interpréter le Coran de façon critique dans le contexte de la société actuelle. Cependant, les critiques estiment qu'il est allé trop loin en essayant de réconcilier les idéaux coraniques avec la modernité. Par exemple, Rida défend l'idée que le Coran proscrit la polygamie, étant donné qu'il est impossible à un homme d'assumer le devoir qui découle des enseignements du Coran, qui implique de traiter ses épouses avec équité. Rida est très souvent cité par les musulmans progressistes mais est également perçu par certains musulmans comme ayant une vision parfois peu orthodoxe, qui doit inciter à la prudence.

Mohammed Al-Ghazali : un tafsir thématique

Chaykh Muhammad al-Ghazali, *moufassir* égyptien du xxe siècle, est l'un des penseurs les plus respectés aujourd'hui. Son travail est connu tout autant pour son contenu que pour sa forme et son style novateur : son interprétation est rédigée sous la forme d'un commentaire thématique de l'Écriture. C'est le premier du genre, qui mélange des interprétations classiques avec des commentaires issus de l'époque moderne et assortis d'une réflexion personnelle. Le brillant travail d'Al-Ghazali relie effectivement tous les passages du Coran traitant de morale pour montrer que le Coran est bien une Écriture sainte cohérente et exhaustive.

Ce *tafsir* a été traduit en français sous le titre suivant : *Vers une interprétation contextuelle du Noble Coran*, du cheikh Mohammed Al-Ghazali.

Une autre école de pensée : les chiites

Les chiites représentent environ 10 % de la communauté musulmane dans le monde. Le mot « chiite » n'a bien sûr rien à voir avec nos « chtis » du nord de la France ni avec le shit (la drogue). Il signifie « partisan de 'Ali », en référence au cousin et proche confident du prophète Mohammed, quatrième calife de l'islam.

La scission entre la majorité sunnite de l'islam et les chiites remonte à la mort du prophète Mohammed. Immédiatement, la question s'est posée de savoir qui allait remplacer Mohammed comme chef de la communauté musulmane, l'*oumma*. Les chiites étaient convaincus que le successeur devait venir de la maison de Mohammed (*ahl' al-bayt*). Le successeur évident, dès lors, était bien 'Ali.

'Ali

Les musulmans sunnites ont un grand respect pour 'Ali, le dernier des « califes bien guidés » et celui qu'ils appellent la « porte de la connaissance ». Les chiites, quant à eux, considérant que la direction de la communauté musulmane aurait dû rester au sein du clan du prophète Mohammed et passer par sa fille Fatima et son cousin 'Ali, dédaignent les trois premiers califes (Abou Bakr, Omar et `Othman), jugés illégitimes. Pour eux, pendant toute la période du califat, leur imam et chef spirituel est resté 'Ali.

Les sunnites font remarquer que 'Ali a apporté son soutien aux trois premiers califes et n'a aucunement aspiré à exercer cette responsabilité. Dans l'islam chiite, 'Ali est considéré comme le musulman parfait, il est souvent appelé « le commandeur des croyants ». Les commentateurs chiites considèrent que quand le Coran parle d'un être spirituel ou d'un monument de droiture, il fait allusion à 'Ali. À propos du verset 2:177, par exemple, qui est l'un des plus éloquents sur la droiture, les commentateurs chiites disent qu'il décrit toutes les qualités de 'Ali.

La tradition sunnite se fonde fortement sur les narrations d'Abou Bakr, d'Omar et de `Othman. Les chiites, eux, marquent leur hostilité à ces compagnons, et leurs livres de commentaires sont dominés par les paroles de 'Ali. À côté des paroles de Mohammed, celles venant de 'Ali constituent une part importante de la tradition chiite.

Si, dans la tradition sunnite, le mot *imam* signifie « celui qui dirige la prière » et implique la reconnaissance de cet homme en tant que modèle de la communauté, professeur, conseiller juridique et spirituel et juge, dans la tradition chiite, le titre d'imam est accordé au chef de la communauté des musulmans tout entière. Les imams sont non seulement des figures pieuses mais sont également connus pour avoir la capacité de communiquer avec les anges et posséder la connaissance profonde de l'Écriture sainte, qui leur permet de comprendre les deux niveaux de significations : le sens interne, caché (*baatin*) aussi bien que le sens externe (*dhahir*) du Livre. De fait, le commentaire chiite se réfère beaucoup plus souvent aux significations intérieures que son équivalent sunnite classique.

Après le martyre de 'Ali, ses fils (et par là même petit-fils du prophète Mohammed) ont été considérés par les chiites comme étant les successeurs de 'Ali en tant qu'imams. Peu de temps après, les deux fils de 'Ali furent eux aussi assassinés. Cette ère de l'histoire musulmane est une période de tristesse et de deuils, à la fois pour la communauté chiite et la communauté sunnite.

Les sunnites tiennent aussi le petit-fils du Prophète (Hussein) en très haute estime. Les chiites se reprochent encore la mort de Hussein, qu'ils n'ont pas suffisamment protégé. De nos jours, les chiites commémorent toujours cet événement, en manifestant publiquement leur désarroi et leur peine en se frappant la poitrine, lors de processions funéraires appelées *matam*. Ajoutons, cependant, que ce rite n'est pas pratiqué par tous les chiites.

Les chiites considèrent qu'en comptant 'Ali et ses deux fils il y a en tout 12 imams qui viendront au monde avec pour mission d'éclairer les musulmans sur les sens caché et externe du Coran. Pour eux, le douzième imam est vivant mais doit vivre caché (dogme de l'occultation). Il est en communication avec les prophètes déjà au ciel. Il est prévu qu'il vienne sur Terre vers la fin des temps pour restaurer la justice dans le monde. Tous les imams sont considérés, comme les prophètes, innocents ou sans péchés majeurs (*ma'soum*).

Le commentaire chiite regorge de références aux 11 imam*s* – en paroles, en actions et en expériences. Tous les imams sont issus directement de la lignée de 'Ali, ce qui les fait remonter jusqu'au prophète Mohammed, et ils sont par conséquent considérés comme ayant une connaissance spéciale, qui ne peut être octroyée qu'à un successeur direct de l'imam précédent. Pour les chiites, le Coran concerne d'abord les imams puis, par extension, le reste de la communauté musulmane.

POLÉMIQUES

C'est un point sur lequel les sunnites et les chiites ont une approche très différente : chez les sunnites, il n'y a pas de notion de clergé ou de religieux qui, d'une façon ou d'une autre, auraient accès à une forme de communication avec Dieu.

Deux grands interprètes chiites du Coran

La tradition chiite a produit un certain nombre d'interprétations coraniques, qui, en réalité, ne diffèrent pas énormément de la tradition sunnite majoritaire – à quelques différences près, évoquées ci-dessus.

Nous présentons ici deux commentaires qui sont particulièrement à l'honneur dans la tradition chiite, l'un classique, l'autre moderne.

Le tafsir d'Al-Tabarsi : école classique

Abu 'Ali Al-Fadl ibn Hassan Al-Tabarsi (mort en 1153) est un des plus grands interprètes de l'école classique chez les chiites. Tabarsi est bien connu en tant que juriste, théologien et brillant spécialiste de la langue arabe.

Dans la lignée de la pensée chiite, Tabarsi axe la majeure partie de son travail sur la théologie *mou'tazilite*, connue pour ses explications rationnelles et profondément philosophiques du Coran et de la tradition islamique. Tabarsi a accompli un travail incroyable d'analyse du vocabulaire arabe en corrélation avec la vision coranique du monde.

Le tafsir d'Al-Tabataba : école moderne

Sayyid Mohammed Hussein Al-Tabataba (mort en 1981) a probablement produit le commentaire qui exerce le plus d'influence sur les jeunes réformateurs chiites. Cet auteur combine des interprétations classiques, des réalités sociales et des réflexions philosophiques sur la société moderne – ce qui le rend très attrayant pour les jeunes qui essayent de trouver leur chemin dans la vie.

Pour aller plus loin

Le questionnement de l'islam est ancien et complexe, car la compréhension du Coran, parole de Dieu, doit être un engagement personnel de chaque musulman et une exigence de l'*ijtihad* collective. Nous vous suggérons plusieurs ouvrages, fort intéressants. Il y est question, certes, du nouvel islam, mais aussi de l'interprétation classique, de l'exégèse et de leurs mutations respectives :

- BENNABI M., *Le Phénomène coranique. Essai d'une théorie sur le Coran* (1946), Association des Étudiants musulmans, réédité en 1976.
- CARRÉ O., *Mystique et politique. Lecture révolutionnaire du Coran*, de Sayyid Qutb, Frère musulman radical, Paris, Cerf, 1984.
- GIBB H. A. R., *Les Tendances modernes de l'islam,* Paris, G.-P. Maisonneuve, 1949.
- IQBAL M., *Reconstruire la pensée religieuse de l'islam,* Paris, éditions Maisonneuve, 1955.
- JOMIER J., *Le Commentaire coranique du Manar. Tendances modernes de l'exégèse coranique en Égypte*, Paris, G.-P. Maisonneuve et Cie, 1954.

Troisième partie

Le monde selon le Coran

Le *trajet* jusqu'à la mosquée me fait *toujours* penser aux préceptes qui unissent les musulmans : se soumettre à Dieu, prier cinq fois par jour et partir tôt pour réussir à avoir une place de parking.

Dans cette partie...

Vous êtes-vous jamais demandé en quoi croient les musulmans et comment ils voient le monde ? Avec plus d'un milliard de musulmans présents sur tous les continents, influencés par leur culture locale, il est difficile de donner une réponse globale à cette question. Cependant, le Coran reste la base commune à tous et constitue un excellent outil pour mieux connaître le point de vue des musulmans sur le monde.

Dans cette partie, nous vous parlerons des enseignements coraniques sur Dieu, sur les prophètes et sur la finalité de la vie sur Terre. Nous évoquerons également le regard que porte le Coran sur d'autres traditions religieuses et sur le monde spirituel, invisible, qui entoure l'univers.

Chapitre 8

À la rencontre de Dieu, des prophètes, et des hommes

Dans ce chapitre :

- Dieu tel qu'il est perçu par les musulmans
- Nature et rôle des prophètes et des messagers
- La grande question du sens de la vie

Le Coran tout entier ne parle que de Dieu, des prophètes, et des hommes. Il est donc important de comprendre qui sont ces acteurs, quels sont leur fonction et leurs buts dans la vie, afin de mieux saisir l'intégralité du message coranique qui s'adresse à l'humanité tout entière.

Dans ce chapitre, nous tâcherons de définir la notion du divin et le rôle des prophètes et des êtres humains, en tant que vecteurs de la volonté de Dieu et instruments de son action dans le monde terrestre. Nous verrons également comment ces personnages coraniques sont profondément reliés entre eux afin d'accomplir leur mission, qui est d'orienter les sociétés humaines vers un chemin de vie qui laisse à Dieu toute sa place.

Qui est Dieu ?

Dans cette section, nous tentons de définir Dieu à partir du vocabulaire employé en arabe pour parler de Lui. Nous regardons plus en détail deux passages du Coran qui permettent de mieux comprendre la nature de Dieu, telle qu'elle apparaît dans le Livre.

« A » comme « Allah »

Toute langue possède un mot pour évoquer l'idée de Dieu. En français, on dit « Dieu », en persan, c'est *Khouda* et en hébreu, c'est *Eloh*, pour n'en citer que quelques-uns. Le mot arabe pour dire Dieu est *Allah*.

Le mot *Allah* occupe une place très particulière dans l'étude du Coran. *Allah* est un mot magnifique et unique en son genre. Il peut être lu de plusieurs manières :

- C'est un mot que l'on ne peut pas mettre au pluriel (tandis qu'en français, on peut dire « des dieux », par exemple). Allah est unique en son genre.
- Le Coran parle souvent de Dieu en le nommant par un des attributs qu'il possède, tels que la connaissance, la puissance ou la miséricorde. Allah regroupe en lui tous les attributs de la divinité telle qu'elle est conçue dans le Coran. Quand le Coran dit le mot « Allah », il appelle le divin par la totalité des 99 Beaux Noms qui lui sont attribués.
- Allah en tant que nom propre n'est aucunement rattaché à l'un ou l'autre sexe (son genre n'est ni masculin ni féminin). En outre, on ne peut pas donner de genre spécifique à Allah, tandis qu'en français, par exemple, on dit « un » dieu ou « une » déesse au féminin. Cette absence de genre renforce la primauté du principe de l'unicité de Dieu : il n'est pas comme sa création. Si le Coran utilise le « il » de la troisième personne, c'est uniquement parce qu'il n'y a pas de neutre en arabe.

L'idée de Dieu

Le Coran est riche en passages qui parlent des attributs et de la nature de Dieu. Les théologiens musulmans étudient plus particulièrement les deux passages suivants pour comprendre ce que peut être la notion de Dieu.

Pureté de la foi

La sourate 112, appelée « pureté de la foi » (*Al-Ikhlass*) ne comporte que quatre versets, mais le prophète Mohammed a déclaré qu'elle représentait à elle seule un tiers du Livre, en raison de l'importance de son message :

> « Dis : Il est Dieu unique : Dieu l'imploré. Il n'a ni enfanté ni été enfanté. Nul ne saurait l'égaler » (112:1-4).

Cette sourate très courte récapitule la nature de Dieu, sa transcendance, qui se retrouve dans tout le Coran. Cette sourate contient quatre éléments essentiels. Les deux premiers affirment les qualités de Dieu, tandis que les deux dernières expriment un rejet de certaines théories sur Dieu venant d'autres traditions religieuses :

- Le mot arabe *tawhid* exprime l'unicité de Dieu ; le fait qu'il n'y a qu'un seul Dieu décrit parfaitement la nature de Dieu. La notion de Dieu telle qu'elle est véhiculée par le Coran ne se retrouve dans aucune autre religion. Cela n'empêche pas le Coran d'affirmer l'universalité de Dieu qui donne la vie et l'entretient chez toute créature vivante, au ciel comme sur la Terre. Il est le Seigneur de l'Orient et de l'Occident, comme il est dit dans le Coran.
- L'Écriture sainte dit également que cette révélation vient de la même source que celle de tous les prophètes précédents, y compris Abraham, Moïse et Jésus. Cela signifie qu'il n'y a qu'un seul créateur et un seul maître. Par conséquent, toute gratitude, tout culte et toute obéissance lui sont dus, à Lui seul.

  À RETENIR

  Le premier verset de la sourate intitulée « Pureté de la foi » rejette complètement le polythéisme, sous toutes ses formes et toutes ses modalités.
- Dieu est éternel et vit donc en dehors du temps. Le divin existe indépendamment des lois de la physique et du principe de causalité parce que toute chose vivante, produite par une cause, remonte à Dieu qui est cause première de la vie. Selon ce raisonnement, Dieu est complètement indépendant et autonome, alors que toute la Création dépend de lui pour son existence et son maintien en vie.
- La nature éternelle de Dieu donne également un sens éternel à sa connaissance, à sa puissance, à sa compassion, et à tous ses autres attributs divins. Par conséquent, du point de vue du Coran, les enseignements moraux de Dieu sont universels et éternels.
- Ce passage rejette la doctrine chrétienne d'un Dieu ayant engendré un fils. Le Coran considère que Dieu est au-dessus et au-delà du besoin d'avoir un fils. Dieu n'a pas de parents et ne génère pas d'enfants.
- Le Coran rejette également la notion véhiculée par l'idée souvent entendue que « nous sommes tous les enfants de Dieu ». Pour le Coran, les êtres humains sont les serviteurs de Dieu, unis dans leur humanité en tant qu'enfants d'Adam.
- Le Coran explique que Dieu est complètement différent de sa création, indissociable de son enveloppe charnelle. Le dernier verset de ce passage met en garde contre le fait de penser à Dieu en termes anthropomorphiques, dans des expressions telles que celles-ci : être « entre les mains de Dieu » ou « sous le regard de Dieu ». Les musulmans ne cherchent pas à se faire une image de Dieu. C'est pourquoi toutes les représentations et tous les tableaux qui l'incarnent sont considérés comme blasphématoires.

Omar Ibn Al-Khattab (mort en 644), le deuxième calife de l'islam et l'un des compagnons les plus proches du prophète Mohammed, a fort bien exprimé cette notion en disant : « Votre incapacité à percevoir Dieu est justement votre perception de Dieu. »

Le verset du Trône

Le verset de la deuxième sourate du Livre saint, appelé le « verset du Trône », parle également de concepts de fond concernant la nature de Dieu. Certains éléments de ce verset ressemblent à ceux trouvés dans la sourate sur la pureté de la foi (voir la section précédente).

Le verset du Trône est l'un des plus éloquents et des plus beaux du Livre saint :

> « Dieu ! Il n'y a point de Dieu hormis lui, le vivant, le subsistant. Il n'est ni sujet à la somnolence ni au sommeil. À lui appartient ce qui est dans les cieux et sur la terre. Qui [peut] intercéder auprès de lui sans sa permission ? Il sait ce qui est devant et derrière eux, alors qu'ils n'embrassent de sa science que ce qu'il veut. Son trône s'étend sur les cieux et sur la terre dont la conservation ne lui est d'aucun poids. Il est le Très-Haut, l'Infini » (2:255).

La signification de ce verset est tellement vaste qu'elle pourrait faire l'objet d'un livre tout entier. Voici un aperçu des deux ou trois concepts principaux du passage :

- Le Coran rejette l'idée selon laquelle Dieu connaîtrait lui aussi des limitations humaines, telles que la fatigue physique ou le fait d'avoir mal. Au contraire, Dieu a une puissance et une force qui lui sont propres et qu'il emploie pour soutenir et régir l'univers.
- La compréhension coranique de Dieu nie la notion biblique d'un Dieu qui aurait créé le monde en six jours et se serait reposé le septième. Pour le Coran, Dieu n'a besoin d'aucun repos, car il ne ressent aucune fatigue dans l'exercice de ses fonctions divines. Si Dieu dormait ou prenait du repos, alors l'univers cesserait d'exister, puisque c'est lui qui entretient la vie.
- Ce passage met en avant le fait que tout, dans les cieux et sur terre, appartient à Dieu, parce qu'il est le créateur de toute chose. Par conséquent, tout fonctionne selon sa volonté divine. Le soleil se lève chaque matin et se couche chaque soir, non du fait de sa propre force mais bien du fait qu'il est soumis à la puissance et à la volonté divines.
- En ce qui concerne les êtres humains, malgré l'indéniable principe, difficile à comprendre, du libre choix et de l'indépendance de l'homme, le Coran avance l'idée que Dieu peut reprendre la force, la connaissance et la vie d'une personne à tout moment. Par conséquent, les qualités

propres d'un être humain sont également une émanation de la volonté de Dieu. Il en est le premier instigateur, le propriétaire.

Le verset 2:255 parle du trône de Dieu, expression qui a fait couler beaucoup d'encre chez les commentateurs du Coran, pour décider si ce verset devait être pris littéralement ou métaphoriquement. En tout cas, les exégètes conviennent que le Trône représente la puissance de Dieu, sa volonté, son autorité, et – probablement d'une manière encore plus importante – sa souveraineté sur la Création.

Ce concept de propriété de Dieu a des implications fortes pour les musulmans : Dieu est propriétaire de la vie et de toutes les bénédictions qu'il choisit de donner. Toute attitude du type « C'est mon argent et je le dépenserai comme je veux » est incompatible avec ce concept. Au lieu de cela, un musulman pieux dira : « Cet argent vient de Dieu, et je le dépenserai d'une manière qui lui plaira à lui seul. » Cet esprit encourage constamment les musulmans pieux à regarder au-delà de leur propre personne pour venir en aide à d'autres êtres humains et se rapprocher de Dieu.

Le Coran rejette l'idée que « tout est Lui » (Dieu) ; il est plus exact de dire « tout est à Lui » (Dieu).

- Au milieu de ce passage, on rencontre la notion d'*intercesseur*, ou d'intermédiaire, entre Dieu et ses serviteurs, tel un prêtre.
- Du point de vue du Coran, les êtres humains n'ont pas besoin d'intercession pour que le salut se produise, parce que la miséricorde, la compassion et le pardon de Dieu vont au-delà de toute intercession. Dieu peut pardonner quand il veut et à qui il veut, sans avoir besoin de passer par un médiateur.

Cependant, ce verset précise que Dieu peut accepter l'intercession de ceux qu'il choisit au jour du Jugement dernier. Les exégètes du Coran ne sont pas tous d'accord pour définir ceux qui peuvent intercéder. Certains commentateurs considèrent que seul le prophète Mohammed peut jouer ce rôle. D'autres disent que les vrais martyrs, qui sont sur le chemin de Dieu, pourraient également agir en intercesseurs ; pour d'autres, les croyants particulièrement pieux auront la capacité d'intercéder avec la permission de Dieu au Jugement dernier. De plus, il y a divergence de vues sur le degré d'intercession que chacun peut apporter, étant entendu pour les commentateurs que les prophètes ont un degré plus élevé d'intercession que les pieux fidèles.

En Dieu se trouvent tous les trésors de la connaissance, aussi bien ceux des mondes visibles qu'invisibles. C'est pourquoi la connaissance divine est parfaite et éternelle. Car, comme il est dit dans le Coran : « Pas une feuille ne tombe sans qu'il le sache » (6:59). Cela rappelle avec force aux musulmans qu'ils ne doivent jamais oublier l'existence de cette connaissance divine dans tout qu'ils disent et font.

Comment se laisser guider par Dieu

Les musulmans ont foi dans la connaissance divine pour les guider dans la bonne direction, dans toutes les décisions qu'ils prennent durant leur vie. La prière suivante, enseignée par le prophète Mohammed, témoigne de la confiance en la connaissance divine qu'ont les musulmans :

« Ô Allah ! Je fais appel à tes conseils pour me guider par ta connaissance et ta puissance. Je cherche la force et je fais appel à tes immenses faveurs, parce que vraiment tu es puissant et je ne le suis pas, et tu sais, tandis que je ne sais pas et tu vois ce qui est invisible. Ô Allah ! Si tu sais que cette affaire est bonne pour moi, par rapport à ma religion, ma vie et ma finalité, alors décide-la et facilite-moi la tâche, et bénis-moi en même temps. Et, si tu sais que cette affaire est mauvaise pour moi du point de vue de ma religion, pour ma vie, et ma fin dernière, alors éloigne-moi de là et enlève cette affaire. Décide de ce qui est bon pour moi où que ce soit et fais que je sache me contenter de mon sort. »

À RETENIR

La souveraineté de Dieu et sa connaissance sont en relation directe et étroite. Si Dieu sait tout, alors il doit savoir ce qui est le meilleur pour le développement et le progrès de l'humanité. Les lois divines sont orientées vers le bien des hommes et ne peuvent pas, par leur nature même, nuire à l'humanité.

Cette compréhension de la nature de Dieu souverain est extrêmement importante pour comprendre la notion d'État islamique. Le mode de gouvernement d'un État musulman repose tout entier sur le fait que Dieu est conçu comme étant celui qui donne les lois qui régissent la vie en société. Idéalement, un État islamique devrait être régi par des lois divines et des principes divins. Dans cette optique, il ne peut pas y avoir d'« État islamique laïc », les deux termes étant antithétiques.

Dieu d'après ses attributs

Dans un *hadith* célèbre, le prophète Mohammed dit : « Dieu a 99 noms… et celui qui les énumère tous entrera au paradis. »

Le Coran les appelle les « noms les plus beaux » (voir le tableau 8-1). Chaque nom est mystérieusement évocateur d'un aspect de la nature divine et permet au lecteur de l'Écriture sainte d'entrer dans la connaissance de Dieu tel qu'il est présenté dans le Coran.

Tableau 8-1 Les 99 noms de Dieu dans la tradition islamique

Nom en arabe	*Sens en français*
Allah	Nom propre de Dieu
Al-Rahman	Le Tout-miséricordieux
Al-Rahim	Le Très-miséricordieux
Al-Malik	Le Souverain ou le Roi
Al-Qoudous	Le Saint
Al-Salaam	L'Apaisant
Al-Moumin	Celui en qui on peut avoir confiance
Al-Mouhaymin	Le Rassurant
Al-'Aziz	Le Fort
Al-Jabbar	Le Tout-puissant
Al-Moutakabbir	Le Majestueux
Al-Khaliq	Le Créateur
Al-Bari'	Le Producteur
Al-Mousawir	Le Formateur
Al-Ghaffar	Le Pardonnant
Al-Qahhar	Le Dominant
Al-Wahhab	Le Donateur gracieux
Al-Razzaq	Le Pourvoyeur
Al-Fattah	Celui qui donne la victoire, qui ouvre la voie
Al-'Alim	L'Omniscient
Al-Qabid	Le Contraignant
Al-Basit	Celui qui donne généreusement
Al-Khafid	Celui qui humilie les orgueilleux
Al-Rafi'	Celui qui élève
Al-Mou'izz	Celui qui donne la puissance divine
Al-Moudhill	L'Humiliant
Al-Sami'	Celui qui entend tout
Al-Basir	Celui qui voit tout

Al-Hakam	Le Juge
Al-'Adil	Le Juste, l'Équitable
Al-Latif	Le Bienfaisant
Al-Khabir	Celui qui a la science de la réalité des choses
Al-Halim	Celui qui a le pardon et l'indulgence
Al-'Azim	Le Puissant
Al-Ghaffour	Le Dispensateur du pardon
Al-Chakour	Le Reconnaissant
Al-'Aliy	Le Très-Haut ou le Sublime
Al-Kabir	Le Grand
Al-Hafiz	Celui qui préserve du mal
Al-Moughit	Le Seigneur (Celui qui donne la vie et la force de vivre)
Al-Hasib	Le Comptable des mérites de chacun
Al-Jalil	Le Révéré
Al-Karim	Le Généreux
Al-Raqib	Le Vigilant
Al-Moujib	Celui qui exauce
Al-Wasi'	Le Tout-englobant
Al-Hakim	Le Sage
Al-Wadoud	L'Aimant
Al-Majid	Le Très-glorieux
Al-Ba'ith	Celui qui ressuscite
Al-Chahid	Le Témoin
Al-Haqq	La Vérité
Al-Wakil	Le Garant de toute chose
Al-Qawiy	Le Plus Fort
Al-Matin	Le Ferme, Celui qui a l'autorité
Al-Waliy	Le Protecteur
Al-Hamid	Le Digne de louanges
Al-Mouhsi	Celui qui sait le nombre des choses

Al-Moubdi'	L'Innovateur
Al-Mou'id	Le Restaurateur de la vie
Al-Mouhy	Le Dispensateur de la vie
Al-Moumit	Le Dispensateur de la mort
Al-Hayy	Le Toujours-vivant
Al-Qayyoum	L'Éternel qui ne change pas
Al-Wajid	Celui qui se suffit à lui-même
Al-Majid	Le Glorifié
Al-Wahid	L'Unique
Al-Samad	L'Éternellement disponible
Al-Qadir	Le Tout-puissant
Al-Mouqtadir	Le Sans-faiblesse
Al-Mouqaddim	Le Modérateur
Al-Mou'ahkhir	Le Retardateur
Al-Awwal	Le Premier
Al-'Akhir	Le Dernier
Al-Zahir	Le Manifeste
Al-Batin	Le Caché
Al-Wali	Le Protecteur ou l'Ami
Al-Mouta'ali	Celui qui domine tout
Al-Barr	La Source de toute bonté
Al-Tawwab	Celui qui accepte le repentir
Al-Mountaqim	Le Vengeur
Al-'Afuw	Celui qui pardonne
Al-Rauf	Le Clément
Malik ul-Moulk	Le Maître du Royaume
Dhul Jalal wal Ikram	Celui qui a la majesté et l'honneur
Al-Mouqsit	L'Équitable
Al-Jami	Le Rassembleur
Al-Ghaniy	Celui qui se suffit à lui-même

Al-Moughni	Celui qui enrichit
Al-Mani'	Celui qui protège du mal
Al-Darr	Celui qui afflige
Al-Nafi'	Celui qui prodigue ses bienfaits
Al-Nur	La Lumière
Al-Hadi	Le Guide
Al-Badi'	Le Créateur innovant
Al-Baqi'	Celui qui n'a pas de fin
Al-Warith	L'Ultime héritier
Al-Rashid	Celui qui guide sur la bonne direction
Al-Sabour	Le Patient

Connaître Dieu

Les intellectuels issus de la tradition chrétienne posent souvent aux penseurs islamiques la question suivante : si Dieu est autre, alors comment les êtres humains entrent-ils en relation avec le divin ?

Avant d'étudier cette question, rappelons deux principes philosophiques de base que l'on enseigne lorsque l'on parle de Dieu :

- **Transcendance :** Elle exprime l'altérité de Dieu. Il s'agit des qualités qui sont en dehors du domaine de l'expérience humaine. Certaines qualités de Dieu dans la tradition islamique entrent dans cette catégorie.
- **Immanence :** Elle exprime le fait que l'homme puisse avoir connaissance de Dieu et ressentir sa présence sur Terre.

Pour les musulmans, le caractère immanent de Dieu s'exprime à travers ses attributs divins, qui impriment leur signature dans toutes les merveilles de la Création. Le Coran parle ainsi de Dieu le Tout-compatissant, le Très-miséricordieux, le Tout-pardonnant, le plus juste, et ainsi de suite.

Chacun de ces attributs permet d'entrer en relation avec le divin pour percevoir que tout acte empreint de miséricorde, de beauté, de pardon, d'amour et de sagesse représente des manifestations du divin. Le Coran dit que les êtres humains arrivent à connaître Dieu et à sentir sa présence divine en réfléchissant sur les signes et les merveilles qu'Il dispense.

Dans la mesure où Dieu manifeste constamment sa présence à travers sa Création, la présence immanente de Dieu dans la vie d'un fidèle croyant exige un combat et une participation active.

Le Coran dit qu'à l'heure de la naissance Dieu insuffle une partie de Son esprit dans chaque âme, ce qui signifie que Dieu met Son esprit en chaque personne (4:171). Chaque être humain a une part – infime, certes, à l'échelle de Dieu – des qualités qui définissent le divin. En cultivant ces qualités dans votre âme et par vos pratiques extérieures, vous continuez à vous approcher de Dieu dans une relation qui débouche sur un amour mutuel.

Prenons un exemple : Dieu est le Généreux. En ce sens, on peut dire qu'à chaque fois qu'une personne pose un acte de générosité, elle se rapproche du Généreux, c'est-à-dire de Dieu. Dieu est le Pardonnant : chaque fois que quelqu'un pardonne à un autre, il se rapproche de Celui qui pardonne.

L'effort qu'une personne doit fournir pour se rapprocher de Dieu est sans doute plus facile à comprendre à l'aide de ce *hadith*, *qoudsi*, c'est-à-dire un propos du Prophète qui a une valeur prioritaire dans lequel le prophète Mohammed cite Dieu : « Je suis comme Mon serviteur pense que je suis… Et s'il approche de moi d'un empan, je me rapproche de lui de la longueur d'un bras. Et s'il approche de moi de la longueur d'un bras, j'approche de lui de la longueur d'une coudée. Et s'il vient vers moi en marchant, je vais vers lui en courant. »

Tous les attributs du divin ne sont pas immanents. Les êtres humains n'ont aucune part aux qualités qui sont de nature transcendantale, telles que le fait de créer, la puissance, le fait d'être unique, éternel, et ainsi de suite.

Dans la perspective du Coran, la proximité à Dieu exige la gratitude envers le divin dans chaque aspect de la vie. Le fait de se tenir à distance du divin est le résultat de l'ingratitude de l'homme envers les bénédictions et les faveurs de Dieu.

Pour aller plus loin

Sur toutes ces notions et attributs de Dieu, nous vous invitons à lire l'article assez complet consacré à « Allah » par Louis Gardet, dans l'*Encyclopédie de l'Islam*, 1975, p. 418-429. Vous vous passionnerez aussi en lisant l'ouvrage de Daniel Gimaret, quoique un peu technique, intitulé *Les Noms divins en Islam. Exégèse lexicographique et théologique*, Paris, Cerf, 1988. Mais surtout les deux belles œuvres de Ibn 'Ata Allah et de Razi. La première, *Traité sur le nom d'Allah*, est une publication des Deux Océans (1981) ; la seconde est parue aux éditions Dervy-Livres, 1988, en 2 volumes.

Les prophètes de Dieu, porteurs d'un message divin

Les prophètes et les messagers de Dieu contribuent par leurs écrits et leurs paroles à donner aux croyants des outils pour se rapprocher de Dieu, pour comprendre la volonté divine qui s'exprime au travers de la loi sacrée et pour découvrir les clefs de la réussite de leur vie sur les plans spirituel, moral et comportemental.

À RETENIR

Vous remarquerez que les récits des prophètes comportent très peu de dates et de noms de lieux historiques. Ces récits se concentrent sur des enseignements moraux. C'est pourquoi ces détails n'ont pas énormément d'importance dans le récit coranique.

Voyons tout d'abord ce qu'est un prophète et messager de Dieu. Nous verrons ensuite plus en détail la vie d'Abraham, de Moïse, et de Jésus.

Prophètes et messagers

Un *prophète* est quelqu'un qui reçoit de Dieu une révélation sur des enseignements théologiques et moraux et qui ensuite retransmet cette révélation à son peuple. Un *messager* est très semblable à un prophète, mais il jouit d'une qualité supplémentaire, celle de recevoir un livre sacré, tels les psaumes de David, la Torah, le Coran, etc.

À RETENIR

Tous les messagers sont également prophètes, mais tous les prophètes ne sont pas forcément des messagers.

Dans la tradition islamique, un prophète est toujours doté de deux caractéristiques :

- **Tous les prophètes ont prêché le même message.** Chacun a apporté le même message divin au monde : « Il n'y a pas d'autre culte valable que celui du Dieu unique. »

  Dans cette optique, la communauté regroupée autour de son prophète appelle à l'instauration d'un système social juste, fondé sur des enseignements et des principes divins. Chaque prophète a enseigné l'islam à son peuple (soumission à un seul Dieu), et leurs disciples après eux sont appelés dans le Coran des « musulmans » (« ceux qui se soumettent à un seul Dieu »).

- **Tous les prophètes sont exempts de péchés majeurs.** La tradition islamique confère à chaque prophète le statut du *ma'soums,* c'est-à-dire « exempt de péché majeur » (comme l'adultère ou le meurtre).

Les prophètes ont bien eu quelques petits travers, mais leurs écarts de conduite ne sont jamais très graves et une inspiration divine les met immédiatement en garde et les prévient. (Dans la perspective du Coran, il est impensable que le prophète David ou le prophète Loth aient pu commettre les péchés qui leur sont reprochés dans la Bible.)

À RETENIR

Le Coran reconnaît l'existence de prophètes non mentionnés dans le récit coranique. Le Coran dit : « Nous t'avons déjà entretenu de certains messagers, d'autres non » (4:164). Plusieurs milliers de prophètes (124 000 selon un hadith à envisager avec précaution), ayant enseigné le culte du seul Dieu, ont été dépêchés auprès de chaque communauté sur Terre. Certains théologiens islamiques, mais ils sont rares, vont même jusqu'à considérer que les enseignements purs d'autres religions, tels les enseignements de Bouddha, font partie du patrimoine islamique universel.

Abraham : l'ami très cher de Dieu et notre père dans la foi

Abraham (Ibrahim en arabe), joue un rôle essentiel dans le récit coranique, de trois manières :

- Abraham relie le prophète Mohammed à la famille des prophètes par une supplication (prière adressée à Dieu).
- Abraham et son fils Ismaël ont construit le premier Temple de Dieu (appelé la Ka'aba). Certains penseurs disent que les deux prophètes ont reconstruit la Ka'aba qui avait été à l'origine érigée par le prophète Adam.
- Abraham rend universelle la notion de musulman. Il est considéré comme le premier à être représentatif de ce que doit être un bon musulman, c'est-à-dire un ami de Dieu, un *hanif*.

Un bâtisseur, un priant

L'histoire d'Abraham commence par le verset 124 de la sourate 2, qui situe le prophète à La Mecque (dans tous les récits historiques) avec son fils Ismaël. Le père et le fils construisent un Temple dédié au Dieu unique, un temple que les musulmans appellent la Ka'aba, connu pour être le premier lieu de culte et de méditation construit pour un seul Dieu.

Ayant construit les fondations du temple avec Ismaël, Abraham adresse au Dieu unique une requête que les musulmans récitent encore aujourd'hui presque tous les jours. Abraham demande à Dieu que la terre porte des fruits et que son peuple soit en sécurité. Après avoir demandé à Dieu de constituer une communauté de croyants qui se soumettent au Dieu unique, Abraham dit :

> « Ô Seigneur ! Envoie un apôtre [choisi] parmi eux, qui leur récitera tes versets, leur enseignera l'Écriture et la sagesse et les purifiera [de l'idolâtrie] ! Tu es en vérité tout-puissant et tout-sage » (2:129).

Cette prière occupe une place importante sur le plan théologique chez les musulmans, parce qu'ils considèrent la naissance et la prophétie de Mohammed comme une réponse à la prière d'Abraham. Cette supplication rattache la communauté musulmane à la tradition et à la lignée d'Abraham.

Sur les pas d'Abraham

Juste après sa supplication (voir la section précédente), Abraham répond à l'appel de Dieu qui lui demande sa soumission. Il dit : « Je me soumets au Maître des mondes » (2:131).

La soumission d'Abraham fait de lui, au sens propre, le père des croyants quand il invite ses enfants (qui sont de futurs prophètes) à suivre « la foi la plus pure » et à ne pas mourir sans s'être soumis au seul Dieu. Les musulmans qualifient les enseignements du Coran comme la voie ou la foi d'Abraham.

De la lignée d'Abraham

Dans le passage 3:65-68, le Coran répond aux critiques des juifs et des chrétiens qui soutenaient qu'Abraham faisait exclusivement partie de leurs traditions. Le Coran précise qu'Abraham ne pouvait pas être chrétien ou juif, étant donné que la Torah et la Bible, piliers de ces deux cultes, ont été révélées longtemps après Abraham. En revanche, le Coran revendique le fait qu'Abraham est le premier musulman parce qu'il s'est soumis aux enseignements du seul Dieu.

Le Coran termine ce passage en essayant de faire d'Abraham un personnage universel qui appartient à tous ceux qui adoptent la voie de la soumission au seul Dieu. Le Coran, tout en revendiquant la place centrale d'Abraham dans la tradition islamique, essaie également de rendre universel le modèle d'Abraham, guide spirituel et moral pour toute l'humanité.

L'ami de Dieu qui a surmonté les épreuves

Dieu choisit Abraham pour en faire son prophète. Il lui impose toute une série de tâches difficiles pour éprouver sa foi et lui enseigner la vérité spirituelle, selon laquelle « jamais vous ne parviendrez à la piété sans avoir sacrifié de ce que vous aimez » (3:92).

La première épreuve d'Abraham est de laisser son enfant, Ismaël, et son épouse, Agar, au milieu d'une terre abandonnée, sans provisions, misant uniquement sur la confiance en Dieu. Ce test était particulièrement difficile parce qu'Abraham avait attendu tant d'années, jusqu'à un âge avancé, pour avoir des enfants, et finalement quand Dieu lui accorde cette bénédiction, voilà qu'il doit laisser son fils dans la vallée de la Becca (où se trouve La Mecque de nos jours).

L'épreuve suivante est encore plus difficile. Dieu révèle à Abraham en songe qu'il doit sacrifier Ismaël. Abraham traverse cette épreuve victorieusement en acceptant de sacrifier son fils bien-aimé.

Dans le Coran et dans la Bible, il est dit que Dieu exhorte Abraham de ne pas tuer son fils bien-aimé, car il vient de prouver à Dieu sa soumission totale en étant prêt à ce sacrifice. Pour les juifs et les chrétiens, c'est le prophète Isaac qui est l'objet du sacrifice, et non Ismaël. Cependant, la morale et l'esprit de ce récit sont les mêmes dans les trois traditions religieuses issues d'Abraham.

En raison de sa disposition à suivre les ordres de Dieu, le Coran décrit Abraham comme étant « la contrition et la longanimité même » (9:114), qualités par lesquelles il atteint le statut exaltant d'ami de Dieu (4:125).

L'exemple d'Abraham est un modèle pour la vie spirituelle des musulmans qui savent qu'ils doivent faire des efforts, sacrifier leur ego et surmonter d'autres obstacles spirituels pour parvenir à établir une belle relation d'amitié avec Dieu.

Moïse : le libérateur

Moïse (Moussa en arabe) est le prophète le plus souvent mentionné dans le Coran. Sa vie présente des similitudes avec la vie et l'expérience prophétique de Mohammed.

Tous deux délivrent des enseignements spirituels et donnent des règles de vie. Ils ont la responsabilité de la conduite d'un État. À cet égard, les deux prophètes reçoivent de Dieu, par la Révélation, les lois qui régissent la vie en société, lois qui ne concernent pas uniquement la vie des individus, mais organisent aussi la vie sociale et les règles de vie morale de toute la communauté.

Le Coran vénère également Moïse, parce qu'il a reçu la révélation divine sous la forme des Tables de la Loi de la Torah, et parce qu'il est le seul prophète auquel Dieu a parlé directement.

Moïse est le « libérateur ». Dans le Coran, sa vie est axée sur deux grands événements :

- Moïse libère son peuple de l'oppression et de la cruauté du pharaon.
- Moïse libère son peuple du culte de tous les dieux qui ne sont pas le Dieu unique.

CONSEIL

La sourate 28 du Coran offre un bon résumé de la vie de Moïse.

Préparation à la prophétie

Moïse, dès l'époque de sa jeunesse, aspire à apprendre les voies de la sagesse et de la connaissance vraie. Il entend parler d'un homme, du nom d'Al-Khadir, qui a une connaissance et une compréhension profondes du divin.

Moïse parvient à rencontrer Al-Khadir et lui demande s'il peut l'accompagner en voyage de sorte qu'il puisse apprendre les voies de la sagesse. Le sage accepte d'emmener Moïse à condition qu'il ne pose aucune question.

Au cours du voyage, Al-Khadir perce un trou dans la coque du bateau de quelques pauvres gens. Alarmé, Moïse s'inquiète de ce que les gens qui vont embarquer sur cette barcasse vont à coup sûr se noyer. Le sage rappelle à Moïse les termes de leur accord, et Moïse lui présente ses excuses.

Quelque temps après, Al-Khadir rencontre et tue un garçon. De nouveau, Moïse proteste en dénonçant le massacre d'un innocent. Al-Khadir commence à perdre patience, mais Moïse convainc le sage de se montrer indulgent avec lui.

À la fin, Al-Khadir et Moïse s'approchent d'une ville dans laquelle ils sont maltraités et où l'on refuse de leur donner à manger. Malgré cela, Al-Khadir entreprend de reconstruire un mur qui est sur le point de tomber en ruine. Moïse s'en étonne et demande à Al-Khadir pourquoi il ne se fait pas payer pour son travail, de sorte qu'ils puissent acheter de la nourriture. Al-Khadir met fin à leur voyage, non sans donner d'abord à Moïse une explication pour ses actes.

Le sage explique qu'il a détruit le bateau pour protéger les passagers contre la tyrannie du roi qui se trouvait sur l'autre berge. Quant au garçon qu'il a tué, Al-Khadir avait reçu l'inspiration que ce garçon s'était très mal conduit envers ses parents et Al-Khadir a voulu sauver les parents du fardeau de ce fils ingrat.

En conclusion, le sage explique qu'il a reconstruit le mur parce qu'en dessous se trouvait un trésor destiné à deux jeunes orphelins de la ville ; si le mur s'était écroulé, les citadins auraient sûrement volé le bien des orphelins (18:60-82).

Les penseurs divergent sur les enseignements à tirer de ce récit coranique. En général, les commentateurs du Coran disent que cette histoire enseigne à Moïse (et à toute l'humanité) qu'une réalité intérieure ou cachée est inhérente à tout ce qui se produit dans le monde et que, quand on regarde les choses de l'extérieur, on ne peut comprendre que les significations externes des expériences du monde. Ce qui peut être évident en surface n'est pas forcément la réalité finale.

Pour d'autres, en particulier les mystiques musulmans soufis, cette histoire enseigne que pour parvenir à avancer sur le plan spirituel sur les chemins de la connaissance et de la sagesse, le croyant doit obéir à un maître, un directeur spirituel en qui il a confiance et qui sera à même de le faire avancer patiemment sur la voie de la connaissance.

Mission prophétique

La mission prophétique de Moïse, dans le Coran, commence dans la vallée de Tuwa, où il reçoit la révélation de Dieu. Il y reçoit trois enseignements :

- Croire qu'il n'y a pas d'autre dieu que Dieu l'unique.
- Faire des prières afin de ne pas oublier Dieu.
- Croire qu'à la fin des temps chaque âme sera récompensée selon ses mérites.

Moïse découvre alors les pouvoirs attachés à son bâton, pouvoirs qui viennent de Dieu et lui permettent d'accomplir des miracles (28:32-36). Ces signes joueront un rôle important lors de la visite de Moïse au pharaon.

La rencontre avec Pharaon

Dieu dit à Moïse d'aller en mission prêcher les enseignements divins au pharaon, décrit comme un tyran, un roi arrogant, qui répand la corruption sur Terre.

Moïse parle avec bonté au pharaon, l'invitant tout d'abord à accepter la foi. Quand le pharaon rejette son message avec arrogance, Moïse informe le tyran qu'en tant qu'apôtre de Dieu il a été envoyé pour libérer les fils d'Israël et qu'il porte avec lui des signes de Dieu. À la demande du pharaon en quête de preuves, Moïse jette son bâton, qui se transforme en serpent. Moïse présente ensuite sa main, qui se met à diffuser une lumière blanche étincelante.

Le pharaon ne veut pas reconnaître ces signes parlants et prétend que tout cela n'est que magie. Moïse le défie de parvenir à des miracles semblables en mettant à contribution les meilleurs magiciens qu'il puisse trouver en ville. De cette compétition, Moïse sort grand gagnant quand son bâton divinement inspiré excelle devant tous les autres magiciens. Les sorciers de la ville sont convaincus de la vérité et proclament leur croyance dans le Dieu unique.

Furieux de la conversion de ces magiciens qui ne lui ont pas demandé sa permission, le pharaon se met à persécuter tous les disciples de Moïse. Cette persécution débouche sur la colère de Dieu et aboutit à la destruction totale du royaume du pharaon. Les fils d'Israël, quant à eux, sont sauvés par le partage des eaux, grâce au coup de baguette de Moïse.

D'Abraham à Moïse

Les prophètes Abraham et Moïse ont tous deux fait l'expérience du dialogue avec des rois arrogants.

Abraham a reçu le cadeau divin de la raison, et Moïse a été béni par l'octroi de pouvoirs magiques. Abraham a argumenté en raisonnant avec le roi, lui disant que s'il était plus puissant que Dieu, cela signifiait que le roi pouvait donner la vie et la mort. Le roi arrogant a rétorqué qu'il pouvait donner la vie en concevant et la mort en massacrant. Abraham a poursuivi en disant : « Dieu fait venir le soleil de l'Orient. Fais-le donc venir de l'Occident ! » Le roi impie ne sut que répondre et dut capituler face à la raison invoquée par Abraham (2:258).

Dans les deux cas, les rois ont persisté dans leur arrogance même après avoir eu des preuves manifestes de l'existence du Dieu unique. C'est là le fruit de l'arrogance telle qu'elle est décrite dans les enseignements coraniques.

Dans la perspective coranique, ces histoires servent à illustrer la lutte entre le bien et le mal. Les musulmans trouvent leur inspiration dans ces histoires pour lutter aujourd'hui encore en vue d'améliorer leur condition sur le plan sociopolitique.

Guider les fils d'Israël

Une grande partie du récit coranique sur Moïse, chef de la tribu d'Israël, se concentre sur le combat qu'il a dû mener à l'intérieur de sa communauté pour ramener à la raison certains éléments du groupe, constamment tentés de revenir au culte ancien des idoles.

Les fils d'Israël sont invités dans le Livre à se souvenir du temps où ils ont été sauvés de leur ennemi, le pharaon, et où ils ont fait alliance avec Dieu au mont Sinaï, dans les termes suivants :

> « Vous n'adorerez qu'un seul Dieu, et vous serez bienveillants envers vos parents et vos proches, les orphelins et les pauvres ; et vous parlerez

> avec bonté aux hommes ; vous serez constants dans la prière ; et vous ferez l'aumône… Nous avons accepté votre engagement solennel de ne pas verser le sang et de ne pas vous expulser les uns les autres de vos maisons » (2:83-84).

Le Coran évoque la rébellion des fils d'Israël contre cet engagement, une fois que Dieu a déversé ses bénédictions sur eux. Il est intéressant de noter que le Coran mentionne le même engagement avec la communauté musulmane dans divers passages et met en garde contre la tentation de transgresser certaines de ces lois, en rapportant l'histoire des fils d'Israël.

À RETENIR

Le Coran prend l'exemple de cette rébellion pour mettre en garde contre la nature des êtres humains. Il souligne que l'homme fait appel à Dieu en période de difficulté, puis oublie la source des bénédictions qu'il reçoit une fois qu'il est soulagé.

Jésus : l'esprit de Dieu

Le prophète Jésus est vénéré comme l'un des plus grands prophètes de la tradition coranique – il est honoré par Dieu comme étant « l'esprit de Dieu ».

Le Coran ne donne pas beaucoup de détails sur la vie et la prophétie de Jésus mais met l'accent sur le fait qu'il est né de la Vierge Marie. La majeure partie du discours coranique sur Jésus insiste pour montrer que Jésus ne peut pas être appelé « fils de Dieu », notion que le Coran rejette absolument.

Jésus est également identifié dans le Coran comme étant destinataire d'un Livre divin, appelé l'*Injil,* ce qui n'est pas la même chose que le Nouveau Testament des chrétiens (voir chapitre 5).

Jésus est né de la Vierge Marie

Le Coran tient Marie, mère de Jésus, en très haute estime en déclarant qu'elle a été rendue pure et « a été élevée au-dessus de toutes les femmes du monde » (3:42).

Le Coran décrit Marie comme une croyante fervente. Dieu la bénit et l'inonde de faveurs par l'intermédiaire des anges. Un beau jour, l'ange Gabriel lui apparaît avec une bonne nouvelle lui annonçant « la venue d'un fils, conçu par un Verbe émanant de lui dont le nom sera le Christ Jésus, fils de Marie. Il sera illustre en ce monde et dans la vie à venir, et (sera) de ceux qui sont parmi les rapprochés de Dieu » (3:45).

Évidemment, ces nouvelles surprennent Marie, parce qu'aucun homme n'a eu de relations avec elle, selon le récit coranique. L'ange répond à sa stupéfaction en lui rappelant que pour Dieu il suffit de vouloir quelque chose pour que cette chose se produise.

Les chrétiens interprètent cette naissance miraculeuse comme un signe tangible de la divinité de Jésus. Le Coran voit les choses autrement, en disant que la naissance de Jésus est comme celle d'Adam : Dieu a dit « sois » et il est. En d'autres termes, le Coran considère que si Jésus est divin simplement parce qu'il est né seulement d'une mère, alors que dire d'Adam qui n'a eu ni mère ni père ? Cela paraît bien plus miraculeux encore dans la perspective du Coran.

De plus, les exégètes du Coran considèrent que, avec la naissance miraculeuse de Jésus, Dieu termine son travail en accomplissant les derniers signes dans sa Création. Adam a été créé sans père ni mère ; Ève a été créée à partir d'un homme (père) mais sans femme (mère). Et, finalement, Jésus a été créé avec une mère (Marie) mais sans père.

Miracles et message de Jésus

Jésus reçoit le don de faire plusieurs miracles, selon le Coran :

- Jésus bébé parle dès le berceau, proclamant sa nature prophétique et sa nature humaine de serviteur de Dieu. Il appelle les gens à n'adorer que Dieu et repousse la fausse accusation d'adultère qu'encourt sa mère. Dès le berceau, Jésus enseigne également à son peuple d'entrer régulièrement dans la prière et de se purifier par l'aumône (19:27-37).
- Jésus prend l'argile et lui insuffle la vie.
- Jésus soigne les aveugles.
- Jésus guérit les lépreux.
- Jésus ramène les défunts à la vie.

Dans la perspective du Coran, ces miracles sont des signes de Dieu pour convaincre les enfants d'Israël de la mission prophétique de Jésus. En outre, à chaque miracle, le Coran ajoute l'expression suivante : « par la permission de Dieu ». Le Coran précise qu'aucun de ces miracles n'aurait pu se produire sans permission de Dieu, et donc Jésus a agi purement et simplement en obéissance complète à la volonté de Dieu.

Le Coran développe le message et la mission du prophète Jésus de trois manières différentes :

- Jésus apprend à connaître la Torah et reçoit la révélation de l'Évangile (*Injil*) (voir chapitre 5).

- Jésus vient en tant qu'apôtre chez les fils d'Israël, afin de leur rappeler les enseignements de base de Dieu et pour réformer la loi. Jésus définit cette loi comme une confirmation des lois telles qu'elles sont présentées dans la Torah, avec toutefois des allègements apportés aux restrictions juridiques devenues inappropriées.
- Comme tous les prophètes dans la perspective coranique, Jésus dit : « Dieu est mon Seigneur et le vôtre. Adorez-le ! C'est une voie droite » (3:51).

Le Coran dit que Jésus vivant sur Terre trouve peu de disciples sur son chemin et, bien vite, son peuple se retourne contre lui et cherche à le tuer sur la croix.

Jésus, chantre de l'unicité de Dieu

Le Coran rejette la notion de trinité (concept théologique chrétien du père, du fils, et du Saint-Esprit, unis pour former un seul Dieu), en soulignant que Jésus a prêché l'obéissance et le culte du Dieu unique (5:72-73). Le Coran dit que le « Christ, fils de Marie, n'est qu'un envoyé que d'autres envoyés ont précédé » (5:75). Le verset poursuit en disant qu'un signe clair de la nature humaine de Jésus et de sa mère est manifesté dans le fait que tous les deux ont dû manger de la nourriture pour vivre, tout comme les autres créatures mortelles de Dieu, à la différence de Dieu, qui n'en a pas besoin.

Pour le Coran, il est blasphématoire de dire que Dieu a un fils. Les arguments qui viennent à l'encontre de ce concept sont exprimés dans le Coran de manière extrêmement puissante, comme on le note dans ce passage : « Vous affirmez une chose abominable ! Peu s'en est fallu que les cieux et la terre n'en fussent fendus, la terre entrouverte et les montagnes affaissées. Ils attribuent au Tout-miséricordieux un enfant ! » (19:89-90).

Il est intéressant de noter que le Coran retranscrit un dialogue qui aura lieu à l'avenir entre Jésus et Dieu au Jugement dernier, où Jésus niera avoir demandé à être adoré ou associé à Dieu (5:116).

Jésus et la croix

Dans le récit coranique, Dieu prévient Jésus avant la crucifixion que son peuple se retournera contre lui et cherchera à le tuer. Dieu lui annonce également que le plan ourdi contre lui échouera finalement, comme Dieu l'a prévu, pour emporter Jésus au ciel sans qu'il ait à affronter l'humiliation. Selon le Coran, même si apparemment Jésus a été mis en croix, il a été sauvé de la mort par Dieu et arraché à ceux qui lui voulaient du mal.

Les commentateurs du Coran soulèvent deux points sujets à polémique aux versets 4:157-158 : premièrement, le passage disant « Ils ne l'ont point crucifié ; ce n'était qu'un faux-semblant » et deuxièmement « Dieu l'a élevé vers lui ».

La majorité des commentateurs classiques considèrent que l'histoire de la crucifixion est vraie, mais que Dieu a placé quelqu'un d'autre sur la croix (Judas, selon beaucoup de versions) qui ressemblait à Jésus. Par conséquent, les gens ont pu croire que Jésus avait bien été tué, alors qu'en réalité ce n'était pas lui qui était sur la croix.

Quant au deuxième point soulevé, les commentateurs classiques considèrent que Jésus a été littéralement élevé aux cieux avec son corps et reviendra un jour sur Terre marquant « l'avènement du Christ ».

Certains commentateurs modernes, notamment Mohammed Abdou, précisent que, selon le Coran, la crucifixion a fait croire que Jésus avait été tué. Pour ces commentateurs, l'histoire de la crucifixion est inventée de toutes pièces, puis elle s'est transmise de génération en génération, au point que les gens ont fini par croire que c'était vrai et qu'on la retrouve consignée dans le Nouveau Testament.

Quant au deuxième point, ces commentateurs modernes estiment que Jésus s'est éteint d'une mort naturelle et que l'élévation dont parle le Coran doit être prise au sens figuré, comme l'exaltation de Jésus aux yeux de Dieu. Cependant, ces deux interprétations restent minoritaires.

En tout cas, les implications théologiques pour les musulmans sont évidentes : si Jésus n'est pas mort sur la croix, alors la doctrine chrétienne de la « mort de Jésus pour racheter les péchés des hommes » devient inacceptable du point de vue coranique. Au lieu de cela, le salut vient de la foi dans le Dieu unique et de la pratique de bonnes actions, ce qui correspond au message de Jésus lui-même, selon le Coran.

La condition et la nature de l'homme

Le Coran n'aurait aucune raison d'être s'il ne parlait pas de la condition et de la nature humaine ni du sens de la vie. Le Coran lui-même dit que cette révélation est faite pour guider l'humanité.

Dans cette section, nous envisageons la condition humaine sous l'angle de l'expérience d'Adam, le premier homme créé par Dieu. Nous verrons également le but de la vie humaine, dans l'optique du Coran.

La nature humaine vue au travers d'Adam

Pour comprendre la nature et le rôle de l'humanité, du point de vue du Coran, il faut commencer par examiner le récit de la Création dans l'Écriture. Dans le Coran, trois événements définissent plus particulièrement la nature de l'homme.

La capacité d'Adam de nommer les choses

Les anges étaient tout à fait sceptiques quand Dieu décida de créer les êtres humains, qui, à la différence des anges, ont la capacité de désobéir à Dieu. Cependant, Dieu voit chez l'homme une autre disposition – la puissance de l'intellect et de la pensée.

Adam est invité à se tenir devant l'assemblée des anges qui lui demandent de nommer les choses, ce qu'il fait avec succès (2:30-33). En nommant les choses, il démontre le caractère unique de l'humanité, parmi la création de Dieu, qui réside dans sa capacité à employer la raison et à acquérir la connaissance, deux facteurs qui sont déterminants pour l'éclosion de civilisations florissantes.

Pour cette raison, le Coran fait de l'homme la plus belle des descriptions : « En effet, nous avons honoré les enfants d'Adam (l'humanité) (17:70) ».

Satan attire Adam vers le péché

Dieu donne à Adam et à sa femme, Ève, un beau jardin où ils éprouvent leur nature originelle, spirituellement pure et innocente, dans la contemplation de la présence de Dieu manifestée.

Cependant, Dieu impose à Adam de ne pas s'approcher d'un arbre interdit, appelé « l'arbre de la vie éternelle ». Satan (voir chapitre 9) chuchote dans le cœur d'Adam qu'il serait tentant de découvrir « l'immortalité et un royaume qui ne périrait pas » (20:120). Adam et Ève succombent aux tentations de Satan et mangent le fruit de l'arbre interdit.

Ce passage permet quelques plongées très intéressantes dans l'âme humaine. Avant qu'Adam ne pèche, il est dans le bonheur spirituel, en contemplation parfaite, corps et âme, du divin. Du point de vue du Coran, c'est bien là la nature profonde de l'homme à sa naissance, mais, ensuite, il peut subir la corruption en suivant les traces de Satan (voir chapitre 9).

Le Coran enseigne que la nature essentielle et dominante des hommes est pure et bonne. Cependant, la fourberie de Satan peut altérer sa nature et inciter l'homme à s'en détourner.

Ce passage parle également de la nature humaine qui cherche à nier la mort. L'arbre que Satan montre à Adam pour le tenter a une apparence trompeuse d'immortalité. La nature humaine est hantée par cette nostalgie de l'immortalité, qui entraîne les personnes au péché, oubliant que bientôt elles connaîtront la mort et devront rendre compte de leurs péchés.

Quand l'homme tombe dans cet état, le Coran lui retire son statut honorifique et fait de lui une description calamiteuse où il est ramené « à la plus extrême déchéance » (95:5) parce qu'il a corrompu sa nature originelle d'homme juste, dans laquelle Dieu l'avait créé.

Adam sombre dans le malheur

Dès qu'Adam et Ève mangent du fruit de l'arbre, ils deviennent honteux de leur nudité. Cette nudité est à la fois physique et spirituelle selon la terminologie coranique qui parle du « vêtement de la piété » (7:26-27). Ensuite, ils reconnaissent leur grand péché et expriment leur repentir. Dieu leur pardonne et promet de les guider dans le nouveau rôle donné à l'humanité en tant qu'héritière de la terre.

À RETENIR

Le Coran rejette totalement la notion de péché originel. À l'opposé, il affirme qu'Adam a été pardonné et envoyé sur la Terre non par punition mais pour entrer dans le plan de Dieu, qui souhaite ouvrir une nouvelle étape du développement humain, avec toute la conscience des implications morales dues au libre arbitre de l'homme. Dans ce sens, le Coran considère le rôle de l'homme non pas comme une régression mais comme une progression.

VIE QUOTIDIENNE

Le Coran parle du développement spirituel et moral. Les gens doivent apprendre qu'il y a des conséquences à leurs actions, et si l'on n'éprouve pas ces conséquences, on ne peut pas grandir. Cela explique peut-être pourquoi certaines personnes les plus avancées sur le plan spirituel sont celles qui ont fait des expériences de destruction de leur personne et qui par la suite s'engagent sur le chemin de la lumière divine préconisé dans le Coran.

La question d'Ève

Le Coran ne partage pas l'opinion biblique selon laquelle Ève a joué un rôle, en incitant Adam à manger le fruit de l'arbre interdit. Au lieu de cela, le Livre décrit les deux comme associés et tombés ensemble dans la tentation, puis ayant demandé pardon ensemble. Adam et Ève sont venus sur Terre l'un après l'autre, se complétant mutuellement.

Dans cette optique, le Coran n'attache aucun stigmate au cycle menstruel ou à l'enfantement, qui sont considérés comme des punitions pour la femme dans le récit biblique. Reportez-vous au chapitre 19 pour en savoir plus sur les implications théologiques de cet aspect concernant les femmes.

Le sens de la vie

Le Coran a deux mots pour qualifier le sens de la vie humaine : « gérer » et « vénérer ».

Gérer

Selon le Coran, les êtres humains ont la responsabilité de représenter ou d'agir en tant que représentants de Dieu sur Terre, en paroles et en actions. Cette responsabilité exige d'eux qu'ils développent les qualités spirituelles immanentes de Dieu et répandent sa miséricorde, sa compassion et sa justice sur la société toute entière.

Le rôle de gérant invite les êtres humains à devenir des participants actifs qui promeuvent le bien et réprouvent le mal, ce qui est pour le Coran un rôle incombant à tous les hommes.

En vue d'encourager le bien et de réprimer le mal, le croyant doit mener un combat spirituel pour faire en sorte que les lois divines soient appliquées sur Terre, afin de promouvoir une société vivant dans un cadre de justice et de droiture.

Vénérer

Il est dit dans le Coran : « J'ai créé les djinns et les hommes simplement pour qu'ils puissent me servir. »

POLÉMIQUES

Beaucoup d'observateurs de la tradition islamique ne comprennent pas ce verset, parce qu'il donne une image négative des musulmans qui prient sans cesse Dieu, sans chercher d'autre but à leur vie.

Certains passages, tel le verset 2:177, énoncent bien que le culte ne consiste pas seulement à réciter des prières de façon routinière. Il s'agit davantage d'une attitude permanente de louange et de gratitude envers Dieu, en cherchant à chaque minute de sa vie à se mettre au service du bien.

VIE QUOTIDIENNE

Pour cette raison, quand quelqu'un me demande comment les musulmans pratiquent leur culte, je réponds habituellement en citant toute une série d'actions justes, telles que le fait de sourire à une autre personne ou de partager son repas avec quelqu'un. Les rites fournissent des moyens concrets pour témoigner d'un état de désir constant d'œuvrer pour le bien.

À RETENIR

Le but de la vie, dans l'optique du Coran, est de se rapprocher de Dieu en devenant divin dans ses attributs immanents, de sorte que la vie devienne un moyen de répandre les grâces divines sur Terre, à différents niveaux de la société. C'est en agissant ainsi que l'on perfectionne sa manière de rendre un culte à Dieu, réalisant ainsi le but de notre vie.

Pour aller plus loin

Pour mieux connaître les personnages de ce chapitre, Adam, Abraham, Moïse, Jésus et Marie, voici quelques références précieuses. Vous apprendrez notamment comment les Musulmans regardent ces prophètes et, généralement, le très grand respect qu'ils leur accordent.

Sur Adam :

- HAMIDULLAH M., « Le Pèlerinage à La Mecque » in *Les Pèlerinages*, Paris, Seuil, 1960, p. 130-131.
- TABARI, *Chronique universelle, 1 – De la Création à David*, traduction H. Zotenberg, Paris, Sindbad, 1980.
- VADET J.-C., « La Création et l'investiture de l'homme dans le sunnisme, ou la légende d'Adam chez Al-Kis'aï » in *Studia islamica*, n° 42, 1975, p. 5-37.

Sur Abraham :

- MOUBARAC Y., *Abraham dans le Coran. L'histoire d'Abraham et la naissance de l'islam*, Paris, Vrin, 1958.
- SIDERSKI D., *Les Origines des légendes musulmanes dans le Coran et dans la vie des prophètes*, Paris, Paul Geuthner, 1938.

Sur Moïse :

- IBN A., *La Sagesse des prophètes*, Paris, Albin Michel, 1974.
- MOUBARAC Y., *Moïse dans le Coran. Moïse, l'homme de l'Alliance*, Paris, 1955.
- TABARI, *Chronique universelle, 1 – De la Création à David,* traduction H. Zotenberg, Paris, Sindbad, 1980.

Sur Jésus :

- ARNALDEZ R., *Jésus, fils de Marie, prophète de l'islam*, Paris, Desclée, 1980.
- ARNALDEZ R., *Jésus dans la pensée musulmane*, Paris, Desclée, 1988.
- BORRMANS M., *Jésus et les musulmans d'aujourd'hui*, Paris, Desclée, 1996, 2005.
- HAYEK M., *Le Christ de l'islam*, Paris, Seuil, 1959.
- TARTAR G., *La Naissance de Jésus dans le Coran*, Paris, Union des Croyants Monothéistes, 1977.

Sur Marie :

- DOUSSE M., *Marie, la musulmane*, Paris, Albin Michel, 2005.
- HAGEMANN L., « Marie », in *Dictionnaire de l'islam*, Belgique, Brepols, 1995, p. 249-253.
- TARTAR G., *La Vierge Marie dans le Coran*, Paris, Union des Croyants Monothéistes, 1979

Chapitre 9

Présence du divin dans la nature, l'univers et l'invisible

Dans ce chapitre :

- Relier le divin à la nature
- Définition de l'invisible dans le Coran
- Le ciel et l'enfer dans le Coran

Le Coran invite à réfléchir sur la nature et l'univers, en écho aux désirs du cœur humain qui aspire à voir Dieu soit par amour pour lui, soit qu'il doute de son existence. Croire en Dieu implique de croire au combat du bien et du mal, qui oppose les anges aux forces sataniques. L'Écriture enseigne que la voie que l'on choisit entre ces deux forces détermine notre destin dans la vie de l'au-delà, qui peut osciller entre la plus grande félicité et le supplice éternel.

Dans ce chapitre, nous découvrirons le rapport du Coran à l'univers. Nous nous intéresserons aussi au monde invisible qui joue un rôle important dans l'expérience humaine. En conclusion, ce chapitre évoque le Jugement dernier et la vie dernière, deux réalités qui impliquent que l'homme aura à rendre compte de ses actes.

Le divin dans la nature

« Ne sais-tu pas que devant Allah se prosternent tous ceux qui sont dans les cieux, tous ceux qui sont sur la Terre, ainsi que le soleil, la lune, les étoiles, les montagnes, les arbres, les animaux ?… » (22:18). Ce passage important constitue une bonne base pour l'étude de la nature dans Coran. Nous allons étudier plusieurs aspects de ce verset dans les sections suivantes.

ATTENTION !

L'Écriture sainte avertit les hommes que leur réflexion sur la nature, qui entraîne une grande admiration pour les merveilles de la Création, ne doit pas les faire basculer dans l'adoration de ces choses. Le Coran fait remarquer que c'est Dieu qui a créé la nature, et c'est donc bien à lui que s'adressent la louange et le culte. Cet avertissement s'applique particulièrement à l'astrologie et au culte de la science, qui sont aujourd'hui très répandus (41:37).

Même si nous nous intéressons à certaines révélations scientifiques mentionnées dans l'Écriture sainte, il faut bien comprendre que le Coran n'est pas un livre de science. Certains étudiants du Coran sont si intrigués par les découvertes scientifiques qu'ils y trouvent qu'ils en arrivent à oublier de se concentrer sur le message moral du Livre. En outre, les étudiants à l'esprit plutôt scientifique ont parfois tendance à trop faire travailler leur imagination et voient dans le Livre des choses qui n'y sont pas et qui les amènent à plaquer sur certains versets des théories scientifiques.

La Création en schémas

Le Coran invite ses lecteurs à réfléchir à deux schémas universels de la Création :

- Dans le Coran, le plan de Dieu sur l'univers apparaît comme « créé suivant des mesures et des proportions… fixées d'avance (54:49) ». Regardons les créatures : chacune d'entre elles a un schéma corporel parfaitement adapté à la nécessité de survivre et de fonctionner. Cette notion se vérifie encore plus si l'on réfléchit à la conception du corps humain, dont chacune des parties agit comme une entité complémentaire des autres et contribue au bon fonctionnement de l'ensemble du corps humain.

- L'univers entier est composé de paires, ou de couples, qui favorisent un juste équilibre entre les extrêmes dans la Création (51:49). Ces paires prennent la forme de traits dominants ou récessifs, comme dans le génome humain, ou s'expriment par exemple dans la domination du soleil sur la lune, et même dans les rapports sociaux (comme dans les relations parents-enfants, par exemple). Le Coran précise que les deux composantes de chacune de ces paires sont absolument nécessaires pour la pérennité de la Terre et le fonctionnement approprié de la vie en société.

Les créations célestes de Dieu

Voyons un peu comment l'univers a été créé dans la perspective du Coran. Nous nous intéresserons aux rôles complémentaires de la lune et du soleil et à la topographie des étoiles.

Création de l'univers

Les théories scientifiques sur la création de l'univers ont fait couler beaucoup d'encre. L'une de ces théories, celle qui est la plus communément admise par les scientifiques aujourd'hui, est la théorie du big bang. Selon cette théorie, l'univers formait une énorme masse homogène qui a subi une explosion violente et massive qui a entraîné la dispersion progressive de cette masse, donnant naissance aux galaxies, au système solaire, aux étoiles et aux planètes.

Les commentateurs du Coran, intéressés par l'aspect scientifique des choses, estiment que cette théorie du big bang est corroborée par le Coran, quand il dit : « Eh quoi ! Les mécréants ne savent-ils donc pas que les cieux et la terre formaient un chaos, que nous les avons dissociés et que, de l'eau, nous avons fait tout ce qui est vivant ?… » (21:30). Le Coran décrit également l'univers comme étant « en constante expansion » (51:47).

La dernière partie du verset 21:30 présente un autre aspect scientifique de la création de l'univers : « de l'eau, nous avons fait tout ce qui est vivant ». Aujourd'hui, le rôle de l'eau dans la création est considéré comme une vérité scientifique universelle. Le microscope a permis d'observer que l'eau contribue à hauteur de 50 à 90 % du poids de toute structure vivante.

Étoiles et planètes

La majestueuse nature des étoiles dans le Coran est mise en valeur par Dieu qui dit : « J'en jure par le coucher des étoiles, et c'est un grand serment si vous saviez » (56:75-76). Il est intéressant ici de noter que les étoiles dispensent une source de lumière secondaire après le soleil et que les hommes les utilisent pour se repérer en voyage.

Ainsi, nous voyons que les étoiles ont joué un rôle important dans le progrès de l'humanité, particulièrement dans les secteurs de la navigation et de la géographie. C'est pourquoi les étoiles sont expressément mentionnées comme étant des signes de Dieu.

Le Coran parle des planètes en disant qu'elles évoluent dans leur orbite propre (36:40), ce qui correspond exactement à ce que les scientifiques ont compris aujourd'hui du mouvement des planètes dans l'espace.

Le soleil et la lune

Le Livre mentionne presque toujours le soleil et la lune ensemble en tant que signes de Dieu complémentaires l'un de l'autre. L'Écriture sainte met à l'honneur le soleil et la lune, qui sont des signes de Dieu parmi les plus majestueux (91:1-2).

Le Coran manifeste une connaissance innée de l'astronomie en précisant que le soleil et la lune apparaissent successivement, le jour et la nuit, dans « une course sphérique » (21:33), qui fait référence au fait que le soleil et la lune tournent autour de la Terre, une découverte « scientifique » qui a été faite bien après la révélation du Coran.

Sur Terre, le soleil et la lune occupent une place importante pour l'humanité. Ces astres nous permettent d'avoir la notion du temps et d'établir un calendrier, où l'année est décomposée en mois (10:5). Le calendrier islamique, comme le calendrier juif, fonctionne d'ailleurs selon un système lunaire.

Traditionnellement, chez les musulmans, l'heure de la prière est calculée d'après la position du soleil :

- La première prière a lieu à l'aube.
- La deuxième prière s'accomplit à midi.
- La troisième prière se déroule au moment où l'ombre double sa taille.
- La quatrième prière est récitée au coucher du soleil.
- La cinquième prière se réalise environ une heure et demie après le coucher du soleil.

Le soleil et la lune sont des repères quotidiens qui attestent encore aujourd'hui de la présence de Dieu, pour les musulmans.

Créations terrestres

Le Coran parle des différentes manifestations de Dieu, qui s'expriment dans la création sous de multiples formes : dans les mers, dans le ciel, dans les montagnes, dans les plantes, à travers des animaux et plus particulièrement encore dans ses créatures préférées, les êtres humains.

Les océans

Le Coran encourage l'homme à étudier les océans et toutes les bénédictions qu'ils recèlent, en signe de gratitude envers la miséricorde du Créateur :

> « Les deux mers ne sont pas identiques : l'une est [d'une eau] agréable, douce, potable ; [celle de] l'autre est saumâtre, amère. [Néanmoins] de chacune vous [retirez pour] votre consommation une chair fraîche et des perles dont vous vous parez. On y voit le vaisseau fendre [l'eau] avec bruit, à la recherche d'une faveur divine, pour que vous soyez reconnaissants » (35:12).

Ce verset, ainsi que d'autres passages (25:53 ; 55:19-20) évoquent une ligne de séparation entre les mers. Les océanographes modernes ont fait écho à cette observation en découvrant que chaque mer a sa propre densité, sa propre température et salinité qui, dans la réalité, permettent de « séparer les mers ».

Le Coran témoigne également de sa connaissance des profondeurs de la mer, décrites ainsi : « Des vagues la recouvrent, au-dessus desquelles s'élèvent d'autres vagues sous un épais nuage » (24:40). Les hommes ont découvert le phénomène des courants de profondeur avec le premier sous-marin nucléaire. Cette découverte est venue réfuter la théorie selon laquelle l'eau se trouvant sous la surface de la mer serait calme et tranquille. Au contraire, les études scientifiques ont montré que la circulation des eaux se fait par vagues superposées, ce que l'on appelle les « courants de surface » et les « courants en eaux profondes » ; ce que décrivait déjà le verset 24:40.

Les vagues ont également l'heureuse fonction, voulue par Dieu, de permettre aux êtres humains de voyager par la mer. Cette bénédiction, comme le dit le Coran, a permis d'importants échanges et apports culturels, qui ont fait avancer les civilisations humaines par le commerce et la liberté de circulation.

Le ciel : les nuages et le tonnerre

Le Coran invite ses lecteurs à réfléchir sur le phénomène des nuages, qui apportent la pluie vivifiante, dispensatrice de la précieuse eau pour nourrir la terre et éloigner le spectre de la sécheresse. Le Coran parle des formations nuageuses en expliquant qu'il s'agit de nuages qui se mettent ensemble pour former des masses qui s'accumulent, se superposent et provoquent la formation de la pluie qui retombe sur la terre (24:43).

Dans un autre verset, le Coran décrit le phénomène des vents, qui jouent un rôle important en soulevant et en dispersant les nuages au-dessus de la terre pour s'assurer que la pluie et l'ombre clémente viennent sur la terre (30:48).

L'Écriture sainte parle de l'éclair comme d'un signe de Dieu qui distille la crainte et l'espoir. La pluie, quant à elle, est utilisée dans le Coran comme un symbole qui atteste la capacité de Dieu à apporter la vie à ce qui était mort. Ce symbole est utilisé dans les paraboles sur la résurrection de toutes les créatures vivantes au jour du Jugement dernier (30:24).

Les montagnes immobiles

Le Coran décrit la structure de la montagne, voulue telle par Dieu, comme fermement enracinée dans la terre, « immobile » de sorte que la montagne ne s'ébranle pas avec le reste de la terre (31:10). Aujourd'hui, les géologues sont également arrivés à la conclusion que les montagnes sont bien enracinées dans la terre grâce aux sédiments solides qui, comme les racines des arbres, jouent un rôle essentiel en les stabilisant.

Le Coran utilise la métaphore de la montagne pour parler de la stature impressionnante du Coran et du Jugement dernier ; il dit que les montagnes s'érodent sous le poids de la responsabilité qui vient avec la révélation divine et l'annonce du jour de la grande remise en question (59:21 ; 73:14).

Le règne végétal

Tout comme les montagnes (voir la section précédente) servent à faire comprendre la puissance et la force de Dieu, la flore et les plantes sont elles aussi une manifestation de la beauté de Dieu, dans le Coran. L'Écriture sainte dit que les plantes, les fleurs et tout le règne végétal s'inclinent en signe d'adoration devant le Tout-miséricordieux (55:6).

Il est intéressant de noter que le Coran parle des plantes, des arbres et des fleurs en assurant qu'ils sont le signe de l'admirable profusion qui fait partie du plan de Dieu pour sa Création.

L'Écriture sainte fait preuve également d'une grande intelligence sur la manière dont la flore se reproduit. Tout d'abord, le Coran fait remarquer que les plantes sont créées avec un genre donné, qui permet justement la reproduction de la flore (31:10). Deuxièmement, le Coran décrit le phénomène de la pollinisation par le vent, laquelle favorise la grande diversification des plantes (15:22).

Le Coran accorde une attention particulière à l'olivier (24:35 ; 95:1), considéré comme une manifestation du divin. L'olive est l'un des seuls fruits que l'on peut trouver en abondance aussi bien en Orient qu'en Occident, telle la lumière universelle de Dieu. En outre, l'olivier est un arbre magnifique du fait de ses racines qui s'enfoncent profondément dans la terre et qui peut ainsi résister même en période de sécheresse quand d'autres arbres meurent. De plus, ses racines lui permettent de continuer à porter des fruits même quand il devient centenaire et qu'il donne l'impression d'être mort. Toutes ces caractéristiques de l'olivier en font un symbole de la présence de Dieu.

L'olive, symbole de vitalité

La culture musulmane apprécie tout particulièrement l'olive comme étant le fruit des bénédictions divines. Le prophète Mohammed a enseigné à ses compagnons « à s'oindre d'huile d'olive parce qu'elle vient d'un arbre béni ».

Les universités du monde musulman ont également été inspirées par l'analogie de l'olivier avec le divin. L'une des meilleures et des plus célèbres universités islamiques, située en Tunisie, s'appelle Al-Zaytouna (« l'olivier » en arabe). Enfin, l'olivier est un arbre symbolique pour tous les peuples méditerranéens.

Le règne animal

Le Coran invite ses lecteurs à réfléchir à la manière dont Dieu a organisé la vie des animaux en communautés et leur a enseigné les manières de rendre grâce et de survivre : « Il n'est de bête [rampant] sur terre ni volatile qui ne forment, comme vous, des communautés » (6:38).

Le Livre mentionne également le miracle permanent que constitue le fait que les animaux ont la capacité de survivre par eux-mêmes. Par exemple, la vache produit du lait pur pour alimenter sa progéniture, comme les êtres humains. Le Coran parle des abeilles de la même manière :

> « Ton Seigneur a inspiré aux abeilles de prendre des demeures dans la montagne, les arbres et dans ce que les hommes érigent, de butiner de toutes les fleurs et de suivre docilement les chemins de leur Seigneur » (16:68-69).

Ce passage surprenant montre que les animaux, eux aussi, reçoivent l'inspiration et les messages de Dieu, et qu'en retour ils se soumettent à lui. En outre, ce passage se termine en disant que les abeilles produisent « une liqueur aux couleurs variées renfermant une guérison pour les hommes ». La cuisine des pays musulmans comporte souvent une bonne dose de miel. C'est également un remède efficace pour le traitement de certains maux qui est utilisé en médecine traditionnelle.

Les êtres humains

Le Coran rappelle souvent aux êtres humains qu'ils feraient mieux de penser d'abord à leurs propres origines, avant de revendiquer leur indépendance à l'égard du Créateur (76:1-2). Le Coran, fidèle à la mission qu'il s'est lui-même fixée de rappel des grandes vérités, fait valoir que tout être humain sur Terre a été créé à partir d'une gouttelette de sperme qui s'est ensuite développée par étapes sous l'action de Dieu dans l'utérus de la maman (22:5).

Nombreux sont les scientifiques, même non musulmans, qui considèrent que les origines et les étapes du développement embryonnaire décrites dans le Coran sont extrêmement précises. Le passage 22:5 livre une analyse très détaillée du processus du développement humain :

> « Ô hommes ! Si vous êtes dans le doute au sujet de la résurrection, [rendez-vous compte] que nous vous avons créés de poussière, puis d'une goutte de sperme, puis d'un caillot puis d'un embryon [normalement] formé ou difforme, pour vous en éclairer [sur notre omnipotence]. Nous déposons dans les matrices ce que nous voulons pour un temps fixé, ensuite nous vous en expulsons [à l'état de] bébé pour que vous atteigniez ensuite votre maturité. Il en est parmi vous qui meurent [encore jeunes], tandis que d'autres vivent jusqu'à la décrépitude… »

Héritiers de la terre : l'homme et la nature

Dieu a créé et organisé l'univers tout entier, et, en retour, chaque créature vivante se tourne vers lui en signe de soumission. Les êtres humains jouent un rôle spécial dans la Création et l'organisation du monde voulues par Dieu : les hommes héritent de la terre comme administrateurs ou gérants de Dieu sur Terre (27:62).

Dans la perspective coranique, tout dans la création répond au besoin de survie de l'homme et se développe dans le sens de ce qui est bon pour lui. Par exemple, grâce à la succession du jour et de la nuit, l'homme peut assouvir son besoin de sommeil et de repos. Les animaux eux aussi concourent au bien de l'humanité : certains servent de nourriture pour le corps humain, et d'autres sont utilisés pour transporter les personnes sur de grandes distances à la poursuite de buts nobles, pour développer les connaissances et commercer (16:5-8).

ATTENTION !

Le Coran avertit les êtres humains de ne pas revendiquer comme un droit leur rôle spécial dans l'univers mais de le considérer plutôt comme une responsabilité. Dieu a attribué aux êtres humains la responsabilité de travailler pour le bien et de bâtir des civilisations florissantes. Il leur a également donné les moyens de remplir correctement ces missions.

À RETENIR

Les êtres humains sont les gardiens de la Terre et de ses habitants. Si l'homme abuse de sa position dominante voulue par Dieu, qui lui a donné la force, l'intelligence et le libre arbitre, il viole ce rôle de gardien. Quand les hommes se rebellent contre ce devoir en maltraitant la terre, le Coran dit que la Création se retourne littéralement contre l'humanité pour lui donner un avant-goût du mal et de la souffrance qu'il est capable de causer (30:41).

Ces enseignements extrêmement forts invitent les musulmans à traiter les animaux avec respect et à préserver l'environnement. Il est bien regrettable que certains dans le monde musulman ne tiennent pas compte de ces grands enseignements moraux.

PAROLES DE SAGESSE

Soyez bons avec nos amies les bêtes !

Un jour, le prophète Mohammed a vu un âne qui avait les narines et le côté du visage en sang. Voyant cela, Mohammed dit : « Malheur à celui qui a fait ça ! » Il ordonna alors à ses compagnons de ne jamais frapper au visage une créature vivante, quelle qu'elle soit.

Dans un autre enseignement, les compagnons de Mohammed racontent qu'un chameau est venu au pas de course vers le Prophète et s'est assis à côté de lui, tout en larmes. Le Prophète a recherché le propriétaire du chameau et, l'ayant trouvé, lui a demandé pourquoi son animal pleurait. Le propriétaire répondit que le chameau était devenu trop vieux après de longues années de service, et maintenant l'homme voulait l'abattre et distribuer sa viande. Mohammed lui dit : « Ne l'abats pas. Donne-le-moi à n'importe quel prix. » L'homme offrit alors au Prophète le chameau qui pleurait.

La chasse pratiquée pour le plaisir est strictement interdite par la loi islamique. Mohammed a déclaré : « Celui qui tue (même) un moineau sans raison devra en rendre compte à Dieu au Jugement dernier : Ô Dieu ! Cet homme m'a tué sans raison et non pour me manger. »

Quand les hommes doivent tuer un animal pour la boucherie, le Prophète a recommandé que l'abattage se fasse à l'aide d'un couteau bien aiguisé, et en dehors de la présence d'autres animaux, afin de minimiser la douleur de l'animal. C'est pourquoi, si les musulmans sont autorisés à manger de la viande *halal* (abattue rituellement) pour prendre des forces et vivre en bonne santé, l'abattage des animaux doit avoir lieu de la manière la plus rapide et la moins douloureuse possible.

Le monde invisible : les anges contre Satan

Dans son rôle de gardien de la Terre (voir la section précédente), le cœur humain se voit confronté à un dilemme qui touche à la volonté et à la foi : choisir Dieu ou se rebeller contre ses lois et son plan. Le lieu de cet affrontement spirituel se situe entre deux grandes figures du Coran : les anges d'une part et Satan de l'autre. Qui sont-ils ?

Les anges : pures créations de Dieu

Les musulmans croient aux anges qui, selon la tradition islamique, ont des ailes et sont faits de lumière. Ils peuvent également apparaître sous la forme d'êtres humains. Selon le Coran, les anges remplissent les fonctions suivantes :

- Les anges apparaissent à l'instigation de Dieu, pour inspirer et guider les hommes et les femmes pieux, et en premier lieu les prophètes et les messagers (par exemple, un ange rend visite à Marie – 19:17).
- Les anges apparaissent pour appliquer une juste sanction et punir du mal et de la transgression (15:7-8 ; 16:2 ; 25:21-22).
- Les anges mettent en garde les hommes contre tout culte qui ne soit pas orienté vers Dieu (16:2).
- Les anges, en tant que représentants de ce qu'il y a de plus noble et de plus pur parmi les créatures de Dieu, intercèdent auprès de lui pour obtenir le pardon des péchés de tous les êtres sur Terre (42:5).
- Les anges agissent en tant que protecteurs sur les plans physique et spirituel de tous ceux que Dieu choisit (82:10-12). Du point de vue du Coran, certains sortent vivants d'accidents catastrophiques ou réchappent à de grands malheurs, non par miracle, mais par décret de Dieu exécuté par les anges. De plus, Dieu envoie à ceux qui luttent pour le bien et contre le mal des anges pour les aider.
- Les anges se tiennent à la droite et à la gauche de chacun d'entre nous pour enregistrer chaque action et chaque mot prononcé, bons ou mauvais. Le livre d'or de chacun sera présenté à Dieu au jour du Jugement dernier (50:17-18).
- Les anges feront sonner la trompette pour annoncer le Jugement dernier (20:102), emporter l'âme du défunt à l'heure de la mort (6:61) et garder les portes du ciel et de l'enfer (39:71-75).

Le récit coranique sur les anges s'ouvre sur la réaction de surprise qu'ont ces êtres purs quand Dieu leur annonce qu'il va créer Adam. Le Coran relate que les anges demandent alors : « Y placeras-tu quelqu'un qui y sèmera le désordre et y versera le sang, alors que par nos louanges, nous affirmons ta gloire et magnifions [par nos prières] ta sainteté ? » (2:30). Dieu assigne alors aux anges la mission de protéger les êtres humains, pour qu'ils apprennent que l'homme n'est pas que cela et qu'il est capable de faire le bien et de cultiver la vertu, et pas seulement de semer la discorde et la destruction.

À RETENIR

Le pouvoir des anges vise à purifier l'âme humaine et à la protéger des assauts des forces sataniques qui incitent l'homme à transgresser les lois de Dieu.

Satan : l'ennemi déclaré

À la différence de la Bible, Satan, appelé *Iblis* en arabe dans le Coran, n'est pas un ange déchu. Le Livre saint de l'islam considère que Satan est issu d'une communauté de créatures, les djinns, ou « les esprits invisibles » créés de feu et capables de faire de longues distances en peu de temps. Les djinns peuvent également prendre forme humaine, tout comme les anges.

À RETENIR

Tous les djinns ne se comportent pas de manière diabolique. Certains font de bonnes actions et sont considérés comme « musulmans ».

Voici les principaux buts que poursuivent les forces sataniques dans l'Écriture sainte :

- Satan instille l'animosité et la haine entre les personnes, en les encourageant à se livrer à des actions qui font succomber l'âme à des passions inférieures, comme les addictions ou la passion du jeu (5:91). Satan cherche à éloigner les hommes de Dieu et à les maintenir dans une confusion où l'âme ne sait plus faire la différence entre le bien et le mal, la réalité et la fausseté.
- Satan est décrit comme un faiseur d'« illusions » dans le Coran (4:120). Satan a l'art de rendre attrayant le péché en s'adressant aux sens, à l'intelligence et au cœur des êtres humains (8:48). De fait, nombreux sont ceux qui reconnaissent qu'ils sont sur un chemin qui les mène vers une vie malsaine mais qui trouvent très difficile de changer de vie en raison du plaisir temporel et trompeur qu'ils ressentent.
- Satan chuchote au cœur de l'homme de se détourner de Dieu pour délaisser la spiritualité. Le Coran accuse Satan de vouloir transformer l'homme naturellement bon en l'incitant à aller contre sa nature telle qu'elle a été conçue à l'heure de sa naissance. Le dernier chapitre du Coran contient une prière pour demander, entre autres choses, la protection contre les tentatives de séduction de Satan (114:4).

Le Coran considère Satan comme un personnage important dans l'expérience humaine ; sans la présence de cet « ennemi déclaré » (2:168), il ne serait pas possible de tester la sincérité de la foi des hommes. C'est une chose de dire que vous croyez, encore faut-il que vos actes soient conformes à ce que vous professez. C'est bien là le dilemme qui se pose à tout homme, et si la tentation du mal n'existait pas la foi serait vaine. Si le mal n'existait pas, les hommes ne feraient pas aussi pleinement l'expérience du bien. La valeur du bien nous est en grande partie perceptible parce qu'il est justement l'opposé du mal.

L'Écriture sainte fournit un dialogue intéressant entre Satan et ses adeptes au jour du Jugement dernier, où Satan se dissocie de tous les actes commis par ceux qui lui ont emboîté le pas. Satan dira qu'il n'avait aucun pouvoir sur les êtres humains en dehors de celui de les inciter à prendre une mauvaise voie et que ceux qui l'ont suivi n'ont qu'à s'en prendre à eux-mêmes (14:22).

Le Coran définit ainsi le choix entre écouter la voix des anges ou celle de Satan : « Satan vous fait craindre la misère et vous ordonne les turpitudes, alors que Dieu vous promet son pardon et sa grâce, et Dieu est immense et omniscient » (2:268).

La pesée des âmes

Toutes les fonctions sociales impliquent des responsabilités, l'obligation d'en rendre compte et engendrent une récompense ou une punition, sous une forme ou sous une autre. Les étudiants, par exemple, ont la responsabilité d'apprendre et de se développer intellectuellement. Leur ardeur au travail est sanctionnée ou récompensée par des examens de fin d'études. Les bons étudiants obtiennent des bourses, l'admission à de grandes écoles et d'autres récompenses. Les étudiants moins zélés trouvent souvent ces récompenses inaccessibles.

Essayons de voir comment cet exemple peut s'appliquer à l'expérience spirituelle humaine. Si les êtres humains ont la responsabilité de progresser sur Terre au service de Dieu et de la construction d'une société plus juste, alors un jour doit venir où leur engagement à l'égard de cette responsabilité est récompensé ou puni. De même, si Dieu a donné aux êtres humains la faculté de raisonner et une âme pure capable de reconnaître l'unicité de Dieu, il est bien normal qu'à l'heure du Jugement dernier, les hommes et les femmes soient jugés sur la profondeur et la solidité de leur foi.

Le Jugement dernier

Le Coran parle sans cesse du Jugement dernier, mais c'est surtout dans la dernière partie que ce thème est abordé de façon plus détaillée.

Le Coran utilise les procédés littéraires les plus efficaces pour donner une image forte du dernier jour, quand les ténèbres s'abattront sur la Terre et que la Création cessera d'exister. Les traductions en français du Coran s'efforcent de rendre au mieux la langue puissamment évocatrice et chargée d'émotions qui transparaît dans le texte original en arabe. En voici un exemple :

> « Lorsque le soleil sera obscurci, lorsque les étoiles deviendront ternes, lorsque les montagnes seront ébranlées, lorsque les chamelles pleines seront négligées, lorsque les animaux sauvages seront

rassemblés, lorsque les mers seront portées à ébullition, lorsque les âmes réintégreront les corps, lorsque la fillette enterrée vivante sera interrogée sur le crime qu'elle a commis pour mériter d'être tuée, lorsque les rouleaux [sur les actions des êtres humains] seront dépliés, lorsque le ciel sera tiré, lorsque la fournaise sera attisée, lorsque le paradis sera rapproché, alors toute âme saura ce qu'elle aura accompli » (81:1-14).

Le Coran dit qu'un ange jouera de la trompette pour annoncer la fin de la vie sur Terre. La Terre entière se délitera et les hommes affolés courront dans tous les sens – au point que la femme enceinte accouchera de son enfant à naître. Ensuite, une deuxième trompette retentira et toute forme de vie qui ait jamais existé réapparaîtra sur la Terre comme des mites apparaissant ici ou là dans un état de confusion et de désarroi total.

Ce jour-là, la justice de Dieu régnera, et aucune excuse ou pot-de-vin ne sera plus utile à quiconque. Une balance servira à peser les bonnes et les mauvaises actions de chaque âme. Si les bonnes actions sont supérieures aux mauvaises, l'âme en question connaîtra le paradis. Si les mauvaises actions sont supérieures aux bonnes actions, alors l'âme éprouvera le feu de l'enfer, à moins qu'elle ne soit rachetée par la miséricorde de Dieu. La foi sincère en Dieu l'unique est aussi, voire plus, importante à l'heure du Jugement dernier que la pesée des bonnes et des mauvaises actions. En fait, le prophète Mohammed dit que toute action est jugée en fonction de son intention. Ainsi, la foi, la sincérité de l'intention et les bonnes actions vont de pair.

Le Coran et les *hadith* contiennent beaucoup de descriptions du Jugement dernier. Pour en savoir plus, vous pouvez consulter les passages suivants :

- versets 20:102-127 ;
- versets 23:101-104 ;
- versets 39:71-75 ;
- sourate 82 ;
- sourate 84.

Le bonheur éternel du ciel

La meilleure description du ciel dans le Coran est sans doute celle-ci : « Ce qui est au-delà de la perception humaine », expression que l'on rend en français par le mot « mystère » (19:61). Cependant, le Coran dresse tout de même avec des mots un tableau de ce que sera la félicité céleste. Les descriptions du paradis dans le Coran sont aussi belles que voluptueuses :

> « Voici la description du jardin promis à ceux qui craignent Dieu. Il y aura là des fleuves dont l'eau est incorruptible, des fleuves de lait au goût inaltérable, des fleuves de vin, délices pour ceux qui en boivent, des fleuves de miel purifiés et le plaisir de tous les fruits et celui du pardon de leur Seigneur… » (47:15).

Le Coran présente un dialogue entre les anges et les âmes du paradis au moment où elles passent par les portes du ciel. Les anges leur diront : « La paix soit avec vous ! Vous avez été pleins de douceur. Entrez en ce lieu pour un séjour éternel… » Les âmes justes répondent au salut des anges dans la paix et remercient Dieu d'avoir tenu sa promesse qui est devenue réalité (39:73-75).

L'enfer : le supplice du feu

Le Coran ne manque pas d'emphase non plus pour parler de l'enfer, tant du point de vue de la description que du sens qu'il lui donne, dans une langue très littéraire avec une description réaliste du feu de l'enfer qui attend les âmes qui rejettent la foi sans vergogne, nient la réalité de l'au-delà et pèchent contre elles-mêmes. Voici un exemple de la façon dont le Coran décrit le feu de l'enfer :

> « Lorsqu'ils y seront précipités, ils entendront son mugissement, tandis qu'elle bouillonnera et qu'elle sera sur le point d'éclater de fureur. Chaque fois qu'une fournée y sera jetée, ses gardiens lui demanderont : "N'aviez-vous reçu aucun avertisseur ? – Mais si ! répondront-ils, nous avons reçu un avertisseur et l'avons traité de menteur en lui disant : Dieu n'a rien révélé. Vous êtes dans un grand égarement." Et ils ajouteront : "Si nous avions écouté ou compris, nous ne serions pas les hôtes du brasier !" » (67:7-10).

POLÉMIQUES

Certains commentateurs du Coran croient que le feu de l'enfer ne sera pas éternel pour toutes les âmes. Ces penseurs considèrent qu'au bout d'un certain temps les âmes qui avaient en elles beaucoup de choses mauvaises, mais tout de même un peu de bien, finiront par aller au paradis, une fois qu'elles auront été purifiées de leurs péchés en enfer. Cette façon de voir s'appuie sur le verset 11:107.

La miséricorde et la colère de Dieu : comment concilier les deux ?

Les penseurs de l'islam sont souvent confrontés à la question suivante : si Dieu est tout-miséricordieux, alors pourquoi le Coran met-il autant l'accent sur la colère de Dieu envers ceux qui le rejettent ?

Pour vous permettre de comprendre les réponses, il faut déjà que vous ayez certaines notions sur la manière dont le Coran conçoit la miséricorde et la colère.

Miséricorde

Le Coran présente Dieu comme étant tout-miséricordieux ; chaque sourate du Coran le dit en préambule.

La façon dont le Coran conçoit le jugement de Dieu envers les hommes est prioritairement axée sur sa miséricorde et sa compassion. Dans le Coran, au verset 6:160 et dans plusieurs *hadith,* on retrouve cette idée que celui qui fait quelque chose de bien sera récompensé dix fois plus, voire davantage, pour cette bonne action. En revanche, pour les péchés que l'homme commet, la punition n'est que du même ordre que le péché.

En outre, le Coran dit bien que même le plus grave des péchés, comme le fait de donner des associés à Dieu, le meurtre ou l'adultère, sera toujours comptabilisé par Dieu avec la plus grande clémence si l'on veut bien revenir vers lui avec humilité et s'orienter vers de bonnes actions (25:68-70). Dans le même état d'esprit, un *hadith* dit que « même à celui qui a fait une montagne de péchés, Dieu pardonnera s'il revient vers Lui en implorant son pardon ».

À RETENIR

Du point de vue du Coran, le plus grand signe de la miséricorde de Dieu tient au fait qu'il entretient en nous la vie, autant pour ceux qui le vénèrent que pour ceux qui le rejettent. Cependant, c'est l'obstination des hommes à vouloir le rejeter qui met Dieu en colère.

Colère

Le Coran dit que la colère de Dieu est réservée à ceux qui s'obstinent dans le péché, ceux qui exercent l'oppression et vont à l'encontre de la justice. Elle est également réservée à ceux qui transgressent toutes les frontières en violant les lois de Dieu.

Le Coran voit la colère comme une réaction provoquée directement par celui qui commet le péché. Le Coran parle d'ailleurs des pécheurs en disant d'eux qu'ils « oppriment leurs propres âmes ».

Cependant, le Coran dit qu'en raison de son esprit de justice Dieu diffère sa colère sur une personne ou sur tout un peuple, jusqu'au jour où ils reçoivent le message et que vient le temps de la conversion.

Dans la tradition islamique, la colère n'est pas un attribut de Dieu. En revanche, les musulmans voient la colère comme une composante importante de la justice de Dieu dans ses attributs liés à la justice.

Comment concilier les deux

L'association de la miséricorde et de la colère s'explique, dans l'optique du Coran, par le fait que l'univers est constitué d'une chose et de son contraire. Si l'un existe, l'autre existe aussi. La miséricorde envers la Création serait incomplète si l'idée de justice manifestée sous la forme de la colère n'était pas ressentie par ceux qui sont victimes du mal.

Pour aller plus loin

Faune et Flore :

- BAHJA A., *Les Fables animales dans le Coran*, Le Caire, Dar ach-Chûrûq, 1995.
- BEL-HAJ M., *La Psychologie des animaux chez les Arabes (à travers Kitaba al-Hayawan de Djahiz)*, Paris, Klincksieck, 1977.
- BOUSQUET G.-H., « Des animaux et de leur traitement selon le judaïsme, le christianisme et l'islam », *in Studia islamica*, n° 9, 1958, p. 31-48.
- DJAHIZ, *Le Cadi et la mouche. Anthologie du Livre des animaux*, Paris, Sindbad, 1988.
- FAHD T., *La Divination arabe*, Strasbourg, 1966 (puis Sindbad, Paris, 1987).

Anges et Démons :

- FAHD T., « Anges, démons et djinns en Islam » in *Sources orientales*, 8, Paris, Seuil, 1971, p. 155-214.
- LODS A., « Les origines de la figure de Satan. Ses fonctions à la cour céleste » in *Mélanges syriens offerts à M. R. Dussaud*, II, Paris, 1939, p. 649-660.

Vie et Mort :

- EL-BOKHARI, *Les Traditions islamiques*, Paris, J. Maisonneuve, 1977, 4 vol.

- ES-SALEH S., « La vie future selon le Coran » in *Études musulmanes*, n° 13, Paris, 1971.
- JAMBET Ch., *Mort et résurrection en islam. L'au-delà selon Mûlla Sadrâ*, Paris, Albin Michel, 2008.

L'homme :

- ARNALDEZ R., *L'Homme selon le Coran*, Paris, Hachette Littératures, « Pluriel », 2002.
- GARDET L., *Les Grands Problèmes de la théologie musulmane : Dieu et la destinée de l'homme*, Paris, Vrin, 1957.
- GIMARET D., *Dieu à l'image de l'homme*, Paris, Le Cerf, 1997.
- JOMIER J., « La faiblesse ontologique de l'homme selon le Coran » in *Recherches d'islamologie*, Louvain, Peeters, 1977, p. 149-159.
- MASSIGNON L., « L'homme parfait en islam et son originalité eschatologique » in *Eranos-Jahrbuch*, n° 15, 1948, p. 287-314.

Chapitre 10

Le point de vue du Coran sur les autres religions révélées

Dans ce chapitre :

- Importance de la tolérance religieuse dans le Coran
- La liberté de choix dans le Coran
- Les relations interconfessionnelles
- Quelques sujets de controverse

D'après un sondage récent mené par la Pew Research Foundation aux États-Unis, 44 % des Américains pensent que la religion musulmane est intolérante. Sans doute en va-t-il de même pour nos concitoyens européens, français et plus largement francophones… Il est certain que les événements récents qui ont lieu de par le monde ne font que renforcer cette impression. Nous verrons dans ce chapitre que l'islam est une religion universelle qui englobe les enseignements reçus de Dieu, transmis par tous les prophètes et par les religions qui ont précédé l'islam. Les juifs et les chrétiens sont appelés les gens du Livre (*Ahl' al-Kitab*). Moïse et Jésus sont particulièrement vénérés dans l'Écriture sainte. Ils sont également considérés comme des prophètes de la tradition musulmane.

Dans ce chapitre, nous verrons en quoi l'islam englobe les autres religions révélées. Nous évoquerons également la manière dont les enseignements coraniques parlent du type de relations que les musulmans doivent entretenir avec les croyants d'autres religions et nous commenterons certains versets qui suscitent pas mal de controverses et sont souvent mal compris et mal interprétés.

L'islam : une seule religion sous le regard de Dieu

À RETENIR

L'islam, à la différence des autres religions, tire son nom, non d'un prophète ou d'un groupe de gens mais d'un concept universel qui signifie « Soumission à la volonté de Dieu ». Ce nom exprime la reconnaissance de la foi en un seul Dieu, qui constitue un mouvement historique dans l'expérience humaine, une foi qui peut s'exprimer de multiples façons tout en préservant une même vérité essentielle.

Une fraternité de musulmans

Tous les prophètes de Dieu et leurs disciples constituent une seule et même fratrie de croyants « musulmans » (c'est-à-dire de « ceux qui se soumettent à la volonté de Dieu »). En conséquence, le prophète Abraham, en tant que père dans la foi de tous les prophètes, et tous ceux qui l'ont suivi sont considérés comme « musulmans » dans le Coran (3:67-68).

Ces prophètes, comme l'enseigne l'Écriture sainte, ont été envoyés à toutes les nations à divers moments de l'histoire. Ils ont délivré leur message dans la langue de leur peuple et ont diffusé le même message de soumission à la volonté de Dieu (14:4 ; 16:36 ; 35:24).

Une des conditions fondamentales de la foi est donc de croire en tous ces prophètes mentionnés dans le Coran, sans exception (2:285). Cela est si vrai que si quelqu'un déclare qu'il ne croit pas en l'un ou l'autre prophète, cette personne cesse d'être « musulmane ». Le Coran dit également que seuls certains prophètes sont mentionnés dans le Livre (4:164), ce qui laisse la possibilité à toutes les religions de trouver leurs racines dans des enseignements authentiquement divins. Un *hadith* énonce que Dieu a envoyé quelque 124 000 prophètes, le premier étant Adam et le dernier Mohammed.

D'après le Coran, les fondamentaux universels de la réussite sur les plans de la vie spirituelle et du salut peuvent se décomposer en trois grandes vérités :

- Foi en un seul Dieu (et reconnaissance de tous les prophètes de Dieu qui enseignent les lois de Dieu et le chemin qui mène à lui).
- Croire au Jugement dernier (ce qui implique que l'homme aura à rendre compte de sa foi et de ses actes).
- Pratiquer de bonnes œuvres.

L'Écriture sainte affirme avec force que « ceux qui croient (les musulmans) et ceux qui suivent la foi juive (disciples du prophète Moïse), ainsi que les chrétiens (adeptes de Jésus), les sabéens, qui tous croient en Dieu et au Jugement dernier et œuvrent pour le bien auront leur récompense auprès de leur Seigneur : ils n'ont pas à avoir peur, ni à s'affliger » (2:62, 5:69).

Le Coran appelle les juifs *yahud*, ce qui signifie « ceux qui se repentent » ou « ceux qui se sont repentis » en suivant le prophète Moïse et en vivant selon les lois de la Torah. Les chrétiens sont appelés *nassara* (au pluriel ; singulier : *nassrani*) d'un mot dont l'étymologie paraît proche de « Nazaréen », en référence à Jésus, originaire de Nazareth, en Palestine, mais qui dans le Coran fait plutôt référence à l'idée d'aider, d'être le « supporter » de Jésus. Les sabéens sont ceux qui, dans l'Arabie préislamique, adoraient un seul Dieu et rejetaient le culte des idoles. Le Coran ne fait pas de distinction entre ces groupes religieux mais les englobe sous le titre de croyants de la vraie foi en un seul Dieu.

Le Coran incite même ceux qui ont reçu des révélations divines antérieures à la prédication de Mohammed à suivre fidèlement les enseignements et les lois de leur religion et à ne pas dériver petit à petit de la ligne de conduite préconisée par les Livres qui leur ont été révélés par Dieu (5:44-50 ; 5:68).

Le Coran prêche une théologie ouverte plutôt qu'une théologie fermée. Les religions à travers l'histoire, qui ont enseigné le culte et l'obéissance au seul Dieu, sont issues de la même tradition prophétique et se trouvent toutes englobées dans l'islam. Les disciples de ces religions peuvent être considérés comme musulmans.

Limites à une théologie ouverte

Le Coran n'assimile pas toutes les croyances religieuses. À l'inverse, il est même en opposition avec certaines, ce que nous allons aborder dans les paragraphes suivants.

Le Coran dit que si ces croyances et pratiques contredisent sur le plan théologique l'éthique musulmane, il n'est pas de la responsabilité des musulmans de juger les autres. En revanche, le Livre dit que Dieu seul a la responsabilité et le droit de juger les « musulmans, les juifs, les sabéens, les zoroastriens (adorateurs du feu), et les polythéistes » à l'heure du Jugement dernier, puisque Dieu seul est témoin de toute chose (22:17). La condamnation et la punition de certaines âmes par Dieu demandent à être bien comprises : il ne s'agit pas là d'inciter les musulmans eux-mêmes à départager les âmes. Au contraire, les musulmans seront eux-mêmes jugés par Dieu et ne sont pas en position de juger les autres.

Associer d'autres dieux à Dieu

Le Coran s'oppose résolument à toute croyance qui nierait l'absolue unicité de Dieu. Il n'y a qu'un seul Dieu. Le fait d'associer des partenaires à Dieu dans le culte et l'obéissance est considéré comme l'attitude la plus mécréante qui soit et le seul péché véritablement impardonnable. Le polythéisme qui prévalait sur les plans de la foi et des pratiques dans l'Arabie préislamique est sévèrement rejeté et condamné dans le Livre saint (voir 48:6, par exemple).

Le polythéisme est considéré comme une corruption de la vraie foi originelle inscrite dans chaque âme humaine pour adorer et obéir au seul Dieu (30:30). L'Écriture sainte compare celui qui associe des associés à Dieu à une âme interceptée en plein vol par des oiseaux ou propulsée au loin par un vent violent (22:31). « Ceux qui meurent en croyant à plusieurs dieux sont destinés au feu de l'enfer », déclare le Coran en plusieurs endroits.

ATTENTION !

Dans le Coran, le péché d'associer des acolytes à Dieu va plus loin que le culte des idoles ou le culte de phénomènes naturels (la lune, le soleil, le tonnerre, etc.). Le polythéisme consiste également à vouer un culte ou à placer sa propre personne en premier, ou à succomber aux passions de la chair, qui entraînent la personne à tomber aveuglément sous l'emprise des sens, de l'avarice, de la colère et de l'arrogance.

Naturellement, il arrive à tout un chacun de manquer parfois d'obéissance envers Dieu. Ce que le Coran reproche, c'est lorsque toute la vie est dominée par la suprématie de l'ego.

Jésus, fils de Dieu et la Trinité

POLÉMIQUES

Il est certain que la nature de Jésus constitue le plus grand sujet de discorde entre musulmans et chrétiens.

La plupart des chrétiens considèrent aujourd'hui Jésus comme Dieu ou plus exactement comme le fils de Dieu. Le Coran déclare explicitement que Jésus était un noble prophète envoyé par Dieu aux enfants d'Israël. Voici le passage le plus approprié pour expliquer la façon dont le Coran considère Jésus et le dogme chrétien de la Trinité :

> « Le Christ Jésus, fils de Marie, est seulement un prophète de Dieu – son Verbe qu'il jeta vers Marie, un esprit émanant de lui. Croyez en Dieu, en ses prophètes et ne parlez plus de trinité. Cessez de dire cela, dans votre intérêt. Dieu n'est qu'Un ! Gloire à lui ! [Il est trop haut] pour avoir un fils ! À lui appartient ce qui est dans les cieux et sur la terre, et il suffit comme protecteur » (4:171-72).

Le Coran mentionne le miracle de Jésus bébé, prêchant la bonne parole aux enfants d'Israël, disant qu'il était un serviteur de Dieu, qu'il avait reçu la Révélation en tant que prophète et qu'il était venu pour inciter les fidèles à la prière et à la pureté (19:20-33). Dans un autre passage, le Coran cite les paroles de Jésus qui défend sa mère (Marie) d'avoir commis la moindre faute (5:116). Au lieu de cela, l'Écriture sainte dit que Jésus a enseigné à ses disciples « à adorer Dieu, mon Seigneur et votre Seigneur » (5:117).

Le dogme de la Trinité, qui fait de Jésus le Fils de Dieu, est complètement inacceptable dans la perspective coranique. Le Livre enseigne que Jésus était un serviteur et un prophète de Dieu et que certains de ses disciples ont fait fausse route en lui vouant un culte après que Dieu lui a repris la vie.

Le Coran reconnaît le fait que de nombreux disciples de Jésus parmi les premiers chrétiens n'ont pas reconnu ou accepté qu'il a une nature divine. Pour eux, il a été simplement un messager de Dieu (3:49-53).

Limiter les attributs et la souveraineté de Dieu

Le Coran affirme que les attributs de Dieu – la connaissance, la puissance, la miséricorde et la générosité – sont sans limites, même si parfois il choisit d'attendre pour s'en servir pour sa création (voir 2:255, par exemple).

Les juifs qui ont débattu avec le prophète Mohammed sont particulièrement critiqués pour s'être moqués du peu de cas que Dieu fait des musulmans, en disant que les mains généreuses de Dieu sont bien réticentes quand il s'agit d'aider la communauté des croyants (3:181 ; 5:64).

Rejet de la vérité

C'est une chose que d'être ignorant ou vraiment mal informé au sujet des enseignements du Coran. C'en est une autre d'avoir compris le vrai sens du Coran, en sachant qu'il s'agit bien de la parole de Dieu et de continuer à le rejeter. Dans ce cas, c'est un péché très grave.

Les gens traduisent parfois le mot *kafir* par « incroyant » ou « infidèle », deux traductions qui ne rendent pas bien compte du concept coranique. En réalité, ceux qui sont traités de *kafir* sont ceux qui sciemment rejettent, ignorent ou s'opposent à l'islam tout en sachant qu'il contient bien la vérité.

Ce rejet est souvent dû à une fierté sectaire, une réticence à abandonner une position estimée dans la communauté, ou par aveuglement parce que l'on suit les us et coutumes de ses ancêtres, sans réfléchir et sans exercer son esprit critique sur ce que dit le Coran.

Les passages qui condamnent les gens du Livre se rapportent à ceux qui savent que le Coran est vrai mais continuent à s'opposer au message et à la personne du prophète Mohammed et de ses disciples. Le Coran déclare même que certains chefs religieux, parmi les gens du Livre, savent que le Coran dit la vérité, aussi vrai « qu'ils connaissent leurs propres fils », mais cachent la vérité sciemment (2:145-146). La tradition prophétique (*hadith*) regorge d'exemples de juifs et de chrétiens reconnaissant en privé la vérité du message de Mohammed, mais cachant cette vérité à leur peuple.

Le rejet de la vérité inclut également le rejet de la présence et de l'existence de Dieu. Le Coran montre les signes de Dieu dans les cieux et sur terre, qui sont des preuves de son existence, et fait remarquer qu'il est inacceptable de nier la présence de Dieu dans la vie. Ceux qui refusent cette existence de Dieu auront à encourir un châtiment douloureux dans l'au-delà (voir 22:18-22, par exemple).

Le Coran oblige ceux qui connaissent la vérité de l'islam à l'accepter, même si cela implique dans leur vie de sacrifier leur notoriété et leur statut social dans la société (3:85). Cependant, il est permis de reconnaître et de pratiquer en cachette, lorsqu'on sait que l'on met sa vie en danger en déclarant publiquement sa foi (c'est-à-dire en récitant la *chahada*).

Libre choix et respect de la diversité

Comme la Torah, le Coran déclare que toute vie, indépendamment de la religion ou de la culture, est aussi sacrée que celle de l'humanité tout entière. Retirer injustement la vie à un être vivant revient à tuer l'humanité tout entière. Sauver une seule personne revient à sauver l'humanité tout entière (5:32).

Toute âme est sacrée. Le Livre dit que Dieu respire son propre esprit en chaque âme (chaque âme a la conscience de Dieu) (32:9) et instille en lui le mode de vie naturel (*fitra*) qui est d'adorer le seul Dieu (en croyant et en faisant de bonnes actions) (30:30). En soi, l'âme humaine elle-même est porteuse de la foi en Dieu.

Protéger le libre choix

Tout être humain mérite d'être honoré et la loi islamique protège spécifiquement la vie humaine (17:70). Cette protection inclut la capacité intellectuelle de faire des choix moraux et éthiques, ce qui à la base requiert la liberté fondamentale de croire ou de ne pas croire en Dieu et en ses lois. Restreindre cette liberté viole le caractère noble de l'âme humaine.

À RETENIR

Le Coran déclare : « Point de contrainte en religion. La vérité se distingue de l'erreur » (2:256). Le Livre met en garde quiconque de contraindre un autre à accepter l'islam, car ce faisant il empêche l'autre de discerner par lui-même correctement la vérité et l'erreur.

L'Écriture sainte répète souvent qu'il est bénéfique pour l'âme de se laisser guider et qu'il est mauvais pour l'âme de refuser d'être guidé dans la vie. Par conséquent, personne n'est responsable du fait qu'un autre accepte ou rejette le message de la foi (10:108 ; 27:92 ; 39:41 ; 34:50).

Cependant, le croyant peut à juste titre donner envie à d'autres de cheminer vers la foi – non par la force mais par la sagesse, la beauté et la bonté (16:125). Si les gens entendent l'appel, tant mieux pour eux (10:108). S'ils le rejettent, tant pis pour eux : le Livre saint demande simplement aux musulmans de laisser à chacun la liberté de choisir (sourate 109, par exemple).

La diversité, voulue par Dieu

Le Coran considère la diversité des peuples du monde comme un signe de la volonté de Dieu, qui l'inscrit dans son plan pour la Terre. Le Livre dit qu'au-delà de la diversité actuelle des peuples de la Terre, l'origine de tous les hommes provient d'une seule personne (*nafsin wahida*), et à partir de là on peut dire que chacun a des droits et des responsabilités envers les autres (4:1).

Loin d'être un facteur de haine et de jalousie, la diversité est le fruit d'un plan divin, qui implique la constitution de nations et de tribus pour que les hommes apprennent et échangent entre eux (49:13). Dans un autre passage, le Coran dit que « parmi les signes [de Dieu], il y a la Création…, la diversité des langues et des couleurs : en cela il y a, en vérité, des signes certains pour des gens qui entendent » (30:22).

Le Coran enseigne que la diversité religieuse ne doit pas être une source de conflit, plutôt une occasion de travailler ensemble en vue de faire de bonnes actions : « À chacun de vous, nous avons donné une loi et une voie. Si Dieu l'avait voulu, il aurait fait de vous une seule communauté. [S'il ne l'a pas fait] cependant c'est pour vous mettre à l'épreuve, eu égard à ce qu'il vous a donné. Rivalisez de vitesse vers les bonnes actions. Vous retournerez tous à Dieu » (5:48). Dans cet esprit de coopération, l'Écriture sainte encourage le partage de la nourriture et permet à des hommes musulmans d'épouser des femmes chastes qui font partie des gens du Livre – appelant ces deux institutions sociales des « choses bonnes et pures rendues licites pour vous » (5:5).

L'Écriture sainte encourage le dialogue interconfessionnel et la recherche de terrains d'entente, particulièrement avec les gens du Livre. Le Coran invite les juifs et les chrétiens « à en arriver à des convergences de vues, comme entre nous et vous ». Le Coran poursuit en disant que le terrain d'entente se situe au niveau du culte et de l'obéissance au seul Dieu, sans lui associer aucun partenaire (3:64). Le Coran dit également que les musulmans doivent discuter avec les gens du Livre de la façon la plus aimable en leur expliquant que : « Nous croyons dans la Révélation qui est descendue à nous et en celle qui est descendue jusqu'à vous. Notre Dieu est votre Dieu, il est l'Unique. Et c'est à Lui que nous nous soumettons » (29:46).

Le Coran déclare clairement que les musulmans doivent traiter les croyants des autres religions avec la plus grande bonté et la plus grande justice, à condition qu'ils ne persécutent pas ou ne contribuent pas à persécuter la communauté musulmane (60:7-9). Le terme utilisé pour ce type de relations, *al-Birr*, est le même que celui qui décrit le rapport d'un enfant avec ses parents, qui constitue le témoignage le plus élevé de la bonté et de l'amour dans les relations humaines.

Les relations interconfessionnelles en question

Tout comme pour la Torah et la Bible, on peut citer des passages du Coran hors contexte, ce qui peut faire penser que le Livre adopte une position intolérante ou même hostile à d'autres religions.

Depuis le 11 septembre 2001, on entend souvent critiquer avec virulence l'islam. Ces critiques s'appuient toujours sur les mêmes passages pour « prouver » que l'islam est une religion intolérante qui prône la violence. Notons que ceux qui vilipendent la tradition islamique et les éléments extrémistes de cette tradition se détestent ouvertement mais utilisent souvent la même méthode d'interprétation – en recourant uniquement aux versets qui viennent soutenir leur discours sous-tendu par la haine. Ceux qui essaient de redresser la balance sont souvent accusés de faire l'apologie de l'islam.

Le Coran n'aborde pas les choses de façon thématique mais plutôt dans le cadre d'enseignements sur la foi et les mœurs. C'est pourquoi si l'on se contente de citer un verset isolé sur un sujet, sans mentionner tous les autres traitant du même sujet, on ne peut pas avoir une vision globale et juste de la question.

Prenons, par exemple, le thème de la consommation d'alcool. Le Coran présente l'interdiction des produits alcoolisés de façon progressive, en abordant ce sujet à plusieurs endroits du Livre. Si vous lisez le verset qui interdit seulement la prière sous l'influence de l'alcool, sans lire le verset qui interdit clairement toute consommation d'alcool, vous pourriez penser à tort que le Coran n'interdit les boissons alcoolisées qu'au moment de la prière.

À RETENIR

Dans le cadre des relations interconfessionnelles, il est important de se souvenir de cette notion de contexte.

Dans les sections suivantes, nous évoquons certains passages généralement mal compris et cités mal à propos quand il s'agit de relations interconfessionnelles. Il est bien évidemment impossible d'aborder la totalité des versets controversés, mais les exemples suivants illustrent la manière dont il convient de lire et de comprendre certains versets importants de l'Écriture sainte.

Recherche par thème dans le Coran

Pour connaître tout ce que le Coran dit sur un sujet donné, le mieux est de se reporter à l'index qui figure généralement à la fin des traductions du Coran. Cet index vous indiquera toutes les pages où le thème que vous recherchez est abordé dans le Livre. Vous pouvez ensuite mettre les versets le concernant les uns à la suite des autres, pour avoir un panorama complet de ce que dit le Coran sur le sujet de votre recherche.

En outre, les divers moteurs de recherche sur Internet peuvent vous donner la liste de tous les versets portant sur tous les thèmes abordés par le Coran.

Combattre les « incroyants »

Ceux qui critiquent le Coran citent souvent le verset 9:5 *en partie* seulement en citant le passage suivant : « … tuez les associateurs partout où vous les trouverez. Emparez-vous de leur personne, assiégez-les, dressez contre eux des embuscades… »

ATTENTION !

Le terme « infidèle » ne fait pas partie de la terminologie coranique. Le mot utilisé en arabe est *mûchrikûn,* qui signifie « ceux qui associent des associés à Dieu » ou « polythéistes ». Ce verset ne s'applique pas à tous les « incroyants ».

Pour comprendre vraiment la perspective coranique sur cette question, il faut tenir compte du contexte de cette citation. Le verset 9:5 commence par les mots suivants : « Et ainsi, quand les mois sacrés furent terminés » et se termine par ceux-ci : « … mais s'ils se repentent, font des prières régulières et versent l'aumône légale, alors laissez-leur le champ libre car Dieu est tout-indulgent, tout-compatissant ».

La clause de commencement du verset (« Et ainsi ») indique que quelque chose précède cette incitation à combattre des incroyants. En fait, la lecture des quatre premiers versets précédant le 9:5 prouve que ce verset fait partie d'un ensemble plus large :

- Le verset 9:1 annonce une rupture du traité entre la communauté des musulmans et les Arabes païens.
- Le verset 9:2 fixe une période d'attente de quatre mois pour le commencement des hostilités.
- Le verset 9:3 tire au clair l'intention qui préside à la rupture du traité.
- Le verset 9:4 dit que les traités passés avec les Arabes païens qui n'ont pas rompu leur part du contrat et qui n'ont en rien aidé les ennemis de la communauté musulmane doivent être respectés.

L'annulation du traité et l'appel subséquent à la guerre sont une riposte aux Arabes païens qui rompent le traité de paix en attaquant les musulmans et en aidant ceux qui veulent détruire la communauté musulmane.

En outre, le verset qui suit le verset 9:5 précise que les musulmans doivent accorder leur protection aux païens qui demandent asile auprès des musulmans et mettent fin aux hostilités (9:6). Le verset 9:7 clarifie ce point : « … tant qu'ils seront loyaux avec vous, soyez loyaux avec eux. Dieu aime les gens pieux ».

Les versets 9:8-10 font remarquer que Dieu et son Prophète ont dû rompre le traité parce que chaque fois que les Arabes païens ont eu le dessus sur les musulmans, ils ont essayé de les dominer et de ne pas respecter les termes du traité de paix signé avec eux. Le verset 9:11 rappelle de nouveau aux musulmans que si les païens « se repentent, accomplissent la prière et s'acquittent de l'aumône légale », toute hostilité doit cesser, et ils doivent être accueillis comme des frères dans la foi.

À RETENIR

Cet exemple met en valeur le fait que la lecture isolée d'un verset particulier, sans tenir compte du contexte, donne une fausse image de ce que le Coran enseigne à ses disciples.

De même, certains citent parfois des versets tels les versets 2:191 et 4:76 pour prouver que l'islam prêche la violence. Mais, si on lit ces deux versets dans leur contexte, on s'aperçoit qu'ils développent en réalité une conception très humaniste de la guerre – fondée sur l'autodéfense, la liberté religieuse et la nécessité de combattre l'oppression et la tyrannie.

Vous pouvez également vous reporter au chapitre 18 pour approfondir la notion de *djihad* et de guerre dans l'islam, avec notamment une explication sur la polémique qui entoure le verset 9:29, qui exige que les non-musulmans vivant en territoire musulman versent un impôt.

Méfiance à l'égard des gens du Livre

Les versets 5:51-52 interdisent à des musulmans de prendre des juifs et des chrétiens pour « alliés » parce que ces derniers ne cherchent qu'à se protéger les uns les autres et ne tiennent pas compte des musulmans. Le verset poursuit en disant que les musulmans qui s'allient avec eux sont atteints d'une maladie (spirituelle) dans leur cœur qui les empêche de faire confiance à Dieu.

Le mot « allié » est une traduction du mot arabe awliya dont le sens se rapproche d'« alliés » ou de « protecteurs ».

Ceux qui critiquent la religion islamique brandissent ce verset (5:51-52) pour démontrer l'hostilité inhérente de l'islam envers les juifs et les chrétiens. Les extrémistes musulmans mentionnent également ce verset pour défendre l'idée que les musulmans ne doivent pas s'associer ou traiter en ami avec des non-musulmans. Ils invoquent des événements historiques comme les croisades, le colonialisme et le conflit israélo-arabe actuel comme preuve que les juifs et les chrétiens sont contre les musulmans.

Cependant, dans les passages qui suivent ce verset, le Coran explique que l'alliance menaçante avec des gens du Livre ne s'applique pas à tous les juifs et à tous les chrétiens. Il se réfère plutôt à ceux qui se moquent de l'islam et des pratiques musulmanes (5:57-58) puis à ces non-musulmans qui commettent des agressions visant la communauté musulmane, s'opposent à la pratique religieuse et chassent des musulmans hors de leur maison (60:9).

Tant que les gens du Livre, ou tout autre non-musulman, ne persécutent pas de musulmans, alors l'alliance et l'amitié entraînent la bonté et la justice mutuelles entre les communautés (60:7-8).

À cet égard, les versets 5:51-52 une fois encore doivent être compris dans le contexte de la révélation et de la conception coraniques du monde dans son ensemble, et non dans le vide ou en isolant le verset du message global délivré par le Livre.

Si vous voulez en savoir davantage sur les relations entre musulmans et non-musulmans, je vous recommande fortement la lecture du livre d'Antoine Fattal, *Le Statut légal des non-musulmans en pays d'Islam*, Beyrouth, Imprimerie catholique, 1958. L'auteur accompagne son travail d'une bibliographie fournie, tant en arabe que dans les autres langues de recherche, français, anglais, allemand. Que l'on soit ou non d'accord avec sa thèse, cette étude ne manque pas d'être extrêmement riche et documentée.

Pour aller plus loin

Sur les thèmes majeurs de ce chapitre – tolérance religieuse, liberté religieuse, pluralisme religieux, dialogue entre les religions du livre, controverses diverses –, voici des références à noter.

- AL-QASHANI, *Traité de prédestination et de libre arbitre*, Paris, Éditions Orientales, 1978.
- BOUAMRANE Cheikh, *Le Problème de la liberté humaine dans la pensée islamique*, Paris, Vrin, 1978.
- CHEBEL M., *L'islam et la raison. Le combat des idées*, Paris, Perrin, 2007.
- COLLOQUE DE CORDOUE. *Ibn Rochd, Maïmonide, saint Thomas d'Aquin ou la filiation entre foi et raison,* Paris, Climats/Association freudienne internationale, 1994, p. 131-142.
- GARDET L., *Les Grands Problèmes de la théologie musulmane : Dieu et la destinée de l'homme*, Paris, Vrin, 1957.
- GIBB H.A.R., *Les Tendances modernes de l'islam*, Paris, G.-P. Maisonneuve, 1949.
- GRUNEBAUM G. E. von, *L'Islam médiéval*, Paris, Payot, 1962 ; *L'Identité culturelle de l'Islam,* Paris, Gallimard, 1973.
- IBN ROCHD, *L'Accord de la religion et de la philosophie (traité décisif)*, Paris, Sindbad, 1988.
- KHOMEYNI, *Pour un gouvernement islamique*, Paris, Fayolle, 1979.
- MAWDOUDI, *Comprendre l'islam*, Paris, Association des étudiants islamiques en France, 1973.
- MERAD A., *Le Réformisme musulman en Algérie de 1925 à 1940. Essai d'histoire religieuse et sociale*, Paris-La Haye, Mouton et Cie, 1967.
- NABI KHAN RAHAT, « Les courants modernes de la pensée islamique dans le sous-continent indo-pakistanais » in *L'Islam, la philosophie et la science*, Paris, Les Presses de l'Unesco, 1981, p. 95-128.
- QUADRI G., *La Philosophie arabe dans l'Europe médiévale des origines à Averroès*, Paris, Payot, 1960.
- RAMADAN T., *Aux sources du renouveau musulman. Cent ans de réformisme islamique d'Al-Afghani à Hassan al-Banna*, Paris, Bayard-Centurion, 1998.

Quatrième partie

Vivre le Coran

Dans cette partie...

Le Coran contient plusieurs passages qui donnent des clefs pour réussir sa vie spirituelle sur Terre et dans l'au-delà : croire en un seul Dieu et aux bonnes œuvres. Les musulmans ne se contentent pas de croire : ils s'engagent sincèrement dans des actions concrètes pour mettre en pratique les enseignements tirés du Livre.

Cette partie aborde les dimensions spirituelles, morales et éthiques des pratiques islamiques et des lois enseignées dans le Coran. Nous verrons en quoi le Coran est un guide actif qui montre le chemin à celui qui veut vivre en conformité avec la morale, approfondir sa vie spirituelle et vivre des relations saines en famille.

Chapitre 11

Sur les pas de Mohammed

Dans ce chapitre :

- Mohammed dans le Coran
- Place de Mohammed dans la foi musulmane
- Ce que dit Mohammed sur Dieu, la vie et l'au-delà

Les musulmans vénèrent Mohammed comme étant le dernier messager de Dieu, par qui le Coran a été révélé et enseigné. Dans cette optique, il est important de bien saisir le rôle du Prophète dans le Coran, afin de bien comprendre la tradition islamique dans son ensemble.

Ce chapitre ne présente pas une biographie récapitulative de Mohammed mais plutôt un regard sur la façon dont le Coran décrit son rôle et sa place en tant que dernier prophète de Dieu. (Reportez-vous à *L'Islam pour les Nuls,* de Malcolm Clark et Malek Chebel pour avoir une description détaillée de la vie du Prophète.)

Dans ce chapitre, nous découvrons quelques versets qui décrivent le personnage et le rôle de Mohammed dans le monde. Nous évoquons également brièvement certaines de ses paroles que les musulmans vénèrent et mettent en pratique encore aujourd'hui.

Mohammed dans le Coran

Dans les sections suivantes, vous allez découvrir les versets du Coran qui expriment l'admiration profonde et l'affection que suscite le prophète Mohammed, et comment ces enseignements tissent la trame des croyances et des pratiques musulmanes.

Serviteur de Dieu et simple mortel

Essentiellement, le Coran nous apprend que le prophète Mohammed est avant tout le serviteur de Dieu. La place particulière de Mohammed, dans le regard de Dieu et pour les musulmans, ne lui donne en aucune façon le privilège d'être associé aussi peu que ce soit aux attributs de Dieu. En revanche, le Coran dit simplement que Mohammed est un messager de Dieu (3:144 ; 33:40 ; 48:29), ni plus ni moins.

Adorer Mohammed est un acte radicalement opposé à la foi qui place d'emblée la personne en dehors de la religion musulmane.

Mohammed lui-même a averti ses compagnons et les musulmans des générations postérieures de ne pas l'élever au rang de divinité après sa mort. Mohammed a dit : « Ne dépassez pas les bornes dans l'éloge que vous me réservez en me traitant comme le font les chrétiens avec Jésus, fils de Marie. Je ne suis qu'un serviteur de Dieu. Appelez-moi donc le serviteur de Dieu et son messager. »

Les musulmans croient que Mohammed n'a jamais agi ou parlé en matière de religion de son propre chef ou du fait de sa sagesse personnelle. Son action et son message sont uniquement le fruit d'enseignements divins qu'il a reçus en tant que messager inspiré et serviteur de Dieu (10:15-16).

Pourtant, les paroles de Mohammed, regroupées sous forme de *hadith,* et ses actions, ce que l'on appelle la sunna (la tradition qui relate ses faits et gestes significatifs), forment une part essentielle qui régit la pratique quotidienne de la foi musulmane. Ces deux écrits constituent une deuxième source privilégiée, après le Coran, qui aide les musulmans à discerner la volonté de Dieu. C'est à partir de ses paroles et de ses actes que les musulmans ont élaboré la loi islamique, appelée la *chari'a* (voir chapitre 17).

La mission divine de Mohammed

Le verset 3:164 décrit les divers aspects de la mission de Mohammed en tant que messager de Dieu :

- **Faire connaître la Révélation** : Mohammed est le dépositaire des versets regroupés dans le Coran et envoyés aux hommes par Dieu. À ce titre, le Prophète a une relation privilégiée à Dieu, qui se fait aussi sentir par ricochet chez les musulmans qui suivent l'exemple de Mohammed.
- **Rendre les âmes pures** : La deuxième mission de Mohammed est d'aider les hommes et les femmes à purifier leur âme en les guidant sur le plan spirituel de sorte qu'ils puissent marcher sur le droit chemin de la vie selon l'éthique et les bonnes mœurs voulues par Dieu.

- **Enseigner le contenu du Livre** : Dieu a envoyé Mohammed, non seulement pour faire connaître la révélation divine mais également pour enseigner et expliquer les versets du Coran.

  À ce titre, l'explication par Mohammed des versets du Coran constitue la première exégèse (interprétation de l'Écriture, *tafsir* en arabe), la plus appropriée.

  Selon l'Écriture sainte, Mohammed a apporté deux types d'enseignement : d'une part la bonne nouvelle de l'espérance qu'apporte la miséricorde divine accordée à ceux qui ont la foi et qui font le bien, et d'autre part la mise en garde adressée à ceux qui rejettent la foi et font le mal et encourront le châtiment de Dieu.

- **Enseigner la sagesse** : Pour les commentateurs du Coran, la « sagesse », *al-hikma*, est celle qui ressort de la sunna, ou vie du prophète Mohammed lui-même. La vie de Mohammed est une incarnation de la sagesse. C'est en vivant dans son sillage que les musulmans s'engagent eux aussi sur la voie de la sagesse qui mène à Dieu.

Mohammed, modèle pour l'humanité

Le Coran dit : « Vous avez dans l'envoyé de Dieu un beau modèle pour vous, pour quiconque espère en Dieu au jour dernier et se souvient fréquemment de lui » (33:21). Le Coran décrit également Mohammed comme l'archétype de celui qui a atteint les plus hautes valeurs morales (68:4).

Les musulmans pieux expriment leur amour pour le prophète Mohammed en essayant de modeler leur vie sur son exemple, à chaque moment de la journée. Qu'ils s'assoient pour manger, ils essaient de manger de la même manière que Mohammed ; quand ils parlent, ils essaient de parler avec la même humilité que celle de Mohammed envers ses compagnons ; et quand ils marchent, ils cherchent à marcher avec la même simplicité que leur Prophète.

Si les musulmans font tout ceci, c'est, selon l'Écriture sainte, parce que les enseignements de Mohammed peuvent tirer les croyants « des ténèbres vers la lumière » grâce à la foi et aux bonnes œuvres (65 : 11). Les musulmans considèrent la vie de Mohammed comme le meilleur exemple à suivre pour se rapprocher le plus directement possible de Dieu et recevoir ses bénédictions divines.

La miséricorde de Mohammed pour l'humanité

S'adressant à Mohammed, Allah dit : « Nous ne t'avons envoyé qu'à titre de miséricorde pour les mondes » (21:107). Il y a deux enseignements importants à tirer de ce verset dans la perspective coranique :

- La miséricorde définit le caractère, la personnalité et la voie empruntée par Mohammed.
- La miséricorde et le message de Mohammed se propagent au monde entier et à toute la Création, y compris à la faune et à la flore (voir chapitre 9), pas simplement à une nation ou à un groupe de personnes.

La nature compatissante de Mohammed

Mohammed reçut le titre honorable de « Miséricorde de l'univers » après son expérience dans la ville de Taif, où les citadins rejetèrent son appel pour adorer Dieu et maltraitèrent physiquement le Prophète.

Après un mois de mauvais traitements, Mohammed se préparait à quitter la ville pour retourner à La Mecque. Selon la tradition islamique, l'ange Gabriel lui est apparu et lui a dit que, si Mohammed le voulait, Dieu détruirait la ville entière de Taif et tous ses habitants, en raison de la manière dont ils l'avaient traité.

Au lieu de cela, Mohammed a demandé à Dieu de pardonner aux habitants de Taif. Il a également demandé à l'ange Gabriel de ne pas détruire la ville, parce qu'il espérait qu'à l'avenir, des générations justes sortiraient de Taif.

L'Écriture sainte précise que si Mohammed ne s'était pas montré doux de cœur, le message de l'islam ne se serait jamais diffusé comme il l'a fait (3:159). La miséricorde de Mohammed est perçue comme un cadeau divin qui a été placé en son cœur afin de faire connaître la volonté divine à toute la création.

Universalité des enseignements de Mohammed

Dans la perspective du Coran, tous les prophètes ont été envoyés pour un groupe de gens spécifique, à une époque donnée et en un lieu donné, tandis que Mohammed, en tant qu'ultime prophète de Dieu, a été envoyé à toute l'humanité, pour tous les temps.

Tous les prophètes, à commencer par Adam, ont apporté leur contribution progressivement, l'un après l'autre, jusqu'au moment où toute l'humanité s'est avérée prête à accueillir le message divin qui lui était destiné. Les musulmans considèrent les enseignements de Mohammed comme le point culminant de toutes les révélations prophétiques et comme guide ultime de toute l'humanité.

À propos de l'universalité du message de Mohammed, le Coran dit également : « Nous ne t'avons envoyé que comme annonciateur et avertisseur à tout le genre humain. Mais la plupart des hommes ne le savent pas » (34:28).

Mohammed, sceau des prophètes

Le Coran dit à propos de Mohammed, concernant la finalité des prophètes : « Mohammed n'est le père d'aucun des vôtres, il est l'envoyé de Dieu et le sceau de tous les prophètes » (33:40).

Mohammed décrit sa propre mission prophétique comme une belle maison, bien construite, mais à laquelle il manque une pierre angulaire. Les gens traversent cette maison en s'extasiant mais constatent l'absence de la pierre et se demandent à quoi ressemblera la maison terminée, une fois que la pierre angulaire sera à sa place. Mohammed dit alors : « Je suis la pierre d'angle et je suis le sceau des prophètes. »

À RETENIR

Les musulmans ne considèrent pas forcément que Mohammed, en tant que prophète, ait apporté un nouveau message à l'humanité. Différent, oui, mais pas totalement distinct des grands Livres saints qui l'ont précédé. En revanche, le Coran répète à plusieurs reprises que le Livre est le point culminant de tous les enseignements prophétiques qui prônent l'unicité de Dieu et l'établissement de sociétés justes.

Dans le même ordre d'idées, Mohammed a déclaré que tous les prophètes viennent d'un même Père, mais de différentes mères. Le prophète Mohammed signifie par là que tous les prophètes ont en partage une même théologie sacrée, découlant de l'unicité absolue de Dieu, sans aucune autre divinité qui lui soit associée ; tandis que la loi de Dieu (*chari'a*) révélée à chaque prophète est différente à chaque fois, dans les détails d'application.

Souvent, les gens ont du mal à comprendre pourquoi Dieu cesserait tout à coup d'envoyer des prophètes et des révélations divines à l'humanité, qui vit dans un monde chaotique et a bien besoin de ses lumières.

Du point de vue de l'islam, la finalité des prophètes n'a jamais été de résoudre les problèmes du monde, créés en premier lieu par l'homme lui-même. En revanche, des prophètes ont été envoyés à travers l'histoire pour faire connaître la révélation divine, enseigner la sagesse à toute l'humanité, point par point et région par région.

Une fois que le monde a été prêt à recevoir le message et la loi universelle, Dieu a révélé le Coran au prophète Mohammed pour guider les hommes jusqu'à la fin des temps.

C'est aux êtres humains qu'incombe la responsabilité prophétique de mettre en application les directives divines dans le monde où ils vivent. Aucun prophète ne peut d'un coup de baguette magique réparer ce que les hommes ont détruit au fil des âges.

À l'instar de Dieu et de son messager

Pour les musulmans pieux, il ne suffit pas de chanter les louanges de Mohammed ni de penser à lui de temps à autre au cours de rassemblements religieux.

En revanche, l'exemple de la vie de Mohammed est donné, selon les enseignements coraniques, pour forger des caractères et des sociétés supérieurs, vivant d'une vie imprégnée de Dieu dans tous ses aspects. À cet égard, les penseurs musulmans considèrent que la plus belle manière de louer Mohammed consiste à marcher à sa suite sur les chemins de la vie, selon la volonté divine.

Le Coran dit que l'obéissance au prophète Mohammed est en fait l'obéissance à Dieu (4:80), parce que Mohammed a enseigné les voies de la volonté divine et de la sagesse, éclairé par une inspiration divine. À cet égard, l'Écriture sainte rappelle ceci aux fidèles : « Le croyant et la croyante n'ont plus à choisir sur une affaire déjà tranchée par Dieu et par son envoyé. Quiconque désobéit à Dieu et à son envoyé s'égare de toute évidence (33:36). »

Pour les musulmans pieux, l'islam est un mode de vie complet qui exige l'obéissance à Dieu et à son messager, Mohammed, dans les lois communautaires, aussi bien que sur le plan de l'éthique personnelle.

Cela explique pourquoi les musulmans pieux, dans leur grande majorité, ne peuvent pas accepter l'idée que, dans le monde moderne, les lois religieuses (voir chapitre 17) doivent être remplacées par des lois laïques. En revanche, comme représentants ou gérants de Dieu sur Terre, les musulmans se sentent investis d'une responsabilité de vivre sur Terre selon les lois de Dieu.

À RETENIR

En tant que Créateur et Seigneur du monde, Dieu seul est celui qui donne la loi, et les musulmans, soit ceux qui se soumettent à la volonté divine, doivent alternativement pratiquer et mettre en application ces lois divines.

Cependant, ceci ne signifie pas que toutes les lois laïques contredisent les lois religieuses d'essence divine. L'objectif du bien commun est en théorie la finalité commune des deux systèmes. À cet égard, les musulmans, qui vivent dans un État donné, doivent suivre les lois et traditions du pays qui sont compatibles avec l'esprit des enseignements divins et lutter pacifiquement contre celles qui contreviennent à l'esprit des enseignements divins.

Quand un musulman vient vivre dans un État laïc, il s'engage à vivre selon les lois du pays en question. Le non-respect de cet engagement constituerait une violation des enseignements religieux, qui ne tolèrent pas que l'on falsifie des serments donnés et que l'on rompe un contrat que l'on a passé.

Prenons un exemple : même si Dieu interdit strictement l'alcool, les musulmans ne peuvent pas aller brûler tous les magasins de vins et spiritueux qu'ils voient dans les pays laïcs où ils vivent qui en autorisent la vente et la consommation. Les musulmans ne peuvent pas non plus imposer cette loi islamique aux musulmans vivant dans le pays en question et qui sont buveurs d'alcool. Ces deux actions violeraient les lois nationales, auxquelles les musulmans acceptent de se conformer quand ils deviennent citoyens ou résidents d'un pays donné.

Si les musulmans éprouvent un réel problème à suivre les lois laïques, ils doivent émigrer (faire *hijra*) pour revenir habiter sur des terres musulmanes où ils pourront librement suivre leur religion. Cependant, comme vous le diront la plupart des musulmans aujourd'hui, cela est pratiquement impossible parce qu'il n'y a aucun gouvernement aujourd'hui qui applique véritablement la loi islamique.

Cependant, cela ne signifie pas que les musulmans doivent rester passifs et se contenter d'être spectateurs dans les sociétés qui transgressent les lois divines. Les musulmans, en tant que citoyens sur Terre, sont appelés à promouvoir ce qui est bon et à proscrire ce qui est mal, que ce soit en paroles, par action ou même en pensée, comme l'a demandé le prophète Mohammed.

VIE QUOTIDIENNE

« À Rome, faisons comme les romains », dit un proverbe anglais. Ce dicton n'est pas tout à fait dans la lignée des enseignements coraniques. Indépendamment du fait qu'il habite à Rome ou en Arabie saoudite, un musulman est tenu de vivre chez lui selon les enseignements et les lois divines qui viennent du Coran et du prophète Mohammed. À l'extérieur de sa maison (ou à l'extérieur de la mosquée), il respecte totalement la loi civile du pays où il réside, se conformant à ses usages communs, et met un point d'honneur à être un citoyen au-dessus de tout soupçon. Si le musulman fait allégeance à l'islam, cela relève de sa croyance intime et c'est son droit le plus strict, en revanche, sa conscience citoyenne l'empêche d'empiéter sur l'espace public, car il est dévolu à tous ceux qui habitent la même ville et qui ne professent pas forcément l'islam.

Quelques paroles prophétiques

Dans la tradition islamique, le Coran et les *hadith* (paroles de Mohammed) sont tous deux considérés comme d'inspiration divine. Les deux se complètent et les paroles prononcées par Mohammed occupent une place importante pour la compréhension du Coran.

Il est impossible d'interpréter ou de comprendre le Coran sans avoir quelques connaissances de base des paroles et des enseignements de Mohammed qui viennent compléter ceux du Coran.

Dans cette section, nous verrons certains enseignements de Mohammed, au sujet de certains dogmes de foi et de certaines pratiques vertueuses.

Mohammed parlant de Dieu

Voici un petit aperçu de certaines paroles du Prophète sur Dieu :

- **L'unicité de Dieu (*tawhid*) :** « Le droit de Dieu sur ses serviteurs est d'exiger qu'ils n'adorent que lui et n'aient pas d'idoles. Et le droit des serviteurs envers Dieu est d'exiger qu'il ne punisse pas ceux qui ne se fabriquent pas d'idole à côté de Dieu. »
- **La miséricorde de Dieu (*rahmatû Allah*) :** « Dieu, le Glorieux, étend sa main durant la nuit pour que les personnes puissent se repentir des fautes commises pendant la journée ; et il étend sa main durant le jour de sorte que les gens puissent se repentir de leurs fautes commises pendant la nuit, jusqu'au lever du soleil. »
- **Le jugement de Dieu (*hûkmû Allah*) :** « Le serviteur de Dieu se tiendra debout au jour du Jugement dernier, jusqu'au moment où il sera interrogé sur sa vie terrestre pour savoir comment il l'a passée et sur sa connaissance pour savoir comment il l'a utilisée, et sur sa richesse pour savoir comment il l'a acquise et de quelle manière il l'a dépensée, et sur son corps pour savoir comment il l'a habillé. »
- **Le châtiment de Dieu (*'iqâb Allah*) :** « Il y en aura certains qui seront brûlés jusqu'aux chevilles, d'autres jusqu'aux genoux, d'autres jusqu'à la taille et d'autres encore jusqu'à la clavicule. »
- **La relation à Dieu (*wasl, ittissal, i'tissam bi habl Allah*) :** « Si quelqu'un veut savoir quelle position il occupe aux yeux de Dieu, il n'a qu'à regarder quelle place il donne à Dieu (dans sa vie et dans son cœur). »

  « Celui qui pense à Dieu et celui qui n'y pense pas sont comme la vie et la mort. »

- **La quête de l'amour de Dieu (*mahibbatû Allah*) :** Un homme est venu voir le prophète Mohammed et lui a demandé : « Ô messager de Dieu, dis-moi ce que je dois faire pour que Dieu m'aime et que les autres m'aiment aussi. » Mohammed lui répondit : « Ne convoite pas ce monde et Dieu t'aimera ; ne convoite pas ce que les autres possèdent et les gens t'aimeront. »

Mohammed parlant de la vertu

Voici un petit aperçu de certaines paroles du Prophète sur la vertu :

- **Le cœur comme source de toute bonté :** « Écoutez-moi bien, il y a un morceau de chair dans le corps. S'il est bien à sa place et bien entretenu, le corps tout entier est bon et sain. Mais, s'il se corrompt, c'est le corps tout entier qui se corrompt : retenez bien ceci : ce morceau de chair, c'est le cœur. »
- **Obéissance à Dieu :** « Dieu a fixé certains devoirs. Ne les négligez pas. Il a placé certaines frontières. Ne les transgressez pas. Il a interdit certaines choses. Ne vous jetez pas dessus. Sur le reste, il n'a rien dit – par compassion pour vous, et non parce qu'il a oublié – aussi laissez-les de côté et abstenez-vous de questions à leur sujet. »
- **Sincérité :** « Dieu ne regarde pas votre mise ni votre aspect extérieur, mais il regarde vos cœurs et vos actes. »
- **Condamnation de la religiosité extérieure :** « Beaucoup jeûnent mais ne gagnent rien à leur jeûne, hormis la faim et la soif ; beaucoup prient toute la nuit mais ne gagnent rien à leurs prières nocturnes, si ce n'est l'insomnie. »
- **La nature du péché :** « Quand un croyant commet un péché, une tache noire apparaît sur son cœur. Mais s'il cherche à se repentir, s'il cherche le pardon de Dieu, son cœur redevient pur et immaculé. Si, au contraire, il persiste dans le péché, la tache continue à s'étendre et finit par recouvrir tout son cœur. »
- **La patience :** « L'homme fort n'est pas celui qui excelle dans l'art du combat mais celui qui maîtrise ses accès de colère. »
- **L'esprit de miséricorde envers les autres :** « Seuls ceux qui sont compatissants recevront la miséricorde du Tout-miséricordieux. »
- **La bonté :** « Ne minimise pas le plus petit acte de bonté, même s'il ne s'agit de rien de plus que d'accueillir ton frère avec le sourire et un visage ouvert. »
- **La générosité :** « Celui qui fait la charité ne diminue pas sa richesse ; celui qui pardonne à un autre reçoit plus d'honneur encore de la part de

Dieu et celui qui se fait humble en l'honneur de Dieu sera élevé au plus haut. »

- **La fiabilité :** « Celui qui n'est pas digne de confiance n'a aucune foi. Celui qui ne tient pas sa promesse n'a aucune religion. »
- **Les relations humaines :** « Celui qui soulage un croyant d'une détresse, Dieu le soulagera de sa détresse au jour de la résurrection. Celui qui soulage son frère dans l'épreuve, Dieu allégera son fardeau dans ce monde et dans l'autre. Celui qui protège un musulman, Dieu le protégera dans ce monde et dans l'autre. Retenez cela : Dieu aidera le serviteur à condition que le serviteur aide son frère. »

Pour aller plus loin

Pour en savoir plus sur la personnalité du Prophète, nous vous suggérons quelques ouvrages rédigés en français. Nous les avons lus et vous pourrez les consulter en toute sécurité. Vous y trouverez aussi, en seconde partie, des titres qui traitent de l'éthique du musulman :

Le prophète Mohammed :

- IBN HICHAM, *Kitab Sirat Rassûl Allah*, paru en français sous le titre *La Biographie du prophète Mahomet*, Paris, Fayard, 2004.
- TABARI, *Mohammed, sceau des prophètes*, Paris, Sindbad, 1980, vol. 3 de l'ensemble de la chronique, qui en compte 4.
- ANONYME, *Le Livre de l'échelle de Mahomet* (Liber Scale Machometi), Paris, Le Livre de poche, 1991.
- GAUDEFROY-DEMOMBYNES M., *Mahomet*, Paris, Albin Michel, 1957.
- HAMIDULLAH M., *Le Prophète de l'Islam* (1959), Paris, AEIF, 1978, 2 vol.
- MONTGOMERY WATT W., *Mahomet*, Paris, Payot, 1989. Ce dernier ouvrage regroupe en français deux titres de l'auteur parus en anglais, soit *Mahomet à La Mecque* et *Mahomet à Médine*.

L'éthique du musulman :

- AL-MAQDISI, *Revivification de la spiritualité musulmane*, Paris, Iqra, 1999.
- AL-QAYRAWANI, *La Risala*, Alger, EPA, 1975.
- BOUSQUET G.-H., *Les Grandes Pratiques rituelles de l'islam*, Paris, Puf, 1949.
- EL-BOKHARI, *Les Traditions islamiques*, Paris, Adrien Maisonneuve, 1903-1904 (réédition 1984).

- GARDET L., *L'Islam, religion et communauté*, Paris, Desclée de Brouwer, 2002.
- MUNADJDJID S. al-D., *Le Concept de justice sociale en islam*, Paris Publisud/Alger, OPU, 1982.

Chapitre 12

Donner du sens aux rites

Dans ce chapitre :

- La prière de gratitude envers Dieu
- Le jeûne comme chemin de pureté
- L'aumône pour les autres
- Le pèlerinage à La Mecque

Pratiquer un rite sans avoir assimilé les enseignements spirituels et éthiques de la religion en question débouche sur une fausse religiosité aussi bien sur le plan individuel que sur celui de toute une communauté. Ce sont les pratiques religieuses, et non la morale ou les bonnes mœurs, qui forment la trame des traditions d'un peuple. Certaines régions du monde musulman sont aux prises avec ce problème, qui mettent l'accent sur les formes externes du culte, telles les cinq prières quotidiennes ou l'apparence de la femme, tout en négligeant de lutter avec la même ferveur contre la pauvreté et d'autres injustices sociales.

Le Coran met en avant le fait que la piété et la droiture ne consistent pas seulement à se tourner vers l'est ou l'ouest (pour la prière) (2:177). L'Écriture sainte condamne ceux qui prient sans avoir véritablement la foi et la sincérité (13:14). Dans un autre passage, le Coran met en garde les fidèles sur leur façon de faire la charité, qui parfois consiste à ressasser leur générosité ou à se plaindre par la suite des largesses qu'ils ont eues (2:262-265). Dans un autre chapitre du Livre, on trouve une condamnation des croyants qui prient sans réellement s'impliquer de tout leur cœur et de toute leur âme et qui cherchent simplement à être vus par les autres et négligent par la suite les besoins d'aide de leurs proches (107:1-7).

Le Coran met en garde contre cet esprit de bigoterie et invite plutôt les fidèles à donner du sens aux rites et à agir en conséquence.

Dans ce chapitre, nous passons en revue les cinq piliers de l'islam dans leurs significations externes (exotériques) et internes (ésotériques). Nous verrons également les aspects personnels et communautaires des obligations rituelles.

Proclamer sa foi : pas seulement en paroles

Le premier pilier de l'islam s'appelle la *chahada*, qui consiste à professer ceci : « J'atteste qu'il n'y a pas d'autre dieu que Dieu et que Mohammed est son prophète. »

La première partie de la *chahada* affirme l'unicité de Dieu. La deuxième partie affirme que la vie des prophètes, en particulier celle du prophète Mohammed, fournit des modèles de vie réglée sur la volonté de Dieu.

La vie spirituelle, morale et éthique d'un musulman est étayée par ces concepts. Plus qu'une simple déclaration, ce pilier représente un engagement sérieux qui vise à transformer la vie et la société des « ténèbres vers la lumière » (2:257) en suivant les voies de Dieu, appelées « le droit chemin » (1:6).

Par la *chahada,* les musulmans entrent de tout leur cœur dans la soumission à la volonté de Dieu (2:208), ce qui implique l'obéissance à Dieu et à son messager (24:51-52). La déclaration de foi résume un mode de vie, qui s'appelle l'islam (le fait de se soumettre à la volonté de Dieu).

La voie de Dieu vise à améliorer la société par la liberté, la justice et l'égalité (9:11-16), tout en élevant l'âme par la foi et la patience de sorte que les individus puissent s'associer ensemble aux « actions de la bonté et de la compassion » (90:17).

Les autres piliers de l'islam donnent vie à la *chahada* en prescrivant un chemin qui vise à accomplir les objectifs de ce premier pilier.

Converser avec Dieu : la prière

La prière, appelée *salat* en arabe, est le premier acte commandé par Dieu dans le Coran (2:3) et le deuxième pilier de l'islam.

Le mot « prière » a différentes significations selon les personnes. Pour certains, la prière est simplement une supplication ; pour d'autres, cela implique de se rendre dans un lieu de culte et d'écouter un sermon. Dans l'islam, la prière se décompose en plusieurs étapes rituelles (*rakat*), agencées selon un ordre défini et prescrit à l'avance et se reproduisant cinq fois par jour, à des moments bien précis de la journée, depuis l'aube jusque pendant les heures de la nuit (17:78).

Le verset 29:45 résume bien le but de la prière : « Accomplis la prière. En vérité, la prière empêche [de se livrer] à la turpitude et [de commettre] des abominations. Et certes, la mémoration de Dieu est très grande. Dieu sait ce que vous fabriquez. »

La sunna fournit les détails exacts de la façon dont on doit effectuer la *salat,* tandis que le Coran ordonne aux musulmans de « s'incliner et de se prosterner pour adorer votre Seigneur » ainsi que la « position » à avoir devant Dieu dans la prière (25:64). Le Coran explique que ces trois étapes de la prière constituent un acte universel du culte qui a été enseigné aux prophètes passés (voir 22:26, par exemple). Dans l'inclinaison et la prosternation, on peut voir une symbolique du culte de l'univers entier adorant son Créateur (22:18 ; 55:6).

À quoi sert la prière

La prière remplit quatre fonctions principales :

- **Témoigner de la gratitude envers Dieu** : La prière permet aux croyants de montrer à Dieu combien ils lui sont reconnaissants pour toutes les faveurs et bénédictions accordées (32:15). En tournant leur attention vers Dieu seul, et en laissant momentanément tous leurs autres soucis terrestres, les musulmans se recentrent sur le but final de la création, qui est d'adorer le seul Dieu, dans la perspective du Coran (voir chapitre 8).

  Les commentateurs du Coran font remarquer que, quand quelqu'un vous fait une faveur, vous exprimez immédiatement votre gratitude en remerciant cette personne et en faisant un geste envers elle pour montrer combien vous avez apprécié le sien. Le moins que puisse faire l'homme pour montrer à Dieu combien il le remercie de le maintenir en vie et de lui prodiguer ses largesses est d'offrir ces cinq prières quotidiennes.

- **Renforcer la confiance en Dieu** : En se tournant constamment vers Dieu tout au long de la journée, le croyant reconnaît sa dépendance à l'égard de Dieu pour sa vie et sa croissance. Le croyant développe ainsi une relation à Dieu bâtie sur sa confiance absolue en lui, tout-puissant et protecteur, une confiance qui s'enracine dans la patience et la persévérance (2:45).

- **Rendre l'individu et la société centrés sur Dieu** : En se consacrant cinq fois par jour à la prière, exclusivement à Dieu, même pendant les heures les plus occupées de la journée, le fidèle est constamment ramené à cette réalité que Dieu est « avec vous là où vous êtes » (57:4). Cette interaction quotidienne dans la prière crée une relation de proximité avec Dieu, qui s'exprime dans le Coran par cette formule connue où il est dit que « Dieu est plus proche de l'homme que sa propre veine jugulaire » (50:16).

Ce rapport se fonde sur l'amour de Dieu, la crainte de lui déplaire et de sa justice. Cela insuffle au croyant le sens de la responsabilité et des comptes qu'il doit rendre à Dieu. Cette conscience intérieure conduit le croyant à s'écarter du mal même lorsqu'il devient facilement accessible ou tentant (29:45).

Le prophète Mohammed a enseigné à ses compagnons que sept types de personnes seront à l'ombre de Dieu au Jugement dernier. L'une d'entre elles sera un jeune homme tenté de commettre le péché de la chair, mais qui résiste à cette tentation, par crainte de la punition de Dieu dont il a bien conscience.

Le prophète Mohammed a fait comprendre ce qu'est la pureté que la prière met dans le cœur des croyants, en posant à ses compagnons la question suivante : « S'il y avait une rivière à côté de leur maison et qu'ils s'y baignent cinq fois par jour, est-ce que leur corps aurait encore des impuretés ? » Les compagnons répondirent naturellement : « Aucune saleté ne demeurerait. » Mohammed leur dit alors que d'offrir les cinq prières obligatoires nettoie l'âme du croyant tout comme la rivière débarrasse le corps de toute impureté.

- **Cimenter la communauté** : Chacun des cinq piliers de l'islam a un aspect individuel et un aspect communautaire. Le Coran demande que l'on prie régulièrement (voir 4:77, par exemple), ce qui signifie prier ensemble, rassemblés. Le Coran demande également aux musulmans de se « courber avec ceux qui se courbent » (2:43).

  La prière communautaire est certainement idéale. Il n'est pas toujours possible de prier dans une mosquée, particulièrement dans les pays non musulmans qui ont peu de mosquées. Dans ces cas-là, les musulmans essayent de prier tous ensemble à la maison, en famille et avec leurs voisins.

  Les prières en groupe (*jum'at* en arabe) rassemblent les membres d'une communauté cinq fois par jour, ce qui renforce les liens de voisinage et de solidarité. Pendant la prière, les croyants se mettent en rangs serrés, les uns à côté des autres et exécutent en même temps les gestes de la prière (voir la figure 12-1). De l'extérieur, on constate une belle synchronisation des gestes et de la psalmodie, comme si l'ensemble de la communauté formait un seul corps à chaque cycle de prière.

  La prière en assemblée enseigne également aux croyants que, même lorsque l'on est au summum de la communication spirituelle avec Dieu, il ne faut pas oublier le frère ou la sœur qui se trouve à sa droite et à sa gauche (107:4-7). Aussi concentré que l'on soit dans la prière, on doit prendre en compte le confort de ses voisins en leur laissant suffisamment d'espace pour faire les gestes de la prière sans gêne ni inconfort. Cette attitude de bienveillance et de respect se prolonge ensuite en dehors de la prière formelle.

Figure 12-1 : Musulmans rassemblés dans la prière.

© Michel S. Yamashita/CORBIS

Préparation à la prière : pureté de l'esprit et du corps

L'Écriture sainte enseigne aux fidèles que la prière exige la pureté du corps et de l'esprit. C'est pourquoi il existe deux rites de purification à exécuter préalablement à la prière.

Appel à la prière : adhan

Pratiquement toutes les traditions religieuses ont leur méthode pour appeler les fidèles à la prière. Chez les chrétiens, on sonne la cloche de l'église. Avant chacune des cinq prières obligatoires, l'appel à la prière, appelée l'*adhan,* retentit dans toutes les villes musulmanes. La voix humaine qui lance cet appel (voir la figure 12-2) reflète le parti pris du Coran de préserver la simplicité et la réalité de la vie quotidienne. On voit cependant de plus en plus fleurir au sommet des minarets, de gros haut-parleurs qui rappellent combien la religion fait désormais partie du tissu des villes.

Figure 12-2 : Le muezzin, en haut de la mosquée, appelle à la prière.

© David Lees/CORBIS

L'appel à la prière purifie l'esprit du musulman en décalant son attention vers le culte de Dieu dans la prière. Il correspond à l'appel de Dieu et de son messager, et la réponse des musulmans à cet appel reflète l'attitude de ceux « qui ont répondu, malgré les blessures reçues » (3:172). C'est également un écho de l'appel persistant d'Abraham à vénérer Dieu (22:26-27).

Les paroles de l'*adhan* résument tout le message coranique et rappellent aux fidèles la place de Dieu et le rôle du prophète Mohammed. L'*adhan* invite ceux qui l'écoutent à revenir à la finalité de la vie en adorant Dieu et incite en fin de compte les musulmans à réussir leur vie, sur Terre et dans l'au-delà. En voici le texte :

> *Allahou' Akbar, Allahou' Akbar* : Dieu est le plus grand, Dieu est le plus grand (récité deux fois).
>
> *Ach-hadou anna-Laa'illaha Illal-laah* : Je suis témoin qu'il n'y a pas d'autre dieu que Dieu (récité deux fois).
>
> *Ach-hadou anna Mouhammad-an-Rasouloul-Laah* : Je suis témoin que Mohammed est le messager de Dieu (récité deux fois).
>
> *Hayya `alas-Salaah* : Levez-vous pour la prière (récité deux fois).
>
> *Hayya `alal-Falaah* : Levez-vous pour le salut (récité deux fois).

Allahou' Akbar, Allahou' Akbar : Dieu est le plus grand, Dieu est le plus grand.

La' Ilaha Illal-Laah Allah : Il n'y a pas d'autre dieu que Dieu (récité une fois).

L'*adhan* a un impact énorme sur ses auditeurs. Au moment où le muezzin entame ce chant, toutes les transactions commerciales s'interrompent spontanément, les conversations s'arrêtent pour ne reprendre qu'après la prière. L'*adhan* prépare le cœur du croyant qui répond à l'appel qu'il a entendu en se préparant intérieurement à la prière.

Purifier le corps et l'âme : wudu'

Le Coran prescrit un rituel de purification intérieure que les musulmans doivent effectuer avant d'entrer dans la prière (5:6). Cette pureté rituelle s'appelle le *wudu'*, que l'on traduit par le mot « ablutions ».

Au verset 5:6, le Coran explique que le *wudu'* ne doit pas être compliqué : « Dieu n'entend vous imposer aucune gêne ; il veut cependant vous purifier et parachever ses bienfaits envers vous afin que vous soyez reconnaissants. » Cette même notion d'interdépendance entre la pureté physique et spirituelle se retrouve dans une des premières exigences de Dieu à l'égard du prophète Mohammed (74:4-5).

PAROLES DE SAGESSE

Les ablutions (*wudu'*) nettoient le corps de toutes les impuretés, afin de se présenter devant Dieu dans la prière de la façon la plus propre possible. Ce rite fait écho à l'affirmation du prophète Mohammed expliquant que la « purification est la moitié de la foi ».

Les ablutions épurent l'âme de tout péché mineur qui a pu avoir été commis. Le prophète Mohammed a déclaré que « quand un croyant se lave le visage [en pratiquant le *wudu'*], tout péché qui a tenté son regard sera complètement effacé de son visage avec la dernière goutte d'eau ; quand il se lave les mains, tout péché commis par ses mains sera effacé de ses mains avec la dernière goutte d'eau ; et quand il se lave les pieds, tout péché vers lequel l'ont emmené ses pieds sera enlevé avec la dernière goutte d'eau ; après cela, il ressort nettoyé de tous ses péchés ».

Les ablutions agissent comme un aiguillon qui incite le croyant à se tourner exclusivement vers Dieu, si bien que sa prière peut commencer sans aucune distraction et sans préoccupation des choses de ce monde. C'est particulièrement vrai pendant les prières du matin et les prières de la nuit où le corps est en général fatigué ou somnolent.

Les ablutions sont également la marque distinctive des musulmans au Jugement dernier. Le prophète Mohammed a déclaré qu'il identifierait ses disciples à la lumière qui émanera de leur visage et de leurs membres du fait de l'exécution des ablutions.

Les ablutions s'exécutent ainsi, comme l'explique le verset 5:6 et conformément à l'exemple donné par le prophète Mohammed (voir la figure 12-3) :

1. **Commencer par se laver les mains trois fois, la main droite d'abord.**
2. **Se rincer la bouche trois fois.**
3. **Se rincer le nez trois fois en aspirant de l'eau.**
4. **Se laver le visage trois fois, depuis le front jusqu'en dessous du menton.**
5. **Se laver les bras trois fois, en commençant par le droit.**
6. **Se passer la main mouillée sur la tête.**
7. **Passer sa main mouillée autour du cou et dans les oreilles.**
8. **Se laver les pieds trois fois jusqu'aux chevilles, en commençant par le pied droit.**

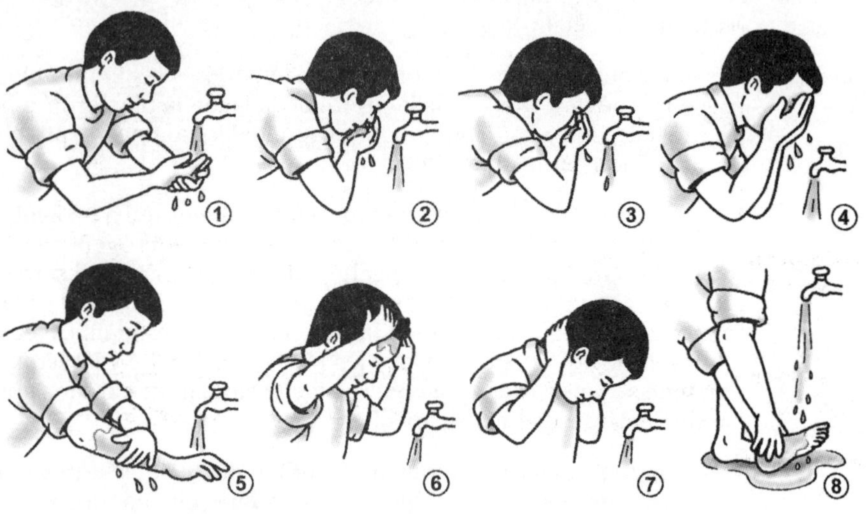

Figure 12-3 : Comment pratiquer le wudu' (ablution) avant la prière.

Prêt pour la prière !

Chaque étape de la prière a son importance et sa signification particulière. L'Écriture sainte décrit les principales étapes de la prière, tandis que tous les détails proviennent des *hadith.* Dans les sections suivantes, vous trouverez une explication des significations internes (ésotériques) et externes (exotériques) de chaque étape de la prière.

Le takbir pour commencer

Pour commencer sa prière, le musulman se met face à la première Maison de Dieu, La Mecque. Il porte ses deux mains à ses oreilles (voir l'étape 1 de la figure 12-4), et dit : « *Allahou' Akbar* », c'est-à-dire « Dieu est le plus grand ». Cette action, appelée *takbir,* marque formellement le début de la prière.

Figure 12-4 : La prière rituelle islamique (*salat*) à faire cinq fois par jour.

Le *takbir* signifie deux choses :

- **Dieu, premier servi :** De façon symbolique, le *takbir* met Dieu au-dessus de tout le reste. Le *takbir* prépare le croyant à s'ouvrir à la présence divine.

- **Le monde en second lieu :** Le fait de lever les mains symbolise le fait de prendre entre ses mains toutes les affaires de ce monde pour les mettre derrière soi en vue de se concentrer uniquement sur la prière et la communication avec Dieu seul.

Debout devant Dieu : *qiyam*

Après le *takbir,* le croyant se tient en présence de Dieu et récite des extraits du Coran. Cette posture s'appelle le *qiyam* (voir l'étape 2 de la figure 12-4). Le premier passage récité est la toute première sourate du Coran intitulée *al-Fatiha*, la « Commençante » ou la « Liminaire » (1:1-7) :

> « Au nom de Dieu, le Tout-miséricordieux, le Très-miséricordieux, louange à Dieu, Seigneur de l'univers, le Tout-miséricordieux, le Très-miséricordieux, Maître du jour de la rétribution. C'est Toi seul que nous adorons et c'est Toi seul dont nous implorons le secours. Guide-nous dans le droit chemin, le chemin de ceux que Tu as comblés de faveurs, non pas de ceux qui ont encouru ta colère ni des égarés. »

Cette sourate s'appelle la « mère du Livre, » parce qu'elle récapitule symboliquement le message coranique tout entier.

Pour la récitation du deuxième passage, au stade du *qiyam*, le fidèle peut réciter des versets de son choix qu'il (ou elle) connaît par cœur. Cela peut varier de trois versets au minimum à 286 (ce qui correspond à la totalité de la deuxième sourate du Coran, *Al-Baqara*). Le prophète Mohammed a encouragé l'imam, c'est-à-dire celui qui dirige la grande prière à la mosquée, à réciter des versets courts, bien adaptés à la capacité d'écoute de l'assistance. En général, c'est quand on prie seul que l'on récite des passages plus longs.

Le *qiyam* permet à un musulman de se tenir, au sens propre, debout devant Dieu de la façon la plus humble (23:2) en portant le regard vers le bas et en méditant sur la relation à Dieu qui s'instaure par le Coran. Le *qiyam* rappelle la position de l'homme devant Dieu à l'heure du Jugement dernier, quand il devra rendre compte de tous ses actes, selon le Coran (83:6).

Se prosterner devant Dieu : les *roukou'*

Après avoir récité les passages du *qiyam,* le croyant dit « Dieu est le plus grand » et se prosterne dans la position de la *rak'a* (pluriel : *roukou'*), avec les deux mains sur les genoux (voir l'étape 3 de la figure 12-4). Dans cette posture, le musulman proclame trois fois : « Gloire à mon Seigneur. »

La position de la prosternation est un signe universel de respect (55:6). Pour le croyant, cette *rak'a* symbolise son profond respect pour Dieu (3:199).

Après s'être relevé, le croyant se tient bien droit (voir l'étape 4 de la figure 12-4) et dit : « Dieu exauce celui qui le loue. » Ces paroles rappellent au croyant que Dieu exauce toutes ses prières et qu'aucune n'est ignorée de Dieu qui entend toute chose (14:39).

Prolonger la prosternation : soujoud

Après les prosternations, le croyant prolonge sa prosternation en touchant le sol avec son front et son nez, en position appelée *soujoud* (voir l'étape 5 de la figure 12-4). Dans cette position, le fidèle dit : « Gloire à mon Seigneur, le Très- Haut », au moins trois fois. Le croyant prend cette position deux fois par cycle.

Le *soujoud* symbolise l'état spirituel final auquel tous les musulmans aspirent : être soumis à Dieu, sans associer qui que ce soit d'autre à sa divinité. Tous les prophètes sans exception, selon la tradition islamique, ont enseigné que cette prosternation a une valeur de prière universelle (19:58). Il y a environ 13 endroits dans le Coran qui mentionnent le fait de se prosterner devant Dieu. À la lecture de ces passages, le musulman doit effectivement se prosterner.

Le prophète Mohammed a dit que le *soujoud* était en fait la position dans laquelle le croyant est le plus proche de Dieu. C'est donc dans cette position que le croyant doit implorer l'aide de Dieu puisque c'est ainsi qu'il s'en rapproche le plus.

L'offrande des salutations : at-tahiyya

Après la deuxième prosternation du second cycle, le croyant s'assied et renouvelle sa déclaration de foi (voir l'étape 6 de la figure 12-4) en disant : « Il n'y a pas d'autre dieu que Dieu, et Mohammed est son serviteur et son messager. » Dans cette position, les musulmans se reconnectent également à leurs racines religieuses en offrant des prières de paix et de miséricorde au prophète Mohammed (33:56), au prophète Abraham (11:73) et à tous ceux qui vinrent après lui.

La position *at-tahiyya,* étape finale de la prière du croyant, symbolise sa foi renouvelée en Dieu. Cette posture évoque un engagement à vivre sa vie selon les enseignements divins, en suivant le chemin tracé par tous les prophètes et tous les pieux serviteurs de Dieu. Cette déclaration rappelle au croyant, avant qu'il ne termine sa prière qu'il doit adorer Dieu non seulement par la prière, mais aussi par ses actes et ses paroles.

Salutation de paix : salam

Après avoir accompli *at-tahiyya,* le croyant reste en position assise et tourne le visage vers la droite en disant : « La paix soit sur vous et la miséricorde de Dieu » (voir l'étape 7 de la figure 12-4). Le croyant se tourne vers la gauche et répète ces mêmes paroles. Cet acte de salutation, appelé *salam,* termine la prière.

Abondance de bénédictions

Le Coran met la prière au premier rang des rites qui structurent l'islam. Pourquoi la prière ? Parce qu'elle porte de manière directe l'adoration du Dieu Un. Étant l'« axe de la religion » (*'imad ad-dîn*), la prière résume l'islam, comme la *Fatiha* (la sourate préliminaire) résume le Coran. En outre, le Prophète a souvent dit que la prière était très importante à ses yeux.

- ***Sunna salat :*** Le prophète Mohammed faisait la *sunna salat* avant et/ou après chaque prière obligatoire afin de se rapprocher de Dieu et de gagner, par cet acte spirituel, davantage de bénédictions et de faveurs. Mohammed a souligné l'importance de la *sunna salat* en disant qu'au Jugement dernier tous ceux qui ont failli à faire régulièrement les prières quotidiennes seront récompensés et sauvés par leurs prières supplémentaires.

  Les étapes de la *sunna salat* sont exactement les mêmes que celles de la prière régulière, mais le nombre de cycles diffère selon les prières.

  Les fidèles récitent souvent ces prières dans le dernier tiers de la nuit, quand Dieu descend au plus bas des cieux pour entendre les supplications de ceux qui font appel à Lui.

- ***Doua' :*** Ces supplications (humbles demandes faites à Dieu) peuvent être offertes à tout moment du jour sans passer par les étapes rituelles de la prière formelle. C'est un appel à l'aide sincère, adressé à Dieu pour tout besoin, manque ou détresse qui survient. Dans le Coran, Dieu promet de répondre à la prière de tous ceux qui l'implorent (2:186).

  Les musulmans pieux s'adressent à Dieu constamment, avant de se lancer dans une tâche donnée, aussi petite soit-elle, ne serait-ce qu'avant le repas, ou pour une tâche plus importante, comme celle de prononcer un discours, afin de recevoir les bénédictions et l'appui de Dieu. Le Coran regorge de *doua'* : celles du prophète Abraham sont particulièrement parlantes (voir 26:77-87, par exemple).

Cette salutation est destinée à l'ange gardien qui se trouve à côté de chacun de nous (50:17-18) (voir chapitre 9). Dans les prières en assemblée, le *salam* est également une salutation adressée aux fidèles qui sont à vos côtés. Le Coran dit à ce propos que, quand on vous salue, vous devez accueillir cette salutation avec autant de courtoisie que celui qui vous l'a adressée (4:86) – signifiant par là que la bienveillance de celui qui reçoit doit être égale, sinon supérieure, à celle de celui qui offre.

Dans sa signification intérieure (ésotérique), le fait de se tourner à droite puis à gauche symbolise la paix et la miséricorde de Dieu offertes à toute l'humanité, à ceux qui vivent en Occident comme à ceux qui vivent en Orient. Ce *salam* symbolise la volonté des musulmans de répandre la paix et la miséricorde dans le monde entier, une attitude qu'encourage la méditation dans la prière qui met en relation l'homme et Dieu et trouve son prolongement dans la vie de chacun.

À RETENIR

Chaque acte rituel de la prière sert de rappel des attributs et des faveurs que Dieu répand sur toute âme. La prière est également un processus par lequel les croyants régénèrent et confirment leur engagement à servir le seul Dieu et à marcher dans les traces des prophètes.

La mosquée

Le lieu le plus naturel pour un musulman pour lire ou entendre le Coran, c'est bel et bien la mosquée. Aussi, il nous faut accorder une place particulière à la mosquée (*jami'*) dont le Prophète, dans un propos *qûdsi* (selon la tradition, le *hadith qûdsi* est inspiré par Dieu), aurait dit : « Mes maisons sur Terre sont les mosquées et mes serviteurs sont les fidèles qui les remplissent. » Ce *hadith* fait suite à un verset coranique qui stipule précisément que « les mosquées appartiennent à Allah et qu'il n'y faut adorer aucun autre Dieu que Lui » (72:18). L'établissement lui-même est souvent très beau. Il frise parfois le chef-d'œuvre. Aussi, n'est-il pas impossible de rédiger plusieurs ouvrages sur l'art architectural de la mosquée, d'analyser son histoire, sa fonction symbolique et surtout cette capacité, unique en son genre, de traduire dans le réel les volontés de Dieu. Mais je me limiterai ici à sa dimension institutionnelle, c'est-à-dire à son rôle dans le culte et au sein de la société. La mosquée est l'institution principale de la communauté musulmane et le lieu où les croyants se réunissent tous les vendredis. D'ailleurs, les deux mots « mosquée » et « vendredi » partagent la même racine trilitère arabe : *j-m-'*. La mosquée est citée de nombreuses fois dans le Coran : 2:114, 144, 149-150, 187, 191, 196, 217 ; 5:2, 58 ; 7:44, 205 ; 8:34 ; 9:7, 17-19, 28 ; 17:1, 7 ; 22:25 ; 48:25, 27 ; 62:9 ; 72:18. Chaque fois, les versets rappellent le sens de ce lieu prestigieux, ainsi que ses règles de fonctionnement : l'appel à la prière (*adhan*), la tenue de la prière collective et individuelle, le rassemblement. Par ailleurs, l'institution de la mosquée s'étant beaucoup développée, des cours de diction coranique y sont désormais organisés, et bien évidemment des séminaires de compréhension et d'interprétation coranique, des cérémonies au bénéfice de la communauté comme le mariage, le décès ou les accords de vente, comme il est suggéré dans le verset 9:7. Il faut dire que toute l'image publique de l'islam s'y résume. Dans le verset 62:9, le musulman est appelé à se vêtir correctement. Il abordera le rite de la prière collective après de soigneuses ablutions. D'autres versets reviennent sur la question, notamment celui-ci : « Quel que soit l'endroit d'où tu viennes, tourne ta face vers la Mosquée sacrée. Car telle est la Vérité de ton Seigneur – Allah n'est pas négligent quant à vos actes. » (2:149). L'appel à la prière (*adhan*) est émis par un muezzin qui est juché au sommet du minaret. C'est le Coran (62:9) qui l'a institué. Vous entendrez ce texte chaque fois que vous visiterez une ville musulmane : Fès, Marrakech, Alger, Tunis, Kairouan, Istanbul, Le Caire, Khartoum et des centaines de milliers d'autres lieux de prière.

Pour aller plus loin

Pour approfondir ce sujet, nous vous conseillons les ouvrages suivants :

- HAUTECŒUR L. et WIET G., *Les Mosquées du Caire*, 2 vol., Paris, 1932.
- GARAUDY R., *Mosquée, miroir de l'islam*, Paris, Les Éditions du Jaguar, 1985.
- GOLVIN L., *La Mosquée*, Alger, Institut d'études supérieures, 1960.
- GRABAR O., *La Formation de l'art islamique*, Paris, Flammarion, 1987.
- PAPADOPOULO A., *L'Islam et l'art musulman*, Paris, Mazenod, 1976.

Vous pouvez aussi surfer sur Internet et vous laisser conduire virtuellement dans les dédales du principal élément architectural musulman. Tapez sur « Le Guide des Mosquées de France », ouvrage excellemment bien présenté, et cherchez la mosquée proche de chez vous. Ce site vous donne les noms et adresses de la majeure partie des mosquées de France métropolitaine, département par département, ville par ville. Il vous permet de savoir à tout moment quelle est l'heure exacte de chaque prière. Pour mémoire, rappelons que l'Île-de-France – qui regroupe le plus grand contingent de musulmans de France – accueille le plus grand nombre de mosquées : une ou plusieurs par arrondissement parisien, hormis le 7e. La Mosquée Ad-Da'wa, 39, rue de Tanger 75019 Paris, dirigée par Larbi Kechat, un imam de grande ouverture, est en cours de finition. Pour connaître le programme des conférences que cette mosquée organise, vous pouvez appeler le 01 40 36 28 23.

La Grande Mosquée de Paris a son site. Pour cette dernière, vous pouvez cliquer sur `www.mosquée-de-paris.net`, et vous aurez toute une série d'informations concernant le lieu de culte lui-même, son histoire et son programme actuel. De nombreux professionnels vous y accueillent et, dans le cadre de l'Institut de la Mosquée, vous pourrez suivre des cours d'arabe, participer à des stages d'approfondissement de la matière coranique et à toutes sortes de disciplines afférentes.

D'une manière générale, les coordonnées de toutes ces mosquées sont extrêmement faciles à obtenir sur Internet. Le site-islam.com les recense avec précision. Vous y trouverez même les salles de prière (plusieurs centaines à ce jour), car elles n'apparaissent pas dans les listes officielles, qui s'en tiennent aux établissements cultuels qui ont pignon sur rue. Voici le nombre de mosquées aujourd'hui identifiées en Île-de-France : il y a 22 mosquées ou salles de prière dans le Val-de-Marne, 19 dans les Yvelines, 18 dans le Val d'Oise et, surtout, 34 mosquées en Seine-Saint-Denis. Grâce à Internet, vous pouvez aussi chercher toute autre mosquée dans l'espace francophone, en Belgique, en Suisse, dans les départements et territoires d'outre-mer et même dans plusieurs pays africains. Enfin, les *médersas* (ou *madrasas*), salles d'apprentissage du Coran et/ou de l'arabe, souvent attenantes aux mosquées, peuvent également apparaître dans l'organigramme de ces établissements.

Chapitre 13

La notion de personne dans le Coran

Dans ce chapitre :

- Les trois éléments de la connaissance de soi
- Trois types de personnalité
- L'âme et ses cinq niveaux
- Le musulman et son opposé, le *kafir*

Celui qui observe les pratiques de l'islam de l'extérieur pourrait penser que c'est une religion très axée sur les rites. Cependant, il faut bien comprendre que ces rites enseignés par le Coran sont simplement des moyens pour parvenir à quelque chose de beaucoup plus grand : aider l'âme à vivre dans la soumission à Dieu et plaire à Dieu qui se réjouit de cette compagnie.

Dans ce chapitre, nous tâcherons d'expliquer ce que signifie le mot « spiritualité », ainsi que le rôle du cœur et de l'âme dans le développement, chez le fidèle, de la piété et de l'obéissance, qui l'orientent dans une relation spirituelle profonde avec Dieu.

Les trois éléments de la connaissance de soi

Le Coran identifie trois éléments essentiels dans la personne :

- Le ***nafs*** (l'âme) : Ce qui, dans la personne, est égoïste ou centré sur son plaisir et sur les passions de la chair.
- Le ***rouh*** (le souffle) : Ce qui concerne la dimension spirituelle de la conscience humaine..
- Le ***qalb*** (le cœur) : Tout ce qui relève de l'affect, de l'empathie, de la sensibilité.

La chevauchée fantastique

Il est impossible de traiter séparément ces trois éléments, intimement liés. Une analogie célèbre parmi les commentateurs classiques du Coran décrit le *nafs* comme un cheval sauvage et le *rouh* comme le cavalier.

Le *rouh* apprivoise la bête sauvage pour en faire un cheval paisible et discipliné, capable d'emmener le cavalier jusque dans des contrées lointaines. Le *qalb* est l'énergie motrice, la force qui détermine la capacité ou l'incapacité (du cavalier) à dompter la bête sauvage.

Si le *qalb* possède d'excellentes qualités spirituelles, telles la patience et la bienveillance, il permet au cavalier (le *rouh*) de tenir les rênes du cheval sauvage (le *nafs*) pour le diriger vers le bien. En revanche, si le *qalb* est spirituellement faible, envahi par des sentiments tels que la colère et la rudesse, alors le cavalier (le *rouh*) perdra les commandes de la bête sauvage (le *nafs*), la laissant errer sur les chemins de tous les dangers.

À RETENIR

Le but n'est pas de tuer le *nafs*, comme dans certaines autres traditions spirituelles, mais d'endiguer le trop-plein d'énergie par la modération et la mise en œuvre de pratiques permises par les lois de Dieu (91:7-10). Pour cette raison, même l'intimité sexuelle au sein d'un couple marié est un acte béni du culte qui mérite la récompense de Dieu, selon le prophète Mohammed. En vertu de la loi de l'équilibre, la loi islamique interdit les situations extrêmes, telles le célibat ou le jeûne continu.

PAROLES DE SAGESSE

De la modération en toute chose

Trois personnes s'interrogeaient sur la pratique religieuse du prophète Mohammed. Ils se dénigraient par rapport à lui en disant : « Où sommes-nous, en comparaison du Prophète, à qui Dieu a déjà pardonné ses péchés passés et à venir ? »

L'un d'entre eux dit : « Moi, j'offrirai une prière qui durera toute la nuit. » Un autre dit : « J'observerai le jeûne sans interruption et je ne le romprai pas. » Le troisième dit : « Je m'abstiendrai des femmes et ne me marierai jamais. »

Le prophète Mohammed vint les voir et leur dit : « Êtes-vous ceux qui ont dit ces choses ? Mon Dieu, je crains Dieu bien plus que vous, et je suis le plus obéissant et le plus dévoué à Dieu parmi vous, mais pourtant j'observe le jeûne et je le romps, j'offre des prières mais la nuit je dors et je suis marié. Ceux qui se détournent des pratiques que moi-même j'observe ne sont pas des miens. »

Néanmoins, le Coran avertit les hommes que si les passions humaines ne sont pas contrôlées par la conscience, elles peuvent nous faire dériver vers un gouffre sans fond : « Ô hommes ! Votre transgression ne retombera que sur vous-mêmes » (10:23).

Dans la perspective du Coran, le cœur (*al-qalb*) est l'organe du discernement et de l'intuition. Si le cœur est fort spirituellement, il a la capacité de placer la conscience humaine au-dessus des passions. Un cœur dans la confusion, sur le plan spirituel, affaiblit le moi spirituel et permet à l'âme (*nafs*) de commander au corps et à l'esprit, ce qu'évoque le Coran quand il dit : « Ne vois-tu pas celui qui a fait de sa passion sa divinité ? Est-ce à toi d'être un garant pour lui ? » (25:43).

Le fait de penser à Dieu constamment et d'en prendre conscience est un chemin de pureté et de lumière (13:28). Le Coran enseigne que ce cœur pur écarte les illusions de Satan et donne la capacité de distinguer le bien et le mal. Cependant, le cœur qui reste ouvert en permanence au péché et rejette la foi a une vision déformée de la réalité qui l'empêche de reconnaître le bien et le mal.

Une parole du prophète Mohammed souligne le rôle essentiel du cœur pour la pureté spirituelle : « En vérité, dans le corps il y a un morceau de chair, qui, s'il est sain, fait que le corps tout entier est sain ; et s'il est corrompu, le corps tout entier est corrompu. En vérité, ce morceau de chair, c'est le cœur. »

Les trois états de l'individu

Le Coran identifie trois types de personnalités qui se développent chez l'homme en fonction de ses agissements sur Terre :

- ***Nafs al-Ammara Bis-sou*** : L'âme qui incline vers le mal et s'oriente vers le bas sur le plan spirituel.
- ***Nafs al-Lawwama*** : L'âme qui lutte contre ses passions inférieures reconnaît le mal et veut se soumettre à Dieu seul. C'est l'état le plus critique en raison des tensions dues au combat permanent.
- ***Nafs al-Moutma'inna*** : Le meilleur état auquel puisse parvenir l'âme qui est en paix et rassasiée, ne cessant de penser à Dieu.

Ces états ne sont pas immuables dans la vie terrestre. On peut passer de l'un à l'autre au cours de sa vie.

Le Coran laisse toujours la porte ouverte au changement, car il est dit que Dieu est miséricordieux : « … sauf celui qui se repent, croit et accomplit une bonne œuvre ; ceux-là Dieu changera leurs mauvaises actions en bonnes, et

Dieu est Celui qui pardonne, le Miséricordieux. » (25:70). Après la mort, en revanche, la personne ne change plus d'état d'âme. Les âmes seront élevées au Jugement dernier dans l'état auquel elles sont parvenues durant leur vie terrestre.

Les sept portes du cœur

Les textes islamiques traditionnels comparent souvent le cœur (*qalb*) à une ville essentiellement pure et paisible. Sept portes protègent cette ville contre la corruption et le mal. Les messagers de lumière et de conseils y sont bien accueillis. Satan essaie constamment de trouver de nouveaux moyens de forcer les portes pour attaquer la ville.

Le cœur est comme la ville, s'il n'est pas correctement gardé, il devient vulnérable à l'impureté. Cependant, s'il est bien défendu contre la paresse et la négligence, il restera pur et la tranquillité régnera.

Voici, selon l'interprétation classique coranique, les sept portes que le Coran cherche à protéger par la théologie et la loi :

- « Les oreilles qui servent à entendre. »
- « Les yeux qui servent à voir. »
- « La langue qui sert à parler. »
- « Les mains qui servent à agir. »
- « Les jambes qui servent à marcher. »
- « L'estomac qui sert à être rassasié. »
- « Les organes sexuels qui servent à avoir du plaisir. »

Le Coran rappelle constamment à ses fidèles que chacune des sept portes spirituelles qui protègent le cœur est un cadeau de Dieu ; elles doivent être gardées comme un patrimoine qui nous est confié et utilisées de façon à témoigner notre gratitude envers le Créateur (16:78).

Vous trouverez ci-dessous une explication de ce que représentent les sept portes :

Les oreilles et la langue

Toutes les fois où le Coran invite les fidèles à se montrer autoresponsables et redevables de leurs actes, il mentionne l'ouïe. Les commentateurs du Coran précisent qu'il est très difficile de se protéger de ce qui parvient par les oreilles, du fait que le son arrive tous azimuts et nous permet d'écouter dans toutes les directions, à la différence de l'œil qui a une perception linéaire.

À RETENIR

Les portes spirituelles des oreilles et de la langue sont reliées. Tout ce qui est à éviter par l'ouïe doit également être évité par la parole. Et, inversement, tout ce qui doit être évité par la parole doit l'être également par l'ouïe.

Le Coran met vigoureusement en garde contre trois types de paroles dites ou entendues :

- **Le commérage (23:3) :** Le commérage sans intérêt inclut également le mensonge, que le Coran condamne vigoureusement : « Vous apprendrai-je sur qui descendent les démons ? Sur tout imposteur chargé de péchés » (26:222).
- **La diffamation ou l'insulte :** Le Coran interdit que l'on se moque des autres : « Ô vous qui avez cru ! Qu'un groupe ne se raille pas d'un autre groupe : ceux-ci sont peut-être meilleurs qu'eux. Et que des femmes ne se raillent pas d'autres femmes : celles-ci sont peut-être meilleures qu'elles. Ne vous dénigrez pas et ne vous lancez pas mutuellement des sobriquets (injurieux) » (49:11).
- **La calomnie et la médisance :** Le Coran condamne la médisance et la calomnie (voir l'encadré intitulé « Le venin de la parole » ultérieurement dans ce chapitre) : « Malheur à tout calomniateur diffamateur » (104:1). Néanmoins, la loi islamique mentionne quelques exceptions, quand il s'agit d'informer et de prévenir d'autres personnes du comportement répréhensible de certains, par exemple s'agissant d'un commerçant malhonnête ou d'un garçon immoral qui souhaite se marier.

ATTENTION !

Ces restrictions pourraient vous amener à penser que les musulmans n'ont pas le droit de rire et de s'amuser et ont une vie bien ennuyeuse. Loin de là ! Il y a dans la vie du prophète Mohammed beaucoup d'exemples où il plaisante avec d'autres et rit des plaisanteries de ses compagnons.

Cependant, la langue ne doit pas servir à blesser d'autres personnes ni à raconter des mensonges juste pour le plaisir de faire rire. C'est pourquoi traditionnellement, dans le monde musulman, on entend des tas d'histoires drôles, mais habituellement elles tournent autour d'un personnage comique qui fait des tas de bêtises (des histoires de Toto, en somme !). Il est inacceptable de s'amuser aux dépens d'une personne en particulier ou même d'un groupe de gens.

PAROLES DE SAGESSE

Une règle d'or enseignée par le prophète Mohammed, concernant la langue, consiste à dire : « Celui qui croit en Dieu et au Jugement dernier peut parler pour dire quelque chose de bien ou alors se taire. »

Un musulman qui se retrouve dans une situation dans laquelle sa langue et ses oreilles sont tentées de commettre un péché est incité à quitter le groupe de médisants pour préserver la pureté de son esprit et de son âme (28:55).

Le venin de la parole

Le prophète Mohammed demanda un jour à ses compagnons : « Savez-vous ce qu'est la médisance ? » Les compagnons répondirent : « Dieu et son messager le savent mieux que nous. »

Mohammed répondit alors : « La médisance consiste à parler de votre frère dans des termes qui ne lui plairaient pas. » Les compagnons répliquèrent en demandant au Prophète : « Et si mon frère est effectivement tel que je le décris ? » Mohammed répondit : « S'il est réellement comme vous le dites, c'est de la médisance ; mais si ce que vous dites n'est pas vrai, alors c'est de la calomnie. »

Les yeux

Le Coran rappelle aux hommes qu'ils ne doivent jamais oublier que Dieu est omniscient, au point que pas une feuille d'arbre ne tombe sans qu'il soit au courant (6:59). Le Coran avertit que « Dieu connaît la trahison des yeux, tout comme ce que les poitrines cachent » (40:19).

La porte spirituelle des yeux est fortement reliée à la chasteté et à la pudeur. En effet, le Coran ordonne à ses disciples : « Dis aux croyants de baisser leur regard et de garder leur chasteté. C'est plus pur pour eux. Dieu est, certes, parfaitement informé de ce qu'ils font » (24:30-31) (ce verset aborde également le code vestimentaire des femmes, dont nous parlerons au chapitre 15).

Plusieurs commentateurs du Coran ont fait remarquer que le fait de baisser les yeux est autant lié au physique qu'aux émotions. Cette incitation protège le cœur des images qui peuvent surgir et vous détourner de penser à Dieu, et même vous pousser à agir de façon passionnelle et instinctive. C'est pourquoi le prophète Mohammed a dit : « La fornication de l'œil est dans le regard (lubrique). »

Cette mise en garde est sans doute devenue bien difficile à appliquer avec la télévision et le flot de publicités qui nous assaillent et déversent leur lot de messages et d'insinuations à caractère sexuel. À cet égard, les effets nocifs de la télévision sont largement discutés dans la communauté musulmane ; beaucoup de religieux de renom découragent les musulmans de regarder la télévision. Pour certains observateurs extérieurs, cela est assimilé à une incapacité à se « moderniser ». Les musulmans estiment cependant que l'on peut embrasser la modernité et le progrès sans perdre la tradition spirituelle de l'islam.

Les mains et les jambes

Le Coran apprend à ses fidèles à protéger leurs mains contre les actes de destruction, à les utiliser pour des œuvres de charité et pour faire le bien (voir 2:195, par exemple).

Le Coran rappelle également que les mains sont sacrées aux yeux de Dieu et ne doivent pas être utilisées pour des actes qui lui déplaisent. L'Écriture sainte avertit que ceux qui utilisent leurs mains pour faire le mal seront rattrapés par un destin funeste dans l'au-delà. Qu'ils ne viennent pas se plaindre alors que Dieu les aura délaissés : Dieu n'agit jamais injustement et punit seulement ceux qui se sont fait eux-mêmes du tort (8:51).

Les portes spirituelles des mains et des jambes sont reliées. Chaque mauvaise action commise par les mains est précédée d'une action des jambes qui ont amené les mains à l'endroit où elles commettent le mal. Le Coran dit : « Ce jour-là, Nous scellerons leurs bouches, tandis que leurs mains Nous parleront et que leurs jambes témoigneront de ce qu'ils avaient accompli » (36:65).

VIE QUOTIDIENNE

Par exemple, si vous allez quelque part pour vous battre sans cause juste, non seulement vos mains témoigneront de votre geste au jour du Jugement dernier, mais également vos jambes, parce qu'elles vous ont porté sur le lieu du combat. De même, si inversement, vous allez donner un coup de main dans une soupe populaire, vous rapprochant ainsi de Dieu, vos mains témoigneront de vos bonnes actions au Jugement dernier, mais également vos jambes qui vous ont amené à l'endroit de la charité.

L'estomac

Avant de manger, le Coran demande aux hommes de réciter un acte de grâces en remerciement à Dieu qui donne aux hommes la vie et pourvoit à ses besoins (16:114). Les musulmans commencent toujours leurs repas en disant : « Au nom de Dieu, le Clément, le Miséricordieux… »

Le Coran décourage fortement de manger avec excès et de gaspiller la nourriture (20:81). Les commentateurs du Coran précisent que manger avec excès mène à la paresse, ce qui dans l'esprit du Coran est l'une des plus mauvaises tendances sur le plan spirituel.

Le Coran interdit à ses fidèles de manger de certaines viandes, afin de protéger la porte spirituelle de l'estomac. Le Coran précise : « Vous sont interdits la bête trouvée morte, le sang, la chair de porc, ce sur quoi on a invoqué un autre nom que celui de Dieu, la bête étouffée, la bête assommée ou morte d'une chute ou morte d'un coup de corne, et celle qu'une bête féroce a dévorée – sauf celle que vous égorgez avant qu'elle ne soit morte – [Vous sont interdits aussi la bête] qu'on a immolée sur les pierres dressées [idolâtrie], ainsi que de procéder au partage par tirage au sort au moyen de flèches… » (5:3).

Ces préceptes coraniques rendent les choses un peu compliquées pour les musulmans vivant dans des pays non musulmans. Dans ces cas-là, ils s'organisent souvent pour ouvrir des abattoirs spécialisés dans l'abattage selon le rituel islamique. Beaucoup acceptent également de manger de la viande casher, en raison des similitudes existant entre le rite musulman et le rite juif pour la préparation de la viande.

Les organes sexuels

L'un des péchés les plus graves, selon la loi coranique, touche à la fornication et à l'adultère. Le Coran enseigne : « Et [ceux] qui préservent leur sexe [de tout rapport], si ce n'est qu'avec leurs épouses… alors que ceux qui cherchent au-delà de ces limites sont des transgresseurs » (23:5-7).

Le Coran réserve des châtiments sévères aux fornicateurs et à ceux qui sont adultères, non seulement en raison des conséquences sociales de leurs actions mais également en raison de la violation de l'institution du mariage, voulue par Dieu, qui met au sein du couple, composé d'un homme et d'une femme, la dimension de la miséricorde et de l'amour divin.

En raison du plaisir intense que procure la relation sexuelle, le Coran avertit que si ce plaisir est débridé, il peut entraîner la personne à s'éloigner du culte de Dieu et l'amener vers le culte de son propre corps (*nafs*). Pour cette raison, le Coran fait l'éloge de ceux qui gardent activement la porte spirituelle des organes sexuels et les compte parmi ceux qui entreront dans les jardins du paradis dans l'au-delà (79:40-41).

Bénie, l'âme du bébé, pure et sans péché

Le Coran rejette la notion de péché originel, qui, dans la théologie chrétienne, consiste à dire que tous les êtres humains naissent en état de péché, du fait de la faute originelle de désobéissance d'Adam.

Plus près de toi, mon Dieu

Pour bien comprendre pourquoi il faut protéger son cœur de Satan et entraîner son corps vers les bonnes actions, le mieux est de se référer à une parole de Dieu au Prophète, appelée *hadith qudsi*, qui dit : « Et la chose la plus aimée par laquelle mon serviteur vient plus près de moi est celle que nous lui avons enjoint de faire ; mon serviteur se rapproche sans cesse de moi en exécutant de bonnes actions supplémentaires jusqu'à ce qu'il se fonde dans mon amour. Quand je l'aime, je deviens les oreilles avec lesquelles il entend, les yeux avec lesquels il voit, la main avec laquelle il agit et les jambes avec lesquelles il marche ; et s'il me demande [quelque chose], je le lui donne, et s'il demande ma protection, moi, je le protège. »

Dans l'histoire de la Création, comme la raconte le Coran, Adam pèche, en mangeant le fruit de l'arbre interdit, et doit assumer les conséquences de ses actes en étant déchu du paradis. Dieu finit par lui pardonner et l'honore, premièrement, en lui confiant la tâche d'être son représentant sur Terre, et deuxièmement en le faisant premier prophète d'une longue série qui vient guider les hommes (voir chapitre 8 pour en savoir plus sur Adam et sur la création de l'humanité).

Le Coran répète avec insistance que « personne ne portera le fardeau [responsabilité] d'autrui » (6:164). Selon le Coran, les hommes ne portent pas le poids du péché d'Adam, mais seulement celui de leurs propres actes, bons ou mauvais.

À RETENIR

Pour cette raison, l'état le plus pur qu'un humain puisse atteindre est celui d'un bébé nouveau-né qui est sans péché et dont le cœur vit dans un état complet de soumission à Dieu. Mohammed dit que tout enfant naît avec une inclination naturelle à adorer le Dieu unique.

Dans la perspective coranique, toute âme a naturellement, indépendamment de sa religion ou de sa culture, une certaine éthique universelle, qui provient de la pureté de son cœur spirituel originel (*qalb*). Cependant, quand les êtres humains oublient Dieu et pèchent contre leur propre nature, leur âme perd le contact avec ces principes moraux de départ.

Ce cœur spirituel originel réoriente constamment l'homme sur le droit chemin. Cette inclination s'appelle *fitrah* en arabe, et l'une des appellations du message coranique est *din al-fitrah*, traduite librement par « la religion naturelle ».

Le voyage de l'âme : des prémices à l'au-delà

Le Coran décompose la vie de l'âme en cinq étapes, la première ayant lieu avant la naissance et la dernière après la mort. Voyons cela plus en détail.

La vie avant la vie

Selon le Coran, une conversation a lieu entre chaque âme et Dieu avant sa création terrestre : « Et quand ton Seigneur tira une descendance des reins des fils d'Adam et les fit témoigner sur eux-mêmes : "Ne suis-Je pas votre Seigneur ?" Ils répondirent : "Mais si, nous en témoignons..." » (7:172).

Les exégètes ont longuement débattu pour savoir si cette alliance, mentionnée dans le verset 7:172, est préexistentielle ou si elle a lieu à l'heure de la naissance. La majorité pense que c'est une expérience préexistentielle de l'âme, parce que la semence d'Adam symbolise toute l'humanité, née ou à naître, sans aucune limitation dans le temps. En outre, le texte en arabe est à la voix passive quand il dit « tira une descendance » et « il fit témoigner », ce qui milite également en faveur d'un événement préexistentiel.

La vie terrestre

Les bébés naissent avec une inclination naturelle envers Dieu dans leur subconscient. Les parents doivent nourrir ce penchant spirituel en leur parlant de Dieu. Il est intéressant de noter que le Coran se qualifie lui-même de « rappel » de ce que l'âme connaît déjà au niveau de son subconscient.

Sur Terre, l'âme fait face à moult tribulations qui testent sa capacité à adorer Dieu, en agissant comme son représentant : « Très certainement, Nous vous éprouverons par un peu de peur, de faim et de diminution de biens, de personnes et de fruits. Mais annonce la bonne nouvelle à ceux qui sont patients dans l'adversité » (2:155).

L'expérience de la vie terrestre se termine avec la mort, dont le Coran dit que « chaque âme y goûtera » (3:185). Le prophète Mohammed a conseillé à ses disciples « d'être dans le monde comme si vous étiez un étranger ou de passage ». Le Prophète avait également l'habitude de dire : « Rappelle-toi souvent que le destructeur du plaisir, c'est la mort. »

La tombe

« Nous sommes venus au monde en pleurant, et tous ceux qui étaient autour de nous se réjouissaient. Nous devrions quitter ce monde, heureux, tous les autres autour de nous étant en pleurs. » Ce célèbre aphorisme musulman récapitule le passage de la vie terrestre à la tombe pour une âme juste.

Le Coran décrit la tombe comme un endroit de questionnement initial où l'âme se trouve confrontée à la nature illusoire des biens de ce monde et à la réalité de la promesse de Dieu qui viendra juger chaque âme en fonction de ses actes.

Les paroles prophétiques de Mohammed expliquent que la tombe est un endroit de paix et de bien-être pour les âmes justes et un endroit de punition pour les âmes mauvaises. De plus, dans la tombe, l'âme passe par une période de purification et d'expiration si elle a fait beaucoup de bien mais a tout de même commis quelques actes répréhensibles, de sorte que, à l'heure du Jugement dernier, elle sera pardonnée et aura droit au paradis.

Le Jugement dernier

Le Coran décrit l'étape transitoire de la tombe au jour du Jugement dernier dans le passage suivant : « Et que l'Heure arrivera ; pas de doute à son sujet, et que Dieu ressuscitera ceux qui sont dans les tombeaux » (22:7). Ce jour-là, les âmes, « les regards baissés, sortiront des tombes comme des sauterelles éparpillées » (54:7).

Le Jugement dernier sera un événement impressionnant, quand toutes les âmes sortiront des tombeaux pour rendre compte de leur passage sur Terre. En arabe, cette expression signifie littéralement « le jour de la rétribution ». La rétribution concerne les bénédictions et les faveurs de Dieu pour ceux qui se soumettent à lui. L'heure du Jugement dernier arrivera quand l'âme devra expliquer « chaque atome de bien qu'elle a fait et chaque atome de mal aussi » (99:7-8).

Pour une approche plus complète du Jugement dernier, se référer au chapitre 9.

La dernière demeure

Après le jour de l'interrogation, l'âme parvient dans sa dernière demeure où elle connaîtra soit les délices du paradis, soit les supplices du feu de l'enfer. Le Coran accorde le paradis à l'âme qui s'est tenue près de Dieu sur Terre : « Et les premiers [dans la foi et les actions] seront les premiers [dans l'au-delà] » (56:10). De même, ceux qui, d'après le Coran, connaîtront le feu de l'enfer sont les âmes qui se sont complu dans les plaisirs de la Terre : « Ils vivaient auparavant dans le luxe. Ils persistaient dans le grand péché » (56:45-46).

Le marché aux alouettes

Traditionnellement, on enseigne aux enfants l'histoire des cinq étapes de la vie de l'âme en leur narrant un conte à propos d'un garçon qui a reçu du roi une certaine somme d'argent, avec laquelle il est invité à acheter quelques marchandises au marché (la vie avant la vie terrestre). Quand le jeune garçon arrive au marché, il est fasciné par toutes sortes de jouets et commence à gaspiller son argent pour se faire plaisir, tout en perdant de vue le but originel qui est de servir le roi (la vie terrestre). Alors qu'il est en plein milieu d'un jeu, le marché commence à fermer. Soudainement, le garçon se rappelle pourquoi il a été envoyé et il court frénétiquement à droite et à gauche pour tenter d'acheter les marchandises adéquates, mais il est trop tard (la tombe). Le garçon revient vers le roi, honteux de ses actions, et quand le roi lui demande ce qu'il a fait avec son argent, il n'a pas d'autre option que de lui dire la vérité (le Jugement dernier). Le roi est déçu par ce garçon et l'envoie en punition, ne demandant plus jamais au garçon de le servir encore (dans l'au-delà).

Musulman : une manière d'être

Aujourd'hui, les gens emploient le terme de « musulman » dans des contextes sociaux et politiques très divers, pour décrire un groupe important de personnes qui partagent la foi musulmane. Cependant, selon Coran, le mot « musulman » se rapporte d'abord à une manière d'être.

À RETENIR

La signification du mot « musulman » en arabe est très complexe. Elle décrit quelqu'un qui reconnaît que Dieu est la vérité et qui lutte constamment pour se perfectionner dans la soumission à Dieu. Comme le dit le Coran : « Qui est meilleur en religion que celui qui soumet à Dieu son être, tout en se conformant à la Loi révélée et en suivant la religion d'Abraham, homme de droiture ?… » (4:125).

Puisque être « musulman » est une manière d'être, les gens ont tort de croire que ce terme s'applique uniquement aux disciples de Mohammed. Le Coran explique que les prophètes, les messagers et ceux qui les ont suivis étaient musulmans parce qu'ils étaient dans la soumission à la volonté de Dieu. Un passage du Coran au sujet de la vie du prophète Jésus clarifie cette notion :

> « Puis, quand Jésus ressentit de l'incrédulité de leur part, il dit : "Qui sont mes alliés dans la voie de Dieu ?" Les apôtres dirent : "Nous sommes les alliés de Dieu. Nous croyons en Dieu. Et sois témoin que nous Lui sommes soumis." » (3:52).

Le kafir : un individu infidèle

Tout comme le terme « musulman », le terme *kafir* a été employé couramment dans des contextes sociaux et politiques divers avec un sens très large, en référence à tout ce qui n'est pas musulman. Rien ne peut être plus éloigné de la vérité. Le Coran emploie le terme *kafir* pour qualifier une âme qui rejette la foi – en d'autres termes, une âme qui comprend le message coranique sait qu'il est vrai mais continue pourtant à le rejeter d'une façon ou d'une autre.

L'histoire de Satan, qui est le chef des *kafir* (pluriel : *kouffar*), permet de mieux cerner la nature et la personnalité exactes de l'âme qui rejette Dieu. Le péché commis par Satan, selon le Coran, n'a pas été de remettre en cause la décision de Dieu de demander aux anges et aux *djinns* (voir chapitre 9) de se prosterner devant Adam mais plutôt de rejeter cet ordre de Dieu par fierté et par arrogance :

> « …excepté Iblis [Satan] qui refusa d'être avec les prosternés. Alors [Dieu] dit : "Ô Iblis, pourquoi n'es-tu pas au nombre des prosternés ?" Il dit : "Je ne puis me prosterner devant un homme que Tu as créé d'argile crissante, extraite d'une boue malléable." » (15:32-33).

Le Coran identifie donc l'arrogance comme cause première du rejet de la foi. Sur le plan sémantique, le mot *kafir* vient d'une racine arabe qui veut dire « semeur qui recouvre sa graine de terre ». De même, une âme qui dissimule la vérité après l'avoir entrevue clairement se met en état de *kufr.*

Pour aller plus loin

Pour aller plus loin sur les thèmes de ce chapitre – l'homme, la personne, l'humanisme – voici quelques pistes :

- ABDOUH M., *Rissalat at-tawhid, Exposé de la religion musulmane*, Paris, Geuthner, 1925.
- AL-JABRI M. A., *Introduction à la critique de la raison arabe*, Paris, La Découverte, 1994.

- AMIN H. A., *Le Livre du musulman désemparé. Pour entrer dans le troisième millénaire*, Paris, La Découverte, 1992.
- BERGE M., *Pour un humanisme vécu : Abû Hayyan at-Tawhidi*, Damas, IFD, 1979.
- CORBIN H., *Histoire de la philosophie islamique*, Paris, Gallimard, 1964.
- GARDET L., *Les Hommes de l'islam*, Éditions Complexe, 1977.
- IQBAL M., *Reconstruire la pensée religieuse de l'islam*, Paris, Adrien Maisonneuve, 1955.
- MASSIGNON L., *Définition islamique de la personne humaine*, Genève, 1952.

Chapitre 14

Éthique et valeurs dans le Coran

Dans ce chapitre :

- L'éthique du Coran en cinq points
- Valeurs et bonnes mœurs du point de vue du Coran
- S'améliorer en se purifiant cœur et âme

Le Coran accorde une place prépondérante à l'éthique et à la morale, selon les principes inspirés par Dieu qui doivent servir de fondement au bon fonctionnement de la vie personnelle et communautaire.

Dans ce chapitre, nous verrons en quoi consistent la morale et l'éthique du Coran et la pédagogie du Livre saint pour guider les fidèles vers cet idéal.

Principes éthiques dans le Coran

Dans le Coran, les principes moraux s'articulent autour de cinq éléments essentiels. Toute loi dans l'islam (voir chapitre 17) s'enracine nécessairement dans l'un de ces cinq principes.

À RETENIR

Les institutions qui défendent et préservent un style de vie fondé sur les valeurs de l'islam sont considérées comme salutaires au niveau individuel et social. À l'inverse celles et ceux qui vont à l'encontre des lois et des principes islamiques entraînent des comportements contraires à l'éthique.

Primauté de la religion

Le Coran exige des musulmans une soumission totale à la volonté de Dieu et une adhésion volontaire et enthousiaste (2:208). Dès lors, la primauté de l'islam comme mode de vie et de culte rendu au Dieu unique compte parmi les premiers principes moraux. De ce principe moral découlent toutes les autres lois et préceptes moraux du Coran.

À RETENIR

Le mot « religion » se réfère non seulement à la pratique du culte proprement dit mais aussi à toute une façon de vivre qui englobe les cinq piliers de la foi.

Dans la perspective coranique, tout individu vivant en société a l'obligation et le droit d'adorer Dieu. Cet engagement doit être facilité, honoré et protégé dans une société islamique, pour permettre aux citoyens de mener une vie conforme aux enseignements moraux du Coran (2:256 ; 22:40).

Ce principe protège également toutes les autres formes de culte, y compris la prière dans les monastères, les synagogues et les églises. Le Coran décrit ces temples comme des endroits où le nom de Dieu est exalté (22:40).

En outre, ce principe de primauté de la religion implique également l'obligation de défendre l'islam contre la destruction, la corruption et les menaces intérieures et extérieures, y compris par la lutte armée le cas échéant.

Primauté de la vie

Protéger et préserver la vie humaine fait partie de la morale, et tout ce qui abrège injustement la vie est considéré comme contraire à l'éthique musulmane. Ce principe vient de l'enseignement coranique selon lequel Dieu a rendu toute vie sacrée (4:29 ; 6:151), indépendamment de toute religion, race, classe ou toute autre caractéristique sociale (voir chapitre 9 pour plus de détails sur la position du Coran concernant le traitement des animaux).

Comme la Torah, le Coran considère que tuer une personne sans motif juste revient à tuer toute l'humanité ; sauver une vie revient à sauver toute l'humanité (5:32). Tuer des innocents est considéré comme l'un des plus graves péchés que l'on puisse commettre (25:68-69).

Cependant, afin de sauver une vie, il faut parfois que d'autres vies soient prises. Le Coran dit que, dans la loi du talion, il y a une chance de survie (2:179). Par exemple, l'assassinat d'un tyran sanglant permet de sauver des vies menacées. Enlever la vie à quelqu'un qui menace celle des autres est, d'une façon générale, considéré comme un acte moral.

VIE QUOTIDIENNE

La protection de la vie doit également avoir la primauté sur certaines lois religieuses du Coran. Le Coran, par exemple, interdit de manger du porc, mais si l'on est sur le point de mourir de faim et que le seul aliment disponible soit du porc, alors le choix moral consiste à en manger, afin de préserver la vie humaine. De même, le Coran interdit strictement l'alcool, mais si l'alcool est absolument nécessaire à titre médicamenteux pour sauver une vie humaine, alors il est autorisé, selon la majorité des spécialistes de la loi islamique.

L'avortement en question

Dans le Coran et dans les paroles prophétiques, il est clair que la vie humaine commence dans l'utérus (39:6 par exemple). C'est pourquoi l'avortement est considéré comme contraire à l'éthique puisqu'il enlève la vie à un innocent.

Cependant, la vie de la mère a la priorité sur la vie du fœtus, parce qu'elle est déjà un être humain en lien avec d'autres et avec des responsabilités. Si un médecin déclare que la vie de la mère est en danger en raison de sa grossesse, nombreux sont les penseurs musulmans à dire que, dans ce cas, l'avortement est permis afin de sauver la vie de la mère.

Dans les versets 6:151 et 17:31, le Coran condamne et interdit strictement d'ôter la vie d'un enfant par crainte de la pauvreté. En outre, est également interdite toute forme d'infanticide des petites filles, ce qui était très commun dans l'Arabie préislamique et l'est malheureusement toujours dans certaines régions du monde (voir 16:58-59, par exemple).

Primauté des liens du sang

Le Coran considère que l'un des péchés les plus graves consiste à rompre les liens sacrés du sang (4:1). Les liens du sang préservent l'identité des personnes dans la société ; la lignée encourage également la structuration de la famille, qui est essentielle au développement de la société, dans l'optique du Coran (voir chapitre 15). Entre autres raisons, le Coran interdit la fornication et l'adultère parce que ces activités menacent le fondement même de la famille et détruisent les liens du sang chez les enfants nés hors mariage.

Dans l'éthique musulmane, il n'est pas possible de modifier le nom de famille qui indique de quelle lignée on vient.

Tenir en esclavage un autre être humain et changer son nom et son identité violent également ce principe de primauté des liens du sang.

Le Coran est si résolu sur ce sujet de la préservation des liens du sang qu'il ne permet pas l'adoption, du moins pas de la façon dont elle est généralement pratiquée dans les pays occidentaux. Prendre en charge un orphelin constitue l'un des actes les plus élevés de la charité et de la responsabilité, selon le Coran. (Le Prophète dit même que celui qui s'occupe d'un orphelin sera aussi étroitement associé à lui que le majeur et l'index à l'heure du Jugement dernier.) Il n'en reste pas moins vrai que l'orphelin a également le droit de préserver son héritage et sa filiation biologique. Par conséquent, le nom de famille d'un orphelin ne doit pas être modifié. Les parents adoptifs, ou ses tuteurs, doivent dévoiler à leurs enfants adoptés d'où ils viennent (33:4-5). L'adoption est permise tant que le nom de famille de l'enfant est préservé.

Primauté de la propriété

Le Coran considère la propriété comme sacrée (2:188, par exemple). Transgresser les règles de propriété ou s'approprier le bien d'autrui n'est pas conforme à l'éthique.

S'approprier le bien d'autrui par la force, sans juste cause, est un péché grave, nous dit le Coran. Ce péché est chèrement sanctionné (voir chapitre 17 pour en savoir plus sur les lois pénales décrites dans le Coran).

Le Coran dit : « Ô les croyants ! Que les uns ne mangent pas les biens des autres illégalement. Mais qu'il y ait du négoce [légal], entre vous, par consentement mutuel. Et ne vous détruisez pas les uns les autres. Dieu, en vérité, est miséricordieux envers vous » (4:29).

Protéger la propriété et favoriser des procédures de gestion justes et profitables font partie des principes moraux du Coran. L'éthique et le droit du commerce sont des domaines qui figurent parmi les sujets les plus importants dans une société islamique bien assise.

PAROLES DE SAGESSE

Le prophète Mohammed souligne le caractère sacré de la protection de la propriété quand il dit que celui qui meurt pour défendre sa propriété ou la propriété d'autrui est un martyr aux yeux de Dieu.

Dignité de la personne humaine

Le Livre dit que Dieu a honoré et a inondé de Ses faveurs les enfants d'Adam (tous les êtres humains) plus que tout autre de Ses créations (17:70).

La primauté, la protection et la consolidation de la dignité de la personne sont les premiers sujets de prédilection dans la morale coranique. En fait, la plupart des actions interdites par le Coran, tel le manque de pudeur en public, le sont pour préserver la dignité des êtres humains. De même, la plupart des actions encouragées par le Coran, telle la pudeur, vont dans le sens de la dignité de la personne.

Le Coran met en garde contre la tentation de la médisance et de la calomnie, et de toutes autres actions qui dévoilent au grand jour les travers et les défauts des autres (49:12). Pour le prophète Mohammed, un des pires péchés qu'une personne peut commettre consiste à accuser à tort une femme chaste d'immoralité sexuelle. Le Coran préconise la flagellation publique pour ceux qui, sans preuve, attentent à l'honneur de femmes chastes (24:23).

L'éthique de l'interaction humaine implique une bonne part de respect de l'honneur des personnes. Le Coran demande aux musulmans de se parler avec la plus grande attention et la plus grande gentillesse. Par conséquent, le plaisir de l'ironie aux dépens des autres est formellement interdit dans l'islam (49:11).

Le Coran enseigne également qu'un musulman ne doit pas répondre de la même façon à celui qui lui parle mal ou qui lui fait du tort. Il doit répondre au contraire par des paroles d'apaisement (25:63) et répondre au mal par le bien, pour faire en sorte que l'amitié remplace la haine (41: 34 ; 25:72). Dans l'esprit du Coran, le fait de traiter ses ennemis avec respect permet de nouer de bonnes relations avec la (ou les) personne(s) concernée(s).

Encourager la pratique de la vertu

Chaque défaut – ou pratique – qualifié d'« indésirable » ou d'« interdit », possède son contraire, valorisé et encouragé dans le Coran. Ainsi, face au rejet du mensonge, le Coran promeut le parler vrai et la vérité des comportements. (Pour bien comprendre la nature de ce que le Coran permet et rejette, voir la section précédente de ce chapitre.)

Dans les passages suivants, nous aborderons les vertus et les qualités que le Coran encourage, et l'immoralité et les vices qu'il décourage chez ses disciples.

Comportements à éviter

Le Coran met en garde les musulmans contre les défauts suivants :

Le mensonge et la tromperie

Le Coran témoigne d'un profond mépris pour le mensonge sous toutes ses formes, en paroles ou en actes (26:222). Le plus grand mensonge, selon l'Écriture sainte, consiste à donner des associés à Dieu (25:68). Ceux qui essaient de tromper Dieu par l'hypocrisie ne dupent qu'eux-mêmes (2:9). En outre, le Livre condamne ceux qui tentent de tromper leurs semblables (16:92).

Le Livre met également en garde contre le faux témoignage et déclare que toute connivence avec le mensonge contribue à la perte de crédibilité des personnes concernées, aux yeux de la société comme aux yeux de Dieu (25:72).

L'arrogance

L'Écriture sainte assure que l'arrogance entraîne à ne plus croire en Dieu, et le plus mauvais type d'arrogance qui soit est de nier le créateur (4:172).

L'arrogance est décrite comme propre aux tyrans et aux oppresseurs, qui seront tous damnés dans l'au-delà (46:20). Le prophète Mohammed a dit à ce propos : « Que celui qui a un atome d'arrogance n'entrera pas au paradis. »

La prétention

Parfois l'âme s'englue dans un désir sous-jacent de séduction et de recherche des honneurs plutôt que d'aspirer à plaire à Dieu. Le Coran fait remarquer que, dans ce cas de figure, il devient difficile de faire de bons choix moraux quand on se trouve face à des situations difficiles.

Le prophète Mohammed décrit cette attitude, qui décentre la personne de son orientation vers Dieu seul, comme une forme de péché d'association à Dieu (*chirk*) qui est aussi subtile et difficile à repérer qu'une aiguille dans une botte de foin.

Au contraire, en faisant de bonnes actions en faveur de Dieu, on développe de bonnes et saines habitudes, même si cela peut parfois provoquer la critique et le mécontentement de ceux qui cherchent plus que de raison les honneurs et la réussite en ce bas monde.

L'hypocrisie

Le Livre critique tout particulièrement les hypocrites qui prétendent croire en Dieu et dont toutes les actions, notamment celles qui se font à l'insu des regards, donnent à penser le contraire (61:2 ou 3). Le Coran avertit ces personnes, qui croient leurrer les autres croyants et même Dieu, qu'en réalité elles ne font que se tromper elles-mêmes (4:142-143 ; 2:810).

La tyrannie et l'injustice

Le Coran critique ouvertement ceux qui oppriment les autres et répandent la peur et la dévastation sur Terre (2:204-206 par exemple).

Le Coran condamne ainsi les gouverneurs injustes, tels le pharaon qui a combattu le prophète Moïse, et également ceux qui traitent leur famille avec injustice et tyrannie (16:90).

Le prophète Mohammed dit que ces tyrans paieront cher leurs abus à l'heure du Jugement dernier (voir chapitre 9), et que toute bonne action qu'ils ont pu commettre sera versée au bénéfice des personnes qu'ils ont opprimées. Il a également précisé que la plus grande forme de *djihad* (combat pour vivre selon les voies de Dieu) consiste à dire la vérité devant un tyran.

La transgression

Dans l'Écriture sainte, la transgression signifie que l'on enfreint volontairement les lois de Dieu. Par exemple, dans le Coran, la loi de Dieu déclare qu'un homme et une femme doivent être liés par les liens du mariage pour avoir des relations sexuelles, ce qui implique par conséquent que la fornication et l'adultère constituent une transgression de cette loi.

En deuxièmement lieu, la transgression signifie : « Aller au-delà de l'ensemble des limites posées par Dieu. » Le Coran met en garde particulièrement contre les risques de dérapage et de dépassement des limites en temps de guerre : « Combattre pour Dieu ceux qui luttent contre vous, mais sans être agressif. Dieu n'aime pas les belliqueux. »

Le Coran met en garde également contre les excès de zèle dans l'observance des lois et des principes théologiques. Certains, par exemple, s'interdisent des choses que Dieu n'a pas proscrites, ce qui est excessif et mauvais en fin de compte (5:87). Du point de vue théologique, celui qui a un amour et une vénération tels envers Mohammed qu'il va jusqu'à lui attribuer des qualités divines commet le péché le plus grave, celui de joindre des associés à Dieu (*chirk*).

Le gaspillage

Le Coran dit que Dieu n'aime pas ceux qui gaspillent les ressources qu'Il leur donne (6:141). À ce propos, le prophète Mohammed déclare que les hommes et les femmes seront interrogés au Jugement dernier, sur la façon dont ils ont dépensé chaque pièce de leur avoir.

D'autre part, ceux qui ont des réticences à donner leur argent à des associations caritatives tombent dans le piège du matérialisme et de la thésaurisation, ce que le Coran condamne vigoureusement (104:2 ou 3, par exemple).

L'alcool

L'alcool est formellement interdit dans le Coran. La consommation d'alcool trouble le cerveau, on le sait, ce qui n'est guère compatible avec le fait de centrer sa vie sur Dieu, à tout moment de celle-ci.

En outre, l'alcool et les stupéfiants peuvent entraîner des phénomènes d'addiction qui entraînent la personne sur la pente des passions impures. Le Coran met aussi en garde contre les conséquences de l'absorption d'alcool, qui débouche sur l'ivresse et l'incapacité à se contrôler, favorisant les tensions entre personnes (5:91).

À RETENIR

En prohibant l'alcool, le Coran cherche à protéger à la fois l'individu et la société contre le mal.

Les jeux de hasard

Comme pour l'alcool, le Coran met en garde contre les jeux de hasard, parce qu'ils peuvent provoquer des réactions de violence entre personnes (5:91). En outre, le jeu peut devenir compulsif. La personne dépendante peut en arriver à s'endetter exagérément. Pour empêcher quiconque de tomber dans ce cercle vicieux, l'Écriture sainte interdit les jeux de hasard.

Comportements à encourager

Le Coran encourage les comportements opposés à tous ceux que nous avons présentés ci-dessus et qui sont à bannir. Nous allons maintenant nous intéresser à d'autres valeurs que prône le Coran :

La sincérité

Selon le Coran, tout comportement qui concourt à mettre Dieu comme première préoccupation de la vie quotidienne est à valoriser.

L'Écriture sainte dit également que Dieu jugera l'intention autant que les actes au jour de la rétribution (3:29). Le prophète Mohammed annonce à ce propos : « Dieu ne regarde pas votre allure ni votre aspect extérieur, mais il regarde vos cœurs et vos actes. » Les musulmans s'efforcent de s'affranchir des préoccupations matérielles et terrestres pour se tourner vers le Réel (le Divin).

L'examen de conscience

Le Coran invite les fidèles à réfléchir sur eux-mêmes et sur leurs actions afin de faire le bilan moral de leur comportement avant que Dieu ne le fasse (3:190-194). Le prophète Mohammed déclare : « Sage est celui qui fait son examen de conscience pour faire le point et s'orienter davantage vers les bonnes actions qui lui seront comptées favorablement après sa mort ; et bien fou celui qui succombe aux tentations et à ses désirs et implore Dieu de satisfaire à ses vains désirs. »

La patience

C'est peut-être la qualité la plus souvent mentionnée dans le Coran, qui ne cesse de répéter que tout musulman doit savoir faire preuve de patience. Au nom de la patience, le Coran conseille aux croyants de dire ces paroles : « Nous sommes à Dieu, et c'est à Lui que nous retournerons » (2:153-157) en période de difficulté, au lieu d'exprimer de la peine ou de la colère.

En deuxième lieu, le Livre invite les croyants à être patients quand ils recherchent l'aide et le soutien de Dieu. En d'autres termes, il ne faut pas s'attendre à des résultats immédiats, parce que Dieu prodiguera son aide au meilleur moment, en vertu de Sa sagesse et de Sa connaissance (2:214).

En troisième lieu, le Coran demande à ses disciples d'être persévérants et endurants dans leur lutte contre le péché et contre leurs propres désirs pulsionnels. À cet égard, l'Écriture sainte déclare que le juste est celui qui pardonne même lorsqu'il est en colère (3:134 ; 42:37). En outre, le prophète Mohammed a dit ceci : « L'homme fort n'est pas celui qui se bat mais celui qui se contrôle quand il est en colère. »

Le pardon

Le Livre enseigne aux croyants à « prendre les choses du bon côté, à ordonner le bien et à éviter les ignorants » (7:199). Le Coran dit que Dieu pardonne à ceux qui pardonnent aux autres pour le mal qu'ils leur ont fait (24:22).

On lit dans le Coran que tous les prophètes qui sont venus à travers l'histoire ont été persécutés par leur peuple qui ne supportait pas d'entendre la vérité. Mais chacun d'entre eux a toujours prié Dieu d'accorder le pardon à ces personnes en disant : « Ô Dieu ! pardonne à ces gens. Ils ne savent pas ce qu'ils font. »

Pardonner, c'est marcher à la suite de tous les prophètes.

La pudeur

Le Coran encourage la pudeur chez les hommes et chez les femmes (23:5 ; 24:30-31), comme une manière de préserver le respect, la dignité et l'honneur dus à tout être humain, créé par Dieu comme tel (17:70) (voir chapitre 15 pour en savoir plus sur la pudeur et sur la sexualité).

La pudeur ne se limite pas exclusivement à la manière de s'habiller. Elle s'applique également à l'attitude d'humilité que l'on doit avoir lorsqu'on rencontre d'autres personnes (53:32), en adoptant un ton de voix mesuré. Pour cette raison, le Coran enseigne également aux croyants à ne pas parler trop fort (31:19).

La frugalité

Le Livre encourage les fidèles à ne pas miser exclusivement sur la vie terrestre, qui ne durera qu'un temps, sans se soucier de la vie dernière (*al-akhira*) qui, elle, est pour l'éternité. C'est pourquoi le Coran décourage le matérialisme et tout attachement trop important aux affaires de ce monde (3:14 ; 35:5 ;29:64 ; 57:20).

Le prophète Mohammed a mis en garde contre le goût de la richesse et des honneurs en disant : « Deux loups affamés au milieu d'un troupeau de moutons ne font pas plus de dégâts que l'avidité d'un homme pour la richesse et la renommée à l'égard de sa foi. »

Le contentement

Le Coran déclare que les êtres humains doivent savoir apprécier ce que le Seigneur leur a donné dans sa bonté et qu'ils devraient ne jamais se plaindre de quoi que ce soit. Ils ne doivent pas non plus aller quémander auprès des autres (2:273). Au contraire, les croyants doivent travailler dur et mettre leur confiance en Dieu, leur Seigneur (11:6).

Le prophète Mohammed a enseigné à ses compagnons que « la richesse n'est pas dans l'abondance des biens ; la vraie richesse est la richesse de l'âme ». Il a également conseillé à ses disciples de regarder autour d'eux les gens moins chanceux qu'eux-mêmes quand leur âme est sur le point d'être dominée par l'envie ou la vanité. Cela la remettra dans une disposition nouvelle par rapport à Dieu et à Sa bénédiction.

La charité

L'Écriture sainte enseigne que tout ce que vous dépensez dans la charité, Dieu le remplacera par quelque chose d'encore meilleur (34:39). En outre, la générosité est un bon instrument pour purifier et enrichir l'âme (2:272).

La charité ne consiste pas seulement à donner de l'argent. Elle peut aussi s'exprimer par des talents et de l'énergie mis au service des autres.

Le prophète Mohammed a dit qu'un sourire adressé à la personne que l'on croise, votre frère en humanité, c'est déjà un acte de charité.

Il raconte également l'histoire d'un homme qui trouve une branche pleine d'épines sur la route. L'homme se baisse pour enlever la branche afin d'éviter que d'autres se blessent. Pour cet acte, Dieu pardonne au pécheur.

Purifier le cœur

Pour réussir à mettre Dieu en permanence au centre de sa vie (en pensées et en paroles), il faut avoir un cœur pur qui oriente la conscience humaine vers « le droit chemin », ce qui se traduit par un comportement moral. Selon le Coran, celui qui fortifie son âme parvient à la réussite de sa vie, tandis que celui qui néglige sa croissance s'atrophie (91:7-10).

Dans cette section, nous verrons certaines actions que le Coran demande à ses fidèles de pratiquer, en dehors des rites liés au dogme, pour avoir un cœur et une âme purs.

Cette pureté prépare l'individu et la société à recevoir et à comprendre l'éthique du Coran. Elle ne doit pas être comprise comme une fin en soi.

Faire mention de Dieu : dhirk

Le Coran dit que Dieu guide les hommes sur son chemin : « Ceux qui ont cru et dont les cœurs se tranquillisent à l'évocation de Dieu. N'est-ce point par l'évocation de Dieu que se tranquillisent les cœurs ? » (13:28). Cette évocation du nom de Dieu s'appelle le *dhirk* en arabe (on appuie le bout de la langue sur les dents supérieures, afin de produire un phonème *dh*, qui serait proche du *z*), ce qui signifie plusieurs choses, notamment le fait de penser à Dieu, d'honorer sa gloire, de faire mention de son nom dans la louange et de le mettre à la première place.

Les musulmans pieux purifient leur cœur en mentionnant Dieu et en l'honorant dans leur vie quotidienne (30:17). Ils pensent à Dieu dans la prière rituelle et dans la méditation après la prière, tranquillement assis, tout en mentionnant les attributs de Dieu, en évoquant trois de ses noms :

- *Subhan Allah* (Dieu est le plus parfait) ;
- *Allhamdulillah* (Louange à Dieu) ;
- *Allahou 'Akbar* (Dieu est le plus grand).

Les fidèles mentionnent chaque nom environ 33 fois, tout en méditant sur les attributs de Dieu (*Çifat Allah*).

Le Coran et le soufisme

Ce développement nous permet d'aborder la question du soufisme, ces « amis de Dieu » qui récitent sans cesse ses louanges. En effet, la mystique musulmane, ou ce que l'on appelle le « soufisme » (du mot arabe *ahl as-saff*, « les gens du rang », ce qui a donné le substantif *moutasawif*) repose sur un désir chevillé au corps, celui de la remémoration du nom de Dieu, Allah. Tel est le *dhikr*, ou *zikr* si l'on considère la diction égyptienne. De quoi s'agit-il ? D'une mystique du nom « Allah », le Seigneur, ayant une infinité d'attributs ; le soufi les rappelle à voix haute ou les murmure pour lui-même. Dans certaines confréries, ce travail de méditation et de concentration est parfois poussé jusqu'aux confins de la nuit. Nous avons vu plus haut, chapitre 8 (« À la rencontre de Dieu, des prophètes et des hommes ») qu'Allah avait 99 noms. Ces Beaux Noms d'Allah (*al-asma al-hûsna*) sont surtout des « attributs », c'est-à-dire des qualités intrinsèques à la divinité d'Allah. Les connaître, c'est connaître Dieu mieux que ceux qui ignorent leur existence, ce qui explique que les théologiens les plus éminents les recommandent aux gens de peu de foi. La plupart se trouvent dans le Coran. À ce titre, ils constituent la charte du vrai mystique, son credo. Chaque nom renvoie à une référence coranique précise. Les noms qui reviennent le plus souvent dans le Coran sont « Allah » lui-même (108 fois dans le Coran*), ar-Rahim* (le Clément) (88 fois), *Al-Ghaffar* (Celui qui pardonne) (120 fois), l'Omniscient, le Savant, *As-Sami'* (Celui qui est apte à l'écoute), *Al-Muhyi* (Celui qui fait revivre), *Al-Ghaniy* (le Fortuné), etc. Le verset qui définit le mieux l'identité complexe d'Allah est sans doute celui-ci : Il est Allah, il n'est d'autre Dieu que Lui. Il est le Maître du mystère et du témoignage. Il est le Clément, il est le Miséricordieux. Il est Allah. Il n'est d'autre Dieu que Lui. « Il est le Roi, le Très-saint, le Dispensateur de salut, l'Être de croyance, le Magnanime, le Puissant, l'Irrésistible. Que sa transcendance soit exaltée aux dépens de ce qu'ils vénèrent en dehors de Lui. Il est Allah, le Créateur, le Novateur, le Formateur. À lui appartiennent les plus beaux noms. Ses louanges sont chantées par tous ceux qui habitent au ciel et sur terre. Il est ce Tout-Puissant, le Sage ». (59:22-24)

Suivant cette tradition, les musulmans mentionnent Dieu au début de chaque action en disant : « Au nom d'un Dieu, le Tout-miséricordieux, le Très-miséricordieux. » Quand les musulmans veulent féliciter quelqu'un d'autre ou valoriser quelque chose de bon qui s'est produit dans leur propre vie, ils disent : « Par la volonté de Dieu » (*macha 'Allah*). Quand ils attendent ou promettent quelque chose de bien pour plus tard, les musulmans disent : « Si Dieu le veut » (*Inch' Allah*) (18:23-24).

Le fait de mentionner Dieu dissipe les doutes et les sentiments qui détournent le fidèle de penser à Lui. Le *dhikr* découle alors de la *tawba,* ou retour à Dieu, attitude du fidèle qui cherche à remplacer les préoccupations terrestres par le Vrai, le Réel, de sorte que l'âme se rappelle la présence de Dieu même dans les moments très difficiles et les périodes de tentation.

Beaucoup de musulmans et d'étudiants en théologie islamique croient, à tort, que le *dhikr* consiste simplement à se reposer dans un coin tout en mentionnant le nom de Dieu. Si cela peut certes mener à une réflexion profonde, ce n'est pas la seule façon d'accomplir le *dhikr.* Les actes contribuent également au *dhikr.* Quand vous louez et que vous honorez Dieu dans votre vie par des actions pieuses et justes, vous accomplissez le *dhikr.*

Obéissance aux lois de Dieu

Certains croient de manière erronée que la *chari'a,* ou loi islamique, est un ensemble de codes pénaux qu'un gouvernement islamique applique à ses citoyens. En vérité, la *chari'a* (voir chapitre 17) est un système de lois complet qui régit la vie individuelle aussi bien que les affaires de l'État.

La loi islamique est bénéfique autant pour la personne individuelle que pour la société au sens large. De cette manière, la loi islamique les protège contre la destruction spirituelle et physique. La loi sacrée définit clairement certains comportements tels que le meurtre, l'adultère et le vol, comme étant répréhensibles et destructeurs pour la société. C'est pour éviter la propagation de l'immoralité que la loi islamique prescrit des règles et des codes qui offrent une barrière protectrice contre les péchés les plus graves ; d'une façon générale, les actes pour lesquels il y a grand risque qu'ils débouchent sur des péchés graves sont considérés comme illégaux.

Par exemple, la loi islamique interdit à un homme et à une femme qui ne sont pas de la même famille ou mariés l'un avec l'autre de se retrouver seuls dans un endroit fermé. Cette loi protège l'homme et la femme contre la tentation d'enfreindre les limites posées par le Coran en matière de relations sexuelles. En suivant cette loi islamique, les musulmans évitent de tomber dans le piège de la fornication et de l'adultère.

En outre, cette loi préserve l'honneur et la dignité des personnes, ce qui constitue un des cinq éléments de la loi et de l'éthique islamiques (voir précédemment dans ce chapitre la section intitulée « Principes éthiques ») ; ni l'homme ni la femme ne peuvent faussement accuser l'autre d'acte impudique ou de harcèlement, dès lors qu'ils se trouvent en présence de témoins.

En fin de compte, l'obéissance aux lois de Dieu protège l'individu et la société des péchés qui sont à l'origine de bien des maux et de déviations. Ces lois divines fortifient l'âme sur la voie de la purification et l'éloignent du mal.

Privilégier les bonnes fréquentations

Pour soutenir la motivation des croyants sur le chemin de la purification, le Coran conseille de s'entourer de personnes justes (18:28) qui s'impliquent pour mettre Dieu au centre le leur vie – à la fois en paroles et en actions.

Le prophète Mohammed use d'une comparaison très parlante pour décrire l'influence des bonnes et des mauvaises fréquentations dans la vie. Il dit que l'influence de la bonne compagnie est comme la présence d'un parfum agréable qui vous embaume et vous fait embaumer. De même, l'influence de la mauvaise compagnie est comme la présence d'une mauvaise odeur qui s'imprègne en vous.

Maîtriser ses passions et combattre pour le bien

Les musulmans pieux pratiquent le *djihad* chaque jour, en luttant contre leurs passions et leurs émotions inférieures. Quand, par exemple, un musulman est fâché mais retient sa colère, cette personne pratique le *djihad*.

La pratique de ce type de *djihad* aide les musulmans à se conformer à l'idéal moral que propose le Coran. Tout individu a des tentations intérieures et extérieures qui peuvent mener à l'impureté du cœur ou de l'esprit.

Le contrôle de soi et la lutte pour le bien, aussi bien du point de vue individuel que social, purifient l'âme en recentrant l'attention et les désirs du cœur sur la voie de Dieu (29:69).

(Voir chapitre 18 pour plus d'informations sur le *djihad*.)

Pour aller plus loin

Sur les thèmes de l'éthique, du soufisme et de la spiritualité :

- AL-JILI A., *De l'homme universel*, Paris, Dervy-Livres, 1975.
- AL-MAQDISI, *Revivification de la spiritualité musulmane*, Paris, Iqra, 1999.
- AL-QAYRAWANI, *La Risala*, Alger, EPA, 1975.
- ARBERRY A. J., *Le Soufisme*, Paris, Cahiers du Sud/Neuchâtel, La Baconnière, 1952.
- ATTAR, *Le Langage des oiseaux*, Paris, Sindbad, 1982.
- BAKHTIAR L., *Le Soufisme. Expression de la quête mystique*, Paris, Seuil, 1977.
- EL-BOKHARI, *Les Traditions islamiques*, Paris, Adrien Maisonneuve, 1984, 4 vol. La sélection de *hadith* de Bokhari, proposée par G. H. Bousquet et intitulée *L'Authentique tradition musulmane* (Paris Fasquelle, 1964, en un seul volume) est déjà une bonne introduction à ce domaine. On y trouve notamment une série de *hadith* autour de la morale, du rituel et de l'organisation de la communauté.
- GHAZALI, *Le Livre des bons usages en matière de mariage*, Paris, Adrien Maisonneuve, 1989.
- IBN ARABI, *Les Soufis d'Andalousie*, Paris, Éditions Orientales, 1979.
- MASSIGNON L., *Essai sur les origines du lexique technique des mystiques musulmans*, Paris, Vrin, 1922.
- AL-HALLAJ, *Martyr et mystique de l'Islam*, Paris, Gallimard, 1975, 4 vol.
- MICHON J.-L., *Le Soufi marocain Ahmed ibn 'Ajiba (1746-1809) et son mi'raj – Glossaire de la mystique musulmane*, Paris, Vrin, 1975.
- MISKAWAYH, *Traité d'éthique (Tahdib al-akhlaq wa tat'hir al a'raq)*, Damas, Institut français de Damas, 1969.

- N'WIYA P., *Exégèse coranique et langage mystique. Nouvel essai sur le lexique technique des mystiques musulmans*, Beyrouth, Dar Al-Machreq, 1970.
- POPOVIC A., VEINSTEIN G., *Les Ordres mystiques dans l'islam. Cheminements et situation actuelle*, Paris, Éditions de l'EHESS, 1986.
- RUMI, *Le Livre du dedans*, Paris, Sindbad, 1975.
- TORTEL Ch., *L'Ascète et le bouffon. Qalandars, vrais et faux renonçants en islam ou l'Orient indianisé*, Arles, Actes Sud, 2009. Une mention spéciale doit être réservée à ce livre, très curieux. Il est rare, en effet, de trouver des auteurs passionnés qui poussent l'audace jusqu'à rédiger des livres où les notes et les annexes prennent le pas sur la matière qui est, déjà, si riche. Il est encore plus incertain que des éditeurs bien en vue puissent encore soutenir de tels projets. Ce livre cumule les handicaps, mais la rigueur avec laquelle il a été mené, sa puissance dérangeante et son côté ivre de liberté le rangent parmi les ouvrages les plus étonnants que l'on puisse lire actuellement.

Chapitre 15

Famille, je vous aime !

Dans ce chapitre :

- Une société morale bâtie sur la famille
- Unis par les liens du mariage
- L'éducation des enfants
- Histoires d'héritage et de divorce

L'institution de la famille constitue la pierre angulaire de la communauté musulmane qui cherche à vivre selon l'idéal du Coran. Pour le Livre, un ménage véritablement musulman est celui qui reflète et qui répand la lumière et l'harmonie dans la société tout entière. À cet égard, le lien qui unit un homme et une femme dans le mariage, selon les enseignements coraniques, est un signe de la sérénité, de l'amour et de la miséricorde divine. Les rapports qui se tissent entre les membres d'une famille sont l'expression de la plus grande bonté, selon le Coran.

Dans ce chapitre, nous nous intéresserons aux passages spécifiques qui parlent de la famille dans le Coran, et nous jetterons un œil sur divers types de rapports qui y coexistent. Nous évoquerons en dernier lieu quelques polémiques concernant l'éthique de famille et nous verrons ce que l'Écriture sainte dit sur ces sujets.

Familles saines : société saine

Le Coran conçoit la famille comme étant orientée vers Dieu et investie de droits et de responsabilités les unes envers les autres.

La famille est, idéalement, le lieu naturel où la création de Dieu s'agrandit et se répand sur Terre. Si l'institution de la famille est corrompue, alors la corruption gagne le monde entier ; si l'institution de la famille est pure, alors, à son tour, elle génère une société morale, fondée sur des valeurs divines.

Par le mariage, la population croît sur toute la Terre, en même temps que se propagent les valeurs qu'elle véhicule.

En arabe, les liens du sang se disent *rahm,* mot qui a la même racine que le mot *rahman*, qui signifie que Dieu est très-miséricordieux. Dieu dit : « Qui s'attache à vous, je m'attacherai à lui ; qui se détache de vous, je me détacherai de lui. » Celui qui agit pour préserver et renforcer la famille reçoit la miséricorde de Dieu. Mais celui qui coupe les liens de famille et affaiblit le groupe se prive de la miséricorde de Dieu dans sa vie.

Ces remarques, ainsi que d'autres enseignements, insistent sur la sainteté de l'institution de la famille. Les penseurs de l'islam précisent également que les relations familiales sont si étroites naturellement que si la patience, la miséricorde, le pardon et d'autres qualités nécessaires à une saine coexistence ne peuvent pas être pratiquées en famille, alors la société a peu de chances de parvenir à développer ces qualités.

La recherche d'un conjoint : une affaire de famille

La recherche d'un conjoint approprié est probablement l'un des aspects les plus intéressants de la culture des musulmans. D'une façon générale, l'islam interdit les rendez-vous galants, ou du moins tels qu'ils sont conçus dans l'esprit des occidentaux. Habituellement, les mariages musulmans sont une véritable affaire de famille, dans laquelle parents, oncles, tantes, enfants de mêmes parents et amis proches s'impliquent dans l'art subtil et complexe de trouver un bon mari ou une bonne épouse. Les musulmans plaisantent souvent là-dessus en disant que « le réseau des taties est plus rapide que celui d'Internet » pour se marier.

Certains parents musulmans arrangent le mariage de leurs fils et filles avec leur parenté éloignée ou avec des jeunes de familles amies. D'autres fois, les conjoints font connaissance chez des amis communs. Chez les musulmans, même lorsqu'un homme et une femme se connaissent personnellement et décident de se marier, l'homme demande habituellement à ses parents de contacter la famille de sa future épouse pour la demander en mariage.

Les mariages forcés sont formellement interdits dans la loi islamique, comme le laisse entendre le verset 4:19. L'homme et la femme doivent être d'accord et consentir au mariage pour que celui-ci soit considéré comme valide par les tribunaux islamiques. Rares sont les cultures musulmanes où se pratique encore le mariage forcé ; il n'y a guère que dans certaines sociétés, pauvres, que cela se fait encore. Il convient de faire remarquer que ces mariages vont à l'encontre des enseignements islamiques, contrairement à ce que certains voudraient croire. Il n'y a pas plus triste de voir comment en Afghanistan et au Pakistan de vieux seigneurs tribaux continuent à épouser des adolescentes à peine nubiles.

Aller au fond des choses

Le Coran conseille aux hommes et aux femmes d'épouser des gens qui sont des croyants vertueux, même si le vertueux n'est peut-être pas aussi physiquement séduisant ou riche que d'autres qui sont incroyants et n'ont pas de très bonnes mœurs.

En fait, l'Écriture sainte dit même qu'il vaut mieux épouser un esclave vertueux plutôt qu'un homme ou une femme libre sans moralité (2:221). Pour les Arabes de l'ère préislamique, il était inconcevable qu'un homme riche ou une femme libre épouse un esclave. L'Écriture sainte cherche à dissiper ce préjugé sans fondement. Ce passage est révolutionnaire dans beaucoup de sociétés, même aujourd'hui où le mariage repose sur des considérations socio-économiques et sur les apparences plutôt que sur la vertu et les bonnes mœurs.

Mohammed a enseigné à ses compagnons que, même si certains hommes épousent des femmes pour leur statut, leur argent ou leur beauté, le seul homme qui sera heureux et aura une vie réussie est celui qui épouse une femme pour sa vertu et sa piété. Un jour, Mohammed a dit à son compagnon le plus proche, Abou Bakr, que les choses les plus prisées dans la vie sont « la langue pour dire le nom de Dieu, le cœur pour louer Dieu et une épouse pieuse qui vous entraîne à faire le bien ».

Quels que soient les conseils que le Coran donne aux hommes sur le choix de leur épouse, cela s'applique également aux femmes à la recherche d'un mari. En effet, le terme *zawj* peut être traduit par « épouse » ou par « conjoint. » En outre, le Coran s'adresse aussi bien aux hommes qu'aux femmes, à moins qu'il en soit spécifié autrement.

Le prophète Mohammed a conseillé aux femmes de ne pas hésiter à épouser celui qui leur paraît pieux et de bon caractère. Mohammed a même ajouté ceci : « Si vous ne faites pas ainsi, il y aura beaucoup d'épreuves sur Terre et beaucoup de mal. » Les théologiens ont interprété cette remarque comme un commentaire sur la façon dont l'unité de la famille individuelle peut avoir un impact sur la société ; si le mari est corrompu, alors la famille est facilement corruptible ce qui peut mener, par un effet d'entraînement, à la corruption dans la société (voir précédemment dans ce chapitre, la section intitulée « Familles saines : société saine » pour plus d'informations sur l'importance de la famille dans le Coran).

L'islam se glorifie d'être une religion qui combine idéalisme et pragmatisme. C'est pourquoi il n'est pas interdit, bien sûr, de se marier sur des critères de beauté, de richesse, de statut ou d'amour, mais l'Écriture sainte et la tradition des prophètes recommandent fortement que le mariage soit fondé en premier lieu sur la vertu et la bienveillance.

Validité du mariage

Le Coran accorde de l'importance au mariage de tout homme et de toute femme, indépendamment de considérations liées à la race, au milieu culturel ou à la condition sociale. Cependant, le Coran impose quelques restrictions au mariage pour certaines catégories de personnes :

- **Épouses divorcées du père (4:22) :** Interdit ce qui était une pratique commune dans l'Arabie préislamique.
- **Tous les parents immédiats (4:23) :** Interdit le mariage, pour cause d'inceste, entre parents, enfants, enfants de mêmes parents, tantes, oncles, nièces, neveux, nourrices (celle qui vous a nourri au sein quand vous étiez petit) et leurs enfants, filles et fils, frères et sœurs.
- **Femmes déjà mariées (4:24) :** Les femmes qui sont déjà mariées ne peuvent pas épouser d'autres hommes (voir la section suivante pour voir comment ce cas de figure est traité pour les hommes dans le Coran).

La polygamie

Certaines personnes, peu familières de l'islam et du Coran, disent que le Livre encourage la polygamie pour les hommes. En vérité, l'Écriture sainte cherche plutôt à la limiter, car à l'époque préislamique, à travers l'Arabie et d'autres régions du monde, elle était incontrôlée et largement pratiquée. Ainsi, dire que le Coran encourage la polygamie est faux sur le principe comme sur le plan historique.

Selon le Coran, un homme peut en principe épouser jusqu'à quatre femmes à condition qu'il puisse s'en occuper, à égalité de traitement. L'homme doit subvenir aux besoins économiques, physiques et affectifs de toutes ses épouses à égalité. Si un homme n'est pas en mesure de les traiter pareillement, il ne peut en épouser qu'une seule (4:3). Dans la loi islamique traditionnelle, les juristes disent qu'un homme ne peut pas épouser même une seule femme si lui ou sa famille n'est pas en mesure de subvenir à ses besoins de façon convenable (24:33).

Le Coran souligne également que les hommes « ne pourront jamais faire justice à toutes leurs femmes, aussi ardemment qu'ils le souhaiteraient » (4:129). Certains penseurs interprètent ce passage en disant que cela permet aux hommes d'avoir plus d'empathie avec une épouse qu'avec une autre, parce qu'il est impossible de contrôler cet aspect de la nature humaine. Cependant, d'autres ont compris ce verset comme signifiant que la polygamie est fortement déconseillée ou doit être très encadrée, parce qu'il est quasiment impossible de traiter avec justice plus d'une épouse. Ces penseurs font remarquer que la polygamie ne devrait être pratiquée qu'en période de nécessité, comme pendant les périodes de guerre, quand d'une manière générale il y a beaucoup plus de femmes que d'hommes. Dans de telles situations, on peut considérer que la polygamie peut être légitimée pour que les femmes ne soient pas forcées de rester célibataires si elles souhaitent se marier.

En outre, les musulmans précisent aussi que la polygamie, dans laquelle le mariage est sanctifié par l'amour et impliquant certains droits et responsabilités, est bien mieux, d'un point de vue moral, que l'adultère.

Le mariage forcé est formellement interdit dans le Coran (voir précédemment dans ce chapitre la section intitulée : « La recherche d'un conjoint : une affaire de famille » pour plus d'informations). Il en découle certains principes concernant la polygamie. La première épouse doit consentir à ce que le mari prenne une nouvelle épouse, pour que ce nouveau mariage soit considéré comme valide par les tribunaux islamiques. En outre, selon une majorité de juristes musulmans, la première épouse peut préciser dans son contrat de mariage qu'elle n'acceptera pas que son mari prenne une autre épouse. La loi islamique stipule que l'homme doit alors respecter ce contrat.

Le mariage fonde la famille

Le Coran considère le mariage comme une institution divine qui insuffle dans la société des qualités provenant de Dieu : la sérénité, l'amour et le sens de la miséricorde. Selon le Livre, le rapport profond et intime qui se crée entre un homme et une femme dans le mariage est un signe de l'existence de Dieu et de l'origine de la création (30:21).

L'amour et la compassion dans les relations humaines favorisent la sérénité du couple, de l'homme comme de la femme. Ce sentiment de paix et de calme s'étend ensuite à toute la famille, qui à son tour le transmet à la société entière.

Le Coran dit également : « Elles [les femmes] sont un vêtement pour vous [les hommes], et vous [les hommes] êtes un vêtement pour elles [les femmes]... »

(2:187). Ce passage décrit l'union dans le mariage comme reposant sur la coopération mutuelle et la confiance qui apportent le réconfort, la perfection et la beauté à l'âme, tout comme un bon vêtement le fait pour le corps. En outre, le Coran dit que le mari et l'épouse doivent vivre ensemble sur « une base de bonté et d'équité… » (4:19). Dans un autre passage, le Coran décrit le rapport entre les hommes et les femmes (en général, aussi bien que dans le mariage) comme étant un rapport « d'amitié et de protection mutuelles » (9:71) dans des actions justes qui posent les bases d'une société saine. Ainsi, le Coran conçoit vraiment la vie de couple comme un duo – et non comme un duel !

Qu'est-ce que le cadeau nuptial (*mahr*) ?

Le cadeau nuptial (*mahr*) est parfois compris à tort comme consistant à « acheter une femme » en versant de l'argent à sa famille. Cette idée fausse n'a aucun fondement dans la tradition islamique. La femme n'est pas considérée comme un bien qui peut être acheté. En outre, l'intégralité de cette dot revient à la femme et non à sa famille. Il est inconcevable de comparer ce cadeau, cette dot, au prix à payer pour « s'acheter une femme » ou toute autre idée de ce genre.

Le cadeau nuptial est un moyen qui permet au mari de montrer sa bonne volonté et sert également à apporter à la femme une certaine indépendance financière, de sorte qu'elle puisse avoir sa propre richesse. Personne n'a le droit de lui retirer le plus petit centime sans son accord.

Le *mahr* peut être versé en une fois ou en plusieurs versements échelonnés, selon un calendrier accepté par les deux parties. En outre, l'épouse peut également rendre de son plein gré une certaine partie de sa dot, par pure bonté de cœur uniquement si elle le souhaite, même après que le contrat a été signé (4:4 ; 4:24). Cependant, la loi islamique interdit de forcer une femme à abandonner tout ou partie de sa dot.

Le couple décide de la forme du cadeau avant le mariage. Il peut consister en une importante somme d'argent ou peut être simplement un petit cadeau. J'ai connu, par exemple, un homme au Moyen-Orient dont le cadeau nuptial à son épouse se montait à 50 000 € ! À l'inverse, j'ai aussi un ami dont le cadeau nuptial a consisté en une copie du Coran et un tapis de prière.

Le prophète Mohammed a même permis à un homme d'enseigner à sa future épouse les versets du Coran en guise de dot. La forme de la dot dépend vraiment de chaque couple.

En pratique : fonctions de base dans un mariage

Avant d'en dire plus sur ces questions matrimoniales, précisons qu'il ne faut pas perdre de vue le fait que les lois et les enseignements coraniques sur les droits et les responsabilités inhérents au mariage sont envisagés à la lumière de l'esprit de coopération, qui est à la base du mariage.

Les droits découlent des responsabilités. Ces droits sont accordés de manière particulière par volonté divine, et non pour privilégier l'homme à la femme, ou inversement. Les droits rendent l'accomplissement des responsabilités plus facile et plus accessible.

Le rôle de l'homme et de la femme dans le mariage étant conçu sur le principe de leur mutuelle complémentarité, la loi islamique stipule que les responsabilités du mari sont des droits pour son épouse, et les responsabilités de l'épouse sont des droits pour son mari. Par conséquent, nous allons envisager ces responsabilités de l'un dans l'optique des droits du conjoint.

Subvenir aux besoins de la famille

Le Coran enseigne qu'un homme doit assumer la responsabilité de prendre soin de tous les besoins financiers de son épouse et de sa famille (4:34). Il doit assurer leur nourriture, l'habillement, le logement et toutes autres nécessités (65:6-7). Il ne faut pas oublier que le Coran a été révélé au VIIe siècle, dans un milieu bédouin où la famille était clivée.

Le Coran place cette responsabilité sur les épaules de l'homme parce que, traditionnellement, les hommes ont eu davantage accès au travail. Cela, cependant, ne signifie pas qu'il n'est pas permis à la femme de travailler en dehors de la maison (voir chapitre 18 pour en savoir plus sur les femmes dans le Coran).

Chef de famille

Le prophète Mohammed a dit que « l'homme est le gardien et le responsable de sa famille ». Le Coran place également sa responsabilité de la direction de la famille sur l'obligation de subvenir à ses besoins (4:34) et l'orientation vers une morale saine.

Beaucoup d'hommes confondent cette responsabilité de chef de famille avec un droit qui leur est acquis, signe de la conception erronée que l'on a de l'autorité aujourd'hui.

Assumer le rôle du chef de famille est une responsabilité très lourde. Ce rôle exige un sens aigu de la justice, de la patience et de la bienveillance. L'autorité est maltraitée quand elle prend la forme d'une oppression et d'une tyrannie ; elle est à sa place quand elle prend la forme de la justice et de la miséricorde.

Certains pensent que cette responsabilité de chef de famille donne au mari une autorité unilatérale pour prendre et imposer des décisions au nom de la famille. En fait, les hommes, et en l'espèce tous les chefs, doivent pratiquer la *choura,* c'est-à-dire la consultation mutuelle qui favorise le consensus, comme le préconise l'Écriture sainte (2:233 ; 42:38). Si un désaccord surgit, l'homme n'a pas le droit de prendre sa décision en se fondant sur ses propres envies et désirs. En revanche, il doit résoudre le conflit à la lumière des enseignements coraniques et prophétiques. La décision qui en résulte doit bénéficier à la famille et également à la société.

Protéger la famille

La mère porte la responsabilité de s'occuper de la maison et d'élever, au sens fort, les enfants, pour en faire des hommes et des femmes justes, pieux, moraux et sains. Le Coran honore la mère comme étant professeur de vie pour la société tout entière, sans qui la stabilité morale de la civilisation s'effrite (46:15-18).

S'occuper de la maison signifie que l'on protège les biens matériels de la famille mais aussi sa dignité. Cela ne signifie pas qu'elle soit obligée de faire toutes les corvées à la maison, telles que la cuisine et le ménage. Ces tâches ménagères doivent être réparties harmonieusement entre le mari, l'épouse et les enfants (même le prophète Mohammed aidait son épouse à la maison). Si une épouse décide d'assumer la responsabilité de ces travaux ménagers, elle fait un acte de la charité pour lequel elle sera considérablement récompensée, mais cette charge n'est pas considérée comme inhérente à sa seule responsabilité. Pour d'autres, les travaux de la maison font bien partie de la responsabilité d'une femme à l'égard de sa famille.

Obéir et se rebeller dans la famille

Étant donné que le Coran déclare que le mari a été placé en position de chef garant de l'unité de la famille (voir la section intitulée « Chef de famille », précédemment dans ce chapitre), l'épouse et les enfants ont la responsabilité « de lui obéir » (4:34), plutôt que de se rebeller (*nûchûz*) contre ses décisions, simplement par esprit de rébellion. Naturellement, cette obéissance n'est pas absolue ou inconditionnelle. L'autorité du mari s'inscrit dans les limites permises par la loi islamique ; il ne doit pas outrepasser ses droits ni transgresser les lois de Dieu.

VIE QUOTIDIENNE

Par exemple, si un mari demande à son épouse de ne pas faire de jeûne volontaire un certain jour, afin qu'il puisse avoir une relation amoureuse avec elle ce jour-là (ce qui est interdit pendant le jeûne), elle doit, d'une façon générale, lui accorder la permission pour cette demande. En revanche, si un homme demande à son épouse de ne pas jeûner pendant le ramadan (quand le jeûne est obligatoire), alors elle ne doit pas obéir à son mari, car il lui demande d'enfreindre les lois de Dieu.

Parfois, il s'avère même nécessaire qu'une épouse se rebelle contre son mari parce qu'il est païen. Ainsi, l'épouse du pharaon, dont le Coran fait l'éloge, car elle s'oppose à la tyrannie et à l'oppression de son mari, a eu raison de le faire. Parfois, la justice rend nécessaire la rébellion afin de préserver l'unité de la famille.

Mais, comme mentionné dans la section précédente, l'unité de la famille se construit dans le dialogue et l'autorité bienveillante, et non de façon autoritaire et accablante.

L'intimité : affaire physique et spirituelle

Les conjoints ont droit à l'intimité sexuelle. Le Coran considère les relations sexuelles dans le mariage comme un acte sain et sacré qui mérite les faveurs et les bénédictions divines. En fait, le Coran encourage les couples à pratiquer quelques gestes qui apportent la pureté aux âmes, comme le fait de penser à Dieu en mentionnant ses noms avant de s'engager dans un rapport sexuel (2:223). Le Coran considère la relation sexuelle au sein du couple marié comme un acte spirituel et physique très positif.

Selon le Coran, le mari et l'épouse ont la responsabilité de se rendre sexuellement disponibles et attrayants l'un pour l'autre. Bien souvent, l'intimité sexuelle est vue seulement comme un droit du mari sur sa femme, et il n'y a aucun doute que ce droit est souligné, plus encore dans les enseignements du prophète Mohammed. Mais le mari doit également tenir compte des besoins physiques et spirituels de son épouse. Certains juristes se sont montrés attachés à préserver ce droit pour les femmes, et certaines écoles juridiques vont même jusqu'à dire qu'un homme ne doit pas abandonner son épouse sexuellement pendant plus de quatre jours d'affilée. Les musulmans sont d'accord pour dire qu'un mari ne doit pas délaisser sa femme sans raison.

En outre, l'homme doit tenir compte de l'humeur et de la santé de son épouse, avant de s'engager dans une relation sexuelle. Afin de réguler les besoins sexuels de l'homme qui peut négliger de tenir compte de l'état de son épouse, le Coran interdit à l'homme d'avoir des rapports sexuels avec son épouse pendant la période des règles (2:222). Il existe également d'autres mesures semblables destinées à sauvegarder la santé et le bien-être de la femme.

PAROLES DE SAGESSE

Rappelons que le prophète Mohammed a sensibilisé ses compagnons à la nécessiter d'approcher leurs épouses d'une manière qui tienne autant compte de leurs sentiments à elles que de leurs propres désirs, en disant : « Qu'aucun de vous ne se jette sur son épouse comme l'âne sur son ânesse. » En d'autres termes, l'intimité sexuelle doit être nourrie par l'empathie et l'amour humain, et non par des pulsions animales.

Par ailleurs, les rapports anaux sont strictement interdits, car ils sont considérés comme étant une pratique malsaine, qui tient davantage du comportement de l'animal que d'une relation humaine digne de ce nom. En revanche, toutes les positions de rapports vaginaux sont autorisées par le Coran (2:223).

Cacher ce sein que je ne saurais voir…

La sexualité est considérée comme sacrée, et non honteuse, à condition toutefois qu'elle s'exprime au sein d'un couple légitimement marié. C'est ce qui explique pourquoi la loi islamique cherche à préserver la pudeur des personnes en dehors des liens sacrés du mariage. La chasteté et la pudeur sont souvent mentionnées dans le Coran. Le prophète Mohammed a même dit que la caractéristique propre de l'islam, c'est sa défense de la pudeur.

Le Coran parle de la pudeur en public dans le passage très explicite 24:30-31. Ce passage s'ouvre par une invitation aux hommes musulmans à « baisser leurs regards et garder leur chasteté » de sorte qu'ils puissent parvenir à la pureté qui ouvre à la piété envers Dieu (24:30).

Le prophète Mohammed a déclaré que la pudeur chez un homme impose de se couvrir le corps du nombril aux genoux au minimum. Cependant, si l'homme peut se permettre d'acheter suffisamment de tissu et qu'il ne travaille pas dans les champs, il est invité à couvrir également son torse et son abdomen. En outre, les hommes doivent porter des vêtements amples qui ne doivent pas mouler le corps. Par exemple, les tee-shirts moulants qui mettent en valeur le galbe des muscles ne vont pas dans le sens de la tradition islamique de pudeur.

POLÉMIQUES

Le verset 24:31 poursuit en indiquant aux femmes musulmanes comment elles doivent se comporter : « Dis aux croyantes de baisser leurs regards, de garder leur chasteté… » Le verset poursuit en donnant des détails précis sur la tenue de la femme : « … et de ne montrer de leurs atours que ce qui en paraît et qu'elles rabattent leur voile sur leur poitrine. »

Les interprétations classiques considèrent que ce verset implique que les femmes doivent se couvrir le corps entièrement en public, excepté le visage, les mains et les pieds, ce que font la majorité des femmes musulmanes dans le monde.

Une approche plus libérale de ce verset – issue des interprétations tournées vers la modernité – considère que ce passage oblige les femmes à se couvrir le buste et à s'habiller décemment, ce qui n'était pas le cas des femmes arabes à l'ère préislamique. Les femmes qui adoptent cette interprétation considèrent que le voile ne doit pas couvrir les cheveux et les bras, contrairement à ce qui se pratique dans la version plus traditionnelle de l'islam.

La robe, tout comme le vêtement de l'homme, doit être ample et ne doit pas mouler les formes du corps de la femme, particulièrement au niveau de la poitrine. Dans certaines cultures, comme en Arabie saoudite, les femmes s'habillent tout en noir. Cependant, dans d'autres cultures, comme en Afrique occidentale, elles s'habillent de couleurs chatoyantes, avec du jaune vif ou du bleu roi par exemple. Il s'agit là d'une préférence plutôt culturelle que religieuse.

En outre, la femme n'est pas obligée de s'habiller avec autant de réserve dans l'intimité de sa maison, devant d'autres femmes, devant ses parents proches masculins, ses domestiques masculins impubères ou ayant dépassé l'âge de l'activité sexuelle, ou les enfants n'appartenant pas à la famille, innocents et pas encore en âge d'être pubères (24:31).

La pudeur en public sanctifie l'honneur de l'homme et de la femme et leur permet de trouver honorablement leur place dans la société, sans être jugés en bien ou en mal sur leur apparence physique. En d'autres termes, ces « codes vestimentaires » cherchent à protéger les hommes et les femmes des regards concupiscents dictés par des appétits charnels et favorisent des relations humaines empreintes de dignité et de respect mutuels.

À cet égard, le Coran encourage également les hommes et les femmes à baisser les yeux quand ils se croisent plutôt que de se regarder fixement droit dans les yeux (24:30-31). Si vous rencontrez un musulman du sexe opposé, ne vous étonnez pas s'il ne vous regarde pas dans les yeux. Ce n'est pas un signe d'impolitesse mais plutôt une expression de respect pour le sexe opposé, d'après la culture islamique.

Élever les enfants

Une prière que les musulmans sont invités à réciter quotidiennement dit ceci : « Ô notre Seigneur ! Fais que notre conjoint et nos enfants soient une joie pour nos yeux et nous permettent d'être les premiers parmi ceux qui Vous sont dévoués. » Cette belle prière doit également être soutenue par de belles actions destinées à élever, au sens propre, les enfants et la famille en même temps.

Bien éduquer ses enfants constitue l'un des plus grands actes de charité envers la société. Le prophète Mohammed a promis le paradis à tous ceux qui auront élevé trois filles justes, car elles deviendront les premiers professeurs en ferveur religieuse et inculqueront à leurs enfants des normes morales élevées. Ces enfants, à leur tour, répandront ces qualités de droiture dans tous les coins de la planète, partout où ils iront.

Les sections suivantes examinent le rapport intime qui existe entre les parents et leurs enfants.

Vertus de la piété filiale

Le Coran insiste auprès des fidèles pour qu'ils traitent leurs parents de la façon la plus belle (*al-ihsan*) en faisant preuve d'actes de bonté, de compassion et d'amour (*al-birr*). L'Écriture sainte interdit même à un enfant de montrer le moindre petit signe d'irrévérence envers ses parents, ne serait-ce qu'en soupirant pour montrer sa frustration. Il invite au contraire les enfants à parler à leurs parents avec bonté, vénération et humilité (17:23-24). En dehors du prophète Mohammed, les parents sont les seuls à être régulièrement mentionnés dans le Coran, à côté de Dieu et dans le même verset, pour dire combien le respect et les remerciements leur sont dus (31:14).

Le Coran insiste particulièrement sur le respect et la bonté à témoigner envers la mère, celle qui fait l'expérience de la douleur et de la peine pour donner naissance à son enfant, puis pour s'occuper de lui complètement après la naissance (46:15). À ce propos, Mohammed dit que les jardins du paradis se trouvent sous les pieds d'une mère. Cela vous montre bien que la mère occupe la place la plus prestigieuse qui soit dans la société musulmane.

Voici, selon le Coran, les responsabilités qu'ont les enfants envers leurs parents :

- **Se montrer obéissants envers leurs parents (31:14-15)** : Une partie du concept d'*ihsan*, ou piété filiale dans ce contexte, consiste à les tenir en si haute estime que l'obéissance leur est due quand ils nous demandent de faire quelque chose, sauf si, bien sûr, ils exigent un acte qui enfreint les lois de Dieu. Cependant, les parents, de leur côté, ont aussi la responsabilité de tenir compte des souhaits de leurs enfants et ne doivent pas agir en dictateurs ou en tyrans.
- **Être un soutien pour eux dans leur vieillesse (17:23)** : Tout comme les parents entretiennent et subviennent aux besoins de leurs enfants tant qu'ils sont jeunes, les enfants, à leur tour, ont la responsabilité de les soutenir et de prendre soin d'eux quand ils atteignent la vieillesse. Il faut subvenir à leurs besoins alimentaires, à l'entretien de leur maison et s'occuper de leur habillement s'ils ne peuvent pas le faire eux-mêmes. Les familles musulmanes apprécient souvent de vivre sous le même toit, où parents et enfants se retrouvent à vivre dans la même maison, même une fois les enfants mariés.

- **Donner des conseils sincères :** Malgré tout le respect qu'ils doivent témoigner à leurs parents, les enfants ont également la responsabilité de les conseiller et de les rappeler à l'ordre s'ils errent sur le chemin de l'injustice. Par exemple, dans le Coran, le prophète Abraham fait des remontrances à son père avec la plus grande délicatesse et le plus grand respect : (*Ya Abati*), « Ô mon père bien-aimé ! » Abraham conseille à son père de se détourner des pratiques païennes de son peuple pour adorer le Dieu unique, sans lui donner aucun associé (ou idole) (19:42- 44).

  Même lorsque le père d'Abraham le rejette et menace de le lapider à mort en raison de sa prédication, Abraham lui répond avec la plus grande bonté en disant : « La paix soit sur vous ! » Abraham continue à prier pour le discernement et le pardon de son père (19:47-48).

Éducation des enfants dans la sagesse

Le passage 3113-19, dit « de Luqman », du nom d'un sage réputé pour sa grande mansuétude dans le Coran, est le plus explicite sur l'éducation des enfants. Luqman s'adresse à son fils de manière tendre et affectueuse, en disant *Ya Bounayya* ou « Ô mon [cher] fils ! ».

Luqman donne le conseil suivant à son fils bien-aimé, qui sert aujourd'hui encore de référence en cinq points pour l'éducation :

- **Ne pas donner d'associé à Dieu (*tawhid*) (31:13) :** Le premier aspect de la sagesse que les parents enseignent à leurs enfants est celle de l'unicité de Dieu, à qui l'on ne doit pas associer d'idoles, ce que l'on appelle le *tawhid*. De cet enseignement découlent tous les autres conseils religieux sur la vertu, l'éthique et la moralité.
- **Dieu connaît vos moindres faits et gestes (*taqwa*) (31:16) :** Le deuxième aspect de la sagesse des parents consiste à enseigner aux enfants que Dieu est omniscient et peut même faire sortir ne serait-ce « qu'une graine de moutarde » cachée « dans un rocher ». En d'autres termes, après avoir enseigné à leurs enfants le *tawhid* (unicité de Dieu), les parents ont la responsabilité de leur enseigner que Dieu est proche d'eux et qu'il voit tout ce qu'ils font et disent. Cela instille chez l'enfant le sens de la présence de Dieu et l'empêche de faire de mauvaises actions, même dans l'intimité de sa propre maison. La *taqwa* motive également l'enfant à faire le bien, même dans les circonstances les plus difficiles.
- **La valeur de l'exemple (31:17) :** L'histoire de Luqman montre que les parents doivent montrer l'exemple à leurs enfants « en faisant la prière, et en ordonnant ce qui est juste, en interdisant le blâmable et en endurant ce qui arrive avec patience ». Les parents instruisent leurs enfants par des pratiques spirituelles (prière) et leur montrent comment devenir des membres actifs dans la société, s'engageant pour la justice

sous toutes ses formes. Le principe fondamental est de soutenir le combat pour la croissance spirituelle et le développement social avec un cœur patient et serein, et non perturbé. En d'autres termes, l'état intérieur de l'enfant affecte directement sa manière d'être et son comportement.

- **Enseigner l'humilité à son enfant (31: 18) :** Les parents doivent enseigner à l'enfant à parler et à agir envers toute la création de Dieu avec humilité et à marcher sur la terre avec bienveillance plutôt qu'avec fierté. Les fondements de la morale ne peuvent jamais s'accommoder de l'orgueil mal placé.
- **Enseigner la pudeur (31:19) :** L'éducation des enfants dans la sagesse exige de leur apprendre les bonnes manières, c'est-à-dire notamment à être pudiques et à parler correctement, sans énervement et sans employer de mots grossiers. Si Luqman vante ces deux qualités, c'est notamment parce que, dans la spiritualité islamique, la langue est appelée l'« interprète du cœur ». Si le cœur est corrompu, alors cette corruption s'exprime dans une langue négative et non appréciée. Si le cœur est pur, il en sort un discours aimable, pudique et doux, qui reflète une âme pure.

Responsabilités des parents à l'égard de leurs enfants

Hormis les responsabilités mentionnées dans la section précédente, les parents ont également les responsabilités suivantes à l'égard de leurs enfants :

- **Leur donner un nom valorisant :** Les parents doivent choisir un prénom valorisant pour leur enfant, qui soit compatible avec leur dignité d'être humain. Le prénom en arabe exprime souvent une qualité (tel Sabira, par exemple, qui signifie « la patiente ») ou rappelle le souvenir d'un homme ou d'une femme honorable, comme, par exemple, le joli prénom de Sohaira, qui vient du nom d'un compagnon du prophète Mohammed, qui passait son temps à voyager à la poursuite de la connaissance.

  Pour le prophète Mohammed, les prénoms préférés de Dieu sont Abdallah (le serviteur de Dieu) et Abdoul-Rahman (le serviteur du Tout-miséricordieux).
- **Subvenir à leurs besoins :** Les parents se doivent d'offrir à leurs enfants le plus grand amour possible, la compassion, la miséricorde, le pardon et toutes autres qualités qui entretiennent la croissance spirituelle et physique de l'enfant afin qu'il puisse exercer une influence positive dans sa communauté. Cette responsabilité implique de prendre soin de

leur habillement, de leur nourriture et de leur logement, au mieux des capacités de la famille.

- **Veiller à leur éducation :** Les parents doivent fournir à leurs enfants une bonne éducation, de sorte qu'ils puissent trouver leur place dans la société. Le prophète Mohammed a déclaré que « la recherche de la connaissance est un devoir qui incombe à tous les musulmans, hommes et femmes ». Ainsi, selon les enseignements de Mohammed, c'est une erreur de penser que les femmes ne doivent pas faire d'études. C'est pourquoi certains des plus grands professeurs de la tradition islamique, y compris les épouses du prophète, étaient des femmes. L'éducation, ici, dépasse le cadre de l'instruction à l'école. Il s'agit davantage de faire grandir l'enfant sur le plan physique, psychologique, relationnel et spirituel tout à la fois.

Un groupe appelé « les jeunes »

À première vue, les jeunes sont les « oubliés » du Coran, et d'une manière plus large, de tout l'islam. Peut-être, parce que la religion du prophète Mohammed s'adresse d'abord à des adultes, conscients et responsables, et moins à des jeunes en pleine maturation physique et spirituelle. Peut-être que les termes de la foi sont généraux et universels, dès lors qu'ils sont employés pour toucher le cœur de tous les croyants et des croyantes sans distinction, pour faire appel à leur maturité, pour exalter leurs attributs et minorer leurs défauts.

Contrairement à cela, on sait que les jeunes ne se stabilisent vraiment qu'après l'adolescence. Et pourtant, la foi n'attend pas le nombre des années ! Aussi ne faut-il pas croire que les jeunes soient dépossédés de l'accès au Coran qui fait référence à eux explicitement dans plus de soixante versets.

Bien au contraire, le Livre sacré est appris très tôt à la medersa (ou madrasa, école coranique) soit en totalité (lorsque le jeune veut se dévouer à une carrière d'imam), soit partiellement pour ceux qui en font un argument de leur morale personnelle.

Aujourd'hui, le Coran est enseigné dans un certain nombre d'écoles publiques, presque autant que l'histoire ou les mathématiques. Au Pakistan, en Afghanistan, en Arabie saoudite, en Égypte, au Maroc et dans bien d'autres régions du monde musulman, le Coran fait partie des disciplines, à la fois anciennes et nouvelles, qui contribuent à l'approfondissement de l'identité collective du musulman.

Même s'il prête le flanc à une interprétation fondamentaliste, ce que beaucoup d'idéologues et de prédicateurs ne manquent pas d'exalter, le Coran peut être enseigné comme un fait majeur de l'histoire des musulmans et, partant, de l'humanité tout entière. Ne perdons pas de vue que, grâce à ce Livre, une brillante civilisation est née et a prospéré tout autour des trois « mers », la mer Méditerranée, la mer Rouge et l'immense océan Indien.

Histoires d'héritage

Dans le Coran, les lois liées aux affaires de succession sont extrêmement détaillées et visent à répartir équitablement les biens au sein de la famille. Ces lois très complexes font l'objet de chapitres entiers dans les ouvrages de droit islamique.

Les versets 4:11-12 donnent un aperçu de la façon dont l'héritage est réparti au sein d'une famille :

- **La part des enfants :** Les fils héritent du double de la part de leurs sœurs. Si la famille n'a qu'une fille, elle reçoit la moitié des biens.
- **La part du parent :** Si un homme ou une femme meurt en laissant des enfants, ses parents reçoivent un sixième de la part. Mais si la personne meurt sans enfants, ses parents étant les seuls héritiers, alors sa mère reçoit un tiers de l'héritage. Si l'homme a des frères et des sœurs, alors sa mère ne reçoit plus qu'un sixième de l'héritage.
- **La part du conjoint :** Si une femme meurt sans enfants, son mari reçoit la moitié de l'héritage. Mais si elle laisse des enfants, son mari reçoit un quart de ses biens.

  Si un homme meurt sans enfants, son épouse reçoit un quart de ses biens. Mais si l'homme laisse des enfants, l'épouse reçoit un huitième de sa part.
- **La part des frères et sœurs :** Si un homme ou une femme n'a aucun héritier direct, ses frères et sœurs reçoivent un sixième de l'héritage.

Dans tous les cas, l'héritage n'est distribué qu'une fois que tous les contrats et toutes les dettes du défunt ont été remboursés.

Cependant, il faut reconnaître que les lois de succession en droit islamique ne sont pas aussi simples qu'elles le paraissent à première vue. En réalité, les livres de droit islamique classique consacrent des centaines de pages à expliquer les lois ayant trait à l'héritage – et ne comportent pas moins de 40 subdivisions. Le verset du Coran développé ci-dessus ne fournit qu'un cadre général. L'application de ces lois est extrêmement sophistiquée et complexe.

Il ne vous aura pas échappé qu'en matière d'héritage la femme touche environ la moitié de ce que l'homme reçoit. Les théologiens musulmans précisent que cela ne signifie nullement que la femme vaut la moitié d'un homme, comme l'interprètent à tort certains. En revanche, l'homme, dans la structure familiale de l'islam, a une responsabilité financière beaucoup plus grande que la femme. La loi islamique oblige l'homme à subvenir aux besoins de sa femme, de ses enfants et d'autres personnes à charge, tels que les parents et les frères et sœurs, quand ils ne sont pas autonomes financièrement. La femme n'a pas cette obligation de partager ses biens avec d'autres, même si ce sont des personnes de sa famille ; elle peut le faire, mais ce sera simplement un effet de sa bonté personnelle, sans obligation d'aucune sorte. Si les lois de succession font des différences entre les sexes, elles sont cependant équitables, car fondées sur la responsabilité financière que porte chacun au sein de la famille. À cet égard, les femmes musulmanes disent souvent en plaisantant à leur mari : « Ce qui est à toi est à moi et ce qui est à moi est… à moi ! »

Le divorce dans le Coran

Pour le prophète Mohammed, le divorce est « l'acte le plus détesté de tous les actes permis aux yeux de Dieu ». Le divorce est fortement découragé mais permis afin de tenir compte des aléas de la vie. Faire la paix et se réconcilier est de loin le meilleur chemin à prendre (4:19-21). Néanmoins, le Coran interdit formellement aux hommes de garder leur épouse dans le mariage contre sa volonté.

Si un conflit important existe entre l'homme et la femme, le Coran conseille qu'un arbitre du côté de la femme et un arbitre du côté de l'homme essaient de résoudre le conflit conjugal de façon équilibrée (4:5).

Une fois qu'un homme déclare verbalement à son épouse qu'il demande le divorce, le couple se sépare pendant quatre mois, pour prendre du recul (2:226). Si le couple veut toujours le divorce après cette période, la femme doit subir une « période d'attente de trois cycles menstruels » avant de se remarier (2:228). Cette période d'attente évite toute confusion éventuelle sur la paternité en cas de grossesse.

En outre, au cours de cette période, le Coran donne aux couples une autre chance de se réconcilier et de rectifier ce qui n'allait pas avant de se remettre ensemble (2:228). Après expiration de ce délai, les couples doivent soit revenir habiter sous le même toit, soit se séparer à l'amiable, sur la base de conditions équitables et justes (2:229).

Les exégètes diffèrent sur la question de savoir si une femme peut être l'initiatrice du divorce (4:128). Une majorité d'entre eux pensent qu'une femme peut en effet initier la procédure de divorce avec, généralement, les mêmes droits qu'un homme. Si l'homme est à l'origine du divorce, il doit respecter son obligation de rendre le cadeau nuptial (voir l'encadré intitulé « Qu'est-ce que le cadeau nuptial (*mahr*) ? », précédemment dans ce chapitre) avant de pouvoir divorcer de son épouse, sauf si la femme renonce à ce droit. Le Coran encourage les couples en difficulté à trouver « un arrangement à l'amiable entre le mari et la femme » (4:128) dans tous les cas.

Pour plus d'informations sur les lois du Coran concernant la garde des enfants et d'autres aspects liés au divorce, reportez-vous au passage 2:224-233 qui stipule que les femmes ne peuvent cacher ce qu'elles portent en leur sein. Il est dit également que, lorsque l'époux décide de se séparer de sa femme, il doit le faire de manière convenable et en respectant scrupuleusement les usages.

Pour aller plus loin

Sur les thèmes de l'amour, de la famille, du divorce, de l'héritage et des enfants :

- AL-QAYRAWANI, *La Risala*, Alger, Éditions Carbonel, 1949.
- BACHIR A., *L'Amour, le mariage, la justice selon le Coran*, Paris, 1904.
- BORRMANS M., *Statut personnel et famille au Maghreb de 1940 à nos jours*, La Haye, Mouton, 1977.
- BOUSQUET G.-H., BERCHER L., *Le Statut personnel en droit musulman hanéfite*, Paris, Recueil Sirey, s.d.
- CHEBEL M., *Encyclopédie de l'amour en Islam*, Paris, Payot, 1995.
- EL-BOKHARI, *Les Traditions islamiques*, Paris, Adrien Maisonneuve, 1984, 4 vol.
- GHAZALI, *Le Livre des bons usages en matière de mariage*, Paris, Adrien Maisonneuve, 1989.
- MALIK IBN A., *Al-Muwatta*, Beyrouth, Dar al-Jil, 1993.
- MAWERDI, *Les Statuts gouvernementaux ou règles de droit public et administratif*, Alger, Office des publications universitaires, 1984.
- THIRMIDI, *Sunan*, Beyrouth, Dar Ibn Hazm, 2002.

Cinquième partie

Le Coran et son rapport au monde

On devrait peut-être regarder dans le Coran
pour savoir comment interpréter ce qui s'est passé...

Dans cette partie...

Cette partie présente le point de vue du Coran sur les évolutions de la société, de la loi, de la guerre et de la paix, des droits des femmes et du défi de la modernité. La diversité des voix qui prennent parti sur ces sujets est trop grande pour tenir intégralement dans ces modestes chapitres. N'oublions pas que tous les musulmans n'ont pas forcément le même point de vue sur les débats de société évoqués ci-dessus.

Chapitre 16

Le Coran, un guide de vie

Dans ce chapitre :

- Les vertus de l'équilibre
- Porter témoignage de la vérité
- Combattre le mal et promouvoir le bien
- Un idéal de fraternité
- Lutter contre l'oppression pour Dieu

Les musulmans considèrent que le Coran a été envoyé pour faire connaître des règles de vie adaptées aux individus et à la société. Le Coran et les *hadith* n'encouragent pas, bien au contraire, un style de vie coupé du monde sans droits ni responsabilités à exercer à l'égard des autres. Le Coran voit la communauté des musulmans, l'*oumma*, comme l'instrument de la justice de Dieu, chargée de faire appliquer sur Terre les lois et les préceptes divins.

Dans ce chapitre, nous traiterons des caractéristiques et de la mission d'une communauté centrée sur Dieu, selon le Coran. Nous verrons également les droits divins que Dieu a donnés à l'humanité dans la perspective du Coran. En conclusion, nous aborderons le sujet des relations entre musulmans et non-musulmans, ainsi que la notion de *djihad*.

Apologie de la modération

Voici ce que dit le Coran : « Et ainsi nous avons fait de vous une communauté de la voie médiane de sorte que vous puissiez être des témoins de la vérité devant toute l'humanité et que le messager puisse en témoigner devant vous… » (2:143).

Ce verset a fait couler beaucoup d'encre parmi les commentateurs du Coran. Ceux-ci replacent les différents aspects du verset dans le contexte textuel et historique de la Révélation. Voyons un peu les commentaires et les considérations en rapport avec la manière dont le Coran aborde les problèmes de vie en société.

La voie de la modération, ou de l'équilibre, est affirmée de quatre manières fondamentales qui définissent les contours d'une société idéale, telle qu'elle est envisagée par le Coran.

Dieu à la fois proche et lointain

Théologiquement, le Coran présente une approche équilibrée des relations tissées entre Dieu et les êtres humains. Au premier abord, Dieu est à la fois intimement proche (2:186, 50:16), comme un ami, et en même temps au-dessus et totalement différent de sa Création, comme un roi (10:3).

Les théologiens de l'islam expliquent ce contraste dans un langage figuré, en précisant que Dieu est si grand et omniprésent qu'il n'a besoin d'aucun médiateur pour entendre les prières et les cris de ses serviteurs ; Dieu est avec chaque être humain, où qu'il soit. En même temps, le Coran dit qu'il est le Créateur et le Seigneur de l'univers, et donc celui à qui tout honneur et toute gloire sont dus.

Le Coran situe l'humanité dans une position équilibrée entre deux extrêmes : d'un côté l'amitié de Dieu, de l'autre sa grandeur. Ces deux pôles sont nécessaires pour le fonctionnement approprié de l'âme humaine. Certains voient Dieu comme un ami mais négligent sa dimension de Créateur et de Seigneur. Dans ce cas, l'âme et le corps risquent de se détourner de la pratique religieuse et de la soumission à la volonté divine. D'un autre côté, si une personne, ou la société tout entière, croit à l'existence de Dieu mais le voit uniquement comme une entité supérieure aux hommes et lointaine, il y a le risque, pour celui qui croit, de sombrer dans la frustration et le désespoir ; Dieu peut-il être proche de nous sans nous venir en aide ? (2:214).

De même, le Coran et la tradition prophétique invitent les croyants à trouver un équilibre entre la crainte de la justice divine et la confiance en la miséricorde de Dieu. Le prophète Mohammed associe la crainte et la confiance en Dieu qui sont, dit-il, comme les deux sandales du pèlerin. Les théologiens comparent la confiance et la crainte aux deux ailes de l'oiseau qui donnent à la créature la force et la rectitude en plein vol.

Le Coran met les fidèles en garde contre le risque de privilégier l'un des deux pôles de la foi : soit la confiance aveugle, soit la crainte paralysante de Dieu. Une trop grande confiance dans la miséricorde de Dieu peut amener l'âme et la société à négliger ses responsabilités devant Dieu et à transgresser les limites balisées par les lois de Dieu. À l'inverse, être obnubilé par la crainte de la colère de Dieu peut rendre intransigeant un individu ou la société tout entière, car cela revient à ignorer que Dieu est compatissant et aime pardonner.

Garder les pieds sur terre et la tête au ciel

La pédagogie du Coran tient compte à la fois des forces et des faiblesses humaines. Le chemin de la modération reconnaît le besoin d'équilibrer les deux extrêmes que sont les affaires du monde (*dounya*) et les affaires spirituelles (*rouh*) pour l'épanouissement de l'être humain. La voie du milieu transcende le conflit entre la chair et l'esprit, qui se trouvent réconciliés et interdépendants, donc complémentaires.

Il existe deux commandements que le Coran mentionne presque toujours ensemble et qui participent de cet équilibre : la prière (*salat*) et le versement de l'aumône légale (*zakat*). La prière offre la liberté de pratiquer le culte et vivifie la vie spirituelle de toute la communauté qui se place sous le regard de Dieu et cherche à lui plaire. L'aumône légale améliore le sort des pauvres et favorise la prise en compte de la justice sociale. Ces deux pratiques institutionnelles, préconisées par le Coran, invitent l'humanité à trouver un équilibre entre la satisfaction des besoins personnels de chacun et le développement harmonieux de la société tout entière.

Un exemple de cette voie moyenne entre le spirituel et la pratique est donné par le conseil que le prophète Mohammed donne à ceux qui dirigent la prière (appelés *imams* en arabe) de leur communauté : « Celui d'entre vous qui dirige la prière ne doit pas la prolonger sans raison, car dans l'assemblée, il y a des gens qui sont faibles, malades, vieux et d'autres qui doivent s'occuper de leur travail. »

Justice et pardon font la paire

Si la justice doit être au centre des institutions qui permettent à la société de fonctionner correctement de façon à préserver une certaine moralité, une culture de valeurs et la sécurité des personnes, il faut également que cette justice soit tempérée par la miséricorde et le pardon.

Prenons un exemple : en vertu de la loi du talion, le Coran préconise la peine de mort en cas de meurtre. Néanmoins, dans le même passage, l'Écriture sainte encourage la famille de la victime à demander autre chose que la vie du meurtrier (une compensation financière, par exemple), de sorte que la société puisse pratiquer la miséricorde et le pardon plutôt que la vengeance. En outre, le Coran interdit à la famille de la victime de transgresser les limites de la loi (par exemple en s'attaquant à la famille du meurtrier – ce qui était une pratique commune dans l'Arabie préislamique) (2:178).

Le Livre encourage les croyants à mettre en œuvre la voie médiane de la miséricorde et de la justice dans tous les rapports humains. Les musulmans sont appelés à se traiter mutuellement avec bonté et respect, mais, en même temps, cet esprit de compassion ne doit pas enfreindre les principes de la justice. Par exemple, un musulman n'a pas le droit de cacher chez lui un meurtrier, même si c'est un ami ou un membre de sa famille, pour le soustraire à la justice des hommes. Même au sein de l'institution sacrée de la famille qui exige, d'après le Coran, le niveau le plus élevé de la bonté (*al-birr*), le citoyen musulman doit être du côté de la justice, même si elle va à l'encontre « de sa propre personne ou de celle de ses parents ou proches » (4:135).

Fuir les extrêmes

Le Coran déclare : « Ô vous qui croyez ! Ne vous privez pas des bonnes choses de la vie que Dieu met à votre portée mais ne transgressez pas les limites au-delà de ce qui est bon : en vérité, Dieu n'aime pas ceux qui transgressent les limites de ce qui est juste » (5:87-88).

L'Écriture sainte enjoint aux fidèles de ne pas s'aventurer sur des chemins extrêmes en privant l'âme et le corps de ces choses que Dieu a permises. Par exemple, si la privation de nourriture pendant de longues périodes devient une habitude récurrente, en vue de parvenir à une élévation spirituelle certaine, elle peut mener sur un terrain malsain, spirituellement et physiquement parlant. À l'opposé de cet état d'esprit, l'Écriture sainte dit qu'il est bon de manger et de boire avec la bénédiction de Dieu, tout en faisant attention également à ne pas gaspiller la nourriture ni à tomber dans le piège de la surconsommation, car Dieu « n'aime pas le gaspillage » (6:141).

Le Coran insiste sur le fait que Dieu est toujours accessible et présent dans la vie de chacun, et donc qu'il n'est pas nécessaire de passer par des épreuves extrêmes pour atteindre le divin (2:186). En revanche, le Coran fait savoir que « Dieu fait tout pour vous faciliter la tâche, et ne veut pas vous rendre la vie difficile » (2:185).

Selon le prophète Mohammed, il y a un grand danger à vouloir tomber dans l'excès en matière de religion : « Malheur à ceux qui recherchent la difficulté dans les choses de la foi » est un avertissement qu'il a répété trois fois. Mohammed a sensibilisé la communauté musulmane au fait que « la religion de l'islam est facile à suivre, et celui qui en fera une religion de rigueur sera écrasé sous son poids. Aussi vaut-il mieux adopter une voie moyenne ». Après avoir donné ce conseil, il a ajouté : « Si l'un de vous s'assoupit pendant la prière, qu'il s'allonge pour se reposer. Il reprendra sa prière quand il sera plus alerte, car celui qui fait la prière en état de somnolence ne sait pas s'il cherche vraiment le pardon ou s'il s'abuse lui-même. »

Ces enseignements coraniques et prophétiques font de la voie de la modération un élément nécessaire pour la survie de l'âme et d'une société fonctionnant sur des bases saines. Par conséquent, ceux qui sont en position d'autorité et exigent des difficultés inutiles de la part de leurs citoyens se trompent lourdement.

De bien des façons, ce genre d'extrémisme a sans doute contribué à la chute des talibans en Afghanistan (en réaction à ce qu'ils estimaient être un excès de sécularisme). Au lieu de suivre la voie de la modération, les talibans ont insisté sur certains aspects : se laisser pousser la barbe et interdire aux femmes les écoles et les lieux de travail, toutes choses qui devraient être laissées à l'appréciation personnelle, plutôt qu'imposées par un État quelconque (voir chapitre 17 pour approfondir la loi islamique). Mohammed a expliqué que l'extrémisme détruit la religion, car les personnes et la société tout entière se retrouvent confrontées à de grandes difficultés pour entretenir la vie religieuse au quotidien, sur une base régulière et durable. Quand la société commence à s'engager sur la pente de l'extrémisme, les gens finissent par se détourner des rassemblements religieux et des relations communautaires où la foi partagée joue un rôle central de cohésion.

Adopter la voie de la modération, plutôt que celle du défi, est un concept important en matière de droit islamique. Ainsi, au lieu de dire ses prières au bon moment, on peut très bien, si l'on est en voyage, dire plusieurs prières à la suite et raccourcir le nombre de cycles (*rakat*) afin de faire de la prière un bon moment plutôt qu'une contrainte. De même, si le jeûne pendant le mois de ramadan est obligatoire mais que vous tombez malade à ce moment-là, ou que vous êtes en voyage, vous pouvez reporter le jeûne à une date ultérieure.

En toute chose, le Coran appelle à la modération. Par exemple, l'Écriture sainte dit que ceux qui sont les « serviteurs du Tout-miséricordieux (25:63) sont ceux qui ne sont ni "prodigues" ni "pingres" dans leurs dépenses pour les autres, reconnaissant qu'il y a un juste équilibre à trouver entre ces deux extrêmes » (25:67). Le Coran enseigne la modération y compris dans la manière de marcher et de parler, encourageant l'humilité jusque dans la démarche et dans le ton de la voix, fuyant l'arrogance et le parler haut et fort (31:18-19).

Les musulmans sont, en majorité, d'accord pour dire que l'extrémisme et la modération ne sont pas des concepts subjectifs. D'ailleurs, le Coran et la tradition prophétique (*sunna*) décrivent ce qu'est la voie de l'équilibre, qui ne doit pas être laissée à l'appréciation personnelle. Un exemple : le musulman ne peut pas décider un beau jour que faire ses cinq prières par jour, c'est trop. Ce serait comme s'il s'en remettait à ses penchants paresseux qui viendraient contredire les lois et les commandements de Dieu tels qu'ils sont définis dans le Coran.

Témoigner de la vérité

La deuxième partie du verset 2:143 dit que la voie de la modération (voir précédemment dans ce chapitre la section intitulée « Apologie de la modération ») adoptée par la société musulmane doit, de par sa nature, « rendre témoignage de la vérité devant toute l'humanité ».

Les commentateurs du Coran disent que ce témoignage doit être rendu en paroles et en actes. Le fait de témoigner de la vérité du Coran débouche sur la création d'une communauté modèle, appliquant les principes moraux et éthiques du Coran (voir chapitre 14). La communauté musulmane idéale envisagée par l'Écriture sainte présente toutes les qualités d'une grande civilisation morale et éthique, affirmant la croyance en un seul Dieu, la miséricorde, la compassion, la justice et d'autres valeurs.

La voie de la modération et le fait de témoigner de la vérité sont indissociables et sont d'ailleurs mentionnés ensemble dans le verset 2:143. La communauté modèle doit rester coûte que coûte sur la voie de la modération, qui sert à la fois les besoins des personnes et de la société tout entière, et consolide l'esprit et la civilisation. Quand une société marche sur le chemin de la miséricorde et de la justice, elle peut être un juste artisan de paix qui pratique et défend la vérité.

Du point de vue du Coran, la communauté musulmane constitue un mouvement social ayant pour idéal de répandre et de mettre en application les enseignements et les lois divines sur Terre. Fondamentalement, le Coran considère la communauté des croyants comme héritière de la tradition prophétique, chargée d'enseigner à l'humanité le dogme de l'unicité de Dieu et la voie de la charité qui manifeste la volonté divine.

Encourager le bien, interdire le mal

Le Coran déclare : « Vous êtes en effet la meilleure communauté qui ait jamais été produite pour l'humanité : vous encouragez à faire ce qui est juste et interdisez de faire ce qui est mauvais, et vous croyez en Dieu… » (3:110).

Il existe diverses interprétations de ce verset. Certaines disent que « la meilleure communauté » se réfère seulement à la génération du prophète Mohammed dont les compagnons incarnaient, dans une certaine mesure, l'idéal musulman, sur les plans des convictions religieuses et de la pratique. Cependant, pour d'autres, cette communauté est celle, au sens plus large, des musulmans qui pratiquent le bien et interdisent le mal tout au long de l'histoire. En tout cas, personne ne conteste que ce verset décrit la communauté idéale.

L'Écriture sainte incite la communauté des croyants à être la meilleure de l'humanité, non parce que les musulmans feraient partie d'une élite ou d'un genre spécifique, mais parce qu'ils sont appelés à s'investir activement pour promouvoir le bien et combattre le mal.

La communauté musulmane est unanimement d'accord pour dire que lorsqu'elle respecte rigoureusement ce concept de promotion du bien et de lutte contre le mal, elle peut légitimement prétendre à servir de modèle de vie sur Terre. À l'inverse, une communauté musulmane qui délaisse la pratique du bien, ne se démène pas pour faire reculer le mal et abandonne la foi sincère dans le Dieu unique ne peut plus être considérée comme la « meilleure communauté ».

Le Coran appelle les membres de la communauté musulmane à se faire les hérauts du mode de vie prôné dans le Coran, en promouvant la théologie, l'éthique et les bonnes mœurs présentées dans l'Écriture sainte. La plupart des commentateurs mettent en garde les musulmans contre une fausse vanité qui pourrait les envahir en s'arrogeant le titre de « meilleure communauté », expression qui ne doit pas être comprise comme synonyme de « peuple élu par Dieu ». En revanche, ce verset attribue une lourde responsabilité à la communauté musulmane, au moins à l'égard d'elle-même.

PAROLES DE SAGESSE

Le prophète Mohammed a invité chacun de ses disciples à devenir un citoyen actif dans la société, qui ne doit pas rester passif face à l'injustice. Mohammed a dit : « Celui qui parmi vous voit le mal doit chercher à y remédier de sa main. S'il ne peut pas le faire, qu'il le fasse avec sa langue. Et s'il ne peut toujours pas le faire, qu'il le fasse avec son cœur, et c'est la forme la plus minime de la foi. »

Dans cette optique, le prophète Mohammed a également attiré l'attention de sa communauté sur le fait que si les personnes justes permettaient à des malfaiteurs de continuer à commettre leurs méfaits sans réagir, leur inaction aurait comme conséquence la destruction de la société. Mohammed a déclaré en effet : « Ceux qui respectent les limites prescrites par Dieu et ceux qui les transgressent sont comme ceux qui prennent place à bord d'un bateau après avoir été tirés au sort. Certains d'entre eux ont droit au pont inférieur et d'autres ont accès au pont supérieur. Quand ils ont besoin d'eau, ceux qui sont au pont inférieur vont trouver les occupants du pont supérieur et leur disent : “Si nous faisons un trou dans le fond du bateau, nous ne nuirons pas à votre confort.” Si les occupants du pont supérieur les laissent faire, ils finiront tous noyés. Mais s'ils les empêchent de mettre en œuvre leur plan, ils seront tous sauvés. »

À RETENIR

Le Coran considère qu'il incombe à la communauté tout entière de s'efforcer de mettre en application les lois de Dieu, afin d'assurer sa pérennité sur le plan social et moral. Beaucoup de commentateurs contribuent à disserter sur le fait de savoir si le déclin de la civilisation musulmane ne tenait pas au fait que la communauté avait tourné le dos à ses responsabilités morales, se laissant asservir au reste du monde, au lieu de lui servir de guide.

Les réformateurs musulmans impliqués dans des mouvements sociopolitiques, tels les Frères musulmans en Égypte ou le Parti de l'islam au Pakistan, soutiennent l'idée que pour concrétiser l'idéal de l'islam il faut d'abord un État musulman. Sans État musulman, selon ces réformateurs, les musulmans ne peuvent pas mettre en application le système complet de droits et de responsabilités établis par les lois divines.

POLÉMIQUES

Cependant, certaines personnes, en général des musulmans progressistes ou ayant une approche laïciste, émettent des réserves sur le rôle du gouvernement dans la religion, parce que les gouvernements sont vulnérables à la corruption et peuvent donc employer l'islam en tant qu'instrument de propagande au lieu de promouvoir la juste cause de défense du bien et de lutte contre le mal. Au lieu de cela, cette école de pensée soutient l'idée que le gouvernement doit simplement gérer les affaires essentielles de la communauté, tandis que la conduite de la société incombe aux théologiens et aux imams, qui restent à l'écart de tout intérêt particulier. Ce concept coranique soulève bien des discussions quant à la façon dont on pourrait l'appliquer dans la société musulmane aujourd'hui.

VIE QUOTIDIENNE

Peut-on imposer le bien ?

Comment faire pour encourager le bien et empêcher le mal ? Est-ce que ce concept exige la présence d'une force de police religieuse, portant matraque au poing pour arrêter le mal, ou bien cette responsabilité doit-elle s'exprimer sous la forme de conseils sincères ? Sans doute la réponse se situe-t-elle entre les deux.

Dans le Coran, il est clairement dit que, pour empêcher le mal, il faut parfois recourir à la lutte armée, s'agissant, par exemple, de mettre fin à l'oppression d'un tyran : « Et qu'avez-vous à ne pas combattre dans le sentier de Dieu, et pour la cause des faibles : hommes, femmes et enfants qui disent : "Seigneur ! Fais-nous sortir de cette cité dont les gens sont injustes, et assigne-nous de Ta part un allié, et assigne-nous de Ta part un secoureur !" » (4:75).

D'autres fois cependant, la lutte armée et la punition sont à déconseiller et doivent plutôt être remplacées par des paroles aimables ou d'autres actions utiles. Par exemple, dans le Coran, Dieu envoie le prophète Moïse au pharaon tyrannique non pour lui déclarer la guerre, mais plutôt pour prêcher le message de Dieu et pour faire prendre conscience au pharaon que son joug est intolérable (7:104-105). Ainsi, la promotion du bien exige une combinaison de méthodes qui soient adaptées à l'époque et aux circonstances dans lesquelles se trouvent les musulmans.

La dernière partie du verset 3:110 décrit la communauté idéale comme étant celle qui « croit en Dieu ». Sans la foi en Dieu et en son message, la notion de bien et de mal peut facilement devenir subjective, selon les mœurs du temps et les idées en vogue. La croyance en Dieu implique une définition explicite du bien et du mal, conformément à ce qui ressort des paroles et des lois divines, et ne doit pas être subjective, issue d'intuitions humaines corruptibles.

Une communauté encordée à Dieu

Le Coran soutient les croyants en leur disant : « Et vous tous ensemble à la corde de Dieu et ne soyez pas divisés ; et rappelez-vous le bienfait de Dieu sur vous : lorsque vous étiez ennemis, c'est Lui qui réconcilia vos cœurs. Puis, par Son bienfait, vous êtes devenus frères [et sœurs]… » (3:103).

La corde de Dieu est traditionnellement interprétée comme étant le Coran lui-même, parce que le prophète Mohammed a dit « que le Livre de Dieu est la corde de Dieu qui s'est déroulée du ciel jusqu'à la terre ». Ce passage montre bien que l'unité de l'humanité se réalise grâce aux enseignements théologiques, moraux et pratiques du Coran. L'Écriture sainte enseigne que l'unité fondée sur la religion est plus forte que celle qui repose sur la race, la langue et d'autres facteurs culturels, et si puissante qu'elle peut rassembler même les ennemis d'hier, telles les tribus de l'Arabie préislamique.

Tous les hommes sont égaux devant Dieu

La notion même d'unité et de fraternité vole en éclats là où existent des préjugés liés à l'appartenance à telle ou telle tribu, nation, race, langue ou même religion. L'Écriture sainte déclare, donc, que tous les êtres humains sont égaux devant Dieu :

> « Ô hommes ! Nous vous avons créés d'un homme et d'une femme, et Nous avons fait de vous des nations et des tribus, pour que vous vous connaissiez entre vous. Le plus noble d'entre vous, auprès de Dieu, est le plus pieux. Dieu est certes Omniscient et Grand-Connaisseur » (49:13).

Notez que ce passage s'adresse à toute l'humanité, et pas seulement à la communauté musulmane. Ce passage décrit la nature d'une véritable société islamique, qui doit être établie sur l'égalité, le dialogue et la vertu.

C'est sur ce verset que se fonde le respect pour la diversité humaine, conçue comme faisant partie du plan de Dieu. Dans un autre passage, le Coran dit : « Et parmi Ses signes la création des cieux et de la terre et la variété de vos langues et de vos couleurs de peau. Il y a en cela des preuves pour les savants » (30:22).

Le prophète Mohammed, dans son célèbre « sermon d'adieu », prononcé peu avant sa mort, a prôné l'égalité dans toutes les affaires : « Toute l'humanité est d'Adam. L'Arabe n'a aucune supériorité sur un non-Arabe ni un non-Arabe sur un Arabe. Le blanc n'a aucune supériorité sur l'homme noir ni le noir sur l'homme blanc – excepté en piété et en charité. Apprenez que tout musulman est un frère pour tout autre musulman et que les musulmans constituent une fraternité. » Dans ce sermon, le Prophète a également prêché pour une fraternité universelle en rappelant à ses disciples que tous les hommes et toutes les femmes sont issus d'Adam (et d'Ève).

Tous les hommes sont frères

Les professeurs de la tradition islamique mettent en garde les fidèles contre le fait de se référer aux concepts coraniques d'unité et de fraternité (49:10) seulement dans les discours, sans les traduire en actes concrets. Mohammed a abondamment parlé des droits et des responsabilités de cette fraternité.

Mohammed a souligné l'élément principal de la fraternité en disant : « Aucun d'entre vous ne pourra être un vrai croyant tant qu'il n'aimera pas pour son frère ce qu'il aime pour lui-même. » Imam al-Nawawi, un célèbre spécialiste de droit islamique, considère que la fraternité à laquelle il est fait allusion dans ce *hadith* se réfère à la fraternité de toute l'humanité, qui rassemble tous les enfants d'Adam, et pas seulement des frères dans la foi.

En décrivant l'étendue de la miséricorde que la fraternité implique, Mohammed a déclaré que « les croyants dans leur bonté mutuelle, leur compassion, et leur empathie les uns envers les autres forment ensemble comme un corps. Quand un des membres est affligé, le corps tout entier réagit par la souffrance et la maladie ».

Frères, donc responsables les uns des autres

Ce *hadith* définit sept devoirs principaux que tous les membres de la communauté musulmane ont les uns envers les autres :

- **Rendre visite aux malades :** Les théologiens précisent que ce *hadith* s'applique aux maladies physiques mais aussi psychiques, de tous ordres. La « visite » implique d'offrir son aide et son soutien inconditionnels dans l'épreuve.
- **Assister à la prière funéraire d'un autre musulman :** Il s'agit de présenter ses ultimes respects au défunt et de prier Dieu pour le repos

de son âme, au moment où l'âme a le plus besoin du pardon et de la miséricorde de Dieu.

- **Témoigner de la gratitude pour une faveur :** Quand un musulman éternue, il dit : « Loué soit Dieu », ce à quoi on doit répondre en disant : « Que Dieu vous protège. » Il s'agit fondamentalement d'un acte de prière pour son frère ou sa sœur dans la foi pour qui l'on demande les bénédictions de Dieu et sa sollicitude pour la vie de cette personne. Ce concept se prolonge par le fait que l'on témoigne en retour de gratitude envers le frère qui a une attention pour vous en lui disant : « Que Dieu vous bénisse. » Très logiquement, cette règle se prolonge par le simple fait de remercier pour toutes les faveurs que l'on reçoit de son frère ou de sa sœur dans la foi.
- **Aider un frère ou une sœur opprimé :** Cela s'applique à tous les cas d'oppression, qu'ils soient du fait de l'État, de l'employeur, de la famille, des conditions socio-économiques, de la pauvreté, etc. Fondamentalement, les musulmans doivent, autant que possible, s'entraider dans les épreuves de la vie.
- **Aider à la réalisation d'engagements pris par d'autres :** S'applique aux transactions financières, aussi bien qu'à toute forme de contrat social. Par exemple, si votre frère ou votre sœur dans la foi doit de l'argent à quelqu'un mais ne peut pas le rembourser en raison de difficultés financières, celui qui le peut se doit d'aider son coreligionnaire à rembourser cette dette.
- **Accepter l'invitation d'un autre musulman :** Naturellement, cela ne s'applique que si l'on n'a pas d'autre engagement ou invitation. L'idée de base ici est de renforcer, de préserver et, parfois, de réparer des liens sociaux entre les personnes autour d'un repas et d'un moment de convivialité. Dans la culture musulmane, il est courant de voir que deux personnes qui se sont disputées ou fâchées finissent par s'inviter à venir prendre le thé pour faire la paix (49:10). Cela est surtout valable au moment des grandes fêtes religieuses.

Dans les cultures musulmanes, on considère comme offensant de décliner une invitation à venir partager un repas ou un moment chez quelqu'un.

La première fois qu'un occidental voyage dans un pays musulman, il est souvent surpris par l'hospitalité qu'il rencontre, même en période d'hostilité. Les journalistes, par exemple, qui ont couvert les conflits en Afghanistan et en Irak l'ont vécu : en dépit de la guerre, ils ont été généralement traités avec beaucoup d'hospitalité par leurs hôtes.

- **Rendre la politesse :** Quand un musulman vous salue en disant : « La paix soit sur vous », vous devez répondre à cette paix de la même façon, voire avec un peu d'emphase en ajoutant quelque chose de meilleur encore comme : « Puissent la miséricorde et la bénédiction de Dieu être sur vous. » De cette manière, vous témoignez à votre interlocuteur le respect qui est dû à votre semblable en humanité. C'est également un moyen de se réconcilier pour deux musulmans qui se sont disputés ou fâchés. En outre, cette politesse consiste à répondre à la gentillesse de quelqu'un par la même gentillesse, voire de préférence par une plus grande bonté encore.

Ces lois et ces préceptes préservent les musulmans de la division et de la rancœur, en créant un terreau favorable aux interactions humaines dont l'engrais est le langage de la bonté, de l'amour, de la sollicitude, de la miséricorde et du pardon.

Vivre avec ses voisins

Le Coran attache une importance particulière à la notion de fraternité qui s'exprime dans les relations de bon voisinage (voir verset 4:36, par exemple). Pour souligner l'importance des voisins dans la tradition islamique, le prophète Mohammed a dit à ses compagnons que l'ange Gabriel avait mis l'accent sur les droits des voisins à être bien traités, à tel point qu'il pensait que Dieu laissait entrevoir la possibilité d'un droit d'héritage pour les voisins.

VIE QUOTIDIENNE

À cet égard, Mohammed a également incité ses disciples à prendre l'habitude de partager leur nourriture avec leurs voisins. Voici ce qu'il a conseillé à l'un de ses compagnons : « Ô Abou Dharr ! Chaque fois que vous préparez la soupe, prévoyez une grande quantité d'eau et pensez à la famille de vos voisins. Vous leur en donnerez avec largesse. » Mohammed a également conseillé aux femmes croyantes de sa communauté de partager leur nourriture sans arrière-pensée ni peur de manquer, insistant pour dire qu'aucun cadeau n'est insignifiant. Voici un conseil de Mohammed à son épouse Aïcha : « Si tu ne peux pas offrir un cadeau à tous tes voisins, choisis de donner à celui dont la porte est la plus étroite. Il a droit au plus grand cadeau. »

Vivre en harmonie avec ses voisins dans un endroit où l'espace est restreint incite les musulmans à un devoir de plus grande attention envers la sécurité morale et physique des uns et des autres. Mohammed a répété par trois fois que ceux qui menacent la sécurité de leurs voisins ne sont pas de vrais croyants. Les relations de bon voisinage dans une société centrée sur Dieu sont expressément mentionnées dans un *hadith* où Mohammed dit : « Le meilleur compagnon de Dieu est celui qui est le meilleur avec ses compagnons ; et le meilleur des voisins aux yeux de Dieu est celui qui est le meilleur envers son voisin. »

La notion de citoyenneté dans le Coran

L'islam n'est pas un système rigide de lois immuables qui régissent chaque aspect de la vie. La tradition islamique se présente davantage comme un socle de principes, dont la pensée humaine s'inspire, pour structurer la vie en société.

Dans l'idéal, un gouvernement islamique se doit, de par sa nature, de centrer sa constitution et ses lois sur le modèle de gouvernance prôné par le Coran et la vie du prophète Mohammed (la sunna).

Une identité politique

On lit dans le Coran : « Ô les croyants ! Obéissez à Dieu, et obéissez au Messager et à ceux d'entre vous qui détiennent le commandement. Puis, si vous vous disputez en quoi que ce soit, renvoyez l'affaire à Dieu et au Messager, si vous croyez en Dieu et au Jugement dernier. Ce sera bien mieux et de meilleure interprétation [et aboutissement] » (4:59).

Les commentateurs soulignent les éléments essentiels de ce verset en définissant l'identité politique d'un État musulman :

- **Se conformer à la loi divine :** La constitution et les principes de gouvernement doivent s'inspirer des enseignements divins sur l'éthique et le comportement tirés du Coran et de l'exemple du prophète Mohammed (sunna).
- **Commander dans l'esprit de la loi :** Le chef, appelé « calife » dans le Coran, acquiert sa légitimité en suivant avec sincérité les préceptes du Coran et l'exemple du Prophète. Les musulmans doivent suivre leur chef, à condition toutefois que celui-ci fonde ses actions et ses orientations sur les bases morales et éthiques du Coran et de la sunna. Si un chef ne respecte pas l'éthique de ces deux sources divines, alors les citoyens musulmans sont déchargés de l'obligation de le suivre.

  Dans leurs discours d'inauguration, les deux califes Abou Bakr et son successeur, Omar, ont déclaré : « Aidez-moi si j'ai raison. Corrigez-moi si j'ai tort… Obéissez-moi tant que j'obéis à Dieu et à son Prophète. Quand je désobéis à Dieu et à son Prophète, ne m'obéissez pas ! »

  Les citoyens ont le droit, et parfois même la responsabilité, de demander des comptes au gouvernement sur toute politique qui semble injustifiable à la lumière du Coran et de la sunna.
- **Choix des chefs :** Ce passage s'adresse aux chefs en disant : « À ceux d'entre vous qui détiennent le commandement. » Les militants politiques

musulmans considèrent que ce « d'entre vous » signifie que les chefs doivent être choisis par le peuple, et non lui être imposés de façon dictatoriale.

Cette position est renforcée par le concept de la consultation mutuelle, appelé *choura* en arabe (42:38), qui sert de fondement aux appels à la réforme démocratique dans le monde musulman (voir chapitre 20 pour en savoir plus au sujet de la démocratie vue par le Coran).

- **Embrasser la justice :** Quand des désaccords surgissent entre chefs, ou entre la direction du pays et les citoyens, les experts de la tradition islamique doivent résoudre ces conflits en consultant le Coran et la sunna. Ces experts (que l'on pourrait comparer aux magistrats de la Cour de cassation en France) doivent rendre leur jugement en se fondant sur la justice et non sur des intérêts particuliers (16:90 ; 49:9).

Le chef et le gouvernement dans une société islamique instaurent la justice en appliquant les lois et les enseignements de Dieu. Les lois divines n'exigent pas simplement l'application d'un code pénal (voir chapitre 17) mais insistent sur l'esprit d'équité qui doit régir les relations sociales et économiques, dans le respect de la dignité de l'homme, en vue d'assurer un cadre de vie protecteur, favorable à l'épanouissement de l'homme et de l'économie conformément à des règles morales.

Une gouvernance d'après le Livre

Un gouvernement islamique a envers ses citoyens les responsabilités suivantes, selon les interprètes du Coran :

- **Élever les normes spirituelles et morales de la société :** Cela s'applique spécifiquement à la pratique de la prière et de l'aumône légale (voir chapitre 12 pour en savoir plus sur la prière et l'aumône). Le gouvernement doit faciliter, dans la mesure du possible, les pratiques bonnes et empêcher au maximum les pratiques néfastes.
- **Protéger la nation de toute menace extérieure ou intérieure :** Le Coran présente diverses lois (voir chapitre 17) que le gouvernement doit mettre en application pour que la sécurité physique et morale des citoyens soit assurée. Une partie de cet engagement implique de faire fonctionner une armée pour se protéger contre toutes les attaques ou menaces.
- **Promouvoir la liberté de tous les citoyens :** Le gouvernement doit promouvoir la liberté pour tous ses citoyens, de sorte que tout homme et toute femme soient libres de se consacrer à Dieu. À cet égard, un gouvernement islamique doit travailler à l'abolition de l'esclavage et à l'éradication de conditions de travail inacceptables, comme le travail des enfants, par exemple, ou les salaires de misère. En outre, le

gouvernement doit aider ceux qui sont asservis par les tyrans, même si ceux-ci se trouvent en dehors de leur territoire (4:75).

- **Mettre en place des institutions judiciaires pour défendre les droits des citoyens :** Ces institutions jugent les cas de conflits intervenant dans des domaines aussi divers que les transactions commerciales, le divorce (voir chapitre 15) ou toute autre affaire intéressant la société.
- **Offrir des conditions de vie fondées sur un principe d'équité :** Les politiques gouvernementales doivent permettre, même au plus pauvre d'entre les pauvres, de gravir les échelons de la société en usant de moyens corrects et justes. Les chefs doivent créer l'environnement nécessaire pour que le libre-échange prospère (tout comme la sécurité), à la condition que cet environnement ne nuise pas à la société, physiquement ou moralement. Par conséquent, la vente de drogues ou de produits pornographiques, par exemple, est absolument inacceptable, même si ces produits sont destinés uniquement à un public « adulte ».
- **L'éducation pour tous, hommes et femmes :** Le prophète Mohammed a déclaré : « Tous les musulmans [c'est-à-dire les hommes comme les femmes] doivent rechercher la connaissance. » En outre, Mohammed a conseillé à ses compagnons de rechercher « la connaissance, du berceau à la tombe ». La connaissance des choses de la religion est considérée comme obligatoire pour tout un chacun. Certains membres de la société se doivent d'acquérir des connaissances dans d'autres domaines scientifiques, pour le développement approprié de la civilisation.

PAROLES DE SAGESSE

Les qualités du chef

Un jour, Mohammed posa cette question à ses compagnons : « D'après vous, qui est celui qui fait faillite ? » Ils répondirent : « Celui qui fait faillite parmi nous est celui qui a perdu tout son argent et tous ses biens. »

Mohammed a répondu : « Le vrai "failli" de ma communauté sera plutôt celui qui arrivera au Jugement dernier avec ses prières, son jeûne et ses actes de charité mais qui se retrouvera en faillite parce qu'il aura passé son temps à critiquer les autres, à calomnier, à usurper le bien d'autrui, à faire couler le sang et à se battre. Malheur à lui, car ses vertus seront versées au crédit de ceux [qui ont souffert de ses mains]. »

Un commandement tyrannique, autoritaire ou corrompu contredit les enseignements de la tradition islamique. Voici la description authentique du gouverneur musulman, selon Mohammed : « Les meilleurs chefs sont ceux que vous aimez et qui vous aiment, et ceux qui appellent les bénédictions de Dieu sur vous et sur lesquels vous appelez vous aussi les bénédictions de Dieu. »

Le rôle du citoyen

Les citoyens jouent un rôle très important dans une société islamique. Tout bon gouvernement a besoin de l'appui de ses citoyens pour le fonctionnement de ses institutions.

Voici les différents engagements du citoyen définis par le Coran :

- **Encourager le bien et combattre le mal :** Les citoyens ont l'obligation de mettre en œuvre ce principe dans la société au sens large (pour plus d'informations sur ce concept, voir la section « Encourager le bien, interdire le mal » précédemment dans ce chapitre). Par exemple, celui qui est intellectuellement doué doit employer ses talents pour de bonnes causes, en mettant en place par exemple, de bonnes politiques pour lutter contre la pauvreté. Celui qui est physiquement très costaud doit mettre sa force au service de bonnes causes, peut-être en bâtissant des maisons ou des lieux de culte.
- **Obéir à ses chefs (s'ils sont justes)** : Même si vous avez un désaccord personnel avec le chef, cela ne doit pas vous empêcher de soutenir le gouvernement dans ses bonnes pratiques et ses projets, tant que le gouvernement est en conformité avec la loi divine.

  Un citoyen ne doit pas décider de ne plus suivre son chef sous prétexte qu'il n'est pas de sa race ou de sa tribu, comme cela a très souvent été le cas dans l'histoire passée et présente.
- **Aviser le gouvernement de pratiques injustes :** Si la communauté est dirigée par un tyran, c'est un devoir de s'opposer à lui. Le prophète Mohammed a déclaré que le plus grand *djihad* (le combat spirituel pour marcher sur les pas de Dieu) est « de dire la vérité en face à un chef injuste ». Si une personne meurt en combattant un chef tyrannique, cette personne est considérée comme un martyr aux yeux de Dieu. Ce martyr sert à promouvoir l'égalité, la justice et la liberté dans la société.

Les droits du citoyen

Le Coran accorde une attention égale aux droits et aux responsabilités qui sont interdépendants. Le droit d'une personne devient la responsabilité d'une autre, selon le point de vue choisi. Par exemple, tout être humain a droit à la propriété. Par voie de conséquence, cela implique que le gouvernement et le citoyen ont la responsabilité de protéger la propriété des êtres humains. De même, la dignité est un droit divin de chaque citoyen, et donc il est de la responsabilité du gouvernement et du citoyen de protéger la dignité de tous les membres de la société.

Les droits de tous les citoyens sous régime musulman sont basés sur le mot arabe *houqouq,* signifiant « ce qui est ferme, bien établi ». Il est intéressant de noter que ce mot vient de la racine *haq,* qui signifie « ce qui est vrai », la vérité, qui est l'un des attributs de Dieu. Traditionnellement, ce terme est compris comme la démonstration que les droits des hommes et des femmes découlent de la générosité divine. Personne n'a donc le droit de violer ces droits à moins que ce ne soit pour une juste cause, mentionnée dans les textes inspirés par Dieu, le Coran ou la sunna.

Les exégètes du Coran disent que tous les droits de l'homme émanent de deux principes universels fondamentaux : la dignité et l'égalité. La dignité donne aux êtres humains leur humanité intrinsèque selon les enseignements coraniques (17:70), et l'égalité est un enseignement scriptural fondamental (49:13), aussi bien qu'un enseignement prophétique.

Tous les autres droits découlent de ces deux droits fondamentaux. Dans les sections suivantes, nous passerons en revue certains de ces droits en les classant dans l'une ou l'autre de ces deux grandes catégories.

Droits découlant de la dignité

Le Coran déclare que Dieu a conféré la dignité à tout être humain (17:70). Le Coran utilise souvent le mot « honneur » pour parler de cette dignité. Afin de renforcer et de préserver l'honneur de tout être humain, le Coran protège les droits suivants :

- **Pas de contrainte en religion :** Le Coran dit clairement que la religion imposée contredit la nature même de la foi, qui exige la liberté, afin d'être considérée comme authentique (2:256). Il est contraire à la dignité de la personne de la forcer à croire en Dieu, dans la mesure où chaque être humain est libre de penser par lui-même. Ce qui explique que, si quelqu'un vient présenter sa requête devant les tribunaux en disant qu'il (ou elle) a été contraint(e) de se convertir à l'islam, le tribunal doit lui permettre de revenir à sa religion initiale s'il le souhaite.
- **Liberté :** La préservation de la dignité humaine exige de préserver la liberté individuelle et collective. L'asservissement est dégradant pour la personne et viole donc la dignité humaine. La libération d'un esclave est l'un des actes les plus élevés de la charité dans le Coran (2:177 ; 90:13). C'est un acte souvent demandé, en guise de pénitence, pour racheter des péchés graves bien spécifiques (4:92, par exemple).

  Le calife Omar l'a très bien dit, en admonestant l'un de ses compagnons qui avait pris un esclave : « Quand avez-vous eu le droit d'asservir ceux que leur mère avait fait naître en hommes libres ? »

  Cependant, cette liberté ne peut pas empiéter sur les droits d'autres personnes et ne doit pas compromettre l'ordre public. Par exemple, l'islam reconnaît la liberté de parole, mais celle-ci ne peut pas violer la sainteté de l'honneur d'un autre être humain et le salir par des actes de médisance et de calomnie. La presse à scandale, par exemple, est impensable en pays musulman. Du moins pour l'instant !

- **Intimité :** La dignité humaine rend nécessaire l'intimité dans le cadre du foyer. Le Coran accorde sans réserve à tous les êtres humains le droit à l'intimité : le Livre interdit aux musulmans d'espionner (49:12) et d'entrer dans une maison sans permission (24 :27-28). Le Coran institue même des lois pour l'intimité au sein de la cellule familiale, en énumérant les motifs précis qui rendent nécessaire que l'on puisse accéder à des espaces privés (24:58-59).

  Il est bien naturel que les lois sur l'intimité soient assorties de conditions et puissent connaître quelques exceptions quand les circonstances l'exigent pour le bien de la société tout entière.

- **Interdiction des punitions collectives :** Une personne ne peut pas être jugée responsable de crimes commis par une autre personne (6:164). Si une personne appartenant à un groupe spécifique commet une mauvaise action, le groupe entier n'a pas à encourir la punition.

  D'un point de vue éthique, la guerre moderne suscite bien des questions. On peut envoyer des bombes et des missiles pour tuer une personne ou un groupe, mais ces engins peuvent aussi tuer d'autres personnes. La tradition islamique s'insurge contre tout type de dommages dits « collatéraux » qui, aux yeux des musulmans, ne sont qu'une forme masquée de violation du droit à la vie de personnes innocentes.

- **Présomption d'innocence :** Ce concept important de droit islamique protège ceux qui sont jugés pour crime.

- **Dignité de la personne handicapée :** Le Coran critique les personnes, particulièrement nombreuses à l'époque préislamique, qui traitent sans respect ceux qui ont des incapacités physiques ou mentales. À la fin de la sourate 24, l'Écriture sainte prend la défense des personnes handicapées, en rappelant que tous les croyants sont des frères les uns pour les autres et qu'aucun stigmate ne doit être attaché à ceux qui sont aveugles, boiteux ou malades et que la personne handicapée n'est nullement exclue de la communauté (24:61).

  Le manque de respect envers une personne handicapée ou malade est si grave que le Coran réprimande même le prophète Mohammed qui, un jour a froncé les sourcils et s'est détourné d'un homme aveugle venu lui poser une question, tandis qu'il prêchait à un groupe de chefs de tribu de La Mecque (80:1-10). Le chapitre entier (sourate 80) poursuit en mettant en garde l'homme contre l'arrogance, qui est une attitude de fond qui alimente des comportements indignes ou des paroles désobligeantes envers d'autres êtres humains.

Droits découlant de l'égalité

Du principe de l'égalité de tous les hommes découlent certains droits sociaux (4:1) :

- **Droit à la propriété :** Aucun citoyen, en dehors de toute considération de race, de sexe ou de religion, ne peut être relevé de son droit à la propriété dans une société musulmane. Cela inclut également le droit à « l'accès aux biens communautaires » qui implique le droit de tirer parti de terrains publics et de ressources communes, comme les fleuves.

  Naturellement, de ce droit découle également une responsabilité. Par exemple, si quelqu'un viole les droits de la terre en polluant le fleuve, cette personne se voit privée de son accès aux biens du ressort de la communauté.

- **Pas de discrimination sur l'argent :** Toute discrimination entre une personne pauvre et une personne riche est une violation grave de l'éthique musulmane. Tous les citoyens, dans un système de droit islamique, ont droit à une justice qui soit indépendante de la situation financière des protagonistes.

  Malheureusement, il faut reconnaître que les pauvres et les riches reçoivent souvent un traitement différent devant la loi, dans les pays musulmans comme ailleurs. Les personnes riches ou influentes ont souvent les moyens de s'absoudre de leur crime ou d'engager l'avocat le plus cher afin d'assurer au mieux leur défense. Les personnes pauvres innocentes n'ont pas souvent les moyens de plaider leur cause efficacement dans le système juridique et finissent injustement en prison. Un tel traitement ne correspond pas à l'idéal coranique de la justice.

- **Égalité de race :** Le racisme est absolument proscrit dans le Coran (49:13).

- **Égalité des hommes et des femmes :** Si la société attribue parfois des rôles différents aux hommes et aux femmes, le Coran n'en considère pas moins les femmes comme complètement égales aux hommes aux yeux de Dieu. Le Coran déclare : « Quiconque, homme ou femme, fait une bonne œuvre tout en étant croyant, Nous lui ferons vivre une bonne vie » (16:97).

  Le Coran met en avant le fait que l'homme et la femme sont interdépendants et complémentaires dans le rôle qu'ils jouent ensemble dans la société. Il n'y a pas de supériorité de l'homme sur la femme ou inversement : « Les croyants et les croyantes sont les alliés les uns des autres. Ils commandent le convenable, interdisent le blâmable, accomplissent la prière, acquittent l'aumône légale et obéissent à Dieu et à Son messager… » (9:71).

  Reportez-vous au chapitre 19 pour en savoir plus sur les femmes et le Coran.

Non-musulmans en terre d'islam

Les relations d'un gouvernement islamique avec les non-musulmans résidant sur son sol sont sans doute l'objet de la plus grande incompréhension, s'agissant aussi bien des musulmans extrémistes que de ceux qui observent l'islam de l'extérieur. Leurs critiques du Coran achoppent souvent sur la sourate 5:51, qui leur sert à démontrer que l'islam est en soi hostile aux non-musulmans et ne permet pas l'amitié avec eux (voir chapitre 10). Cependant, ce verset ne dresse pas une image exhaustive de ce problème complexe.

Le passage 60:8-9 complète le verset 5:51 en disant : « Dieu ne vous défend pas d'être bienfaisants et équitables envers ceux qui ne vous ont pas combattus pour la religion et ne vous ont pas chassés de vos demeures. Car Dieu aime les gens équitables. » Le passage continue en expliquant que : « Dieu défend seulement de prendre pour alliés ceux qui vous ont combattus pour la religion, chassés de vos demeures et ont aidé à votre expulsion. Et ceux qui les prennent pour alliés sont les injustes. »

Pour différentes raisons, le monde islamique s'est trouvé tout au long de son histoire en contact direct, d'un côté, avec l'Occident (Arménie, Balkans, Europe occidentale et Russie) et, de l'autre, avec le monde asiatique, de l'Inde musulmane aux centaines d'îles indonésiennes. L'Occident existait avant l'arrivée de l'islam et, dans nombre d'écrits du VIIe et du VIIIe siècle, on perçoit l'inquiétude que la prédication de Mohammed avait provoquée chez les Occidentaux, en particulier chez les chrétiens. L'hostilité que ressentaient alors les Byzantins et les États latins d'Orient se poursuivit jusqu'aux Croisades qui, pendant deux siècles, allaient mettre en contact le monde chrétien, dans sa diversité, avec le monde musulman, également dans sa diversité. Or, grâce au mythe extrêmement vivace de Saladin, de son nom arabe Salah ad-Din al-Ayyûbi (1137-1193), les musulmans avaient pris une avance décisive en matière de droit lié à la guerre. Aussi beaucoup de règles ont-elles été revues et améliorées à cette occasion, en particulier celles qui concernaient les prisonniers de guerre, que Saladin pouvait, selon les circonstances, tantôt élargir, tantôt échanger avec l'adversaire ou, bien sûr, céder contre rançon. L'exemple de Saladin n'est pas le seul, bien que toutes les vertus de chevalerie classique et de souverain magnanime se soient concentrées autour de son personnage.

À RETENIR

Ce passage enjoint les musulmans à traiter correctement les non-musulmans ; il les invite également à nouer avec eux des relations fondées sur le *birr*, un mot arabe riche de sens qui signifie « faire preuve de bienveillance ou de sollicitude ». Il est intéressant de noter que ce même mot (*birr*) est utilisé pour parler de la façon dont les parents doivent traiter leurs enfants. Le Coran emploie le mot *birr* pour décrire le summum de la bonté, de la justice et de la générosité. Ainsi, les relations des musulmans avec les non-musulmans sont loin d'être fondées sur la guerre ou la haine, comme certains voudraient le croire. Les enseignements coraniques disent que les croyants doivent faire preuve mutuellement de bienveillance, de sollicitude et de justice.

À cet égard, le concept de choc des civilisations apparaît complètement étranger à l'éthique musulmane. Une terminologie plus appropriée à l'approche musulmane serait de parler de « dialogue des civilisations » comme cela est évoqué dans des versets tels que le 49:13.

Relations avec les gens du Livre

Sans esquiver les quelques désaccords théologiques et juridiques de fond qui séparent les musulmans des juifs et des chrétiens, l'Écriture sainte rappelle aux musulmans que ces deux religions font partie du legs islamique des prophètes et sont également les destinataires de la révélation divine.

Les conflits théologiques et juridiques ne doivent pas empêcher les musulmans d'avoir de bons rapports avec des non-musulmans. À ce propos, le Coran dit : « Vous sont permises, aujourd'hui, les bonnes nourritures. Vous est permise la nourriture des gens du Livre, et votre propre nourriture leur est permise. [Vous sont permises] les femmes vertueuses d'entre les croyantes et les femmes vertueuses d'entre les gens qui ont reçu le Livre avant vous, si vous leur donnez leur *mahr*, avec contrat de mariage, non en débauchés ni en preneurs d'amantes… » (5:5).

Le Coran encourage deux types de relations sociales (le repas en commun et le mariage) qui favorisent une coexistence saine. L'autorisation du mariage, décrit comme inscrivant l'amour et la compassion entre les deux époux dans le Coran (30:21), fournit la preuve de l'appel du Coran à vivre en harmonie avec les citoyens non musulmans au sein d'une société musulmane.

Même s'il existe des désaccords sur le plan religieux, le Coran invite les musulmans à dialoguer avec un esprit bienveillant : « Et ne discutez que de la meilleure façon avec les gens du Livre… » (29:46).

Le Coran et l'humanisme

L'Islam, troisième monothéisme du Livre, ne peut ignorer longtemps les vertus humanistes sur lesquelles il s'est fondé. Ces vertus sont en bonne partie héritées de l'ancienne Arabie et constituent le premier socle moral sur lequel la religion, prônée au VIIe siècle par Mohammed, allait prendre son essor. Que ce soit le respect des règles collectives, la civilité des usages entre voisins, la protection du voyageur et de l'orphelin, l'aumône ou l'hospitalité, il n'est aucun article de bon sens tribal ou bédouin qui n'ait été reconduit en l'état par le Coran, dont un cinquième est réservé à la seule codification du « vivre ensemble ». Qu'en est-il exactement de l'évaluation que fait le Coran de la place occupée par l'homme, dans son essence et dans sa manifestation ? Existe-t-il un début de réflexion à laquelle les personnalités d'aujourd'hui peuvent se raccrocher ? À ces deux questions, l'objectivité commande d'être à la fois précis et modeste. Le Coran est d'abord une charte de la vénération de Dieu, tandis que l'homme est sa créature. En vérité, au-delà de l'homme, c'est de communauté dont il s'agit en islam, une communauté croyante de surcroît, *al-umma amina*, dite également *al-umma al-islamiyya*. L'humanisme de l'islam est avant tout un humanisme du genre et du groupe, le collectif étant clairement valorisé par rapport au singulier, à l'unique. L'Unique, c'est Dieu, Allah, non engendré et non engendreur, aimant sa Création qui le lui rend bien. De son côté, Satan est le seul à s'être affranchi du nombre, ayant congédié toute clause d'assujettissement à l'homme, ainsi qu'il est dit à plusieurs reprises dans le Coran (2:34 ; 7:11 ; 17:61 ; 38:74). Or, si l'humanisme musulman est d'abord celui de la communauté, qu'en est-il de cette modernité sociale qui impose désormais l'individu aux dépens du groupe, et sa traduction au niveau supérieur, l'émergence du citoyen et *a fortiori* de l'homme – animal politique s'il en est – de son indistinction ?

Pour autant, l'individualisme effréné de notre monde postcapitaliste peut-il concerner aussi l'islam ? Un individualisme égotiste doit-il se projeter dans un postulat collectiviste ? L'islam répond clairement par la négative et rejoint ainsi l'une des avancées les plus modernes de la réflexion sociale d'aujourd'hui. En effet, pour contrarier le double enclavement des systèmes, l'islam tempéré préconise un dépassement par la solidarité et par le respect que chaque membre de cette solidarité aura mis à soutenir le projet commun. Aux yeux de cet islam, il n'y a pas de communauté idéale si l'individu ne se sent pas à la fois fier d'y appartenir et soucieux de ne point l'imposer à autrui. En clair, la liberté alliée à la conscience, et éventuellement la foi en des valeurs communes, doivent en toutes circonstances conduire le sujet musulman, y compris dans ses relations avec autrui. Aucune transcendance ne pouvant se faire contre l'homme, il est des données immanentes que celui-ci doit aménager et conduire en vue de réussir son adhésion à Dieu. Or, parmi ces données immédiates, le respect de l'autre semble être le critère incontournable de vérification.

PAROLES DE SAGESSE

- **Ne pas respecter les droits d'un citoyen non musulman, quel qu'il soit, est une grave injustice.** Le prophète Mohammed a déclaré : « Au jour du Jugement dernier, je me fâcherai contre celui qui opprime l'un de ceux qui font partie des gens de l'alliance, ou qui empiète sur ses droits ou lui impose une responsabilité qui va au-delà de ce qu'il peut assumer ou qui lui prend quelque chose contre sa volonté. »

- **Le système juridique islamique ne doit pas faire de discrimination au tribunal à l'encontre des non-musulmans et doit fonder sa décision uniquement sur les faits.** Même lorsque le quatrième calife de l'islam, Ali, est entré en conflit avec un non-musulman, les tribunaux islamiques ont jugé en faveur du non-musulman, en dépit de la position d'Ali.

Dans un autre incident célèbre, les tribunaux islamiques ont rendu leur sentence en faveur de la population non musulmane, contre le gouvernement musulman, au moment de la conquête de la ville de Samarkand. Les non-musulmans ont présenté un document qui décrivait dans le détail la trêve signée à une époque antérieure entre les habitants de la cité et d'autres musulmans. Les tribunaux islamiques ont honoré cet accord et ont ordonné des mesures à l'encontre du gouvernement musulman. Il est bien évident que l'on peut trouver de nombreux exemples dans l'histoire dans lesquels cet engagement n'a pas été honoré, mais il s'agit alors de violation de la loi et non d'un accomplissement de celle-ci.

- **Les juristes musulmans conviennent tous que les citoyens non musulmans doivent pouvoir jouir des mêmes droits que les musulmans.** Ils ont droit à la reconnaissance du caractère sacré de la vie, à la dignité et à la propriété.
- **Selon le Coran, il est impensable d'obliger par la force les non-musulmans à se convertir à l'islam,** quelles que soient les circonstances. Le Coran dit : « Point de contrainte en religion » (2:256). Le gouvernement musulman doit protéger la liberté de culte pour tous les citoyens.

Les non-musulmans ont le droit de suivre leurs propres lois communautaires, selon les principes de leur religion, tant que celles-ci ne violent aucun droit fondamental national, telle la reconnaissance du caractère sacré de la vie et de la dignité humaine. Les critiques de l'islam estiment que cette clause crée une barrière entre les communautés musulmanes et non musulmanes qui pourrait conduire à un ressentiment par manque de communication. Les penseurs et les militants islamiques mettent en avant le fait que la reconnaissance de la compétence juridique des non-musulmans, en vertu de leurs propres lois communautaires, constitue la seule manière de protéger vraiment la liberté de culte.

Djihad : le combat spirituel

La notion de *djihad* est probablement la notion la plus mal comprise de nos jours et la plus maltraitée au monde. Étant une notion piégée dès le départ, il est donc très difficile de la séparer de ses effets négatifs. *Djihad* est souvent traduit par « guerre sainte », un concept qui naît au temps des croisades et qui n'a cessé depuis de nourrir frustrations et haines autour de la confrontation avec l'Occident. En réalité, le sens de ce mot est double, puisqu'il signifie aussi, et au même niveau, « le combat spirituel pour marcher sur les pas de Dieu ». Même dans le contexte de la lutte armée, une traduction plus appropriée serait la « guerre juste », plutôt que « guerre sainte », pour emprunter la terminologie chrétienne élaborée par saint Thomas d'Aquin (pour en savoir plus sur ce sujet, reportez-vous au *Catholicisme pour les Nuls*, des pères Trigilio, Brighenti et Lartigue, aux éditions First, p. 294). La guerre n'est en fait jamais sainte, mais elle est parfois nécessaire pour le bien des êtres humains.

Lutte contre le mal

Pour comprendre ce qu'est le *djihad*, il faut au préalable savoir ce que l'on entend par « marcher dans le sentier de Dieu ». Le Coran définit le « chemin de Dieu » en faisant appel aux notions de justice et de miséricorde, qui s'opposent directement aux notions de tyrannie, d'oppression et de mal. Il ne suffit pas de dire que l'on s'efforce de marcher sur le chemin de Dieu ou de dire que l'on est un martyr pour l'être vraiment. Si on le veut vraiment, il faut que la parole soit soutenue par des actes. Si le combat mené vise véritablement à instaurer la justice et la miséricorde et que l'on s'efforce d'éliminer tout ce qui va à l'encontre des voies de Dieu, alors il s'agit bien d'un combat pour Dieu. Cependant, si cette lutte entraîne la violence inutile, la tyrannie, l'injustice et freine l'avancée spirituelle alors, du point de vue du Coran, elle ne peut nullement être considérée comme un combat pour marcher dans les pas de Dieu.

Quand nous parlons de lutte ou de combat, il faut bien comprendre qu'il ne s'agit pas seulement de la lutte armée, bien que cela fasse également partie du *djihad*. Se battre signifie s'engager activement et travailler en vue d'un certain objectif, avec toutes sortes de moyens et de méthodes qui peuvent aller jusqu'à exiger le sacrifice de sa propre vie et de ses richesses. Le combat pour Dieu doit être orienté vers les causes qui sont jugées justes et morales au regard du Coran. En conséquence, lutter contre la pauvreté, la drogue, la pornographie et tout autre élément qui corrompt la société, sur les plans économique, moral ou physique, fait bien partie intégrante du *djihad*. Tout musulman et toute communauté musulmane ont la responsabilité, en tant qu'héritiers de la terre et représentants de Dieu (voir chapitre 8), de s'engager activement dans le *djihad,* en luttant pour ce qui est bon et contre ce qui est mal (2:148).

Le *djihad* peut être comparé à une marche difficile, à une ascension destinée à libérer les hommes et les femmes de la servitude et de l'emprise de tout ce qui n'est pas Dieu, de sorte que chacun et chacune puissent choisir et pratiquer la soumission à Dieu (l'islam) sans aucune restriction (90:8-18). C'est pourquoi il faut lutter contre certains phénomènes de société, tels que la drogue et la pornographie, parce qu'ils asservissent des hommes et des femmes à leurs désirs charnels, au point qu'ils en deviennent incapables d'agir comme serviteurs et représentants de Dieu sur Terre. De même, il faut lutter contre l'oppression d'un tyran, car le despote impose sa volonté, qu'il place au-dessus de la volonté divine, empêchant ainsi ses sujets de vénérer Dieu et de suivre ses enseignements divins.

Le djihad désigne-t-il aussi la lutte armée ?

Ceux qui meurent en combattant dans une guerre juste et ayant appliqué les règles morales autorisant la guerre reçoivent le titre de *chahid,* généralement traduit approximativement par « martyr ». Le mot arabe en réalité correspond davantage à l'idée de « témoin » (sens étymologique) et de « résistant ». Un martyr est un témoin de la vérité qui est allé jusqu'à lui sacrifier sa propre vie pour le bien de la société. Mais il n'est dit nulle part que le martyre doit se faire exploser, sans compter qu'aucune guerre juste ne justifie ni ne légitime la décision d'un individu à partir en croisade, tout seul, contre l'ennemi. Au contraire, il doit toujours tenir compte de la décision collective et de la volonté supérieure du service rendu.

Quand le Coran emploie le terme de *djihad* seul, il parle du combat au sens large, qui peut prendre plusieurs formes, comme le fait de se battre pour les droits de l'homme. Quand le Coran aborde plus spécifiquement la question de la lutte armée, il emploie le mot *qital*, qui signifie « combat » au sens propre. On voit bien ici que le mot *djihad* ne relève pas du vocabulaire de la guerre au sens propre. Sinon, pourquoi le Coran aurait-il besoin d'employer un autre terme (*qital*) pour parler du combat guerrier, de la lutte armée au service de Dieu ?

Le Coran permet la lutte armée dans les trois circonstances suivantes :

- **Guerre d'autodéfense :** Le Coran permet à des musulmans de lutter en armes contre « ceux qui font la guerre contre vous… » (2:190). Dans ce cas, les musulmans ont le droit de tuer leurs agresseurs et de les conduire hors de leur terre afin de protéger l'État musulman (2:191).

  On voit ici que l'islam n'est pas une religion pacifiste. Le Coran légitime la guerre défensive, si besoin en utilisant la force appropriée. Une fois le combat engagé, les musulmans doivent « lutter contre les ennemis jusqu'à ce qu'il n'y ait plus d'oppression et que tout le culte soit consacré à Dieu seul » (2:193).

  À RETENIR

  Les deux objectifs de la lutte armée dans la défense sont de protéger la communauté contre l'oppression, de protéger les biens de la personne, son honneur et de préserver la capacité de la communauté à adorer librement le Seigneur auquel elle a voué son âme.

  Un État musulman n'a pas le droit d'attaquer une autre nation tant que celle-ci n'est pas perçue comme une menace ou tant qu'elle ne l'a pas attaqué réellement. Le Coran déclare dans le même verset 2:190 : « Mais ne commets pas l'agression, – car, en vérité, Dieu n'aime pas les agresseurs. » Et, dans le verset 2:192, l'Écriture sainte dit également : « Mais s'ils renoncent – Dieu est, certes, Celui qui pardonne, Il est le Miséricordieux. » Elle le répète au verset suivant 2:193. Le Coran exhorte les croyants à ne pas s'obstiner à combattre leurs agresseurs s'ils se rendent ou déposent les armes.

Le Coran explique que la lutte armée est parfois nécessaire, car si l'on n'avait pas le droit de se défendre, « tous les monastères, les églises, les synagogues et les mosquées – tous les oratoires où l'on célèbre le nom de Dieu – auraient sûrement été détruits » (22:40) par ceux qui inclinent au mal et veulent détruire la Terre.

En outre, l'autodéfense inclut ce qui est perçu comme une menace, par exemple la rupture d'un traité ou l'assassinat d'un diplomate. Les sourates 8 et 9 du Coran évoquent la façon dont les musulmans ont dû traiter ces Arabes païens qui avaient rompu le traité qui les liait à la communauté musulmane et se sont mis d'accord avec d'autres agresseurs pour détruire la jeune communauté musulmane.

- **Guerre de la libération du faible et de l'opprimé :** Dans le verset 2:191, le Coran déclare que « l'oppression est encore plus mauvaise que le massacre ». Cette conviction est renforcée par l'appel du Coran à lutter contre l'oppression sous toutes ses formes en recourant, si besoin est, à la lutte armée.

  Le Coran s'adresse à ceux qui cherchent à aller à l'encontre des voies de Dieu : « Et qu'avez-vous à ne pas combattre dans le sentier de Dieu et pour la cause des faibles, hommes, femmes et enfants qui disent : "Seigneur ! Fais-nous sortir de cette cité dont les gens sont injustes et assigne-nous de Ta part un allié, et assigne-nous de Ta part un secoureur !" » (4:75).

- **Guerre pour la liberté de la pratique religieuse :** Cette guerre est justifiée si elle vise à permettre à la pensée et à la prédication de l'islam de s'exprimer librement mais ne peut pas être employée pour forcer les gens à se convertir à l'islam (2:256).

À RETENIR

Le *djihad* n'est pas synonyme de terrorisme et encore moins de suicide individuel ou collectif au nom d'Allah.

Pour aller plus loin

Sur les thèmes de la gouvernance, de la solidarité, de chef, de la guerre et de la diplomatie :

- CHARNAY J.-P., *L'Islam et la guerre. De la guerre sainte à la guerre juste*, Paris, Fayard, 1986.
- HAMIDULLAH M., *Documents sur la diplomatie musulmane*, Paris, Librairie Orientale et Américaine, 1935.
- IBN HICHAM, *La Vie du prophète Mohammed*, Paris, Fayard, 2004.

- IBN KHALDÛN, *Discours sur l'histoire universelle (Al-Mûqaddima)*, Paris, Sindbad, 1967-1968, 3 vol.
- MORABIA A., *Le Gihad dans l'islam médiéval. Le « combat sacré » des origines au XIIe siècle*, Paris, Albin Michel, 1993.
- NIZAM A.-M., *Traité de gouvernement*, Paris, Sindbad, 1984.
- PREMARE A.-L. de, *Les Fondations de l'islam. Entre écriture et histoire*, Paris, Seuil, 2002.

Chapitre 17

La loi islamique et la société

Dans ce chapitre :

- Les sources de la loi islamique
- Mode d'élaboration des procédures judiciaires et des sentences
- Contenu de la loi islamique
- L'esprit de la loi islamique et du code pénal

L'islam est un mode de vie basé sur la notion de soumission à la volonté de Dieu. La loi islamique, appelée *chari'a* en arabe, apporte des réponses à cette angoissante question : « Quelle est la volonté de Dieu ? » Le Coran contient plusieurs passages qui livrent des injonctions juridiques claires et sert également de principale source dont découle la loi islamique.

La loi islamique traite des aspects les plus concrets de la vie, aussi bien que des questions morales et éthiques les plus complexes qui se posent à la société.

La grande majorité des musulmans s'accorde à reconnaître qu'aujourd'hui aucun pays du monde musulman ne fonctionne réellement selon les enseignements authentiques de la loi islamique. À ce propos, nous tenons à faire remarquer que ce chapitre reflète la tradition classique de la *chari'a,* et non la façon dont tel ou tel pays musulman applique ses propres lois – même si certains prétendent appliquer la *chari'a* à la lettre.

Dans ce chapitre, nous commencerons par étudier la signification du mot *chari'a* et nous verrons comment le législateur en tire des lois et des règlements. Nous verrons également les domaines réglementés par la loi islamique et l'implication qui en découle dans la vie quotidienne. En conclusion, nous tâcherons d'expliquer le contenu des codes pénaux selon les différentes écoles et nous verrons à quoi ils servent dans une société musulmane.

Définition de la chari'a

Pour la majorité des non-musulmans aujourd'hui, le terme de *chari'a* s'applique uniquement au code pénal islamique, qui constitue seulement une petite partie de la loi islamique. En réalité, la *chari'a* se présente comme une façon d'aborder la vie spirituelle et matérielle, aussi bien individuelle que collective. Elle concerne tous les aspects de la vie quotidienne des musulmans.

Le mot *chari'a* est en soi une explicitation du but et de l'esprit sous-jacent à la loi islamique. (Au chapitre 4, souvenez-vous que nous avons discuté de l'importance de la langue arabe, qui permet de retrouver les racines philosophiques des concepts développés dans le Coran.)

La racine du mot *chari'a*, *char'*, possède six significations différentes. Si les quatre premiers évoqués ci-dessous ne sont pas à la base de la loi islamique, ils indiquent néanmoins des aspects importants et intéressants contenus en filigrane dans la notion de loi islamique, envisagée comme un chemin de vie :

- **Un point de départ :** La loi islamique sert de socle fondamental et premier, pour guider la vie de la communauté musulmane.
- **Un bateau à voiles :** Un bateau à voiles permet d'avancer et de se rapprocher de l'objectif ultime. La *chari'a* agit comme un bateau à voiles, en faisant avancer la communauté sur les plans spirituel, moral, éthique et intellectuel.
- **Une tente :** Comme une tente, la *chari'a* protège les personnes de la destruction physique, spirituelle et morale.
- **Un code législatif :** Cette signification renvoie à la codification de la loi islamique, afin qu'elle puisse servir de modèle de gouvernance politique. En outre, la *chari'a* codifie les comportements sociaux en précisant les droits et les responsabilités accordées à chaque citoyen.
- **Un chemin vers la source de vie :** L'eau est la principale source de vie, surtout dans les terres arides d'Arabie, pour toute la Création. En ce sens, la loi islamique sert de source de vie spirituelle, morale et physique à la communauté islamique. Le chemin suggère à juste titre que la *chari'a* est non seulement un but à atteindre mais aussi un outil pour parvenir à la soumission à la volonté de Dieu. La loi islamique crée un environnement propice à l'épanouissement du bien et résistant au mal.
- **Une source d'eau intarissable :** Le sens du mot *chari'a* correspond exactement à cette définition (et pas seulement la racine du mot). Toujours sur le thème de l'eau, cette signification met en valeur le fait que, dans l'optique musulmane, la *chari'a* est une sagesse universelle qui sera toujours féconde pour l'humanité. Cette loi, dès lors, ne s'applique

pas à une seule tribu, une seule nation, une seule époque. Elle s'applique à tous ceux qui acceptent la foi musulmane, indépendamment de leur origine nationale.

La *chari'a*, source de la morale divine, cherche à instaurer une civilisation de progrès et de protection.

Source et étude de la loi sacrée

Les lois qui constituent la *chari'a* proviennent de plusieurs sources (voir la section suivante). Les lois forgées à partir de ces sources sont mises en forme grâce à un travail d'élaboration sophistiqué qui constitue une science que l'on appelle en arabe le *fiqh,* ou jurisprudence. Cette science cherche à interpréter la volonté de Dieu.

Ceux qui se lancent dans l'étude savante de la jurisprudence (*fiqh*) sont appelés les *fouqaha* (au singulier : *faqih*). Ces experts travaillent habituellement indépendamment du gouvernement. Ils sont habilités à émettre des décisions de justice, mais cela n'a lieu qu'après une longue formation théologique et doctrinale auprès de maîtres appelés *fouqaha*. Ce sont eux qui leur accordent une « permission », appelée *'ijaza*.

Cette science demande un investissement total qui peut prendre toute une vie. Plusieurs des professeurs qui m'ont formé sur plusieurs années se considéraient comme des débutants en la matière, malgré les vingt et quelques années d'études qu'ils avaient derrière eux. En raison de la complexité de cette science, les thèmes traités dans ce chapitre ne correspondent qu'à l'équivalent d'une semaine de cours reçus des *fouqaha*.

L'islam, du moins dans la tradition sunnite majoritaire, ne croit pas en la nécessité d'une structure hiérarchisée de religieux chargés d'interpréter la volonté de Dieu et de la retransmettre au peuple. En outre, l'islam, dans la tradition sunnite, ne croit pas qu'il puisse exister un personnage tel que le pape qui communique directement avec Dieu. L'interprétation de la volonté de Dieu demande un effort profondément humain, intellectuel et spirituel (voir L'*Islam pour les Nuls,* de Malcolm Clark et Malek Chebel, pour plus d'informations sur la tradition sunnite).

Selon la tradition islamique, l'interprétation et la mise en forme des conseils divins s'effectuent par le biais des hommes qui ont une connaissance complète de la jurisprudence. Ces juristes particulièrement respectés sont également contrôlés par d'autres experts en droit, car personne n'a accès directement aux révélations divines. Ce processus de séparation des pouvoirs tient compte des divergences de vues et laisse la discussion ouverte au niveau de la société, ce que l'on appelle le principe de l'*ikhtilaf.*

Ce processus ouvre la voie à l'*ijtihad* – l'effort intellectuel pour comprendre la volonté de Dieu. Le fruit de cette réflexion sera soit d'accepter que tout le monde puisse ne pas être du même avis (*ikhtilaf*), soit un consensus sur une question précise (*ittifaq*).

Les divergences de vues entraînent des pratiques différentes sur les sujets que le Coran et la sunna laissent à l'appréciation personnelle. Les musulmans peuvent accepter les avis de différents experts sur ces sujets, à condition que ces avis n'aillent pas à l'encontre des enseignements du Coran et de la sunna.

Les décisions de justice reconnues par la loi sont des *fatwas*. Les docteurs de la loi qualifiés, et non les profanes, ont toute autorité pour émettre ces décisions de justice, en général non contraignantes. Les *fatwas* prononcées par ceux qui ne sont pas versés dans la science classique du droit jurisprudentiel (*fiqh*) ne peuvent pas être considérées comme bien orientées, authentiques ou relevant d'une morale saine. Elles sont récusées par l'ensemble des musulmans, autant dans la pensée classique ancienne que dans celle d'aujourd'hui.

La source des lois

Les juristes islamiques utilisent quatre sources principales pour l'élaboration des lois qui constituent la *chari'a* :

- Le Coran ;
- La tradition prophétique (sunna) ;
- Le consensus des savants (*ijma'*) ;
- Le principe de l'analogie reconnue par la loi (*qiyas*).

Ces sources constituent le socle sur lequel se greffent les réformes et les aménagements propres à chaque génération, qui doivent répondre à de nouveaux défis et à des circonstances nouvelles. Dans les sections suivantes, nous verrons la place occupée par chacune de ces sources pour l'élaboration de la loi islamique.

Le Coran

Le Coran dit à son propre propos : « Voilà un exposé pour les gens, un guide et une exhortation pour les pieux » (3:138). Ce passage parle des lois contenues dans le Livre, qui sont en général présentées dans un langage concis et clair, laissant peu de doute quant à leur signification. Malgré tout, certaines lois progressent et s'étoffent au cours de la Révélation, ce qui signifie que des lois bien définies peuvent être approfondies ou restreintes dans d'autres passages du Livre.

À RETENIR

Le Coran a été révélé par étapes – et non d'un seul trait. De même, les lois islamiques se sont développées au fil de l'évolution des mœurs de la communauté musulmane. Si l'on prend l'exemple de l'interdiction des boissons alcoolisées et des jeux de hasard, activités communes de loisir dans la culture arabe préislamique, on perçoit cette évolution. Au début, le Coran déconseille simplement de recourir aux boissons alcoolisées « enivrantes » (16:67). Puis, le Livre décourage le recours à l'alcool et au jeu, considérés comme menant à des péchés graves et ne rapportant pas grand-chose à la personne (2:219). En troisième lieu, le Coran franchit un cap supplémentaire en interdisant la prière sous l'influence de boissons alcoolisées (4:43). Étant donné que les musulmans prient cinq fois par jour, cette loi a sérieusement limité l'usage des boissons alcoolisées, afin de préparer la communauté musulmane pour la dernière étape. En dernier ressort, le Coran interdit complètement la consommation de boissons alcoolisées et la pratique des jeux de hasard (5:90-91).

En réalité, bien peu de lois sont données en détail dans le Coran. L'Écriture sainte contient le cadre général, de grandes directives morales qui forment la base des principes inscrits dans la loi islamique. Les théologiens musulmans (voir « Source et étude de la loi sacrée » précédemment dans ce chapitre) dérivent parfois plusieurs principes d'un seul verset. La sagesse (*illah*), ou le raisonnement qui sous-tend des lois spécifiques, constitue alors le fondement sur lequel s'appuie le complément de loi qui viendra régir une situation nouvelle.

La plupart des lois formulées dans le Coran dérivent du concept du bien commun, qui comprend aussi bien le bien-être physique qu'intellectuel, moral et même spirituel des individus et de la société. L'idée du bien commun est érigée en principe de base de la loi islamique et peut s'appliquer à toute culture et à toute situation nouvelle.

Un exemple de principe coranique repose sur la loi de la facilité, qui est dérivée directement du Coran : « Dieu veut pour vous la facilité, Il ne veut pas la difficulté pour vous… » (2:185). De ce principe, les juristes ont conclu que la piété ne se gagne pas à force d'épreuves à endurer (par des souffrances physiques par exemple) mais plutôt par la simplicité de celui qui suit sincèrement les lois de Dieu. La loi islamique adopte ce principe comme étant fondé sur la voie de la « modération », *wasatiyyah* en arabe, qui invite à rendre les *fatwas* faciles à mettre en œuvre pour tous et capables de donner envie d'adhérer à l'islam. Elle encourage également la fermeté dans l'application des principes fondamentaux et dans la consolidation des objectifs de l'islam, tout en lâchant du lest sur les détails et en étant souple sur les moyens d'atteindre les objectifs visés par le Coran.

Toutes les lois du Coran peuvent être classées par catégories selon six grands principes qui forment la base de la *chari'a.* Toutes les lois inscrites dans la tradition islamique trouvent leurs racines dans ces six principes :

- **Respect de la religion :** Ce type de lois vise à ancrer le principe de l'unicité de Dieu dans la société et à répandre la pratique de la foi musulmane. Ce principe protège également la liberté de culte de toutes les religions.
- **Respect de la vie :** Ce type de loi garantit le caractère sacré de la vie de tout être humain et vise à promouvoir des lois qui protègent la vie humaine.
- **Respect des liens du sang :** Ce type de lois préserve et renforce les liens familiaux – fondements des rapports sociaux pour le bien de la société. Par ailleurs, les lois qui punissent la fornication et l'adultère se rangent dans cette catégorie.
- **Respect de la propriété :** Ce type de lois préserve les droits à la propriété et le droit de chercher à se constituer un patrimoine. En outre, ces lois protègent la société contre le vol sous toutes ses formes.
- **Respect de la dignité de chacun :** L'honneur et la dignité sont le fondement des droits de l'homme, dans la tradition islamique. À ce titre, ces lois préservent l'honneur des citoyens dans la société.
- **Respect des facultés intellectuelles :** La tradition islamique considère l'intellect et la raison humaine comme sacrés. À cet égard, la *chari'a* cherche à protéger les facultés intellectuelles d'être humain contre toute forme de destruction physique ou psychologique. Ces lois interdisent certaines substances comme l'alcool ou la drogue, qui altèrent les facultés de réflexion et d'intelligence.

Les musulmans assoient leurs croyances et leurs actes sur ces principes de loi islamique qui se trouvent dans Le Coran.

Pratique religieuse

La tradition islamique considère que tout moment de la vie est sacré. Chaque acte de la vie constitue un acte religieux de piété s'il est exécuté en référence à Dieu.

Les quatre piliers actifs du culte dans le cadre de la loi islamique sont, en dehors de la *chahada* (profession de foi), les suivants :

- Prière (*salat*) cinq fois par jour (2:3) ;
- Jeûne (*saoum*) de l'aube au coucher du soleil pendant le mois de ramadan (2:183-185) ;

- Purification de la richesse par l'aumône (*zakat*) (9:60) ;
- Pèlerinage à la Maison de Dieu, La Mecque, une fois dans sa vie pour ceux qui peuvent se le permettre financièrement et physiquement (*hadj*) (2:196-200).

Reportez-vous au chapitre 12 pour plus d'informations sur ce que le Coran dit de chacun de ces piliers.

Comportement social

Ces lois traitent des droits et des responsabilités que les musulmans ont les uns envers les autres. Cela inclut également les interactions sociales appropriées, une coexistence pacifique et des transactions économiques morales. Les lois sur le comportement des personnes déterminent également les punitions prévues pour les crimes importants, tels que le meurtre et le vol. Voir la section « Comprendre le code pénal islamique », plus loin dans ce chapitre, pour en savoir plus sur le code pénal islamique.

Droit de la famille

Le droit de la famille, dans le Coran, vise à favoriser la justesse des rapports familiaux, à encadrer le mariage, la sexualité, le divorce et les affaires de succession. Les droits et les responsabilités des femmes jouent également un grand rôle dans le droit de la famille. Reportez-vous au chapitre 15 pour plus d'informations sur les lois coraniques et la famille.

Lois sur la nourriture

Les lois sur la nourriture et sur la boisson constituent un sujet peu volumineux mais important en droit islamique. Ce qui entre dans le corps affecte directement le spirituel et la relation à Dieu. C'est pourquoi ces lois constituent une part essentielle de la *chari'a*.

Lois de la guerre

Le Coran définit les conditions spécifiques par lesquelles la guerre est permise. Le Livre aborde également les problèmes d'éthique en temps de guerre, notamment en ce qui concerne la répartition du trésor de guerre.

La tradition du Prophète (sunna)

Le Coran dit au sujet de Mohammed : « En effet, vous avez dans le Messager de Dieu un excellent modèle [à suivre], pour quiconque espère en Dieu et au Jour dernier et invoque Dieu fréquemment » (33:21). Le Coran dit clairement que Mohammed est la seconde source d'autorité en matière religieuse et appelle les musulmans à « obéir à Dieu et à son Messager » et en cas de différend à « se référer à Dieu et au Messager » (4:59).

L'exemple de la vie du prophète Mohammed, la sunna, constitue la deuxième source de la loi islamique. Elle regroupe des récits de la vie de Mohammed rapportés par ses compagnons, sous forme d'événements et de citations détaillés. La *sunna* rapporte des actions, des paroles et des comportements que Mohammed a permis ou laissé faire par son silence (valant approbation). Le fait est réputé valable si le Prophète ne l'a ni encouragé ni découragé, surtout s'il a eu lieu en sa présence. La sunna est historiquement conservée sous forme de récits ou *hadith*.

La *sunna* explique et développe les enseignements sur le Coran. Elle aide également à clarifier la façon d'appliquer les principes coraniques dans la vie. Ainsi, le Coran demande aux musulmans de réciter des prières quotidiennement mais sans jamais présenter les étapes exactes de la prière. Ainsi, c'est à la sunna de donner tous les détails du rituel de la prière et les lois précises qui concernent des aspects particuliers de la prière.

De même, le Coran demande aux musulmans de verser l'aumône légale mais sans préciser le montant de cette aumône. Les musulmans se tournent vers le *hadith* pour savoir comment calculer le montant de l'aumône légale qu'ils doivent verser annuellement.

À RETENIR

Quand un musulman cherche à connaître la volonté de Dieu, il commence d'abord par le Coran et il se tourne ensuite vers le *hadith,* l'un et l'autre étant leurs deux principales sources de connaissance sacrée. L'exemple de la vie du prophète Mohammed joue un rôle très important dans la loi islamique.

Un *hadith* se compose de deux parties : la chaîne des narrateurs (*isnad* ; voir la section suivante) puis le corps ou le contenu proprement dit (*matn*). Un *hadith* typique ressemble à celui-ci :

> Malik bin Anas, le tenant lui-même de Abou al-Zinnad et de Mohammed bin Yahya bin Habban le tenant lui-même de al-A'raj le tenant lui-même de Abou Hourayra dit que le Messager a dit cela :
>
> « Ne laissez aucun de vous chercher une femme dans le mariage si son frère [dans la foi] l'a déjà demandée. »

Avec le temps, les collecteurs de *hadith* voyagèrent à travers tout le monde musulman pour recueillir des *hadith.* Six recueils de *hadith* font autorité et sont certifiés authentiques dans la tradition islamique : il s'agit de ceux d'Ismaïl al-Bokhari, de Mouslim ibn al-Hallaj, d'Abou Daoud, d'al-Nisal, d'al-Tirmidhi et d'Ibn Majah. Al-Bohari et Mouslim sont considérés comme les plus fiables dans la transmission des *hadith.*

La collecte des *hadith* a soulevé un certain nombre de problèmes liés à la vérification de l'authenticité des récits transmis et à la précision des détails sur les faits et gestes de Mohammed. Pour relever ce défi et veiller à l'authenticité des récits, une tradition de critique des *hadith* (*moustalah al-hadith*) s'est développée.

La science de la collecte des *hadith* examine à la fois la chaîne des narrateurs (*isnad*) et le corps mêmes des *hadith* (*matn*).

Isnad : examen de la chaîne de transmission

Pour qu'un *hadith* soit certifié authentique, il faut que les experts aient pu remonter jusqu'à la personne qui a côtoyé Mohammed et l'a entendu dire ce qui a été rapporté ou vu dans les faits mentionnés. Cette discipline examine en profondeur la vie, le caractère (sa fiabilité) et la mémoire de chacun des personnages inscrits dans la chaîne de transmission d'un récit ayant trait à des propos ou à des actions du Prophète. Cette façon de faire permet de s'assurer que le *hadith* représente vraiment la volonté de Dieu, agissant par le biais des paroles ou des actes du prophète Mohammed.

Les mots de chacun des narrateurs de la chaîne pour un récit donné doivent s'accorder exactement pour qu'un *hadith* soit déclaré authentique. Il existe parfois deux ou trois versions différentes d'un *hadith* qui peuvent être acceptées dans la mesure où leurs formulations s'accordent et où le message reste identique. Ces *hadith* ont néanmoins un degré d'authenticité un peu plus faible.

Matn : contenu du *hadith*

Après la chaîne des narrateurs, les experts examinent également le contenu réel du *hadith*. Ce contenu doit être conforme aux enseignements et à l'esprit du Coran, puisque le rôle principal de Mohammed était de faire connaître les enseignements du Livre. Si un *hadith* contredit le Coran, il est alors rejeté comme étant non authentique. De même, si un *hadith* en cours d'examen contredit directement un *hadith* déjà authentifié, en règle générale, ce *hadith* est également rejeté.

Cependant, les enseignements de Mohammed, comme ceux du Coran, ont évolué avec le temps, au fur et à mesure que la communauté en faisait l'expérience. À cet égard, deux *hadith* peuvent présenter les choses de deux façons différentes sur un même sujet. Cela ne veut pas dire pour autant qu'ils sont contradictoires. Au contraire, cela signifie qu'il peut y avoir plusieurs manières de se comporter dans une situation donnée ou plusieurs manières d'appliquer une loi, en particulier une fois que la communauté musulmane s'est complètement épanouie. Dans ces cas-là, le *hadith* le plus tardif historiquement a la priorité sur le *hadith* similaire qui porte sur un récit antérieur.

À RETENIR

L'examen du contenu d'un *hadith* vérifie que le message demeure compatible avec l'esprit du Coran et des *hadith* précédents, déjà authentifiés.

Niveaux d'authentification

Après examen de la chaîne de transmetteurs et de son contenu exact, le *hadith* en question est crédité d'un certain niveau d'authenticité répertorié comme suit :

- **Vrai (*sahih*) :** C'est le plus haut niveau d'authenticité, quand la chaîne des narrateurs et le contenu du *hadith* sont inattaquables. Ces *hadith* servent de référence pour l'élaboration de la loi islamique.

  Les deux plus importants recueils de *hadith* sont, dans l'ordre, celui de BOKHARI, *Les Traditions islamiques*, Paris, Adrien Maisonneuve, 1903-1914, réédité en 4 volumes en 1984. On doit à H.-H. Bousquet d'avoir traduit et publié des extraits de cette somme unique (plusieurs milliers de *hadith* du Prophète, considérés comme étant authentiques) sous le titre *L'Authentique Tradition islamique*, Paris, Fasquelle, 1964. Le second est celui de Mouslim : *Le Sahih-i Muslim*, Le Caire, 1964.

- **Bon ou acceptable (*hassan*) :** Ce niveau d'authenticité s'applique habituellement au *hadith* entaché d'un léger doute au sujet de la chaîne de transmission du récit. Un des narrateurs, par exemple, a pu avoir une faiblesse au niveau de la mémoire ou autre, tandis que les autres narrateurs ont passé avec succès le test de l'authenticité. Ces *hadith* peuvent également servir de référence pour l'élaboration de la loi islamique, mais le *hadith* authentique aura toujours la préférence sur le *hadith* acceptable.

- **Faible (*da'if*) :** Ces *hadith* sont considérés comme peu fiables à un certain niveau soit parce qu'il y a une coupure sérieuse dans le récit, soit parce que le contenu du *hadith* n'est pas recevable.

  Cependant, le *hadith* peut encore être utilisé s'il ne contredit pas le Coran ou un *hadith* authentique. Prenons, par exemple, le *hadith* qui rapporte que Mohammed a dit : « Cherchez la connaissance même s'il vous faut pour cela aller en Chine. » Ce *hadith*, en réalité, est considéré comme faible (*da'if*) en raison des faiblesses de la chaîne de transmission du récit. Cependant, son esprit est compatible avec un *hadith* authentique qui dit : « La recherche de la connaissance incombe à tous les musulmans, hommes et femmes. » Ce genre de *hadith*, entièrement authentifié, est très souvent invoqué.

Le consensus des spécialistes (ijma')

Le prophète Mohammed a déclaré : « Les savants de ma communauté ne se mettront jamais d'accord sur un mal. » Dans le droit fil de cette réflexion, l'élaboration de la loi islamique prend en compte le consensus de la communauté scientifique, que l'on appelle *ijma'* en arabe, qui constitue la troisième source de la loi sacrée. L'idée fondamentale à la base de l'*ijma'* est que si les savants d'une génération donnée sont unanimement d'accord sur une question religieuse, alors ce consensus est intégré dans la loi islamique.

À RETENIR

Le consensus (*ijma'*) entre en jeu uniquement quand les savants n'arrivent pas à trouver de directive claire sur une question particulière dans le Coran ou dans la sunna. Les savants ayant une connaissance approfondie des sciences islamiques doivent élaborer des règles. Ils fondent leurs avis juridiques en restant proches de l'esprit et du raisonnement du Coran et de la sunna, et non sur leurs propres idées.

Prenons un exemple concret. Quand la civilisation islamique s'est répandue au-delà des frontières de l'Arabie, la communauté musulmane a dû répondre à la question épineuse de savoir s'il était acceptable de signer des traités avec les nations non musulmanes opposées à l'État musulman. Puisqu'aucune directive définie n'existait encore dans le Coran sur ce sujet, les savants ont cherché à déterminer l'esprit de l'Écriture sainte. Le Coran déclare : « Et s'ils inclinent à la paix, incline vers celle-ci [toi aussi]... » (8:61). À partir de ce verset, les savants ont convenu qu'il était permis de passer des traités avec les États en guerre contre la communauté musulmane, dans la mesure où ils cessent les hostilités.

L'analogie appliquée au droit (qiyas)

Les spécialistes du droit islamique ont développé le principe de l'*ijtihad,* ou effort intellectuel, pour discerner la volonté de Dieu, afin de pouvoir rédiger de nouvelles lois adaptées à des situations et à des époques nouvelles. Au départ, ce combat de l'esprit s'inspirait de décisions de justice antérieures raisonnables (*ra' y*), enracinées dans la tradition islamique. Cependant, avec le temps, ces savants ont estimé que cette méthodologie était trop floue et ils redoutèrent d'avoir à faire face à toutes sortes d'avis juridiques non authentiques, ce qui aurait entraîné des comportements peu conformes à l'esprit de l'islam.

Sous la conduite du célèbre juriste très influent, Shafi', les spécialistes de droit islamique ont structuré ce mode de raisonnement selon le principe de l'analogie juridique, appelée en arabe *qiyas.* S'ils ne trouvent ni dans le Coran, ni dans la sunna, ni dans l'*ijma'* une procédure de règlement sur une question précise, les experts cherchent une solution élaborée à partir de situations analogues trouvées dans les trois sources mentionnées.

Le contenu de la loi sacrée

Les experts classent les lois de la *chari'a* en cinq catégories morales :

- **Obligatoire (*fard*) :** Ces lois sont mentionnées explicitement, sous forme d'exigences, dans le Coran et la sunna, et il est facile d'élaborer une loi positive à partir de la sagesse et du raisonnement qui s'en dégagent. Ces lois découlent de la notion de bien commun et du bien des personnes. Le fait de suivre ces commandements sera récompensé largement par Dieu. À l'inverse, le fait de les ignorer ou d'y faire obstacle constitue un péché passible, aux yeux de Dieu, d'une punition dans la vie dernière et, dans certains cas, en ce bas monde également.

  Les obligations qui incombent à la personne incluent la connaissance et la pratique des exigences que tout musulman doit respecter dans sa vie quotidienne. Cela inclut notamment le fait de pratiquer les cinq piliers de l'islam.

  Les obligations qui incombent à la communauté sont de sa propre responsabilité mais ne s'imposent pas aux individus spécifiquement. Par exemple, c'est l'affaire de tous de défendre la communauté, mais chacun en particulier n'a pas à assumer cette obligation.

- **Recommandé (*mandoub*) :** Ces lois viennent en complément des lois obligatoires. Les actions qui en découlent méritent une récompense mais ne constituent pas un péché si elles sont négligées.

  Il est, par exemple, *obligatoire* de prier cinq fois par jour. Il est *recommandé* d'ajouter des prières supplémentaires tout au long de la journée afin de se rapprocher encore plus de Dieu.

- **Permis (*moubah*) :** Il s'agit d'actions permises, tolérées, qui n'ont aucune incidence sur le plan moral, ni en bien ni en mal. Par exemple, le Coran permet aux musulmans de manger de la viande préparée par d'autres personnes issues des religions monothéistes et d'épouser des femmes de ces religions (5:5). Ces deux actions ne sont ni moralement bonnes ni moralement mauvaises ; elles sont simplement autorisées sans être assorties de récompense ou de punition.

  Tout ce qui n'est pas assorti d'une restriction dans le Coran ou dans la sunna est en général permis dans son état naturel, c'est-à-dire sauf si cela est spécifiquement interdit ou si cela contredit l'esprit des enseignements islamiques. C'est la règle la plus fondamentale en ce qui concerne les relations et les transactions de la vie courante dans l'éthique islamique.

- **Détesté (*makrouh*) :** Se dit d'actions répréhensibles non interdites. Si aucune punition identifiée n'est prévue, la faute morale est constituée. L'exemple le plus flagrant est celui du divorce. Le Coran décourage les croyants de recourir facilement au divorce, sans compter que la répudiation est, désormais, révoquée. Le Prophète aurait dit que s'il y avait une chose plus détestable que d'autres aux yeux d'Allah, c'est bien le divorce.

- **Interdit (*haram*) :** Ces actions sont explicitement interdites parce qu'elles font du mal à l'individu et à la communauté. Le fait de commettre ces actions est considéré comme un péché et est dans certains cas passible de punition. Le fait d'éviter de commettre ces actions mérite une récompense de la part de Dieu. Voici quelques exemples d'actions *haram* : le meurtre, le vol, l'adultère, la consommation d'alcool et le jeu. D'une façon générale, tous les cas ou situations qui mènent à des actions interdites sont considérés comme *haram*.

  Il y a deux types d'actions interdites : celles qui sont nocives en elles-mêmes et celles qui sont permises mais deviennent illégales en certaines circonstances. Par exemple, faire la charité est considéré comme une action moralement bonne, mais donner aux pauvres quelque chose qui ne vous appartient pas ou qui est interdit par la loi (voler de l'argent ou manipuler les comptes, etc.) est interdit.

Les érudits musulmans ne sont pas tous d'accord sur la catégorisation de chaque action en fonction de critères moraux. Pour certains experts, par exemple, il est obligatoire de se laisser pousser la barbe tandis que pour d'autres c'est simplement recommandé.

En outre, la catégorisation d'une action morale peut changer avec le temps, en fonction des circonstances. Par exemple, quand la question du tabagisme a été soulevée la première fois, beaucoup de musulmans l'ont classée dans la catégorie « détesté » (*makrouh*), en raison de la mauvaise odeur du tabac. Cependant, à la suite de travaux scientifiques, on s'est aperçu que le tabac était nocif pour la santé et responsable de bien des cancers et autres maladies. Le tabagisme fut alors classé comme « interdit », parce qu'il nuit au respect de la vie, que la *chari'a* cherche à protéger. Cependant, d'autres avis juridiques considèrent que le tabagisme doit être étudié au cas par cas et dépend de la façon dont l'addiction affecte la santé de l'individu.

Le code pénal islamique

Le code pénal islamique a pour but de dissuader les gens de faire le mal. Le fait d'imposer des peines sévères à ceux qui exécutent certaines actions mauvaises doit inciter les gens à y réfléchir à deux fois avant de se lancer dans une entreprise malsaine.

Les tribunaux islamiques qui fonctionnent sur la base de véritables principes islamiques prévoient des lois pénales très dures pour ceux qui sont reconnus coupables. Les juristes évaluent la sentence au cas par cas, la preuve de la culpabilité de l'accusé devant être flagrante.

Le code pénal prévoit également des exceptions importantes. Par exemple, selon la sunna, on ne peut pas condamner un mineur ou quelqu'un qui est mentalement dérangé, car ils sont considérés comme étant incapables de faire des choix conscients.

En outre, si les circonstances sont humainement insupportables ou qu'il est extrêmement difficile de se conformer à certaines lois, les tribunaux islamiques peuvent temporairement suspendre les lois en question.

À RETENIR

Le code pénal est établi sur la règle de la primauté du droit ; les musulmans ne peuvent pas s'approprier la loi. Il en résulte qu'en l'absence de gouvernement islamique le code pénal ne peut pas être appliqué. La loi islamique ne peut pas être appliquée sans jugement en bonne et due forme, avec respect des procédures et possibilité de faire appel, ce qui n'est possible qu'au sein d'un État musulman et devant des tribunaux islamiques.

Dans les sections suivantes, nous ferons un rapide survol de chacun des codes pénaux en vigueur et nous expliquerons le raisonnement et l'état d'esprit qui sont sous-jacents à chacun d'entre eux.

Punir le meurtre

Selon le Coran, le fait d'enlever la vie à quelqu'un est passible de mort (2:178). Cette loi s'applique indépendamment de la classe sociale ou économique du coupable.

Cependant, le Coran offre également une deuxième option en dehors de la peine de mort, c'est la loi du pardon ou *qisas*. Si la famille de la victime le souhaite, elle peut pardonner au meurtrier en demandant une compensation raisonnable. La famille et le juge décident de la forme que prendra cette compensation. Le Coran encourage vivement les fidèles à recourir à cette seconde option en signe de « concession et de miséricorde de votre Seigneur » (2:178). En outre, en droit islamique classique, il doit nécessairement y avoir quatre témoins au meurtre pour que la peine de mort soit appliquée. Autrement, on ordonne une autre sanction, comme la prison à vie.

Toutefois, la loi du pardon ne s'applique pas à un meurtrier responsable d'un massacre ni à un tueur en série. Le *qisas* s'applique uniquement au meurtre d'une personne par une autre.

Le Coran donne une explication très intéressante de cette loi en disant : « C'est dans le talion que vous aurez la préservation de la vie, ô vous doués d'intelligence, ainsi atteindrez-vous la piété » (2:179). Le Coran considère que la loi du talion permet de protéger la vie dans la société, en privilégiant la patience et les encouragements plutôt que le carnage, et le fait d'enlever la vie à une seule personne (le meurtrier) se justifie par le fait que cette personne n'a manifesté aucun respect pour le caractère sacré de la vie, ce qui vaut aussi pour la sienne. La loi vise à servir de moyen de dissuasion et à préserver la vie dans la société.

Les juristes peuvent choisir parmi les quatre punitions évoquées ci-dessus pour ce crime selon le degré de gravité de l'acte. Ils ne sont pas tous d'accord pour définir à quel niveau de gravité le crime mérite punition.

Le code pénal traite très durement ceux qui propagent la violence, car ils déstabilisent la société et empêchent le progrès humain. C'est l'un de ces crimes qui violent pratiquement tout ce que la *chari'a* veut protéger. Étant donné que la finalité de la loi islamique est de toujours privilégier le bien de la société, elle se doit de légiférer de façon stricte afin de contenir au mieux les débordements qui provoquent le plus grand mal à la société.

Passible de haute trahison

Les juristes islamiques classent le crime de haute trahison parmi les actes de propagation de la violence. Cette loi s'applique à ceux qui se retournent contre l'islam et aident l'ennemi à détruire un État musulman.

La trahison peut avoir plusieurs niveaux ; la forme la plus élevée de trahison est passible de la peine de mort. La plupart des pays non musulmans ont des lois semblables qui s'appliquent aux citoyens jugés coupables d'activités d'espionnage ou autres et qui attentent à la sécurité nationale.

Punir le vol

Le Coran définit la loi sur le vol dans le passage suivant : « Le voleur et la voleuse, à tous deux coupez la main, en punition de ce qu'ils se sont acquis, et comme châtiment de la part de Dieu… Mais quiconque se repent après son tort et se réforme, Dieu accepte son repentir. Car Dieu est celui qui pardonne, le Miséricordieux. » (5:38-39). Toutefois, une majorité de juristes disent à la lumière de la sunna, que seule la main droite doit être coupée, et non les deux mains. De nos jours, ces peines maximales ne sont plus appliquées que dans un ou deux états particulièrement conservateurs. Tous les juristes épris de lumière transforment ces peines en châtiments moins définitifs.

Il existe trois conditions qui rendent l'application de la loi caduque. Les voici :

- **Objets laissés sans surveillance** : En cas de vol d'un objet laissé sans surveillance, le tribunal islamique décide de la punition ; il n'est pas obligé d'imposer que l'on coupe la main du voleur. Le juge peut décider d'appliquer une punition plus douce, voire symbolique.
- **Quantité de marchandises volées** : Les juristes sont en désaccord pour décider du montant à partir duquel appliquer la sanction prévue dans le Coran. La majorité des juristes sont d'accord pour dire que les petits larcins ne méritent pas que l'on coupe la main du voleur, particulièrement quand il s'agit d'un premier vol.
- **Vol par nécessité** : Cette punition ne s'applique pas à ceux qui volent par besoin désespéré de survie. À cet égard, la loi ne s'applique pas au vol de nourriture : si un homme ou une femme sans domicile fixe souffre du froid glacial et vole un manteau, il (ou elle) ne sera pas sanctionné aussi durement. Cette restriction tient compte de l'obligation du gouvernement islamique de répondre aux besoins fondamentaux de survie des citoyens, qui ont tous droit à une nourriture et un abri décents.

La radicalité de cette loi est destinée à décourager absolument le vol de la propriété d'autrui, considérée comme sacrée dans la loi islamique. Ceux qui violent cette loi sacrée méritent une punition sévère afin de sauvegarder les droits de la société dans son ensemble.

Non au sexe hors mariage

Dans le Coran, il est dit qu'un homme et une femme jugés coupables de fornication doivent recevoir cent coups de fouet (24:2). Selon la sunna, ceux qui commettent l'adultère doivent également recevoir cent coups de fouet et être lapidés.

Pour cela, encore faut-il disposer d'une preuve formelle de l'acte de fornication ou d'adultère. Dans tous les cas, il faut au moins quatre témoins oculaires ayant une réputation de grande fiabilité pour pouvoir condamner un homme et une femme qui ont eu des rapports illégitimes (24:4). Devant le tribunal islamique, seul le flagrant délit constaté par quatre témoins crédibles de la scène est recevable. S'il n'y a que présomption ou soupçon de l'acte, cela ne suffit pas.

En outre, dans le Coran, l'espionnage est formellement interdit (49:12). C'est pourquoi le témoignage de celui qui épie ses voisins ou s'immisce dans l'intimité d'une autre personne ne peut pas être accepté. Par conséquent, il est pratiquement impossible de prouver que deux personnes ont eu des relations coupables (fornication ou adultère) à moins que le couple illégitime n'ait eu ce type de rapports en pleine place publique !

ATTENTION !

Beaucoup pensent à tort que cette loi s'applique seulement aux femmes. En réalité, le Coran dit clairement que la loi s'applique aux deux « à la femme et à l'homme » (24:2). Par ailleurs, certains tribunaux, comme au Nigeria, ont condamné indûment des femmes pour fornication ou adultère parce qu'elles sont devenues enceintes hors mariage. C'est une application abusive de la loi, car ni le Coran ni la sunna ne mentionnent la grossesse comme preuve du crime. La jeune femme a pu être violée.

Dans les situations suivantes, la loi n'exige pas la présence de quatre témoins pour la preuve, même si jamais aucun tribunal sérieux n'a statué sur le cas.

- **Le mari est témoin de l'adultère de son épouse :** Un homme qui est témoin que sa femme le trompe avec un autre homme, sans qu'aucun autre témoin soit présent, est prié de venir devant le tribunal islamique et de jurer quatre fois au nom de Dieu qu'il dit la vérité. Il fait un cinquième serment en prononçant les paroles suivantes : « Que la malédiction de Dieu tombe sur moi si je suis du nombre des menteurs » (24:6-7). Puis l'épouse répond à l'accusation devant le tribunal. L'épouse jure également par Dieu quatre fois qu'elle ne ment pas. La cinquième fois, comme son mari, elle appelle sur elle la colère de Dieu si son mari dit la vérité (24:8-9).

  Une fois les serments prononcés, aucune sanction ne s'applique ni à la femme ni à l'homme, étant donné que c'est sa parole contre la sienne. Cependant, dans ce cas, le mariage est déclaré dissous.

- **En cas de viol :** Selon la sunna, en cas de viol, le témoignage de la victime violée suffit pour faire mettre en accusation le violeur, si la procédure de jugement est faite en bonne et due forme. S'il est jugé coupable, l'homme risque une forte peine. La femme est libre et n'encourt aucune sanction. Aujourd'hui, des recherches biologiques permettent de déterminer avec précision si le violeur est effectivement la personne incriminée.

- **Reconnaissance de culpabilité :** Si une personne se présente au tribunal en avouant qu'elle a commis un acte de fornication ou d'adultère, elle n'a pas à produire de témoins. Cependant, la loi islamique décourage en général l'exposition de faits que Dieu a maintenus cachés aux yeux de tous.

  En outre, selon la sunna, si le juge reçoit quelqu'un qui vient reconnaître sa culpabilité, il doit repousser cette personne au minimum trois fois pour décourager l'individu de s'accuser. Ce n'est que si cette personne insiste tout de même que le juge poursuit l'instruction de sa culpabilité. Vous vous dites certainement : « Qui donc serait assez fou pour aller avouer son adultère ? » N'oubliez pas que les musulmans pieux considèrent que si l'on a avoué un péché ici-bas, on ne sera pas puni pour ça dans l'au-delà.

À RETENIR

La *chari'a* cherche à protéger les liens du sang et la famille. L'institution de la famille sert de base morale et éthique à la société tout entière. C'est pourquoi il est considéré comme un péché grave d'attaquer l'institution du mariage et la *chari'a* cherche à éradiquer le mal à la racine.

Sanction du faux témoignage d'adultère

Le Coran déclare : « Et ceux qui lancent des accusations contre des femmes chastes sans produire par la suite quatre témoins, fouettez-les de quatre-vingts coups de fouet et n'acceptez plus jamais leur témoignage. Et ceux-là sont les pervers » (24:4).

Faire un faux témoignage d'adultère est un péché grave dans la *chari'a*. Cela concerne ceux qui portent des accusations sans pouvoir présenter quatre témoins et ceux qui produisent quatre témoins mais dont il s'avère, au fil du procès, que l'événement a été inventé de toutes pièces.

Les quatre écoles juridiques

Au fil du temps, l'interprétation de la volonté de Dieu transmise par le Coran et la tradition prophétique ont donné naissance à quatre grandes écoles de droit islamique. Les quatre imams n'ont aucun désaccord important entre eux, mais les principes qu'ils dégagent de leur interprétation pour les codifier en actes juridiques diffèrent largement. La plupart des musulmans adhèrent à l'une de ces quatre écoles de pensée juridiques parfois sans même le savoir.

L'école hanafite

Cette école juridique tire son nom de An-Nu'man ibn Thabit Abu Hanifa (700-767), originaire d'Afghanistan et fils d'un esclave libéré. Son travail a rassemblé un ensemble de principes permettant aux experts de définir les contours de la loi islamique à partir du Coran.

Abu Hanifa a accordé beaucoup d'importance au *qiyas,* ou raisonnement par analogie, pour introduire de la souplesse dans les décisions de justice. Il a également mis l'accent sur la notion de préférence (*istihsan*), qui permet à un juge de choisir entre deux options afin de favoriser le bien commun. À cet égard, l'école hanafite est encore de nos jours reconnue comme étant la plus souple ou la plus clémente.

Cette école juridique est celle qui compte le plus d'adeptes. Son aire géographique d'influence s'étend en Asie centrale et en Asie du Sud, où vivent le plus grand nombre de musulmans. Cette école juridique est également la plus couramment invoquée dans les communautés musulmanes originaires du sud de l'Asie expatriées en Europe ou aux États-Unis.

L'école malikite

Malik ibn Anas (716-795) a été le premier à publier un livre sur la loi islamique, intitulé *al-Mouwatta.* Cette école de pensée (*madhhab*) s'inspire de l'exemple des premiers croyants de Médine (les compagnons du prophète Mohammed) considérés comme une source de la loi islamique. Malik considérait que cette génération de croyants, constituant la toute première communauté de musulmans, avait forcément suivi l'esprit et les conseils du Prophète pour élaborer les lois et les pratiques individuelles et communautaires.

Malik a également préconisé de prévoir des exceptions dans la loi islamique basée sur la coutume locale (*ourf*), à condition que cette coutume ne contredise pas l'esprit d'une loi islamique bien établie. Il a également insisté sur le fait que les évolutions du droit et des procédures, pour s'adapter aux problématiques contemporaines, devaient avant tout tenir compte du bien commun et du bien-être de tous (*istislah*). Dans ce cas, l'esprit de la loi peut parfois passer avant la lettre.

L'école malikite a le plus grand nombre d'adeptes en Afrique de l'Ouest et en Afrique du Nord. Elle est également bien représentée en Égypte, au Soudan, à Bahreïn et au Koweït. En outre, cette école gagne en popularité aux États-Unis, dans le sillage de certains penseurs influents qui recommandent son application.

L'école chafi'ite

Mohammed ibn Idris al-Chafi (767-820) est considéré comme un des juristes les plus brillants de toute l'histoire musulmane. Il a codifié les sources de loi islamique en s'en tenant uniquement au Coran, à la sunna (tradition prophétique), à l'*ijma'* (consensus des savants) et au *qiyas* (raisonnement par analogie). Chafi'i a rejeté notamment le recours au principe de la préférence juridique (*istihsan*) prôné dans l'école hanafite, ainsi que l'exemple de la communauté médinoise comme source de la loi islamique, comme le pratique l'école malikite.

Cette école juridique est dominante dans le sud de l'Égypte, de l'Arabie, en Afrique de l'Est, en Malaisie, en Indonésie et dans quelques régions de l'Asie centrale.

L'école hanbalite

L'école juridique baptisée du nom d'Ahmad Ibn Hanbal (780-855) est considérée comme la plus conservatrice des quatre écoles. Ibn Hanbal s'est lassé de recourir au raisonnement et à l'analogie pour mettre en forme la loi islamique. Il a développé la théorie de la licéité (*ibaha*), où toute action qui ne contredit pas le Coran et la sunna est considérée comme licite ou présumée licite. Cette notion a introduit une certaine souplesse dans une tradition par ailleurs très conservatrice.

Ce sont en général les musulmans d'Arabie saoudite, d'Oman et du Qatar qui suivent cette école juridique. Cette école connaît également un certain engouement parmi les convertis à l'islam aux États-Unis.

Retour d'ensemble sur le sujet

Il ne faut pas croire que la science du Coran soit une discipline figée dans le temps. La réalité est tout autre : depuis la mort du Prophète (juin 632), il n'y a pas eu une année, un mois ni un jour sans que les musulmans, toutes doctrines confondues, n'aient pas cherché à mieux comprendre tel ou tel verset du Livre sacré ni à appliquer autrement un rite. Tout cela participe évidemment de la vitalité d'une religion et il n'y a pas lieu de s'offusquer, de le penser ou de le dire : le Coran aussi a ses interprètes, ses exégètes, ses commentateurs. Selon Hamza Boubakeur, qui a fait l'une des meilleures traductions du Coran au XXe siècle, il y a eu au moins cinq générations différentes d'interprètes du Coran. Ils sont plus d'une centaine, entre les maîtres et leurs disciples, sans compter évidemment les premiers « récitateurs » (*hoûffadh*) ni ceux qui ne s'étaient pas fait connaître auprès des autorités religieuses. D'une manière plus large, l'homme érudit en islam est celui qui peut apprendre le Coran. Ceux qui l'apprennent dans sa totalité et qui peuvent le réciter en partant de n'importe quel verset pris au hasard sont les plus grands maîtres : « Le méritant d'entre vous, a dit le Prophète, est celui qui apprend le Coran et qui l'enseigne ensuite. » Ils sont destinés à occuper les fonctions cultuelles les plus éminentes : imam, juge, *moufti*, enseignant de Coran et peut-être grand théologien. Mais, plus fréquemment, les musulmans éprouvent une certaine fierté à pouvoir déclamer telle ou telle sourate et même tel ou tel verset.

Revenons maintenant sur le point central de cette section : les grands interprètes du Coran. Nous ne reprendrons pas la division de Boubakeur, car la tradition interprétative du Coran (*ijtihad*) s'est faite selon un *continuum* qui va de Médine à La Mecque, en passant par toutes les grandes villes musulmanes, dont Koufa et Bassorah, pour essaimer auprès des érudits, et cela dans toute la Mamlaka, l'Empire musulman au moment de sa grandeur. À elle seule, la liste ci-dessous montre combien les élites musulmanes se sont passionnées pour cette œuvre éminemment humaine qui consiste à comprendre et à mettre en pratique l'enseignement coranique :

- Contrairement à d'autres, nous plaçons en premier non pas un théologien, non pas un parent du Prophète, mais **le prophète Mohammed** lui-même, Salut et Paix soient sur Lui. Il est, à nos yeux, le premier, le plus grand et le meilleur interprète du Coran. Son œuvre de jurisprudence (*fiqh*), de compréhension du verset coranique (*ta'wil*) et d'orientation (*irchad*) nous a été transmise par le biais du *hadith*, ensemble des propos tenus de son vivant et rapportés par des témoins auditifs crédibles. Plus tard, le *hadith* sera consigné par Bukhari (mort en 870), Mûslim (mort en 875), Abû Dawûd de Sijistan (mort en 875) Thirmidi (mort en 892), et tant d'autres collecteurs spécialisés, comme Ibn Maja (mort en 886) ou Nasa'i (mort en 915). À lui seul, le *hadith* est une école de pensée que bien des théologiens ont méditée. Je vous conseille de lire les quatre volumes de Bukhari (aux éditions Adrien Maisonneuve), par exemple, pour saisir la dimension phénoménale du commentaire prophétique sur le Coran. Le volume 3 de cet ensemble est quasiment consacré à la seule interprétation du Coran, de la page 249 à la page 543, même si tout le *hadith* est, à sa manière, une interprétation du Livre saint de l'islam. Dans l'un des *hadith* rapportés par Al-Bukhari, il y a celui-ci, adossé à Abou Sa'id Al-Mo'alla. Selon cet informateur, le

Prophète lui aurait dit : « Veux-tu que je t'enseigne la plus importante sourate du Coran ? C'est la *Fatiha*, également appelée la Mère du Livre… » La *Fatiha*, nous l'avons vu, est la première sourate du Coran. Elle comprend sept versets seulement mais qui valent symboliquement tout le Coran.

- En deuxième position seulement viennent **les centaines d'interprètes et autres commentateurs**. Chacun d'eux est un puits de science et nul ne doutera aujourd'hui de leur sincérité. Mais tel est le paradoxe de la connaissance : elle a toujours besoin de se nourrir de la diversité des points de vue. C'est pourquoi nous ne faisons que présenter brièvement les plus grands exégètes du Coran, du premier siècle de l'islam jusqu'à nos jours.
- Enfin, dans la période contemporaine, qui a vu fleurir de nombreuses exégèses, le commentaire du Coran fait place aux **considérations sociologiques, anthropologiques et politiques autour des thèmes majeurs du Coran, en relation avec la société d'aujourd'hui**. Bien que savants et irréprochables en termes de rigueur (voir par exemple le *tafsir* des réformateurs musulmans du XIXe siècle, dont celui de Mohamed Abdouh, 1927) (voir partie 7), ces commentaires exégétiques sont en partie nourris de considérations philosophiques très actuelles : le statut de la femme, la question de la modernité, les mutilations sexuelles, etc. Là encore, toute une thèse ne suffirait pas à embrasser la richesse des débats qui, depuis plus de deux siècles, traversent le champ du savoir dans ce domaine. Ainsi, dans une bibliographie ordinaire sur le sujet, on peut facilement compter cent titres importants.

Pour ceux qui veulent approfondir ces notions, nous renvoyons aux travaux passionnants de Régis Blachère, *Introduction au Coran*, Paris, Maisonneuve et Larose, 1991. L'auteur aborde l'historique de la Vulgate sous Abou Bakr et Othman, puis la multiplicité des lectures du Coran, et sa compréhension, dès l'instant où la Vulgate définitive a été établie.

Il existe également un article très abouti intitulé « Al-Kur'an » de A. T. Welch, paru dans *L'Encyclopédie de l'islam, nouvelle édition*, 1986, vol. V, p. 401-431.

Pour aller plus loin

Sur les thèmes de la *chari'a*, du droit musulman, des crimes et des peines :

- AL-QAYRAWANI, *La Risala*, Alger, Éditions Carbonel, 1949.
- BRUNSCHVIG R., *Études d'islamologie*, Paris, Maisonneuve et Larose, 1976, 2 vol.
- DJAÏT H., *La Grande Discorde. Religion et politique en islam*, Paris, Gallimard, 1989.

- EL-BOKHARI, *Les Traditions islamiques*, Paris, Adrien Maisonneuve, 1984, 4 vol.
- GOLDZIHER I., *Le Dogme et la loi de l'islam*, Paris, Paul Geuthner, 1920.
- IBN HICHAM, *La Vie du prophète Mohammed*, Paris, Fayard, 2004.
- MALIK IBN ANAS, *Al-Muwatta,* Beyrouth, Dar al-Jil, 1993.
- MAWERDI, *Les Statuts gouvernementaux ou règles de droit public et administratif,* Alger, Office des publications universitaires, 1984.
- MILLIOT L., *Introduction à l'étude du droit musulman*, Paris, Recueil Sirey, 1953.
- SCHACHT J., *Esquisse d'une histoire du droit musulman*, Paris, Librairie Orientale et Américaine, 1953.
- THIRMIDI, *Sunan*, Beyrouth, Dar Ibn Hazm, 2002.
- TYAN E., *Institutions du droit public musulman*, Paris, Sirey, 1956.

Chapitre 18

Les femmes dans le Coran

Dans ce chapitre :

- Histoires de femmes dans le Coran
- Les femmes dans la société : leurs droits et leur rôle
- Quelques idées fausses sur les femmes dans l'Écriture sainte

Les femmes et l'islam : voilà un sujet qui suscite bien des discussions passionnées. Trop souvent, cette discussion se disperse dans des généralisations hâtives sur la femme musulmane traditionnelle et la femme occidentale : la musulmane étant opprimée et démodée ; l'Occidentale accusée d'être un produit commercial qui utilise son corps pour vendre de tout, aussi bien des voitures que de la bière !

Ces clichés s'enracinent dans une méconnaissance réciproque de la tradition islamique par les Occidentaux et de la culture occidentale par le monde musulman. En réalité, comme le démontre ce chapitre, les deux façons d'appréhender les droits et la libération de la femme sont tout à fait similaires, même si elles s'expriment en des termes différents.

Dans ce chapitre, nous verrons tout d'abord ce que le Coran dit des femmes, ce qui vous permettra de constater qu'un certain nombre d'idées fausses circulent à ce propos. Ensuite, nous passerons rapidement en revue l'histoire de quelques femmes dans la Coran. Nous terminerons par un exposé des droits que le Coran accorde aux femmes.

L'égalité dans l'Écriture sainte

Toutes les traditions religieuses se transmettent des histoires de génération en génération. Ces histoires véhiculent des valeurs morales et éthiques destinées à élever l'âme des jeunes et des moins jeunes.

Dans cette section, nous évoquons l'histoire de certaines femmes mentionnées dans le Coran, en nous intéressant à la vision du monde, propre à la tradition islamique, que nous révèlent ces récits.

Ève : un modèle d'égalité entre les sexes

L'histoire d'Ève dans le Coran instaure la notion d'égalité entre les sexes, sur le plan spirituel et fonde les relations entre hommes et femmes sur la coopération.

L'histoire d'Ève dans le Coran est très différente de celle véhiculée par le récit de la Création dans la Bible. Les lecteurs seraient certainement très intéressés par ces différences entre les récits de la Bible et du Coran.

Dans le jardin d'Éden

Conformément à l'ensemble du style littéraire du Coran, qui présente ses récits dans une optique morale plutôt que narrative, Ève apparaît dans le verset 7:19 où elle est nommée comme étant l'épouse d'Adam. Dieu dit à Adam de demeurer avec son épouse dans le jardin où ils peuvent goûter à tous les fruits, excepté ceux d'un seul arbre, l'arbre interdit.

À la différence de la Bible, le Coran présente Ève comme une créature créée indépendamment d'Adam (et non tirée de sa côte), qui sait aussi bien qu'Adam ce qu'il en est de l'arbre défendu.

Dans le passage 7:20-22, le Coran explique que Satan, se faisant passer pour un conseiller bien intentionné, commence à susciter des tentations dans le cœur d'Adam et d'Ève, les incitant à goûter au fruit de l'arbre défendu. Adam et Ève tombent dans le piège de Satan et mangent le fruit défendu, ce qui leur fait perdre la félicité. Comme le couple cherche à cacher son indignité, fruit du péché, Dieu leur rappelle qu'il les avait avertis des mensonges de Satan.

Dans le Coran, Ève n'est pas celle qui a entraîné Adam au péché. Ainsi, ce n'est pas la femme qui est tentatrice. En réalité le Coran considère que c'est Satan qui est l'ennemi des deux sexes. Satan joue les tentateurs, tandis qu'Adam et Ève sont tentés tous les deux ensemble.

Avant d'être renvoyés du jardin d'Éden, Adam et Ève implorent Dieu en lui disant : « Ô notre Seigneur, nous avons fait du tort à nous-mêmes. Et si Tu ne nous pardonnes pas et ne nous fais pas miséricorde, nous serons très certainement du nombre des perdants » (7:23). Cette prière témoigne du fait qu'Adam et Ève sont capables de comprendre la nature du bien et du mal, tant au niveau spirituel qu'intellectuel. En outre, ils conviennent tous deux qu'ils ont eux-mêmes provoqué leur chute. Ce n'est pas Ève qui blâme le serpent ni Adam qui reproche à sa femme d'être la cause de leur péché, comme dans le récit biblique.

En fin de compte, Adam et Ève sont pardonnés de leur péché parce qu'ils reconnaissent leur injustice et se repentent devant Dieu. S'ils se retrouvent sur Terre, ce n'est pas une punition mais une étape de leur développement spirituel et moral. Plus important encore, à noter dans le cadre de ce chapitre, Ève ne reçoit pas la punition d'enfanter dans la douleur et d'être soumise à son mari, comme dans la Bible. En revanche, comme le montre leur prière à Dieu, Ève est sur Terre avec Adam en tant que compagne spirituelle, qui se tourne vers Dieu pour implorer son pardon et son aide. En revanche, Satan est mauvais pour ne pas avoir obéi à Dieu.

Respect à celle qui porte l'enfant

Le Coran évoque avec admiration la capacité d'Ève à avoir des enfants, une spécificité de la femme qui n'est en rien une punition mais plutôt une expérience profondément spirituelle. Le Coran dit que les parents, et particulièrement la mère, méritent presque autant de respect et de gratitude que Dieu lui-même du fait de la difficulté du rôle de parents devant faire face à moult difficultés et soucis pour faire grandir leur enfant, pendant la grossesse et même après (31:14 ; 46:15).

Dieu a également dit, par la voix du prophète Mohammed, que l'utérus (*rahm*) tire son nom de la même racine que la miséricorde divine (*rahman*) et est source de miséricorde pour l'humanité. En outre, le prophète Mohammed a déclaré que l'expérience spirituelle que vit la femme enceinte est comparable à celle de la personne qui passe la nuit en prière et le jour à jeûner. Il a également dit que celle qui meurt en accouchant accède aussitôt au rang de martyr aux yeux de Dieu.

Sur Terre

À RETENIR

L'histoire d'Ève illustre bien la manière dont le Coran perçoit la femme. On peut mentionner six aspects différents :

- La femme a été créée d'une seule âme, tout comme l'homme.
- La femme et l'homme ont la même connaissance et la même capacité pour comprendre la volonté de Dieu sur eux.
- L'homme et la femme sont des associés sur le plan spirituel, qui ont la capacité d'apprécier la présence de Dieu et sont également vulnérables aux tentations de Satan.

- L'homme et la femme sont par nature pudiques et ne s'exhibent pas nus l'un devant l'autre.
- L'homme et la femme possèdent à égalité la même aptitude à la piété (*taqwa*), au repentir (*tawba*), après avoir pris conscience du poids de leurs péchés.
- L'homme et la femme méritent de manière strictement identique la miséricorde de Dieu et la rémission de leurs péchés dès qu'ils se repentent.

L'Écriture sainte met l'accent sur cette notion de complémentarité entre l'homme et la femme, plus particulièrement dans le verset 9:71 qui décrit les rapports de l'homme et de la femme comme reposant sur l'entraide, en vue de faire le bien et d'interdire le mal dans la société. En outre, la complémentarité d'Adam et Ève en tant qu'époux repose sur la confiance, fruit de l'amour partagé, et sur la compassion (30:21).

La Vierge Marie : une femme divinement inspirée

Marie (*Maryam* en arabe) est celle qui a été choisie et élevée par Dieu au rang de modèle pour toute l'humanité (3:42). Par conséquent, la façon dont le Coran parle de Marie peut vous aider à comprendre le point de vue du Coran sur les femmes.

La femme égale de l'homme

L'histoire de Marie commence par celle de sa mère, que le Coran appelle l'« épouse d'Imran ». La mère de Marie consacre le fruit de ses entrailles au service de Dieu (3:35). En prenant cet engagement, la mère de Marie pensait que Dieu la bénirait avec un fils qui se consacrerait au temple. Mais, à sa surprise, elle donna le jour à une fille qui, selon la loi judaïque traditionnelle, ne pouvait pas être consacrée au temple. De façon surprenante, Dieu dit : « L'homme n'est pas comme la femme » (3:36).

ATTENTION !

Ceux qui sont imbus d'une fierté mal placée de supériorité masculine interprètent à tort ce verset disant qu'il confirme la supériorité de l'homme sur la femme. Cependant, le contexte de ce verset prouve la fausseté d'une telle affirmation. Dieu dit, en réalité, que cet enfant, qui deviendra une femme, possède la capacité spirituelle et physique de donner naissance à Jésus, l'un des plus grands cadeaux faits à l'humanité. L'honneur fait à Marie est si grand dans le Coran que chaque fois que Jésus est mentionné, il est appelé « fils de Marie ». En d'autres termes, Jésus, dans la grandeur de sa mission prophétique, est honoré par Marie.

Servante du Seigneur

Certains affirment à tort que les femmes véritablement pieuses sont celles qui se consacrent à leur mari. Cependant, en tant que modèle pour l'humanité, Marie est honorée dans le Coran, non pas pour s'être consacrée à son mari mais plutôt au service de Dieu. Cela ne veut pas dire que les femmes musulmanes ne doivent pas se marier ni faire de leur famille un lieu de sanctification tourné vers Dieu. En revanche, l'« obéissance » au mari (voir chapitre 15 sur le rôle des femmes dans la vie de famille) au sein de la famille découle de l'obéissance première à Dieu et à ses lois.

Le Livre dépeint Marie se prosternant humblement devant Dieu et décrit son âme comme étant resplendissante de pureté et de beauté divinement inspirées (3:37). Quand les anges viennent rendre visite à Marie au verset 3:42-43, ils lui expliquent que, pour parvenir à ce degré de pureté, elle doit adorer son Seigneur avec ferveur, se prosterner avec humilité et s'incliner respectueusement avec tous ceux qui se prosternent et s'inclinent devant Dieu.

À RETENIR

Dans le Coran, Marie ne reste pas confinée à la maison afin d'atteindre la pureté. Elle se joint à un groupe de fervents croyants en Dieu qui, eux aussi, mettent le culte de Dieu au centre de leur vie.

Une naissance dans la pureté

Dans le verset 3:45, les anges annoncent à Marie une bonne nouvelle : elle va porter en son sein un prophète de Dieu qui s'appellera Jésus et sera honoré sur terre et dans le ciel. Marie se demande comment cela sera possible, car aucun homme ne l'a encore touchée. À cette question, Dieu répond : « Dieu crée ce qu'Il veut. Quand Il décide d'une chose, Il lui dit seulement : “Sois” ; et elle est aussitôt » (3:47).

Pendant sa grossesse, Marie se retire à l'écart du monde, dans un lieu où les douleurs de l'accouchement la mettent dans un état d'angoisse. Pendant cette période de détresse, un ange lui demande de secouer l'arbre qui lui sert de refuge. Ce faisant, Marie reçoit en cadeau des dattes mûres à point et de l'eau fraîche.

Comme il fallait s'y attendre, de fausses rumeurs commencent à se répandre au sujet de Marie lorsqu'elle montre le nouveau-né Jésus aux gens de sa tribu (19:27-28). Le Coran défend énergiquement Marie contre toutes les accusations mensongères à propos de sa virginité et range ses accusateurs parmi ceux qui ont rejeté la foi (4:156). Le Coran dit également que Jésus fait un miracle dès le berceau en parlant pour défendre la chasteté de Marie. Dans le même ordre d'idée, un des devoirs principaux de Jésus est d'honorer et de traiter sa mère, Marie, avec la plus grande bonté (19:32).

Plaidoyer en faveur de la féminité

L'histoire de Marie permet de faire ressortir certains aspects importants de la vision de la femme dans le Coran :

- La naissance d'une fille doit être accueillie avec autant de joie que la naissance d'un garçon, car l'un et l'autre sont aptes à se consacrer entièrement à Dieu.
- La pureté de l'âme, pour les deux sexes, vient de leur dévotion personnelle et de leur obéissance au seul Dieu dont découlent tous les autres droits et responsabilités.
- Le Coran est aux antipodes de l'idée fausse selon laquelle les femmes ont été créées pour servir leur mari. En revanche, tout comme les hommes, les femmes ont été créées pour servir Dieu.
- Les femmes ont une aptitude particulière et une forme de pureté qui les rend réceptives à l'inspiration divine. C'est pourquoi un petit nombre de penseurs de l'islam considèrent que Marie était réellement un prophète, et tous sont d'accord pour dire qu'elle est pour le moins un modèle très honoré de sagesse et de piété.
- L'enfantement n'est pas une punition mais plutôt un moyen de purification qui mérite le plus grand respect et la plus grande sollicitude de la part de la société tout entière et des enfants en particulier.

Le Coran développe admirablement la notion d'égalité entre les sexes, sur les plans moral et spirituel, dans un passage plein de poésie : le verset 33:35-36, qui énumère les qualités et les responsabilités des hommes et des femmes, rigoureusement identiques.

Les autres femmes du Coran

Dans cette section, nous évoquons d'autres récits du Coran qui mentionnent des personnages féminins. Cela vous permettra de voir que, dans le Coran, les femmes, comme les hommes, sont capables de grandes choses sur les plans spirituel et moral mais aussi de bien des turpitudes.

La mère de Moïse, épouse du pharaon

Le passage 28:7 présente la mère de Moïse, à qui Dieu inspire l'idée d'allaiter son bébé. Craignant pour la vie de l'enfant (parce que le pharaon a ordonné le massacre de tous les nouveau-nés israélites), elle dépose le bébé Moïse dans le fleuve, sûre que Dieu tiendra sa promesse de ramener un jour à elle son fils bien-aimé.

Les gens du pharaon trouvent le bébé Moïse dans le fleuve et s'apprêtent à le tuer, mais l'épouse du pharaon est prise de compassion pour l'enfant et prie le pharaon de ne pas lui faire de mal (28:9). Pendant ce temps, la mère de Moïse est si angoissée qu'elle commence à perdre la foi ; le Coran dit que Dieu raffermit sa foi (28:10). Dans les passages suivants, Moïse est rendu à sa mère comme signe que la promesse de Dieu se réalise toujours (28:12-13).

Dans ces deux récits, les femmes reçoivent une inspiration divine et accomplissent des actes de grande portée spirituelle et de grande vérité. L'épouse du pharaon n'est que brièvement mentionnée, mais son rôle est significatif parce sa piété consiste en partie à lutter contre l'injustice et la tyrannie de son mari. Pour ce qu'elle a fait, le Coran l'honore comme modèle pour tous les croyants en Dieu. À cet égard, la perspective du Coran discrédite l'image de la femme soumise et faible. Le Coran raconte au contraire l'histoire de femmes courageuses qui montrent la toute-puissance de la foi quand parfois la tentation de succomber au désespoir est envahissante.

La reine de Saba

L'histoire de la reine de Saba, Bilquis dans la tradition arabe, figure dans le récit portant sur Salomon qui avait la capacité de parler aux animaux. Une huppe (oiseau légendaire, au poitrail magnifique) rapporte à Salomon qu'elle a vu une femme qui régnait sur le royaume de Saba (27:23). La huppe explique à Salomon que la reine de ce royaume associe des idoles à Dieu et adore le soleil.

Salomon envoie une lettre à la reine de Saba pour lui demander, au nom de Dieu, le Miséricordieux, de se détourner de son arrogance et de se soumettre à Dieu seul (27:28-31). La reine de Saba demande alors l'avis de ses conseillers qui lui suggèrent de déclarer la guerre à Salomon. La reine rejette ce conseil et répond que quand les rois entrent dans une cité ils la corrompent et font de ses honorables citoyens des humiliés. Au lieu de cela, elle envoie à Salomon un présent par l'intermédiaire de son ambassadeur (27:35).

Le prophète Salomon déclare à l'ambassadeur que ce qu'il veut vraiment de la reine n'est pas son argent mais plutôt sa soumission au seul Dieu (27:36-37). La reine de Saba vient trouver Salomon, et, après avoir entendu les enseignements de Dieu, elle rejette le culte des idoles. La reine se tourne alors repentante vers Dieu en disant : « Seigneur, je me suis fait du tort à moi-même : je me soumets avec Salomon à Dieu, Seigneur de l'univers » (27:44).

Cette histoire présente un visage des femmes très surprenant dans le Coran. Tout d'abord, la reine de Saba a une position de chef doté d'une grande force morale, capable d'aller à l'encontre de ses conseillers, en majorité masculins. En outre, elle fait preuve de conscience politique en expliquant la véritable nature des invasions injustifiées. En conclusion, la reine de Saba possède la maturité spirituelle qui lui permet de rejeter le culte des faux dieux et de se tourner vers Dieu dans le repentir et la soumission. En bref, la reine de Saba incarne la femme dotée de qualités de chef compétent, rempli de courage, de conscience morale et de maturité spirituelle, qualités indispensables pour prendre des décisions justes pour son peuple.

Les épouses d'Aziz, de Noé, de Loth, et de Lahab

Ces quatre épouses représentent le côté sombre de la conscience humaine dans le Coran.

Aziz est l'intendant, sous les ordres duquel le prophète Joseph est employé. Cet intendant a une très belle épouse. Le Coran la condamne parce qu'elle s'est laissée aller à ses désirs passionnés et a tenté de séduire le beau Joseph pour l'amener à commettre l'adultère avec elle. Quand Joseph rejette ses tentatives de séduction en pensant à Dieu, l'épouse d'Aziz cherche à le punir en l'accusant, lui, d'avoir tenté de la déshonorer. Joseph est jugé non coupable parce que sa chemise a été déchirée dans le dos, ce qui prouve qu'il a essayé d'échapper à la tentation de la femme. L'épouse d'Aziz, toujours envahie par ses désirs charnels, veut obliger Joseph à choisir entre coucher avec elle ou aller en prison. Joseph, en tant que serviteur véritablement juste de Dieu, choisit la prison plutôt que l'immoralité sexuelle (12:21-33).

L'épouse d'Aziz est la première femme condamnée dans le Coran parce que ses désirs charnels l'incitent à commettre une injustice envers le prophète Joseph, qui était alors son serviteur.

Le Coran condamne également (dans des passages séparés) les épouses des prophètes Loth et Noé qui rejettent, avec beaucoup d'arrogance, l'appel divin reçu par leur époux à servir Dieu (66:10). Toutes les deux sont condamnées non pour désobéissance à leur mari, mais parce qu'elles se sont détournées de Dieu.

Pour terminer, l'épouse d'Abou Lahab, le pire ennemi du prophète Mohammed, est également condamnée dans le Coran pour avoir persécuté et traité avec cruauté les musulmans de La Mecque (111:4).

À RETENIR

Les seules fois où des femmes sont condamnées dans le Coran sont celles où, tout comme les hommes, elles ont suivi leurs désirs les plus charnels et rejeté Dieu avec orgueil, agissant cruellement envers les autres. Dans les autres cas, les récits qui mettent en scène des femmes dans le Coran font état de leur piété, de leur noblesse de cœur, de leur compassion, de leur courage, et de leur finesse intellectuelle. Ces récits de vie pieuse ont inspiré, et inspirent encore, bien des femmes dans toute l'histoire musulmane. On est en droit de se demander si la façon dont les femmes sont traitées aujourd'hui, dans un certain nombre de pays de culture musulmane, ne montre pas à quel point les musulmans sont capables d'être frappés d'amnésie et de ne plus tenir compte de leurs propres enseignements et de leur propre tradition.

Les droits des femmes à la lumière de la loi divine

Les droits accordés aux femmes dans le Coran sont pratiquement les mêmes que ceux pour lesquels les femmes se sont battues depuis un siècle. Plusieurs des lois coraniques sont surprenantes, quand on pense qu'elles ont été révélées il y a 1 400 ans, dans une société qui, comme le confirment tous les livres d'histoire, traitait les femmes simplement comme des instruments de plaisir.

La loi divine présente les droits des femmes comme une extension des droits de l'homme. En d'autres termes, les femmes ont les mêmes droits que les hommes, étant des êtres humains à part entière dans la loi islamique (voir chapitre 17).

Certaines des lois concernant les femmes, telles les lois sur la pudeur, sur l'héritage, le mariage, et ainsi de suite, sont discutées brièvement dans certains passages du Coran. C'est dans la sunna que l'on trouve davantage de lois concernant les femmes. Les lois sur les droits et les responsabilités des femmes font l'objet de volumineux ouvrages de jurisprudence sur le rôle des femmes dans la société sous l'angle de la loi islamique.

Égalité devant la loi

Dans le Coran, il est évident que les femmes sont égales aux hommes sur le plan spirituel (4:1 ; 4:124 ; 33:35 ; 57:12 ; 49:13). C'est pourquoi la société et la loi islamique doivent les traiter à égalité. Dans cette optique, les femmes ont les mêmes devoirs et les mêmes responsabilités morales (à quelques exceptions près) que les hommes et sont jugées responsable de leurs actes tout comme les hommes.

Droit à la transmission

Le Coran accorde aux femmes des droits à hériter de leurs parents ascendants ou descendants (4:11-13). Généralement, la part d'héritage de la femme est égale à la moitié de celle d'un homme.

Certains prétendent à tort que cette loi sur la succession montre que l'islam accorde davantage de valeur aux hommes qu'aux femmes. Cependant, il convient de garder à l'esprit le fait que, dans la loi islamique, les femmes n'ont absolument aucune responsabilité en ce qui concerne le fait de subvenir aux besoins de la famille. Les femmes peuvent dépenser leur richesse personnelle de la façon qui leur convient (en restant, naturellement, dans des limites moralement acceptables). La loi islamique donne aux hommes la responsabilité d'être le soutien financier de leur famille. Les hommes doivent dépenser leur richesse en logement, en nourriture et pour couvrir tout autre besoin légitime des membres de leur famille, y compris leurs parents et frères et sœurs le cas échéant (4:34). Les lois sur la succession ne sont pas censées marquer de préférence envers un sexe plutôt que l'autre mais visent plutôt à répartir les responsabilités sociales.

Autre explication : dans une société bédouine où la femme est « prélevée » à son milieu pour aller enrichir le clan voisin, il était juste que la richesse demeure au sein de la famille de base. En outre, il convient de noter que certaines interprétations tournées vers la modernité font remarquer que l'esprit de la loi vise à favoriser la justice. Selon ces interprétations, les femmes qui se retrouvent dans le rôle de soutien de famille devraient recevoir la même part d'héritage que les hommes.

Reportez-vous au chapitre 15 pour plus d'informations sur le droit de la succession.

Droit à la propriété, au commerce et à la gestion de ses affaires

Les femmes ont le droit d'être propriétaires (4:32-33) et cela de manière pleine et entière. Même une fois mariée, leur propriété reste entièrement entre leurs mains, même en cas de divorce. Pour cette raison, il n'y a pas besoin de contrat de mariage spécifique sur les biens d'une femme acquis avant son mariage.

Les femmes peuvent gérer leur propre entreprise si elles le souhaitent. En fait, la première épouse du prophète Mohammed, Khadidja, était une riche femme d'affaires, et Mohammed a réellement travaillé pour elle.

Par ailleurs, les femmes ont une totale maîtrise de leur argent, qu'elles peuvent dépenser comme bon leur semble. La civilisation musulmane a connu un certain nombre de femmes très riches qui ont utilisé leur richesse au service du bien commun et ont contribué à la construction de certaines grandes universités du monde musulman.

Droit au travail et à l'égalité des salaires

D'après la loi islamique, les femmes ont le droit de travailler dans tous les domaines, à condition toutefois que le métier en question respecte les directives morales des enseignements islamiques – c'est-à-dire les mêmes directives qui s'imposent aux hommes dans leur travail. En fait, le Coran dit même que les femmes doivent bénéficier de prestations égales à celles des hommes pour un travail identique (4:32).

Femmes de tête

À l'époque du prophète Mohammed, beaucoup de femmes, appelées *aslamiyya,* faisaient office de médecin dans la communauté islamique. En outre, historiquement, il y a eu des femmes exégètes de l'islam, juges, conseillères financières et même conseillères en politique.

À RETENIR

Malgré tout, le Coran affirme que la première responsabilité d'une femme est d'assurer l'éducation morale de sa famille, ce qui a la priorité sur son droit au travail.

Le Coran considère la cellule familiale (voir chapitre 15) comme une composante essentielle de la société, favorisant son bon fonctionnement sur des bases saines et morales. À cet égard, c'est tout à l'honneur des femmes, en leur qualité d'épouse et de mère, d'être l'âme de leur foyer. Attention, cela ne signifie pas que les femmes doivent passer leur temps à faire la cuisine, le ménage et toutes les corvées de maison ! Les hommes peuvent prendre modèle sur le prophète Mohammed, qui aidait son épouse à la maison et recousait ses propres vêtements. Pour la plupart des experts en droit islamique, l'homme doit lui aussi aider aux tâches ménagères si son épouse le lui demande.

Droit à l'éducation

L'islam accorde une grande importance à la recherche de la connaissance. D'ailleurs, le premier commandement que le prophète Mohammed a reçu a été : « Lis ! » (96:1). Le Coran dit que ceux qui ont la connaissance du vrai sont les plus grands aux yeux de Dieu (58:11).

Selon le prophète Mohammed, tout musulman, homme ou femme, doit recevoir une éducation. Les États où l'islam est la religion principale doivent travailler à rendre l'instruction accessible aux garçons comme aux filles.

S'il est vrai que l'éducation des femmes laisse encore à désirer dans certains pays pauvres du monde musulman, il est faux de penser que les femmes ne sont pas correctement instruites dans cette partie du monde. Toutes les disciplines du savoir sont aujourd'hui ouvertes aux femmes.

Droit à la participation sociale et politique

Ceux qui pensent encore que le rôle des femmes, dans les pays musulmans, se cantonne aux travaux domestiques n'ont sans doute pas lu le Coran correctement. Le Livre affirme haut et fort que les femmes ont non seulement le droit, mais aussi la responsabilité, de participer activement aux affaires de la société :

> « Les croyants et les croyantes sont alliés les uns des autres. Ils commandent le convenable, interdisent le blâmable, accomplissent la prière, acquittent l'aumône et obéissent à Dieu et à Son messager… » (9:71).

Cela inclut également le droit de vote pour les femmes étant donné qu'elles sont des citoyennes à part entière dans la société.

Droits de mariage

Une femme ne peut pas être forcée à se marier (4:19). Le mariage ne peut pas être légalisé, en vertu de la loi islamique, sans le consentement explicite de la femme pendant la cérémonie du mariage.

Les liens du sang sont considérés comme sacrés dans l'islam. Car souvent le nom du mari s'impose à celui de la femme. Il ne faut pas oublier que le régime de la famille arabe ou musulmane est l'endogamie. Dans l'ancien temps, une femme ne pouvait pas changer son nom de famille après son mariage, car elle devait conserver le sien afin de préserver sa lignée. Aujourd'hui, une évolution notable des usages matrimoniaux a changé la donne.

VIE QUOTIDIENNE

La régulation des naissances

En vertu des paroles du prophète Mohammed, les couples sont autorisés à pratiquer la régulation des naissances, à condition que cela soit avec des moyens qui ne nuisent ni à la santé de la femme ni à celle d'un fœtus éventuel. Le mari et l'épouse doivent prendre ensemble la décision de recourir à un moyen contraceptif. Dans cette optique, la régulation des naissances exclut l'avortement, parce que le fœtus dans le ventre de la maman est considéré comme une vie humaine et à ce titre revêt un caractère sacré. L'avortement est cependant permis, selon la plupart des penseurs, dans le cas où les spécialistes en médecine estiment que la vie de la femme est en danger.

Droit d'initier le divorce

Le Coran interdit aux hommes d'obliger une femme à rester dans le mariage contre sa volonté (4:19). Il en résulte qu'une femme a le droit d'aller trouver un juge devant un tribunal pour demander le divorce. Cette démarche est désormais valable dans nombre de pays dits « modernistes ». En revanche, le divorce demandé par la femme reste impensable dans les États où la *chari'a* est encore en vigueur.

Le prophète Mohammed a permis aux femmes qui sont venues le trouver de divorcer. Dans un cas célèbre, Mohammed a permis à une femme de se séparer de son mari parce qu'elle le trouvait physiquement peu attirant et ne supportait plus de vivre avec lui. Ainsi, comme vous pouvez le constater, les femmes sont tout à fait dans leur droit quand elles initient une procédure de divorce. Cependant, en règle générale, la loi islamique décourage le divorce.

Droit de témoigner sur transactions

En ce qui concerne les transactions commerciales, le Coran s'efforce de favoriser la justice et l'équité. Le Coran déclare que chaque transaction doit bénéficier de témoins afin de résoudre tous les éventuels conflits.

Le passage qui fonde cette loi annonce qu'il faut deux témoins masculins à chaque transaction. Mais, poursuit le passage, si deux hommes ne sont pas disponibles, alors un seul suffit à condition qu'il y ait aussi deux témoins féminins (2:282).

Je sais ce que vous pensez ! Deux témoins féminins pour un seul homme ! Les critiques de la tradition islamique mettent en avant ce verset pour montrer que le Coran considère qu'une femme vaut la moitié d'un homme. Ces critiques affirment également que ce verset contribue à entretenir la croyance selon laquelle les femmes sont intellectuellement inférieures aux hommes. Ces deux affirmations sont incorrectes. Il faut se souvenir qu'à l'époque de la Révélation les femmes étaient en grande partie peu investies des procédures de gestion dans le secteur commercial, qui était la plupart du temps une affaire d'hommes. Malheureusement, il en est toujours de même pour les femmes dans certaines régions du monde. L'autre explication est de taille : dans l'Antiquité, la femme n'avait aucune valeur en soi. Seul l'homme comptait vraiment. Cette condition sur la validité du témoignage des femmes remplit une fonction de justice concernant la transparence des procédures de gestion et ne préjuge en rien d'une infériorité supposée des femmes.

Si vous consultez d'autres versets impliquant la présence de témoins, vous n'y trouverez pas trace de cette nécessité de produire deux témoins féminins pour un masculin. Ainsi, le passage 24:6-9, portant sur la présence de témoins pour constat d'adultère, prouve qu'en général la production de témoins est une affaire qui n'a rien à voir avec des considérations sexistes.

On le voit ici, le Coran influence très en profondeur la place de la femme dans la société arabe et, plus largement, musulmane. Beaucoup de femmes musulmanes sont dans le désarroi face à la rapidité avec laquelle les comportements collectifs sont en train de changer. Elles vont jusqu'au repli sur elles-mêmes, mais l'évolution est un phénomène trop puissant pour lui échapper. Le mieux étant soit de l'affronter, soit de l'accompagner, sans y perdre son identité propre. Nous, on propose d'accompagner cette évolution et ne pas rester dans le repli ou la suspicion. En effet, on entend souvent cette question : que faire face aux mutations sociales et à leurs conséquences en matière d'éthique individuelle ? La première mutation est l'ouverture au moderne, ce qui implique des évolutions marquantes en termes de rencontre avec le monde environnant. Les femmes voyagent autant que les hommes. Elles s'instruisent, travaillent et occupent des postes variés. Il serait injuste de les cantonner à la seule éducation des enfants, un aspect qui continue d'ailleurs à les mobiliser fortement. Les femmes d'aujourd'hui revendiquent donc une place différente de celle de leur mère ou de leur grand-mère. Certaines n'hésitent pas à se lancer dans de longues études coraniques et se confrontent vaillamment à la rudesse du droit ancien (*fiqh*) ; d'autres sont éducatrices (*mûrchidat*), d'autres encore médecins ou avocates, bibliothécaires, aviatrices, femmes politiques, etc. Le droit musulman doit, à cet égard, évoluer très rapidement afin de leur donner le cadre légal dans lequel elles pourront plus facilement s'épanouir. Ce n'est au fond que justice, puisque la première femme de l'islam, Khadidja, première épouse du Prophète, était elle-même très riche et dirigeait plusieurs employés.

Pour en savoir plus sur le rôle des femmes dans la famille et sur leurs droits, reportez-vous au chapitre 15. Vous y trouverez des explications complètes sur la question des droits et du rôle des femmes dans le contexte de la famille. Ce chapitre aborde également des thèmes d'actualité, comme le port du voile pour les femmes (*hidjab*) et la polygamie.

En outre, vous pouvez également consulter le site internet de la Ligue française de la femmes musulmane (`http://www.lffm.org`) pour en savoir plus sur les femmes dans la tradition islamique.

Pour aller plus loin

Pour aller plus loin sur le sujet de la femme et de ses droits, thème principal de ce chapitre (voir également plus haut, tout ce qui relève d'Ève et de Marie) :

- ABD AR-RAZIQ A., *La Femme au temps des Mamlouks en Égypte*, Le Caire, Institut français d'archéologie orientale, 1973.
- EL-BOKHARI, *Les Traditions islamiques*, Paris, Adrien Maisonneuve, 1977.
- GHAZALI, *Le Livre des bons usages en matière de mariage*, Paris, Adrien Maisonneuve, 1989.
- GOICHON A.-M., *La Vie féminine au M'Zab. Étude de sociologie musulmane*, Paris, Paul Geuthner, 1927.
- PERES H., *La Poésie andalouse en arabe classique au* XX*e siècle*, Paris, Maisonneuve, 1953.
- PESLE O., *La Femme musulmane dans le droit, la religion et les mœurs*, Rabat, Éditions La Porte, 1946.
- SPIES O., « Mahr » (La dot) in *Encyclopédie de l'islam*, Leyde/Paris, 1936, p. 142-144.
- TURKI A.-M., « Femmes privilégiées et privilèges féminins dans le système théologique et juridique d'Ibn Hazm » in *Studia islamica, XLVII*, 1978, p. 25-82.
- WALTHER W., *Femmes en islam*, Paris, Sindbad, 1981.

Chapitre 19

Le Coran et la modernité

Dans ce chapitre :

- Définition de la modernité
- Développer l'humanité moderne dans le Coran
- Compatibilité de l'islam avec la modernité
- Islam et démocratie

Chaque époque apporte son lot de nouvelles idées et théories qui forment la trame du tissu social de chaque génération. La théologie, la loi sacrée et la pratique morale ont également leur mot à dire en la matière.

Dans ce chapitre, nous ne nous demanderons pas si le monde musulman se modernise ou non. Nous verrons que certains aspects des enseignements coraniques sont compatibles avec la modernité et que d'autres ne le sont pas.

Commençons par nous demander ce que signifie la modernité en relation avec l'islam. Nous verrons ensuite quel rôle jouent les musulmans dans le monde contemporain. Pour terminer, nous évoquerons certains débats de société en précisant la position du Coran sur ces questions.

Différence entre modernité et culture moderne

Avant de savoir si l'islam est compatible avec la modernité, il est important de se demander : « Qu'est-ce que la modernité ? » Malheureusement, la réponse à cette question reflète souvent une vision ethnocentrique plutôt que la réalité de la modernité en tant que telle.

Quand certains se demandent : « Pourquoi les musulmans n'arrivent-ils pas à se moderniser ? », ils veulent dire en réalité : « Pourquoi ne font-ils pas comme nous ? Pourquoi s'habillent-ils différemment ? Pourquoi ont-ils des lois et des coutumes sociales différentes ? »

Ces personnes partent souvent du présupposé que la « modernité » n'est bonne que si elle duplique ses propres pratiques, et que tout ce qui n'est pas « moderne » est arriéré. C'est là que la compatibilité de l'islam avec la modernité pose problème, car le changement n'apporte pas toujours avec lui le respect du bien commun et des valeurs morales, qui sont la préoccupation centrale, l'objet même des lois et des enseignements coraniques, si l'on en croit les commentateurs du Coran.

La modernité a permis, c'est vrai, des progrès considérables pour faire avancer certains idéaux (comme la Déclaration universelle des droits de l'homme) et pour développer des inventions bien utiles (comme dans le domaine des transports et de la télécommunication) qui ont considérablement amélioré l'état du monde. Cependant, la modernité a également apporté avec elle son lot de complications (tel le gâchis à grande échelle) et d'inventions maléfiques (telles les armes nucléaires) qui ont la capacité de détruire le monde encore plus rapidement qu'ils ne le construisent.

Malheureusement, il faut reconnaître que le monde musulman ignore souvent encore les aspects salutaires de la modernité. Pour être en phase avec le monde « moderne », les musulmans se laissent parfois attirer par certains aspects de la culture occidentale qui apportent plus de mal que de bien. Certaines grandes sociétés ont capté ce désir de « modernisation » en exportant une culture du divertissement de masse de plus en plus prégnante au lieu de favoriser un meilleur développement économique ou intellectuel.

À RETENIR

La modernité, synonyme de progrès social et politique pour le bien de l'humanité, diffère de la notion de culture moderne, qui reflète des styles de vie pas nécessairement axés sur la notion de bien commun.

Promouvoir le progrès social

Étant donné que ce sont les êtres humains qui pilotent la modernité et le progrès social, intéressons-nous au rôle de l'homme sur Terre dans la perspective du Coran.

Le Coran décrit Adam, le premier homme, comme étant celui qui a une intelligence supérieure parmi les créations de Dieu, notamment de par sa capacité à nommer les choses qui lui ont été montrées (2:31). Sur Terre, Adam a reçu le titre honorifique de représentant de Dieu (ou de gérant sur Terre). Ce titre entraîne une responsabilité qui incombe à chaque être humain, homme ou femme (2:30 ; 6:165).

En outre, Dieu a élevé les êtres humains au-dessus du reste de ses créations en honorant son rôle et son statut : « Certes, Nous avons honoré les fils d'Adam. Nous les avons transportés sur terre et sur mer, leur avons attribué de bonnes choses comme la nourriture, et Nous les avons nettement préférés à plusieurs de Nos créatures » (17:70).

L'humanité a reçu le don de l'intelligence (2:31), de l'expression (55:4) et le libre arbitre (2:281 ; 2:286) pour représenter Dieu sur Terre en bâtissant des civilisations spirituelles, morales et éthiques, fondées sur le bien commun. Le Coran décrit le rôle de l'humanité sur Terre comme étant essentiellement vecteur de progrès social.

Cependant, le Livre reconnaît également que les hommes ont été « créés faibles » (4:28). Historiquement, l'humanité a montré une fâcheuse tendance à suivre les passions qui la tirent vers le bas plutôt que vers le haut. Les lois morales de Dieu veillent à ce que les civilisations se construisent sur des bases morales constructives plutôt que sur des caprices et des désirs à courte vue.

Les musulmans se tiennent aujourd'hui à la croisée des chemins sur les questions de modernité. L'Écriture sainte ne mentionne rien qui empêche les musulmans de s'aventurer dans les sciences et les arts qui apportent un bénéfice à la civilisation. Au contraire, le Coran encourage cette vocation (voir encadré intitulé « La science au service de la société »). Cependant, les musulmans d'aujourd'hui identifient également que tout ce qui est « moderne » n'est pas forcément bon.

Les musulmans, à chaque époque, portent la responsabilité de faire évoluer les conditions de vie de façon positive. En même temps, ils doivent également mettre en garde l'humanité contre les risques qu'elle court à ignorer les lois morales et éthiques divines qui rééquilibrent la finalité des recherches scientifiques et artistiques.

La science au service de la société

Les musulmans ont la responsabilité de développer de nouvelles institutions et inventions qui apportent un bien moral et scientifique. La première communauté musulmane avait bien compris ce concept. Les musulmans ont développé certaines des plus grandes inventions de l'histoire du monde, telle l'industrie du papier qui a démarré avec les musulmans de Chine. La communauté musulmane était pionnière dans les domaines de la science, particulièrement avec de nouvelles découvertes en médecine (telle celle d'Al Razi qui a découvert comment soigner la rougeole et la varicelle), en astronomie (avec l'invention de l'astrolabe, par exemple) et en mathématiques (avec Al-Khûwarizmi, considéré comme le père de l'algèbre).

Les débats de société en question

Dans les sections suivantes, nous nous intéresserons plus particulièrement à la modernité telle que la vivent les musulmans en étudiant la position du Coran sur ces questions.

La loi islamique vise à favoriser le bien commun, défini à partir des principes coraniques de respect de la vie, de la religion, de la dignité humaine, de la famille, du patrimoine et de l'intelligence. Le changement ne doit pas être recherché en soi, mais seulement dans la mesure où il apporte un gain à l'humanité. Par ailleurs, la loi islamique prévoit que tout est permis (*moubah*) dans la mesure où ce n'est pas interdit expressément (*haram*) ou que cela ne contredit pas explicitement l'esprit de la loi islamique.

La science

Le Coran tient en haute estime ceux qui réfléchissent en profondeur et qui étudient la création divine « dans les cieux et sur la terre » (3:191). Cet appel constant à mieux connaître Dieu par la contemplation constitue la base morale sur laquelle s'appuie la science dans la tradition islamique. C'est ainsi que les musulmans ont développé un intérêt profond pour l'astronomie quand la civilisation islamique était à son apogée. Si le monde musulman réussit à revenir à de tels sommets, on peut penser qu'il se lancera avec ardeur dans l'exploration de l'espace, renouant avec une prestigieuse tradition.

De même, le Coran invite également les êtres humains « à méditer en eux-mêmes » (30:8) et incite souvent le croyant à penser avec humilité à sa propre origine, né d'une goutte de sperme se développant jusqu'à devenir un être humain en pleine maturité (22:5). Ce type de réflexion doit inciter les musulmans à explorer les sciences biologiques et médicales.

Cependant, les recherches scientifiques doivent tenir compte des lois morales divines qui placent la préservation de la vie au-dessus de la recherche scientifique. Dans le meilleur des cas, ces deux préoccupations se marient. En médecine, par exemple, ces deux objectifs concourent à respecter le caractère sacré de la vie.

Les arts

Le concept d'*ihsan* fait référence à tout ce qui est bien fait, en relation à Dieu (ce mot vient de la racine *hûsu*, qui signifie tout à la fois le bien et le beau). Ceux qui pratiquent l'*ihsan* sont des *mûhsinin,* c'est-à-dire ceux qui dans la tradition spirituelle « font les choses en profondeur et en beauté ». L'écriture sainte dit que « Dieu aime ceux qui font bien ce qu'ils ont à faire » (2:195). Là est la vraie beauté.

L'homme de bien embellit le monde avec de bonnes actions et lutte contre toute forme de laideur morale dans la société ; il apporte sur Terre une esthétique qui est indissociable de l'éthique. Le Coran encourage même les êtres humains à porter « de belles parures en tout temps et en tout lieu… » (7:31).

Le prophète Mohammed a enseigné à ses compagnons que « Dieu est beau, et [qu'] Il aime la beauté ».

Le développement des arts a grandement contribué à la splendeur de la civilisation musulmane, trouvant son apothéose dans la calligraphie (voir chapitre 2) et l'architecture, deux domaines où la tradition islamique excelle encore aujourd'hui. Où que vous alliez dans le monde musulman, vous ne pouvez manquer de contempler des chefs-d'œuvre artistiques exceptionnels, particulièrement en Turquie, en Espagne, en Égypte, en Syrie, au Maroc et en Inde.

Malgré tout, la primauté et le caractère sacré de la religion excluent la représentation des êtres humains et des animaux ainsi que la fabrication d'idoles (14:35). Cette prohibition est destinée à aider les musulmans de base à ne pas tomber dans le piège de l'idolâtrie et du polythéisme.

Si le Coran encourage la beauté, il met également en garde contre le gaspillage en disant notamment que « Dieu n'aime pas les gaspilleurs » (7:31). En conclusion, l'amour excessif des grandes réalisations architecturales qui ignore la justice sociale est également condamné dans le Coran et fustigé comme étant le propre des civilisations anciennes qui ont disparu (89:7).

Droits de l'homme

Avec la création de l'Organisation des Nations unies, le monde a fait un pas supplémentaire vers la mise en œuvre d'une Déclaration universelle des droits de l'homme. Le Coran (4:1) et la tradition islamique sont en accord avec la plupart des articles qui y figurent (voir chapitre 17). En fait, les musulmans peuvent considérer que l'islam a apporté les droits de l'homme universels au monde il y a 1 400 ans, mis en valeur dans le discours d'adieu du prophète Mohammed qui réclamait la justice sociale, le respect du droit à un travail décent, les droits des femmes, la fin du racisme et l'égalité de tous les hommes.

Cependant, le Coran accorde la primauté à deux institutions que les mouvements des droits de l'homme ignorent parfois de nos jours :

- Sainteté de la famille ;
- Sainteté de la dignité de l'homme.

Le Coran décourage fortement et sanctionne les relations sexuelles hors mariage (25:68 ; 24:2) afin de préserver les liens du sang et la cohésion de la famille. Du point de vue du Coran, la protection de la famille fait partie des droits de l'homme (4:1) auxquels tout enfant a droit et dont toute société saine a besoin pour fonctionner correctement. Actuellement, le mouvement universel en faveur des droits de l'homme oublie de mettre l'accent sur les droits de la famille.

De même, le Coran affirme qu'il est important de préserver la dignité humaine (17:70), car cette dignité (souvent appelée « honneur » dans les textes arabes) forme la base des droits de l'homme dans l'islam. Le fait de bafouer ou de détruire la dignité d'un peuple peut générer de grands maux et peut se répandre à la société tout entière. La loi islamique met en avant la nécessité de protéger le peuple contre la médisance (49:12 ; 104:1), les accusations non fondées (24:4), les injures (49:11), le non-respect de la vie privée (24:27-28) et l'espionnage (49:12).

Par ailleurs, la loi islamique prévoit des sanctions beaucoup plus dures et plus strictes que les lois modernes pour ceux qui offensent la loi sacrée (voir chapitre 17). Ces punitions sont destinées à dissuader les individus de commettre des actions qui violent les droits de l'homme dans la société.

Les musulmans, de nos jours, ont un défi à relever pour réformer de façon honnête les lois sur les droits de l'homme développées par les juristes islamiques, en harmonie avec la situation telle qu'elle se présente de nos jours. Les juristes islamiques d'aujourd'hui doivent appliquer les lois dans un contexte social et politique en constante évolution, tout en maintenant la tradition islamique.

VIE QUOTIDIENNE

Un exemple : certains musulmans se demandent si les lois sur la succession, qui prévoient qu'une femme reçoit en héritage la moitié de la part d'un homme sont toujours valables dans le monde d'aujourd'hui (voir chapitre 15 pour plus d'informations sur le raisonnement qui sous-tend ces lois). Aujourd'hui, les femmes musulmanes se retrouvent parfois soutiens de famille, assumant alors le rôle traditionnellement réservé aux hommes autrefois. Cette situation pose la question suivante pour les juristes d'aujourd'hui : si les lois sur la succession cherchent effectivement à instaurer la justice au sein de l'institution de la famille, la femme qui est soutien de famille ne doit-elle pas recevoir une part égale, voire plus importante ? Les interprètes modernistes répondront habituellement par l'affirmative, car le raisonnement et l'esprit de la loi visent à préserver la justice au sein de la famille. À l'inverse, les interprètes classiques répondront par la négative, car le Coran se veut un modèle parfait pour la vie et l'organisation sociale. À cet égard, selon ces penseurs, c'est à la société de se réformer pour être en harmonie avec les lois coraniques, et non aux lois du Coran de s'adapter à la société moderne. Résultat : le droit de succession épouse de très près les choix de doctrines pratiquées par chaque État musulman.

Les questions de ce type doivent être ouvertement discutées et résolues entre juristes musulmans d'aujourd'hui. Malheureusement, il y a bien peu de dialogue et beaucoup de situations difficiles auxquelles il faudrait remédier.

Économie et libre-échange

Le Coran encourage le libre-échange tant qu'il respecte l'équité : « Ô les croyants ! Que les uns ne mangent pas les biens des autres illégalement. Mais qu'il y ait du négoce [légal], entre vous, par consentement mutuel... » (4:29). Dans cette optique, les criminels qui sèment la crainte et l'instabilité dans la société au point de perturber les relations économiques sont passibles de sanctions graves selon la loi islamique (voir chapitre 17).

La propriété est considérée comme sacrée dans la loi coranique. À cet égard, l'Écriture sainte affirme ceci : « et ne dévorez pas mutuellement et illicitement vos biens... » (2:188). Le Livre condamne également et punit sévèrement le vol (5:38) afin de préserver le caractère sacré de la propriété publique.

À RETENIR

Le modèle économique islamique n'adhère ni au socialisme ni au communisme. Le gouvernement ne peut pas contrôler les finances des citoyens autrement qu'en exigeant le paiement de l'aumône légale (voir chapitre 12) qui sert à financer des programmes destinés à aider les plus pauvres de la société ou à couvrir les dépenses publiques servant à la société tout entière (éducation, soins de santé, etc.).

Le Livre respecte la richesse individuelle et réclame un salaire égal pour les hommes et les femmes (4:32). Le libre-échange et le travail sont encouragés par le Coran quand il déclare : « Puis quand la prière est achevée, dispersez-vous sur la Terre, et recherchez [quelque effet] de la grâce de Dieu... » (62:10).

La clef du modèle économique issu du Coran se situe dans son principe de l'équilibre et de la modération (17:29 ; 18:46). La consommation est permise (2:168), tandis que les dépenses inconsidérées (17:27), l'avarice (35:29) et le gaspillage (6:141) sont vigoureusement critiqués et condamnés. La culture de la vie (sourate 106), du bien-être (42:36) et de l'esthétique (7:31) est encouragée à condition que la richesse ne détourne pas des valeurs morales à vivre au quotidien (sourate 102) et du souvenir que c'est Dieu qui « est le meilleur des fournisseurs » (62:11).

Certains citoyens seront toujours plus riches que d'autres ; à chaque niveau de ressources économiques, chacun est testé par Dieu. Le riche est confronté à l'épreuve de la charité et de la bonté (2:270-271), tandis que le pauvre subit l'épreuve de la patience (2:153-157). Cependant, une société véritablement islamique ne doit pas faire de discrimination envers les membres les plus pauvres de la société, en limitant leur capacité à tenir des commerces et à pratiquer le libre-échange. Pour rendre le commerce équitable, le Coran édicte des lois qui garantissent des procédures de gestion morales. Toutes les transactions, par exemple, doivent avoir lieu en présence de deux ou trois témoins (selon la situation) et doivent être notées par écrit afin d'éviter des conflits ultérieurs (2:282-283). De même, il est demandé à chacun de tenir ses engagements et ses contrats (2:177, 5:1). Il y a également une prohibition de la fraude (2:267 ; 26:181) et une insistance sur la nécessité de définir des normes claires et justes pour commercer (55:9).

Le plus grand obstacle à surmonter aujourd'hui reste sans doute lié à la pratique de l'usure, une forme de prêt à intérêt qui oppose les enseignements du Coran et les pratiques commerciales modernes. L'usure est fortement condamnée et interdite par le Coran (2:275). Le Coran déclare que « Dieu anéantit l'intérêt usuraire et fait fructifier les aumônes… » (2: 276). Du point de vue du Coran, la pratique de l'usure (prêt à intérêts) fait peser un fardeau supplémentaire sur les épaules des pauvres et des personnes endettées. (Si vous avez encore un prêt immobilier à rembourser, vous savez de quoi je parle !) La prohibition de l'usure dans le Coran trouve son fondement dans la justice économique.

VIE QUOTIDIENNE

Cette prohibition pose des problèmes aux musulmans modernes qui vivent dans un monde dominé par des systèmes bancaires, basés sur les taux d'intérêt. Cette prohibition est gênante pour les musulmans qui veulent acheter une maison, par exemple. Beaucoup de penseurs disent que, dans les circonstances actuelles, il est impossible de se passer des prêts à intérêts et qu'il est donc permis aux musulmans d'y recourir en vertu de la « loi de nécessité » dérivée de la loi coranique. (Les spécialistes de droit islamique définissent la nécessité comme étant le besoin de se nourrir, de boire et d'avoir un toit.) En outre, l'usure n'est autorisée que dans les cas où il n'existe pas d'autre alternative. Les théologiens maintiennent, cependant, que la pratique du prêt à intérêts est interdite quand il s'agit simplement de faire fructifier son argent (spéculation).

Religion et sécularité aujourd'hui

Le Coran rejette la culture du « relativisme moral », selon lequel ce sont les façons de penser du moment qui dictent la moralité. Par opposition, la morale du Coran est éternelle et absolue. Dieu ne considère pas que quelque chose est moral un jour et immoral le lendemain. Le Coran sert de critère pour discerner le bien du mal, le vrai du faux, le juste de l'injuste (25:1). Cependant, il est très rare que les questions morales posent véritablement problème : ce sont les interprétations qui servent d'alibi pour ceux qui veulent déformer la parole de Dieu, l'utiliser dans une direction et non dans une autre.

La sécularité a diverses significations et définitions, et s'oppose au confessionnalisme. En France, la sécularité est liée à la notion de laïcité qui se définit plus ou moins comme la séparation de l'Église et de l'État. En d'autres termes, l'Église ne traite pas des affaires publiques, et l'État reste en dehors des affaires privées liées aux institutions et à la pratique religieuse. Cette forme de sécularité, selon ceux qui lui sont favorables, protège la religion de la corruption par l'État, et inversement protège la chose publique des ingérences de la religion. Certains intellectuels musulmans, spécialistes de sciences politiques, prennent également parti pour ce modèle parce qu'ils sont eux aussi lassés de l'influence potentiellement corruptrice du gouvernement sur la religion.

Un autre aspect de la sécularité, particulièrement présent en Europe, limite sévèrement la liberté de culte. Cette forme de sécularité enseigne non seulement la séparation de l'Église et de l'État, mais également l'étouffement des expressions religieuses et de ses symboles en public – rendant de ce fait la liberté de culte bien difficile. Les défenseurs de ce système insistent certes sur le fait que la religion a davantage sa place dans la sphère privée et que personne dans le domaine public ne devrait se sentir intimidé par le fait qu'un autre exprime sa foi. Les musulmans ont du mal à admettre cette notion, parce que le culte dans l'islam (*ibada*) se prolonge au-delà des rites formels qui ont lieu à l'intérieur d'une mosquée ou d'une maison (2:177). Le Coran déclare que « l'islam » est une façon d'être qui ne se commande pas comme un interrupteur que l'on peut mettre sur marche ou arrêt. Au contraire, les enseignements du Coran forment la trame même de la vie (2:208).

La sécularité, sous ses deux aspects (particulièrement le second), est en contradiction avec l'enseignement sacré qui dit : « Il n'y a pas d'autre autorité ou loi que celle de Dieu. » Par ailleurs, l'application de la loi islamique implique que le gouvernement joue un rôle, en instituant un cadre permettant l'application des lois et la mise en place de politiques conformes aux principes de la loi islamique (4:59). L'élaboration de lois humaines qui contredisent expressément la loi divine est considéré comme un péché dans la tradition islamique (3:185). Bien que la sécularité et l'idéal du Coran se présentent comme antinomiques, il est aujourd'hui de plus en plus évident qu'un gouvernement juste, fondé sur le respect de l'intérêt commun, agit en conformité avec les rites islamiques de la vie en société.

Imaginer une démocratie islamique

Avec le renversement des régimes en Afghanistan et en Irak, et le développement de la démocratie dans des pays musulmans comme la Malaisie et l'Iran, la question de savoir si islam et démocratie peuvent coexister n'a jamais été discuté avec autant de passion.

Certains préconisent une sécularisation du monde musulman, ce qui serait le seul moyen de réaliser la démocratie. Cependant, cette idée ne fait qu'alimenter le ressentiment des fondamentalistes et des extrémistes de tous bords qui redoutent une manœuvre de l'Occident pour détruire l'islam et réduire son influence dans le monde.

À ce stade de l'histoire du monde, la démocratie islamique est tout autant une théorie qu'une réalité, puisque la démocratie en est encore à ses balbutiements. Les développements politiques récents dans le monde musulman conjugués à un ardent désir intense de se débarrasser des régimes répressifs font que l'heure est propice aux débats portant sur la façon dont on pourrait concevoir le fonctionnement d'une démocratie en terre d'islam.

Pour établir avec succès la démocratie, les musulmans doivent trouver une manière de relier la tradition des principes islamiques à la démocratie. C'est la condition *sine qua non* pour que l'idée de démocratie s'enracine légitimement dans l'esprit du peuple musulman, qui définit toujours avant tout sa foi comme un mode de vie intégral. Si l'on ne parvient pas à faire ressortir le lien entre les sources de l'islam, au rang desquelles figurent en premier lieu le Coran et la démocratie, le travail des universitaires restera cantonné dans les bibliothèques et les cercles de réflexion et n'aura aucune retombée pratique.

Le Coran et l'État de droit

Certains définissent ainsi la différence primordiale qui sépare les idéaux de la démocratie et la loi islamique : la démocratie serait la « règle de l'homme » tandis que l'islam serait la « règle de Dieu ». Cependant, il convient de faire remarquer que ce schéma simpliste suppose à tort que l'islam préconise une « théocratie » (un type de gouvernement régi par une autorité religieuse parlant au nom de Dieu) – tout l'opposé d'une démocratie.

La théocratie est fondée sur le primat de l'autorité religieuse. Dans une théocratie, une figure centrale (tel un pape) ou un groupe de personnes (le clergé) a une voie d'accès particulière pour communiquer avec Dieu et connaître ainsi sa volonté qu'elle peut ensuite mettre en œuvre dans la société.

Cependant, dans l'islam, la grande majorité des musulmans est sunnite et, comme telle, considère qu'il n'y a pas de personnes plus habilitées que d'autres à communiquer avec Dieu. Dans le sunnisme, il n'existe pas d'autorité religieuse institutionnelle dont les décisions soient absolues, contraignantes (s'imposant à tous) et incontestables.

En fait, les décisions de ceux qui interprètent la loi divine ne doivent leur autorité et leur crédibilité qu'au fait que les exégètes parviennent à démontrer que leurs codes sont élaborés à partir de textes issus du Coran ou de la tradition prophétique, ou du moins s'en inspirent. Dans l'islam, la détermination de la volonté de Dieu est un processus intellectuel entièrement humain qui, par sa nature même, demeure ouvert à la discussion, excepté dans le cas où un ordre est explicitement formulé dans le Coran ou dans la tradition prophétique.

À cet égard, le Coran critique sévèrement les juifs et les chrétiens qui prennent « leurs rabbins et leurs moines comme maîtres à côté de Dieu… » (9:31). En d'autres termes, le Coran considère que les communautés de croyants antérieures à l'islam se sont laissées aller à suivre aveuglément leurs chefs religieux au lieu de suivre les lois de Dieu.

En outre, le Coran met en garde contre le fait qu'une institution religieuse hiérarchisée risque, avec le temps, de devenir corrompue, dépouillant de leurs biens les fidèles pieux et détournant les croyants du vrai sentier de Dieu (9:34).

Le Coran ne croit pas qu'il faille instaurer une théocratie sur Terre. En revanche, il prône un système de gouvernement axé sur les trois concepts suivants :

- **Unicité de Dieu :** L'unicité de Dieu englobe ses attributs de Créateur, de Seigneur qui maintient en vie les créatures et de maître, qui font de Dieu le souverain maître de toute la Création (23:116 ; 57:2 ; 7:54 ; 10:31). À ce titre, Dieu a l'autorité suprême pour créer les lois personnelles et communautaires qui régissent la vie humaine.
- **Importance de la prophétie** : La vie du Prophète et le contenu de sa prophétie sont un moyen de communication et un modèle à suivre, reposant sur les lois et les directives de Dieu (4:79-80 ; 7:157-158).
- **Le rôle de l'humanité, gérante au nom de Dieu sur Terre** (2:30, 6:165) : Une élite religieuse ou un ecclésiastique seul ne s'approprie pas ce rôle. Il incombe à la communauté tout entière, appelée à vivre en vertu des lois divines, de donner aux êtres humains des droits et des responsabilités. À cet égard, tous les citoyens d'une communauté donnée ont les mêmes droits et la même responsabilité au regard de la loi, le P-DG d'une grande société autant que le petit paysan. Personne n'est au-dessus de la loi, et personne n'est désigné comme interprète officiel de la volonté divine.

Les hommes et les femmes, constituant un seul ensemble, doivent consolider des civilisations enracinées dans la foi en Dieu, encourager les initiatives allant dans le sens du bien et du bon et lutter contre les comportements nuisibles et mauvais pour la société (9:71 ; 22:41). Au fur et à mesure que de nouveaux problèmes juridiques se posent à la communauté en constante évolution, les croyants doivent s'investir activement pour mener un combat spirituel intérieur (*ijtihad*) pour discerner la volonté de Dieu.

Dans un État musulman qui s'inspire des lois divines, les citoyens doivent déterminer et mettre en application ces lois, ce qui s'effectue dans le cadre d'un système de consultation mutuelle, appelé la *choura* (42:38). Il s'agit d'un corps élu de législateurs (que l'on pourrait comparer approximativement à des parlementaires ou à la Cour de cassation en France) qui discute et décide des affaires de l'État à la lumière du Coran, des enseignements prophétiques et d'autres sources de loi sacrée (voir chapitre 17).

À RETENIR

Lorsqu'on parle de « démocratie musulmane », il faut entendre *choura*, le principe de consultation des chefs de famille, une sorte de club de « grands électeurs » qui, en conscience, décident au nom de la collectivité. Le principe de l'élection n'est pas encore généralisé dans les terres musulmanes, hormis pour les « républiques », et seulement pour les élections municipales et régionales.

Tout comme la capacité de l'homme à rédiger des lois dans une démocratie est limitée par les mots et les principes fondamentaux de la Constitution, la capacité de l'homme à diriger est limitée dans une démocratie islamique, par sa constitution qui repose sur les principes divins du Coran et de la tradition prophétique.

Les élections, expression de la volonté du peuple

La démocratie doit représenter la volonté du peuple. Les citoyens expriment leur volonté par le biais des élections. Le Coran offre-t-il un cadre de référence pour la tenue d'élections ? La réponse est oui, car :

- Tous les êtres humains sont les gérants de Dieu sur Terre (2: 30), ce qui les rend responsables de la conduite des affaires de ce monde. Par conséquent, il est tout à fait logique que des chefs et des représentants du peuple soient élus par le peuple.
- Le Coran exige la consultation ou le consentement mutuel (42:38), ce qui constitue l'essence même des élections démocratiques.
- Le Coran enseigne aux musulmans « à obéir à Dieu et à obéir à Son messager et à ceux d'entre vous qui détiennent le commandement… »

> (4:59). Cette troisième catégorie dit clairement que la confiance vient « parmi vous », et non imposée « à vous », ce qui explique que les chefs doivent être choisis par le peuple et en être issus – et non être imposés à l'ensemble des habitants.

Il est intéressant de noter que l'histoire islamique, dès ses débuts, fournit des réponses et des modèles qui donnent une forte crédibilité à la valeur des élections.

Quand le prophète Mohammed était sur son lit de mort, ses compagnons ont prévu qu'il nommerait un successeur qui deviendrait à son tour le chef de la communauté musulmane (*oumma*). Mais, à la surprise de bon nombre d'entre eux, le Prophète est resté silencieux en la matière. Puisque Mohammed n'avait pas donné de directives précises, la communauté avait toute latitude pour se choisir un chef.

Trois compagnons ont été nommés : Abou Bakr, Omar et Saad bin Abadah. Le choix s'est naturellement porté sur Abou Bakr, désigné par ses pairs en tant que premier calife de l'islam. Plus tard, les trois califes suivants (Omar, `Othman, et Ali) ont également été élus par l'*oumma* d'une façon similaire, celle-ci représentant la volonté de la communauté musulmane.

Les dirigeants, responsables devant le peuple

Pour qu'une démocratie fonctionne correctement, le peuple doit pouvoir demander des comptes à ses chefs et à ses représentants, qui sont en position de responsabilité. Le principe de la *choura,* ou consultation mutuelle (42:38), joue un rôle principal dans ce processus. Le concept de la consultation mutuelle veille à ce qu'un représentant du peuple travaille de façon consensuelle au service du peuple plutôt que sur un mode autoritaire.

Les Cassandre de la démocratie islamique, cependant, mettent en avant le fait que l'on ne peut pas comparer la *choura* aux institutions démocratiques, parce que celle-ci émet des avis qui n'ont pas force de loi. Les partisans de la démocratie islamique argumentent en faisant remarquer que, dans les faits, la *choura* a bien un pouvoir contraignant sur les élus, opinion largement dominante chez les élites musulmanes et confirmée par l'usage qu'en a fait le prophète Mohammed ainsi que les quatre premiers califes « bien guidés ».

En deuxième lieu, écoutons ce que dit le Coran sur la responsabilité d'un représentant élu à une position de pouvoir : « Certes, Dieu vous commande de rendre les dépôts à leurs ayants droit, et quand vous jugez entre des gens, de juger avec équité… » (4:58). Le représentant élu se voit confier une mission par le peuple et doit se montrer à la hauteur de la confiance qui lui est accordée. Cette personne (homme ou femme) doit également gouverner avec justice. Si le représentant faillit à ces deux niveaux, il perd la confiance des personnes et n'est plus à sa place pour gouverner.

Évoquons un troisième point : toute législation adoptée par des représentants ne peut être basée simplement selon leurs caprices et leurs intérêts personnels. La législation doit rester en conformité avec le Coran et la tradition prophétique (4:59), les deux sources principales de toute constitution islamique. Pour ce faire, un conseil de juristes indépendants doit être constitué pour garantir un équilibre, basé sur la séparation des pouvoirs, permettant de rejeter les lois qui violeraient la Constitution. Ces juristes eux-mêmes doivent être contrôlés par d'autres juristes, afin d'éviter que toute l'autorité ne soit concentrée entre les mains d'un seul. Enfin, tous les représentants et juristes peuvent être appelés à rendre des comptes au peuple qui leur a confié la responsabilité de la conduite du pays et de les représenter (4:58).

La gouvernance, selon le Coran, défend fermement ce principe essentiel de la démocratie qui consiste à considérer que les élus et ceux qui ont des postes d'autorité pour diriger le pays sont responsables de leurs actes.

Le Coran et les libertés

La démocratie rend nécessaire l'exercice de certaines libertés, y compris la liberté de proposer des lois, la liberté de parole et la liberté d'association et de réunion. La liberté doit également aller au-delà du domaine politique et inclure notamment la liberté religieuse. D'autres types de droits, comme le droit au respect de la vie privée, sont largement débattus dans les sociétés démocratiques, encore aujourd'hui.

Comme nous l'avons déjà dit précédemment, la liberté de légiférer est non seulement un droit, mais aussi une responsabilité en terre d'islam, parce que le Coran croit dans le rôle que Dieu a confié à l'humanité comme gérante et représentante de Dieu sur Terre (2:30). C'est pourquoi tout homme ou toute femme a le droit, *via* ses représentants, de faire des propositions de loi. Bien évidemment, comme dans n'importe quelle démocratie, ces lois doivent ensuite être votées et passer avec succès le test de la constitutionnalité.

Le Coran est en adéquation avec les mouvements sociaux et les institutions qui vont dans le sens de la morale et agissent favorablement au sein de la communauté : « Que soit issue de vous une communauté qui appelle au bien, ordonne le convenable, et interdit le blâmable… » (3:104). La liberté d'association et de réunion à caractère politique ou social est une liberté importante qui doit être honorée dans un régime islamique.

Les libertés religieuses sont farouchement défendues par ceux qui s'intéressent au régime islamique. On peut ainsi trouver un grand nombre d'exemples historiques où la liberté religieuse a été honorée dans la civilisation islamique – par exemple dans l'Espagne musulmane, où des non-musulmans sont même parvenus à des postes de direction importants.

Le Coran honore en effet la liberté religieuse quand il dit : « Nulle contrainte en religion ! » (2:256). Le Coran instaure la liberté de culte et fait même appel aux musulmans pour défendre les temples qui seraient menacés (22:40). Ainsi, ce droit est indubitablement compatible avec les idéaux coraniques. Lorsque les talibans d'Afghanistan avaient détruit les statues bouddhistes de Bamyan, ils cherchaient à faire table rase d'une religion qui n'est pas la leur, mais pour autant, défendaient-ils les idéaux supérieurs de l'islam ? De même, pourquoi les Égyptiens ne détruiraient-ils pas les pyramides puisqu'elles symbolisent le pouvoir tyrannique de Pharaon ? Pourquoi les Syriens, les Libanais, les Turcs, les Persans, les Libyens, les Tunisiens, les Algériens, les Marocains et d'autres encore ne détruisent-ils pas les villes romaines qui émaillent leur territoire et que certains commencent à exploiter pour le tourisme ? C'est déjà le cas depuis longtemps de Pétra, en Jordanie.

Si la légitimité des lois sur le respect de la vie privée fait l'objet de débats passionnés dans les démocraties occidentales, le Coran affirme clairement que le respect de la vie privée fait partie des libertés du citoyen. Le Coran interdit l'espionnage (49:12), interdit d'entrer chez quelqu'un sans y être invité (24:27), et tout bon musulman doit demander la permission, même s'il fait partie de la maisonnée, avant d'entrer dans les salles privées (24:58). La loi islamique sanctifie le domaine privé, un concept important dans toute démocratie islamique.

Le gouvernement peut combattre l'immoralité publique, mais la sphère privée doit rester privée, étant donné que les actions commises à l'intérieur d'une maison ne regardent que ses habitants.

Vous pouvez penser que l'islam a des valeurs conservatrices, qui restreignent certaines libertés, mais cela ne signifie pas que la démocratie ne peut pas coexister avec des pratiques communautaires.

Prenons un exemple : nombreux sont ceux qui critiquent l'islam parce qu'à leurs yeux la démocratie n'est pas compatible avec cette religion dès lors que les femmes n'ont pas le droit de s'habiller comme elles le souhaitent. On peut leur faire remarquer qu'en Occident aussi il existe des normes pour l'habillement, qui sont également basées sur la notion de décence. Selon les pays musulmans, les lois sur l'habillement décent reflètent également l'interprétation culturelle de ce qui est considéré comme étant convenable. Les femmes musulmanes n'ont pas toutes la même interprétation de ce que la décence et la pudeur exigent. Mais, dans un régime islamique, la culture des personnes se reflète également dans la loi.

Égalité sociale et loi islamique

L'égalité sociale est une composante essentielle de la réussite d'une démocratie. La souveraineté des citoyens exige qu'aucun citoyen ne soit privé de ses droits à la démocratie participative.

En outre, tous les citoyens ont les mêmes droits en vertu de la loi nationale : cela garantit les droits des minorités, ce qui est particulièrement important dans les sociétés qui n'ont pas suffisamment de minorités pour former un bloc politique influent.

Le Coran contient plusieurs passages parlant de l'égalité sociale ; le concept d'égalité est également une composante essentielle de la loi islamique. Le passage 49:13, par exemple, s'adresse à toute l'humanité quand il prône l'égalité des hommes et des femmes ainsi que l'égalité raciale. De même, le passage 60:8 appelle à témoigner de la bienveillance et de l'affection envers les non-musulmans qui ne se déclarent pas contre la communauté musulmane.

Les seules lois qui peuvent provoquer des réactions sont celles qui portent sur la valeur du témoignage d'une femme en droit commercial, sur sa part d'héritage et sur les lois sur le divorce. Dans chacun de ces trois cas, les femmes sont traitées différemment des hommes. Dans chacun de ces trois cas, les musulmans ont fait preuve de sagesse en conservant l'esprit de la loi qui ne vise pas à faire de la discrimination mais à tenir compte des responsabilités sociales et familiales différentes de l'homme et de la femme dans une société islamique (voir chapitre 15).

Il faut se rappeler que les interprétations modernistes du droit musulman réclament la réforme de certaines lois, afin d'harmoniser l'esprit de justice des lois islamiques avec les réalités de la modernité. Cependant, ce seul point seul ne devrait pas empêcher le développement de la démocratie, parce qu'un regard objectif sur le monde prouve que des inégalités subsistent encore aujourd'hui dans tous les pays, sans exception. Ainsi, ces questions sociales nécessitent que l'on prenne le temps d'y réfléchir, certes, mais ne doivent pas empêcher la croissance d'une modernité islamique.

Dans l'optique du Coran, la diversité est la volonté de Dieu (49:13), ce qui signifie que toutes les nations ou communautés sont libres de choisir la structure politique ou sociale qui leur convient le mieux pour l'avancement de l'humanité tout entière.

Pour aller plus loin

Pour en savoir plus sur les thèmes principaux de ce chapitre, l'islam et la gouvernance politique :

- ABDERRAZIQ A., *L'Islam et les fondements du pouvoir*, Paris, La Découverte, 1994.
- CHARNAY J.-P., *Sociologie religieuse de l'islam*, Paris, Hachette, 1994.
- DJAÏT H., *La Grande Discorde. Religion et politique en islam*, Paris, Gallimard, 1989.
- EL-BOKHARI, *Les Traditions islamiques*, Paris, Adrien Maisonneuve, 1984, 4 vol.
- GOLDZIHER I., *Le Dogme et la loi de l'islam*, Paris, Paul Geuthner, 1920.
- IBN HICHAM, *La Vie du prophète Mohammed*, Paris, Fayard, 2004.
- IQBAL M., *Reconstruire la pensée religieuse de l'islam*, Paris, Adrien Maisonneuve, 1955.
- PAREJA F.-M. (dir.), *Islamologie*, Beyrouth, Imprimerie catholique, 1957-1963.
- ZIKRIAN .-A., *Les Principes de l'islam et la démocratie*, Paris, Nouvelles Éditions Latines, 1958.
- GIBB (H.A.R.), *Les Tendances modernes de l'islam*, Paris, G.P. Maisonneuve, 1949.

Sixième partie

La partie des Dix

Dans cette partie...

Cette partie contient deux chapitres débordant d'informations succinctes, certes, mais essentielles pour explorer plus à fond le Coran. Le premier chapitre fait voler en éclats dix préjugés sur le Coran qui circulent souvent autour de nous. Le deuxième chapitre vous indique un certain nombre de ressources vers lesquelles vous pourrez vous tourner pour approfondir votre connaissance de ce Livre de sagesse qu'est le Coran.

Chapitre 20

Dix idées fausses sur le Coran

Dans ce chapitre :

- Dire clairement qui est l'auteur du Coran et quel est le style de communication du Livre
- Rectifier quelques idées fausses sur le plan théologique à propos du Coran
- Tordre le cou à certains a priori sur des pratiques inspirées du Coran

Les idées fausses s'enracinent souvent dans des visions du monde différentes, qui séparent les gens les uns des autres, en leur donnant de fausses excuses pour éviter de remettre en question leur propre façon de penser.

Dans ce chapitre, nous nous attachons à déconstruire dix idées fausses couramment entendues sur l'Écriture sainte, sur la théologie et sur certaines pratiques inspirées par le Coran.

Idée fausse nº 1 : Le Coran a été écrit par Mohammed

Comme ce fut le cas pour toutes les révélations divines précédentes, le Coran a été étudié en détail par la communauté formée par les Arabes qui ont été les premiers destinataires du livre.

Ceux qui ont rejeté l'appel de Mohammed à l'islam ont estimé qu'il s'était contenté de reprendre les récits des « anciens » (16:24, par exemple). L'Écriture sainte répond à cette critique en mettant en avant la preuve de l'authenticité divine du Livre, qui tient à la pureté de la langue arabe du Coran, à ce jour encore inégalée, même par les plus grands poètes et écrivains de langue arabe.

Le Coran lui-même ne doute nullement de son origine inspirée, à tel point qu'il met au défi tous ceux qui remettent en question son authenticité d'être capables de produire, en convoquant s'il le faut les plus grands maîtres de la littérature arabe, ne serait-ce qu'un seul chapitre (sourate) d'une manière aussi éloquente et élégante que celle du Coran (10:37–38 ;17 :88).

De plus, le Coran fait remarquer que si l'Écriture sainte avait été fabriquée par un homme, on ne manquerait pas d'y relever un certain nombre de contradictions et d'omissions. Or, ce n'est pas le cas et le Coran se distingue par sa cohérence d'ensemble et sa perfection (4:82 ; 39:23).

Les musulmans perçoivent la majestueuse splendeur du Coran comme le signe évident de son origine divine, d'autant plus que Mohammed ne faisait pas partie du cercle influent des poètes vénérés avant la révélation du Coran.

Mohammed est même appelé « le prophète illettré » dans le Coran, ce qui démontre qu'il ne savait ni lire ni écrire (7:157-158).

Le Coran cite les mots de ceux qui rejettent le Livre saint et gratifient Mohammed du titre de « poète » (21:5 ; 69:41) et parfois de « menteur », tout en insistant pour lui refuser catégoriquement ce titre en affirmant que « ce n'est pas la parole d'un poète » (69:41).

L'Écriture sainte insiste également avec force pour dire que Mohammed n'a aucune autorité pour changer les mots de Dieu et annonce simplement ce qui lui a été directement révélé par l'ange Gabriel (53:1-10).

Les défenseurs de la tradition islamique font remarquer que si le Coran avait été le produit de l'éloquence naturelle de Mohammed on aurait certainement retrouvé le même talent littéraire dans les *hadith,* c'est-à-dire les recueils de ses propres paroles. Si les *hadith* témoignent souvent d'une grande sagesse et sont admirablement rédigés, ils ne peuvent en rien soutenir la comparaison avec le Coran, au niveau de la qualité du style, qui a donné ses lettres de noblesse à la langue arabe.

Idée fausse n° 2 : Le Coran manque de cohérence et de structure

Beaucoup de lecteurs non musulmans, tel l'historien britannique Thomas Carlyle, considèrent que le Coran est plutôt mal organisé et difficile à comprendre.

La littérature occidentale est en général linéaire et non orale par nature. Les non-musulmans, en particulier ceux qui sont habitués aux récits de la Bible, s'attendent à ce qu'un livre ait une introduction, un développement et une conclusion.

Remarquons tout d'abord que le Coran suit un modèle non linéaire. Le Livre s'ouvre sur une déclaration des attributs de Dieu puis se transforme en supplication. Ensuite, le chapitre (ou sourate) suivant commence par une introduction au credo de base du Coran. Puis il se met à décrire ce qui se passe dans le cœur des croyants, de ceux qui rejettent la foi, des hypocrites. Le Coran défend alors sa propre authenticité scripturale contre les attaques des sceptiques. Il évoque ensuite brièvement la question de l'existence de Dieu ; en conclusion, il décrit le commencement des temps et de la Création avec le verset 30 de la sourate 2. Plus loin, le Coran revient sur le sujet de la Création à différents stades du Livre.

En un mot, le style coranique est un style oral, avec une propension pour l'emphase oraculaire, les changements brusques de sujet et de thématique. Il arrive que, dans le même verset, les destinataires soient différents.

La structure littéraire du Coran peut s'avérer déroutante pour celui qui est habitué à un style linéaire, à une structure logique, que ce soit en littérature sacrée ou profane. Cependant, le Coran est néanmoins plus structuré qu'on pourrait le penser au premier abord. Les chapitres (sourates) ne sont pas simplement juxtaposés. Le Coran est construit à partir d'une vision du monde qui considère l'histoire comme faisant partie de l'expérience morale que vit l'humanité, c'est-à-dire tout homme, et non l'inverse (une expérience morale qui serait un élément de l'histoire).

En d'autres termes, le modèle coranique se focalise sur la relation de l'humanité à Dieu. Le Livre replace l'histoire de la Création et des prophètes dans le cadre plus général d'une réflexion intellectuelle et morale sur l'homme, et non comme une fin en soi.

Le Coran est, effectivement, entièrement structuré autour de questions morales et éthiques. L'histoire de la Création, celle des prophètes et celle des civilisations servent d'exemples et de points de référence pour appuyer la finalité morale du Coran. Ainsi, l'histoire du prophète Moïse apparaît à 44 endroits différents dans tout le Livre, chaque fois que son histoire éclaire le contenu moral du discours coranique.

La lecture du Coran n'est pas chose facile pour celui qui est habitué à la littérature occidentale. Pour lire le Coran, il faut d'abord commencer par accepter de se dépouiller de toutes les notions préconçues que l'on a sur le discours narratif. Le style étant oral, la structure narrative paraît décousue. Essayez de retrouver la candeur de votre enfance en ouvrant le Coran : vous renouvellerez votre vision du monde en vous libérant de vos carcans pour découvrir de nouveaux horizons.

Idée fausse n° 3 : Le Coran ne fait pas appel à la raison

Les musulmans sont souvent dépeints comme étant uniquement préoccupés par l'accomplissement de rites, ne cherchant pas, voire fuyant, les discussions intellectuelles et le recours à la raison. Ceux qui embrassent ce point de vue pensent que la vie intellectuelle repose sur la lecture du Coran. Or, le Coran, justement, accorde une très grande importance à l'intelligence humaine et à la raison comme moyen d'accéder à la connaissance de Dieu.

D'ailleurs, le Coran affirme dans plusieurs passages qu'il a pour but de guider ceux qui « raisonnent » (16:12) et « réfléchissent » (30:21). Le Livre dit également que son message s'adresse aux « hommes [et aux femmes] bien intentionnés » (12:111). Des sourates entières du Coran sont presque exclusivement consacrées à solliciter l'intelligence humaine (chapitre 55, par exemple).

Le prophète Abraham, qui est honoré comme modèle de vraie foi (16:120-123), en arrive par lui-même au culte du seul Dieu par la raison (6:76-79) et il prêche également la foi en préconisant le recours à la raison (2:258 ; 21:51-67). D'autres héros, tel Luqman le sage (sourate 31), sont félicités pour leur sagesse et leur vive intelligence.

En outre, le Coran s'efforce de répondre aux critiques en faisant appel à la raison, notamment s'agissant de convaincre ceux qui ont rejeté l'appel du prophète Mohammed à embrasser l'islam. Les Arabes païens de l'ère préislamique n'avaient aucune croyance en l'au-delà et interrogeaient Mohammed en le raillant : « Qui peut redonner vie aux ossements une fois qu'ils sont décomposés ? » (36:78). Le Coran répond en disant : « Celui qui les a créés une première fois leur redonnera la vie. Il connaît parfaitement toute création… » (36:79). En d'autres termes, le Coran conclut logiquement que si Dieu a fait l'homme à partir de rien, alors il peut tout aussi bien le rendre à sa forme première.

C'est une erreur de penser que le Coran demande à ses lecteurs de croire et d'agir sans réfléchir. En réalité, toute l'argumentation du Coran repose sur la raison qui amène l'homme à la foi.

Idée fausse nº 4 : Le Coran embrasse le polythéisme

Un des plus grands mensonges que l'on puisse formuler à propos du Coran est de dire qu'il enseigne autre chose que le culte et la soumission au seul Dieu, sans lui donner aucun associé (idole). En réalité, le Coran tout entier et la religion de l'islam reposent sur le postulat de base de l'unicité de Dieu, appelé *tawhid*.

Les théologiens spécialistes de l'islam, qu'ils admirent ou critiquent la tradition islamique, ont noté que le précepte de l'unicité absolue de Dieu dans le Coran est si fort que l'ensemble des croyances de l'islam peut se résumer en un seul mot, celui de « monothéisme », au sens le plus absolu par rapport aux autres traditions religieuses.

Ceux qui prétendent que l'islam n'enseigne pas le monothéisme se fondent sur deux arguments spécieux :

ATTENTION !

- **Ils prétendent que les musulmans adorent le « dieu lune »** (mot masculin en arabe).

  Au temps de l'Arabie ancienne, la lune symbolisait le point fixe dans la nuit. À ce titre, elle guidait la caravane qui devait franchir le plus grand nombre de kilomètres avant que le soleil ne vienne la ralentir. En tant que telle, sa fonction était presque sacrée.

  Le croissant de lune représenté sur les mosquées n'est pas, à l'origine, un symbole spécifiquement islamique, lié à la foi musulmane. En fait, l'islam était à l'origine exempt de tout symbole, par peur que les générations suivantes ne se détournent de la vénération du seul Dieu et ne retombent dans des pratiques païennes et le culte des idoles.

  Le croissant, d'après la plupart des récits historiques, est devenu le « symbole » de l'islam quand Byzance est devenue la capitale de l'Empire ottoman, durant les siècles où la Sublime Porte était suffisamment puissante pour intégrer dans sa héraldique les symboles de l'adversaire. Depuis, les musulmans ont conservé le croissant de lune comme emblème de leur nation, figurant désormais sur les drapeaux et au sommet des principales institutions ou mosquées.

- **Ils prétendent que les musulmans adorent Mohammed et non Dieu.**

  Cette croyance est évidemment fausse. Elle contredit totalement l'Écriture sainte.

  Cette idée saugrenue a pour origine le raisonnement selon lequel, tout comme les bouddhistes adorent Bouddha et les chrétiens vénèrent

Jésus, les musulmans ne pouvaient adorer que Mohammed, car Allah est trop éloigné d'eux.

En outre, les premiers orientalistes qui ont étudié l'islam ont appelé cette religion le « mahométanisme », c'est-à-dire la religion des adeptes de Mahomet, appelés les « mahométans ». Le Livre saint rejette totalement cette vision.

Le Coran demande à Mohammed d'enseigner ceci à ses compagnons : « Je suis en fait un être humain comme vous. Il m'a été révélé que votre Dieu est un Dieu unique !… » (18:110). L'Écriture sainte enjoint également les musulmans de ne pas abandonner le culte et le service du seul Dieu après la mort de Mohammed (3:144).

Abou Bakr, le premier calife de l'islam ayant succédé au prophète Mohammed, a donné un bon exemple de cet enseignement, quand il a déclaré devant toute une assemblée, au moment de la mort de Mohammed : « Que ceux d'entre vous qui ont adoré Mohammed sachent que Mohammed est mort. Mais que ceux d'entre vous qui adorent Dieu sachent qu'il vit et ne mourra jamais. »

Idée fausse n° 5 : Le Coran dit que Dieu appartient à un seul peuple

Le second verset du Coran donne à Dieu un attribut d'universalité : « Louange à Dieu, le Seigneur des mondes » (1:2). En outre, le Livre affirme plusieurs fois que Dieu est le Seigneur de l'Est et de l'Ouest (73:9, par exemple).

L'Écriture sainte enseigne que tous les prophètes forment à travers l'histoire une seule communauté de frères dans la foi, unis sous la houlette de leur Seigneur, le seul Dieu (23:52). Le Coran enseigne son universalité en tant que Seigneur, non seulement de chaque être humain, mais de tout l'univers, y compris la faune, la flore, toutes les constellations du système solaire, etc.

Reportez-vous au chapitre 8 pour mieux comprendre la notion de Dieu dans le Coran.

Idée fausse n° 6 : Dieu est en colère et rancunier dans le Coran

Selon certains, le Coran véhiculerait l'image d'un Dieu en colère et rancunier, dépourvu d'amour et de compassion. C'est à se demander si ces personnes ont une fois ouvert le Coran, car cette critique est véritablement sans fondement.

Quelques ouvrages de missionnaires chrétiens affirment que le Coran ne parle du concept de l'amour que deux fois. En réalité, le livre mentionne cette notion d'amour environ cent fois (je dis cela pour ceux qui aiment les statistiques !).

Après la déclaration de l'universalité de Dieu, le Coran le décrit comme « le Tout-miséricordieux, le Très-miséricordieux » (1:3). En fait, toutes les sourates, sauf une, débutent par cette déclaration, portant sur la nature de Dieu.

Dieu est également connu dans l'Écriture sainte comme étant « plein d'amour » (11:90 ; 85:14). C'est avec l'attribut de l'amour divin que le Coran cherche le plus souvent à entrer directement en relation avec l'humanité, en encourageant les actions qui entretiennent l'amour de Dieu et découragent celles qui étouffent son amour.

Sans doute, le Coran mentionne-t-il également la colère de Dieu, réservée à ceux qui rejettent la foi même après avoir vu les signes clairs que Dieu a envoyés et à ceux qui sont enclins à rechercher le mal et à propager la corruption sur Terre. Mais, comme le prophète Mohammed l'a dit en citant Dieu lui-même : « Ma miséricorde est plus grande que ma colère. »

Idée fausse n° 7 : Le Coran prêche le fatalisme

L'Écriture sainte engage une discussion complexe sur la prédestination et le libre arbitre. Le Coran présente des versets qui semblent induire le fatalisme, et d'autres qui prônent le libre arbitre. Cette ambivalence suscite des critiques affirmant que le Coran se contredit lui-même ou que le point de vue du Coran penche plutôt du côté du fatalisme.

Pour appréhender cette discussion dans l'optique du Coran, il faut bien comprendre ce qui est formulé dans le Coran : « Toute âme doit goûter la mort. Nous vous éprouverons par le mal et par le bien [à titre] de tentation. Et c'est à Nous que vous serez ramenés » (21:35).

En d'autres termes, la vie de ce monde sert à éprouver les âmes dans les bonnes et les mauvaises choses de la vie sur Terre. Le bon et le mauvais ne peuvent pas se produire sans la permission et la volonté de Dieu, qui met les hommes et les femmes à l'épreuve. La foi, de par sa nature même, doit être éprouvée pour être vérifiée.

Le Coran dit que tous les êtres humains seront testés au jour du Jugement dernier, pour évaluer tout le bien et tout le mal qu'ils ont fait (même vous et moi !). Personne n'aura à rendre compte du temps qu'il aura passé sur Terre, des richesses qu'il aura acquises, de l'endroit où il est né, car tous ces facteurs sont plus ou moins indépendants de la volonté humaine et ne présentent aucun intérêt dans l'au-delà.

À RETENIR

Le Coran offre un équilibre entre le pouvoir de Dieu sur l'homme (le *qadr* en arabe) et le libre arbitre.

Idée fausse nº 8 : Le djihad veut dire « guerre sainte »

Le *djihad* est presque toujours traduit à tort par « guerre sainte ». Rappelons que le mot arabe *djihad* signifie en réalité « lutte, combat », « effort sur soi » ou encore « effort particulier, intense, exigeant ».

Dans le Coran, le *djihad* se rapporte au combat intérieur pour le bien et contre le mal. Cette lutte inclut également le combat contre les passions de la chair, en vue de se rapprocher de Dieu en purifiant son âme.

Le *djihad* peut prendre des formes très diverses : ce peut être, notamment, de prendre la parole en public pour dénoncer l'injustice ou de mettre sa fortune au service d'une cause d'intérêt public pour lutter contre la pauvreté. Le *djihad* inclut également la lutte armée, qui est parfois nécessaire afin de protéger le faible et d'instaurer la liberté religieuse. (Le *djihad* dans le cadre de la lutte armée s'appelle le *qital*.)

Les détracteurs du Coran se font fort de citer des passages tels que le verset 9:5, qui appelle à prendre les armes contre ceux qui attribuent des associés à Dieu. Le plus souvent, ces critiques ne tiennent pas compte du contexte de ces passages. Il est un peu spécieux de juxtaposer purement et simplement des versets sortis de leur contexte pour défendre des idées… préconçues.

À RETENIR

Tous les versets du Coran qui revendiquent l'usage de la force armée le font en réaction d'autodéfense, au sens le plus large du terme, dans le but de libérer des opprimés ou de rétablir la liberté de culte.

L'Écriture sainte énonce clairement que le combat sur le sentier de Dieu n'impose pas de convertir les gens par l'épée. Le Coran déclare clairement ceci : « Point de contrainte en religion » (2:256).

Tous les penseurs qui font autorité reconnaissent cette éthique comme essentielle. Elle s'impose à tous les musulmans, même en période de guerre.

Idée fausse n° 9 : Le Coran décourage le dialogue interreligieux

Les critiques reprochent souvent au Coran son attitude hostile envers les non-musulmans et le fait qu'il décourage l'amitié en dehors du réseau des croyants de même confession.

Certains en arrivent à ce malentendu après avoir lu des passages, le verset 5:51, par exemple, qui découragent les musulmans de prendre des juifs et des chrétiens parmi leur *awliya'*, un mot souvent mal traduit par « amis » mais qui, dans ce cas, signifie en fait des « alliés », des « protecteurs » ou des « défenseurs ».

À RETENIR

Les versets, comme le 60:8-9, démontrent clairement que le Coran décourage la coopération et l'amitié mutuelles avec les incroyants qui combattent les musulmans en raison de leur foi, les expulsent injustement de leur maison, ou aident d'autres personnes qui veulent du mal à la communauté musulmane (60:9). En dehors de ces cas d'hostilité déclarée, le Coran déclare en réalité que les musulmans doivent traiter les incroyants pacifiques avec justice et bonté (60:8).

Par ailleurs, le Coran invite au dialogue entre les religions, les cultures et les civilisations, indépendamment de la foi, afin que les hommes se connaissent entre eux et deviennent amis, se témoignant mutuellement de la bienveillance (16:125 ; 5:5 ; 49:13).

D'autres passages qui peuvent donner à penser que le Coran est hostile envers les autres religions sont ceux qui fustigent les mécréants (*kafir*, pluriel : *kouffar*) et les vouent au feu de l'enfer.

À RETENIR

Ce mot arabe *kafir* ne signifie pas « incroyant » ni même, ce qui est encore plus impropre, « infidèle ». Au départ, le terme *kafir* signifiait initialement « celui qui est ingrat ». Ce terme décrit un individu qui est si ingrat envers Dieu qu'il le rejette et refuse de l'adorer et de le servir. Ce mot est également employé pour parler de celui qui se tourne vers le culte d'autres idoles, notamment le culte des passions de la chair, le culte de structures intellectuelles abstraites qui défient la morale et l'éthique dictées par Dieu ou qui associent à Dieu d'autres personnes (une mère, un fils, une épouse, etc.) (98:1).

Par ailleurs, le Coran fourmille de récits de peuples errants, qui n'ont pas pour vocation de critiquer ou de faire rire mais d'avertir sérieusement les adeptes du Coran des dangers qu'ils encourent s'ils s'égarent comme eux sur les chemins de l'hypocrisie.

Le Coran met en garde contre les généralisations injustes à propos des juifs et des chrétiens, parmi lesquels beaucoup cherchent à promouvoir la justice, prient Dieu toute la nuit et font de bonnes œuvres (3:113-115). Les juifs et les chrétiens sont certes les préférés de Dieu (5:18), mais surtout des Créatures de Dieu. À cela, il faut ajouter que les gens du Livre sont des croyants supérieurs aux autres (5:69 ; 22:17). Pour ne prendre que les moines et les prêtres, ils jouissent d'une excellente image aux yeux d'Allah, qui en parle ouvertement dans le Coran (5:82), louant leur simplicité et leur attachement au service d'autrui.

Il faut faire attention à ne pas confondre le rejet d'une religion pour ses fondements théologiques avec le rejet des personnes qui professent cette foi. Ce n'est pas parce que le Coran rejette vigoureusement le paganisme que les musulmans doivent traiter les païens pacifiques (et d'autres groupes religieux) avec injustice et méchanceté, comme cela est rappelé au verset 60:8.

Idée fausse n° 10 : Le Coran accorde plus d'importance aux hommes qu'aux femmes

Attention, là encore, de ne pas lire les versets parlant des femmes en dehors de leur contexte, ce qui suscite des malentendus sur la condition de la femme en pays musulman. Un autre problème tient au fait que la terminologie utilisée pour tout ce qui relève des aspects juridiques du mariage utilise un vocabulaire très élaboré en arabe qui est bien souvent, voire quasiment toujours, traduit de façon impropre, sans compter qu'il est désormais fort ancien.

Le Coran, en réalité, considère que les femmes sont complètement égales aux hommes aux yeux de Dieu et que les uns et les autres seront récompensés uniquement en fonction de ce qu'ils (ou elles) auront fait dans leur vie, et non en raison de leur sexe.

À RETENIR

Le Coran dit : « Les musulmans et musulmanes, les croyants et croyantes, obéissants et obéissantes, les loyaux et loyales, les endurants et endurantes, les donneurs et donneuses d'aumônes, ceux et celles qui jeûnent, les gardiens de leur chasteté et les gardiennes, ceux et celles qui invoquent souvent Dieu : Dieu a préparé pour eux un pardon et une énorme récompense » (33:35).

Reportez-vous aux chapitres 15 et 18 pour avoir une information plus complète sur le rôle des femmes et sur l'importance de la famille dans le Coran.

Chapitre 21

Pistes à explorer

La tradition islamique décrit le Coran comme un vaste océan de connaissances qui ne cesse d'apporter ses vagues de sagesse, quel que soit le niveau d'études auquel on est parvenu. Si vous souhaitez poursuivre votre exploration du Coran pour approfondir les points de vue présentés dans cet ouvrage et découvrir de nouveaux horizons, ce chapitre est fait pour vous.

Dans ce chapitre, vous trouverez des informations et des références qui vous permettront de poursuivre votre voyage au long cours avec le Coran pour compagnon.

Choisir une « traduction »

Vous trouverez facilement plusieurs « traductions » du Coran à la Fnac, chez Virgin, chez Decitre, au Furet du Nord, chez Mollat ou Payot et dans toute bonne librairie.

Ne vous contentez pas d'une seule traduction du Coran. Prenez-en plutôt deux ou trois que vous pourrez comparer.

S'il est bien évident que l'arabe du Coran est le même dans tous les exemplaires du Coran, les traductions en français, en revanche, diffèrent d'un ouvrage à l'autre, car toute traduction nécessite une certaine interprétation du sens des mots. Or, nous avons vu que la langue arabe est d'une grande richesse sémantique et que les concepts évoqués dans le Coran sont riches d'une multitude de sens difficiles à rendre en français.

Les traducteurs adoptent souvent un point de vue différent les uns des autres dans la façon dont ils choisissent de traduire ou d'interpréter telle ou telle notion présente dans le Coran. C'est pourquoi il est intéressant de comparer et de voir les différences de traduction entre deux ou trois ouvrages. Votre compréhension du Coran en gagnera en profondeur.

Avant de commencer à lire une traduction (ou une interprétation) du Coran, commencez par vérifier les qualifications du traducteur. Les meilleures traductions sont faites par ceux qui ont une maîtrise avérée de la langue arabe et du français. Par ailleurs, il vaut mieux faire confiance aux traducteurs qui ont une connaissance approfondie de la culture occidentale et dont le français est parfaitement maîtrisé.

La plupart des traductions anciennes du Coran en français (et en d'autres langues européennes) ont été faites par des missionnaires chrétiens qui ont parfois introduit des notions fausses voire désobligeantes dans le Coran. Il vaut mieux éviter ce genre de traductions si vous voulez découvrir le message et les enseignements du Coran de façon authentique.

Bibliographie du Coran

Le Coran a été traduit dans toutes les langues du monde. Les traductions les plus nombreuses sont en anglais, ce qui s'explique en grande partie par la densité des musulmans d'Asie (en grande partie anglophone). En français, la question que nous entendons souvent est : « Quelle est la meilleure traduction du Coran ? » Je vous rassure d'emblée, la meilleure traduction n'existe pas d'une manière absolue, car chaque traduction présente des points forts et des points faibles. De plus, il faut prendre en compte la date à laquelle elle a été effectuée, sans compter la culture du traducteur, et même son orientation philosophique. Pour éclaircir ce champ, j'ai isolé les traductions les plus importantes, parmi une sélection de cinquante traductions (toutes sont dans ma bibliothèque personnelle). C'est vous dire comme le choix était très serré. Je cite, pour commencer, toutes celles qui ont été écartées, pour différentes raisons : traduction incomplète ou réservée à une catégorie de lecteurs, absence manifeste de familiarité avec le texte arabe d'origine ou lorsque la traduction est complètement déstructurée :

- BONNET-EYMARD B., *Le Coran, traduction et commentaire systématique*, Saint-Parres-lès-Vaudes, Édition de la Contre-Réforme catholique, 1988-1990, 2 vol.
- FATMA-ZAÏDA DJARIE-ÖDALYK-DOUL BEN BANJAMIN-ALY, *L'Alkoran*, Lisbonne, Imprimerie de la Société typographique franco-portugaise, 1861.
- MARDRUS J.-C., *Le Koran qui est la guidance et le différenciateur*, avec en sous-titre : « Traduction littérale et complète des sourates essentielles faite sur la demande des ministères de l'Instruction publique et des affaires étrangères », Paris, Eugène Fasquelle, 1926. Hormis sa couverture, assez intéressante, cette traduction ne présente aucun intérêt pour le lecteur d'aujourd'hui, si tant est qu'elle ait présenté le moindre intérêt pour celui des années 1920.

- MOHTAR-KATIRJOGLOU M., *La Sagesse coranique éclairée par des versets choisis, reflétant la philosophie morale, religieuse et sociale de l'islam*, Paris, P. Geuthner, 1935.
- GHEDIRA A., *Le Coran*, Éditions du Fleuve, 1957.
- RYER A. du, sieur de la Garde Malezair, *L'Alcoran de Mahomet, translaté de l'arabe au français*, Paris, Antoine de Sommaville, 1647-1649 et Amsterdam, Elzevir, édition revue et corrigée en 1672, 1734 et 1756, 2 tomes en un volume et plusieurs autres reprises.
- SAVARY Claude Étienne, *Le Koran* (1782-1783, puis 1786), Paris, Classiques Garnier, 1955. Son seul intérêt est sans doute la préface de M. Collin de Plancy intitulée : « La légende de Mahomet » (Amsterdam, Leyde, Rotterdam et Utrecht, Libraires associés, 1786 ; Garnier, en 1913 puis 1955).
- KASIMIRSKI A. de Biberstein (1808-1887), *Le Koran* (1840), puis *Le Coran*, Paris, Flammarion, 1970 (Charpentier, 1840, 1841, 1844, avec une introduction de G. Pauthier). L'auteur, interprète auprès de la légation de Perse, a fait un effort appréciable en son temps, notamment grâce à sa note sur Mohammed (inspirée selon Régis Blachère de l'*Essai sur l'histoire des Arabes* de Caussin de Perceval), mais aujourd'hui la traduction de Kasimirski, malgré ses mérites, est bien trop vieille pour être défendue.
- MONTET É., *Le Coran*, Paris, Payot, 1929 et 1998, 2 volumes (préface de M. Chebel, p. 7-155). Édouard Montet, arabisant suisse, a été le premier à donner le contexte de chaque sourate, au début de chacune d'entre elles. Cette idée a été suivie par beaucoup de traducteurs postérieurs. Longue préface sur la vie du Prophète et index des notions, fort utile. La traduction de Montet existe aujourd'hui dans une version de poche aux éditions Payot.
- LAÏMECHE A./BEN DAOUD B., *Le Coran, lecture par excellence*, Oran, Heintz Fres, 1931 (réédition *Le Sens en français des versets du saint Coran*, France Islam, 1984). Le fait que cette traduction ait cruellement manqué d'annotations, généralement fort utiles, lui a porté un tort assez considérable, alors même que les traducteurs se présentaient comme des progressistes.
- PESLE O., TIDJANI A., *Le Coran,* Paris, Larose/Rabat, Édition Félix Moncho, Rabat, 1936, puis Larose, 1948, 1954 ; réédition Les Heures Claires, 1980. Absence d'annotations et de notes. Un index sommaire à la fin, mais l'intention des traducteurs n'est pas mauvaise. Loin de là.
- BLACHÈRE R., *Le Coran* (*al-Qor'an*), Paris, Maisonneuve-Max Besson succ., 1947, 1957, 1966, 1973. Traduction revue par R. Paret, Introduction : I ; Volumes II et III : 1947-1950 (avec reconstitution de l'ordre chronologique des sourates). L'une des traductions de référence

en langue française. Grâce à sa monumentale thèse sur la littérature arabe ancienne, Régis Blachère est devenu véritablement incontournable sur le sujet. Sa traduction du Coran, avec cette idée anglaise d'arrangement – ou de réarrangement – des sourates et son vocabulaire un peu suranné, a réduit la voilure du travail, pourtant monumental si l'on en juge par la richesse des annotations et même l'œuvre critique qui l'accompagne. Rappelons ici combien tous les traducteurs qui ont succédé à Régis Blachère ont profité de ses lumières en matière de sémantique et d'étymologie. Son *Introduction au Coran* (Paris, Maisonneuve et Larose, 1991) reste vraiment d'actualité. En 1973, année de sa mort, Blachère s'était déjà imposé comme maître dans le domaine, y compris chez les autres traducteurs comme Denise Masson.

- MASSON D., *Le Coran*, Paris, Gallimard, 1967. L'une des plus élégantes. L'auteur a passé plusieurs années à Marrakech et connaît parfaitement la mentalité orientale. À aucun moment, la traduction du Coran de Denise Masson ne sort, sinon dans la simplicité du rendu, du sillage du maître en la matière Régis Blachère.

- HAMIDULLAH M. (1908-2002), *Le Saint Coran*. Traduction avec texte arabe en vis-à-vis et une bibliographie des traductions en langues européennes, Beyrouth, Dar An-Nour, 1986 (1re édition, Paris, Imprimerie de Carthage, 1959). Cette traduction a eu un impact certain sur de nombreux jeunes musulmans, qui se sont identifiés à sa tournure « arabisante », si docilement fidèle au texte qu'elle arrive à perdre toute fluidité. Car, en effet, la langue utilisée est parfois maladroite et rend la lecture très difficile. Est-ce bien la faute de son cotraducteur, M. Leturmy ? Traduire littéralement ne rend souvent aucun service au texte que l'on traduit et fatigue les natifs de la langue d'arrivée.

- GROSJEAN J. (1922), *Le Coran*, Paris, Philippe Lebaud, 1979. Édité en poche, aux éditions du Seuil (en 2007). L'intérêt de cette traduction est d'aller à l'essentiel. L'auteur, Jean Grosjean, ne cache pas son obédience chrétienne et donne en effet une traduction respectueuse et incisive.

- KECHRID S. D., *Le Saint Coran*, Tunis, Dar al-Gharb, 1984.

- KHAWAM R. R., *Le Coran,* Paris, Maisonneuve et Larose, 1990. Traduction assez littérale, ce qui l'a rendue trop lourde parfois, et peu attractive du point de vue stylistique.

- BOUBAKEUR H. (1912-1995), *Le Coran. Texte, traduction intégrale et notes*, Paris, Maisonneuve et Larose, 1993. Déjà publiée en Algérie dans les années 1970, puis chez Fayard-Denoël en 1972, 1985, la traduction de Hamza Boubakeur, comprenant le texte arabe du Coran, est très savamment nourrie, grâce aux condensés importants sur la culture de l'islam et aux commentaires très poussés sur les notions coraniques à proprement parler. L'auteur a voulu donner un commentaire exhaustif des versets coraniques, en s'inspirant directement de la tradition arabe en la matière. Pari risqué mais en grande partie réussi. Reste qu'avec ses 2 131 pages, l'œuvre est monumentale. Elle a surtout attiré un public averti, plutôt aisé, et les bibliothèques spécialisées. À moins que l'éditeur ne se décide à publier la traduction seule et sans ajouts.

- BERQUE J. (1910-1995), *Essai de traduction du Coran*, Paris, Sindbad, 1980 ; réédition Albin Michel, 1995. De son vivant, Jacques Berque avait animé une bonne partie de la rencontre entre les deux grandes cultures, orientale et occidentale. Sa parfaite connaissance de la sociologie du Maghreb fait de lui un traducteur rêvé. Cependant, son érudition masque un peu les saveurs immédiates du texte coranique, car la dimension poétique domine le sens. Au fond, le choix de Berque était de donner une traduction assonancée du Coran de façon à faire sentir son souffle épique à un lecteur français qui n'aura jamais la possibilité de la consulter en langue arabe.
- CHOURAQUI A. (1917-2007), *Le Coran (L'Appel)*, Paris, Robert Laffont, 1990. La culture hébraïque du traducteur (auquel on doit par ailleurs une traduction de la Bible) est un plus, mais le vocabulaire technique choisi reste d'un accès plutôt difficile pour les non-initiés.
- MAZIGH S. (né en 1906), *Le Coran. Essai d'interprétation du Coran inimitable*, Paris, Le Jaguar, 1985. Bien faite et souvent fort inspirée, cette édition a bénéficié des remarques qui lui ont été faites lors de sa première parution, en 1979. Ayant été reprise par les Éditions du Jaguar, sous coffret, on peut désormais la lire en toute sécurité, d'autant qu'elle vient de paraître en semi-poche.
- HAFIANE H., *Le Saint Coran* (Édition bilingue arabe-français), Paris, Presses du Châtelet, 2008. Elle est l'une des toutes dernières traductions du Coran. Très propre, rigoureuse et parfaitement limpide. De celles que nous aimons, d'autant que sa confection en fait un bel ouvrage.
- CHEBEL M., *Le Coran. Nouvelle traduction de l'arabe*, Paris, Fayard, 2009. C'est la dernière traduction en date dont je suis l'auteur. Il m'a fallu dix années de travail, heureusement de manière discontinue, avant de décider de la publier. J'ai voulu que cette traduction prenne en compte les améliorations des traductions précédentes, dont certaines sont très bonnes. En tant que traducteur, je suis parti d'un constat simple : beaucoup de personnes veulent lire le Coran, mais peu d'entre elles arrivent vraiment à le comprendre. Aussi, un effort exceptionnel a été fait en matière de clarté des notions, de lisibilité et de fluidité du texte. Et pour m'assurer que le Coran est bien compris, j'ai rédigé un *Dictionnaire encyclopédique du Coran* dans lequel j'analyse et je replace dans leur contexte culturel et historique plus de 1 200 concepts coraniques.

Voici enfin la liste mise à jour, mais non exhaustive, des plus importantes traductions du Coran dans toutes les langues du monde, en dehors du français, en sachant que dans les années 1960, déjà, il n'y avait pas moins de 2 672 traductions (selon I. Binark et H. Eren, *World Bibliography of Translations of the Meanings of the Holy Qor'an. Printed Translations*, 1515-1980, Istanbul, Research Center for Islamic History, Art and Culture-Renkler Matbaasi, 1986). Plusieurs centaines de traducteurs ont dû collaborer à distance, et cela pendant plusieurs centaines d'années, pour pouvoir traduire le Coran dans la plupart des langues et dialectes connus de la planète.

- Afrikaans : 1946 (Ismaïl Abdurazzak-Sheikh Salih Din, *Die Heilige Koeraan*, 1960, 3 vol.) ; M. A. Baker, 1961.
- Albanais : traductions en 1926 et 1929.
- Allemand : Schweigger, *Der Türken Alcoran*, Nuremberg, 1616, 1623 ; Lange, 1688 ; Nerreter, 1703 ; Arnold, 1746 ; Megerlin, 1772 ; Boysen, 1773 ; Wahl, 1828 ; Ullmann, 1840 ; Grigull, Halle, 1901 ; Henning, Leipzig, 1901 ; Goldschmidt, 1916 ; Aubier, 1957 ; Sadr ud-Din, 1939 ; Paret, 1966. En tout, plus de 60 traductions intéressantes.
- Amharique : 1981.
- Anglais et anglais d'Asie : Sale, *The Koran Commonly Called the Alcoran of Mohamed*, 1734, 1892 (édition américaine, 1833, 1923) ; Rodwell, Londres, 1861, 1876 ; Palmer, Oxford, 1880 ; Yusuf Ali, 1934 ; Pickthall, Londres, 1930 ; Bell, 1937-1939 ; Ross, 1949 ; Arberry, 1955 ; Dawood, 1956 (tendance Ahmadiyya) ; Asad Muhammad, *The Message of the Qur'an, Translated and Explained*, Gibraltar, *Dar al-Andalus*, 1980 (1res éditions 1964, 1980). Plus de 150 traductions du Coran en anglais.
- Aragonien : 1487.
- Arménien : 1803, 1904.
- Balochi/Bengali (Calcutta) : 1882-1886.
- Basque : 1952.
- Bosniaque : Muhammed Seid Serdarevic, 1918 (en caractères arabes) ; Mico Ljubibratic, 1895 (en caractères cyrilliques) ; Hadzi Ali Riza Karabeg, 1937 (caractères latins).
- Brahni (Bombay) : 1879.
- Breton : 1952 (extraits).
- Bulgare : Lica, 1902-1905 ; Tomov et Skulov, 1930.
- Castillan (espagnol).
- Catalan : 1952.
- Chinois : 1740.
- Coréen : 1861.

- Danois : 1919, 1921, 1966.
- Espagnol : Gerber de Robles, 1844 ; Ortiz de la Puebla, 1872 ; Murguiondo y Ugratondo, 1875 ; Bergua, 1931 ; Cansinos assens, 1951 ; Vernet Ginés, 1953 ; Cardona Castro, 1965 ; Hernandez Cata, s.d. ; Garcia Bravo, etc. Plus de 50 traductions dans cette langue.
- Espéranto : 1946, 1969.
- Estonien : 1951.
- Finnois : Ahsen Böre, 1942 ; Aro, 1957.
- Français : plus d'une centaine de traductions complètes ou partielles. La première a été réalisée par De Ryer en 1647 ; la dernière par M. Chebel en juin 2009.
- Gaélique et lowlandais d'Écosse : 1948.
- Grec : Pentake, 1878 ; Zographou-Mera-Niou, 1959.
- Gujarati (Bombay) : 1879.
- Haussa : 1979.
- Hébreux : 1059.
- Hindi : XVIIe siècle.
- Hindoustani (Calcutta) : 1803.
- Hollandais : 1641, 1658, 1956 (J. H. Kramers, *De Koran*, Amsterdam).
- Holländisch Indien (Lahore) : 1871.
- Hongrois : Szdmajer, 1831 ; Szokolay, 1854.
- Inde : Mirza Abul-Fazl, Mohamma 'Ali, Lahore, 1920 ; Hafiz Ghulam Sarwar, Singapour, 1940…
- Indonésien : XVIIe siècle.
- Irlandais : 1949.
- Islandais : 1951.
- Italien : Arrivabene, *L'Alcorani di Macometto*, 1547 ; Calza, 1847 ; Fracassi, Milan, 1913, 1955 ; Bonelli, Milan, 1929, 1940 ; Bausani, Florence, 1955, 1961 ; Morno, 1967, 1969.
- Javanais : vers 1832.
- Kashmiri : 1861.
- Kabyle : 2007.
- Kurde : 1861.

- Latin : Robert de Retines (Robertus Retenensis) (1141-1143) ; Robert de Ketton, 1543 ; Marracci, *Alcorani textus universus ex correctionibus Arabum exemplaribus summa fide*..., 1691, 1698, 1721 ; 50 éditions au moins en latin, que ce soit de larges extraits ou la traduction du Coran en entier.
- Lowlandais d'Écosse : 1948.
- Luganda : 1973.
- Macédonien : XIXe siècle.
- Mayalam (Lahore) : 1871.
- Malais : 1740.
- Macassare : 1861.
- Malinké : 1969.
- Marathi (Lahore) : 1871.
- Maurice (Île) : Rajabalee, 1949.
- Meranos (Lahore): 1871.
- Néerlandais : Swigger, 1641 ; Glazemaker, 1858 ; Tollens, 1859 ; Keyzer, 1860 ; Bachir Al-Din Ahmad (Ahmadiyya), 1953 ; Kramers, 1956.
- Norvégien : XIXe siècle.
- Pashto (Kaboul) : 1897.
- Penjabi (Lahore) : 1871.
- Peul : 1969 ; O. BÂ, *Le Saint Coran* (français-peul), Paris, L'Harmattan/ Agence de coopération culturelle et technique (ACCT), 1982.
- Platt-Deutsch : 1698.
- Polonais : Sobolewski, 1828 ; Bruczacki, 1858. Plus de dix traductions depuis le XVIIe siècle.
- Portugais : Bucaraviego, 1882 ; Castro, 1964 ; Américo de Cavalho, 1978.
- Romansch Suisse : 1949.
- Roumain : Isopescul, 1912 ; 1954.
- Russe : Postnikov, 1716 ; Veryovkin, 1790 ; Kolmakov, 1792 ; Nikolaev, 1864, 1901 ; Sablukov, 1877-1879 ; Krimskiy, 1902 ; Krackovskiy, 1963. Plus de 11 traductions, ce qui est une performance en soi compte tenu de l'histoire communiste de ce pays.
- Sanskrit : 1897.
- Serbo-Croate : Ljubibratié, 1895 ; Pandza et Causevic, 1936, 1969.

- Sindhi (Bombay) : 1877.
- Slovène, 1951-1952.
- Swahili : 1969.
- Suédois : Zettersteen, Stockholm, 1913. Plusieurs traductions depuis 1816.
- Tamoul et Arvi-Tamoul (en caractères arabes) : 1879-1884.
- Tchèque : Vesely, 1913-1925 ; Nykl ; 1934 ; Hrbek, 1972.
- Télugu : XIXe siècle.
- Thaï : XIXe siècle.
- Turc en caractères latins, de 1930 à nos jours : 40 traductions.
- Ukrainien : manuscrit de Volodymyr Lezevyc, s.d.
- Urdu : XIXe siècle.
- Volapuk (langue universelle inventée en 1879 par John Martin Schleyer) : 1951.
- Yiddish (avec des caractères hébraïques) : 1950.
- Yourouba : 1924.

Écouter le Coran

Le message du Coran peut être compris en étant lu, certes, mais rien ne pourra remplacer l'écoute d'une psalmodie du Coran, dont la mélodie envahit l'âme et le cœur.

Les musulmans non arabophones se laissent prendre par la mélodie du Coran, tout autant que les musulmans arabophones qui peuvent comprendre le sens de ce qui est récité. Il y a même beaucoup de non-musulmans qui sont fascinés par la récitation psalmodiée du Coran qui agit sur eux comme un baume apaisant. C'est pourquoi votre expérience du Coran ne sera pas complète tant que vous ne vous serez pas laissé envahir par ses sonorités.

De nombreux récitants du Coran sont désormais célèbres : Cheikh Mishari al-Ifasi, Cheikh al-Hussary, Cheikh Abdoul Basit, Cheikh Saad al-Ghamdi. À titre personnel, j'écoute souvent les CD enregistrés à la ville sainte de Médine du Cheikh Mohamed Ayoub ibn Mohamed Youssef. Il s'agit de 42 CD vendus par Cipa Sa (Suisse), le tout dans un boîtier de bois orné selon l'artisanat arabe.

- Vous pouvez aussi écouter à tout moment la noble récitation du Coran en vous connectant aux multiples sites de votre moteur de recherche. Cliquez sur « lecture » ou « récitation du Coran ».
- Il y en a certains qui écoutent le Coran en voiture et chez eux. Le vendredi, la télévision est allumée toute la journée, car partout, sur la plupart des programmes, vous pouvez écouter une bonne récitation du Coran.

Lire des interprétations différentes

L'interprétation du Coran, science très élaborée s'il en est, a été pratiquée dans toute l'histoire islamique. C'est en lisant différentes interprétations que vous pourrez approfondir votre compréhension du contenu du Livre.

Il est bien regrettable que les interprétations classiques du Coran aient rarement été traduites en français. Au train où vont les choses, étant donné l'intérêt croissant qui se développe pour tout ce qui touche à l'islam, ces travaux classiques seront certainement bientôt traduits.

Bibliographie d'ensemble sur les différentes interprétations du Coran

Pour l'instant, cependant, voici quelques interprétations accessibles en français :

- ARNALDEZ R., *Le Coran, guide de lecture*, Paris, Desclée de Brouwer, 1983.
- BENNABI M., *Le Phénomène coranique. Essai d'une théorie sur le Coran*, Éditions an-Nahda, 1946 (réédition 1976).
- BOUBAKEUR H., *Le Coran* (traduction), Paris, Maisonneuve et Larose, 1995.
- EL-BOKHARI, *Les Traditions islamiques*, traduction et notes d'O. Houdas et W. Marçais, Paris, J. Maisonneuve, 1977, 4 vol.

Voici les noms des grands exégètes musulmans :

- **Ali ibn Abi Taleb** (mort en 661). Gendre du Prophète et quatrième calife « bien guidé ». Son ouvrage le plus important est *La Voie de l'éloquence* (*Nahj al-balagha*), dont la dernière édition est parue à Beyrouth, Dar al-kutūb al-islamiyya, 1989.

- **Abdallah Ibn Mas'ûd** (mort en 665)
- **Ibn Abbas** (mort en 688), cousin du Prophète et ancêtre supposé des Abbassides, deuxième dynastie de l'islam.
- **'Ubay al-'Ansari** (mort vers 648), théologien de l'École de Médine.
- **Mûjahid** (mort en 723), disciple médinois d'Ibn Abbas.
- **Hassan al-Basri** (mort en 728)
- **Malik ibn Anas** (mort 715). Natif de Médine, l'imam Malik est surtout réputé pour son œuvre exégète intitulée *Al-Muwatta* et dont les rééditions ne cessent de s'enrichir de commentaires annexes. Par exemple, la dernière édition en notre possession est augmentée d'un commentaire de Abd ar-Rahmane As-Soyûti. Malik Ibn Anas est le fondateur du malikisme, l'une des plus importantes écoles dogmatiques de l'islam.
- **Wasil ibn 'Ata** (mort en 749). Il est l'un des fondateurs de l'interprétation mu'tazilite du Coran. Plusieurs points de philosophie et de doctrine l'opposent aux littéralistes, dont Al-Ach'ari.
- **Abou Hanifa** (mort en 767), fondateur de l'école sunnite du hanafisme.
- **Chafi'i** (mort en 819) dont l'œuvre juridique est importante. L'imam ach-Chafi'i est le fondateur du chafiisme. En français, vous pouvez la lire dans l'édition Sindbad/Actes Sud, c'est un résumé substantiel de son ouvrage le plus important : *La Risala ou Les Fondements du droit musulman*, 1997.
- **Yahya al-Farra** (mort en 823). Il est, semble-t-il, le premier à avoir rédigé un traité complet sur l'interprétation raisonnée du Coran.
- **Ibn Hanbal** (mort en 855). Ahmed Ibn Hanbal est le fondateur de la quatrième école de pensée du sunnisme, le hanbalisme, née à Bagdad au temps des Abbassides.
- **Al-Bukhari** (mort en 870) est l'un des plus grands maîtres de *hadith* (voir ci-devant). Il est l'auteur d'un ouvrage d'ensemble qui s'intitule *Le Recueil authentique*, Al-Jam' as-Sahih (l'Authentique) qui ne regroupe pas moins de 7 397 *hadith*, jugés bons ou très bons. C'est ce qu'on appelle l'*isnad* (voir chapitre 17 de ce livre et pages 150 et 151 de *L'Islam pour les Nuls*)
- **Mûslim**, de son nom complet Abûl-Hassan Mûslim ibn Al-Hajjaj (mort en 875). Son ouvrage de *hadith* jouit de la même réputation de sérieux et de vérification que celui de Bûkhari.
- **Abû Dawûd de Sijistan** (817-889). Il est l'auteur de l'un des six recueils canoniques du *hadith*.

- **Thirmidi** (mort en 892). On lui doit un ensemble complet de faits traditionnels, *Sinan at-Thirmidi*, qui regroupe le *hadith* mais le déborde largement par l'intrusion de commentaires sur la vie quotidienne du musulman. En 2002, une belle édition en arabe a été publiée à Beyrouth par Dar Ibn Hazm.
- **Ibn Majah** (825-886 ou 887). Auteur d'un des six recueils conventionnels de *hadith*.
- **Nasa'i** (mort en 915). Il est, comme le précédent, l'un des auteurs de recueils canoniques du *hadith* appelé *Sunan*, dont l'édition définitive est publiée au Caire dès la fin du XIXe siècle.
- **Tabari** (839-922 ou 823). Il est le plus grand commentateur du Coran des IIIe et IVe siècles de l'islam. Considéré comme le « Maître des interprètes » (Imam al-Mûfassirin), l'œuvre d'Abû Ja'far Mohamed ibn Jarir at-Tabari inspire tous les commentateurs et traducteurs du Coran depuis dix siècles. On peut aujourd'hui lire et approfondir son interprétation du Coran dans un ouvrage qui résume sa pensée et dont le premier tome sous coffret est paru en 1983, aux éditions Les Heures Claires. En arabe, le titre complet de la somme en 30 volumes qu'il consacra au Coran s'appelle *Jami' al-bayan fi tafsir al-Qur'an*, publiée à plusieurs reprises, dont une fois, en 1955, aux fameuses éditions du Caire, Dar al-Maarif.
- **Al-Ach'ari** (mort en 936). Abûl-Hassan Al-Ach'ari pourrait être considéré comme le « gardien du dogme ». Cet orthodoxe sunnite a été très dur à l'égard des thèses rationalistes des Mu'tazilites.
- **Ibn Arabi M. ad-D.**, *Tafsir Ibn 'Arabi* (Commentaire), Beyrouth, 1968, 2 vol.

Parmi les interprétations que nous avons utilisées pour *Le Coran pour les Nuls*, il convient de citer celle d'Ibn Kathir (1300-1373), intitulée *Interprétation de l'immense Coran* (*Tafsir al-Cor'an al-'azim*), parue à Beyrouth, Dar al-fikr, 1966, 7 vol.

On voit bien ici que l'exégèse coranique a connu un développement spectaculaire à partir du Xe siècle. Ce développement sera malheureusement éclaté et ne suit plus de doctrine philosophique explicite et encore moins unitaire. C'est le début des divisions au sein de l'islam. Bien évidemment, la richesse de l'interprétation impose cette diversité, mais il est aujourd'hui difficile d'en faire une synthèse unifiée. Reste que plusieurs grands auteurs ont marqué leur temps.

Il faut un mot spécial à propos du commentaire des deux cheikhs Al-Jalalayn (XVIe siècle). Ce commentaire s'appelle *Tafsir al-Cor'an* (« Explication du Coran ») (aux éditions Kitab ach-Cha'b, Le Caire, 1970, 2 vol.) plus communément appelé *Tafsir al-jalalayn* (« L'Interprétation des Jalalayn »).

On le doit à deux savants coranistes très respectés Jalal du-Din Mahalli et Jala-Ud-Din as-Soyouti, *Tafsir al-Cor'an*, dit *Tafsir al-Jalalayn*.

Étudier l'arabe

L'arabe est la langue du Coran. C'est une langue belle et claire, d'une grande profondeur. Pour bien saisir la portée du message et vous en imprégner, rien de tel que de lire le texte en arabe, ou du moins d'avoir certaines notions de la langue arabe.

Si vous habitez dans une grande ville universitaire, vous n'aurez sans doute pas de mal à trouver un cours d'arabe mais sachez qu'un peu partout en France, on trouve aussi des associations qui dispensent bénévolement (ou moyennant une somme modique) des cours d'arabe, généralement donnés par des Arabes résidant en France. Contactez les différents centres culturels et l'Institut du monde arabe. Ou rendez-vous sur leur site, et vous aurez toutes les adresses voulues.

Étudier le Coran

Voici quelques petits conseils pour vous aider à vous familiariser avec l'Écriture sainte :

- Lisez le Coran en commençant par la fin (*juz'*), où se trouvent certains des chapitres les plus courts et les plus concis. De cette façon, vous pourrez connaître les enseignements de base du Coran avant d'aborder les chapitres (sourates) plus longs qui abordent différents thèmes et font référence à plusieurs récits juxtaposés à la suite.
- Notez sur un cahier vos pensées et vos réflexions à mesure que vous lisez le Coran. Cela vous permettra de poursuivre le fil de vos pensées et d'aller plus loin dans la réflexion tout au long des passages que vous aborderez. Cela pourra également vous aider à formuler vos sentiments et vos impressions, vos réactions initiales et les questions que vous vous posez.
- Il est intéressant d'explorer le Coran en groupe. Très souvent, le fait d'étudier le coran avec un groupe d'amis également intéressés permet d'envisager de nouvelles perspectives, auxquelles on n'aurait pas pensé tout seul, ou bien de trouver des réponses aux questions que l'on se pose.

Surfer sur le Web

Voici un site web utile pour avoir des informations sur le Coran : `http://islamfrance.free.fr` : Vous accéderez facilement à partir de ce site à la traduction des sourates du Coran. Vous pourrez également y écouter une psalmodie du Coran, trouver des références et des liens intéressants.

Échanger avec des musulmans

Il est intéressant d'engager la conversation avec des musulmans à propos du Coran. Cela vous permettra d'en savoir plus sur leurs traditions et leur pratique religieuse et sur la manière dont ils interprètent le Coran.

En général, les musulmans adorent parler de leur foi avec un non-musulman. Mais n'oubliez pas que tous les musulmans n'ont pas forcément une connaissance approfondie du Coran. Il vous faudra peut-être rencontrer plusieurs interlocuteurs avant d'obtenir les éclaircissements souhaités, en sachant toutefois que les vraies réponses sont encore celle données par le Coran.

Si vous ne connaissez pas de musulmans personnellement, vous pouvez essayer de vous rendre à la mosquée qui se trouve près de chez vous. Pour la France, voici un site internet qui pourra vous renseigner sur les mosquées les plus proches de chez vous : `http://mosquee.free.fr`. Vous pourrez ainsi rentrer en contact avec des musulmans qui seront très heureux de vous rencontrer et de répondre à vos questions.

Visiter une mosquée

Souvent, la meilleure manière de découvrir de nouvelles cultures religieuses consiste à aller au-devant de personnes pratiquant cette religion et de visiter leurs lieux de culte. La visite d'une mosquée qui se trouve près de chez vous peut s'avérer riche d'enseignements et de surprises. Vous pourrez en général rentrer facilement en contact avec l'imam local qui sera heureux de discuter du Coran avec vous.

Il est recommandé de prendre contact à l'avance pour aller visiter une mosquée. N'hésitez pas à poser toutes les questions qui vous passent par la tête. Votre interlocuteur ne sera pas surpris. Pensez à vous habiller décemment le jour de votre visite, que vous soyez un homme ou une femme. Rappelez-vous que c'est un lieu de culte et respectez-le comme tel.

Annexe A

Glossaire des termes coraniques

Vous trouverez dans cette annexe les mots arabes qui reviennent souvent dans le Coran et sont parfois utilisés aussi en français. Ce vocabulaire correspond à des notions spécifiques qui sont représentatives de la vision du monde que véhicule le Coran.

Vous y trouverez également des mots qui n'apparaissent pas dans le Coran mais qui font partie intégrante de la civilisation musulmane.

***Adhan* :** Appel à la prière.

Ahmed : Diminutif de Mohammed que l'on trouve également employé dans le Coran pour parler du Prophète.

***Akhira* :** La vie dernière, l'au-delà.

***Alim* (pluriel : *oulémas*) :** Savant musulman, mais le terme désigne aussi les imams qui officient au sein de la mosquée.

Allah : Nom de Dieu en arabe, non pas le Dieu de la confession, mais le Dieu du monothéisme, ce qui fait que juifs et chrétiens arabes utilisent le nom Allah pour désigner leur Dieu, leur Seigneur.

Ançars : On appelle ainsi les citoyens de Médine qui ont accueilli favorablement Mohammed et l'ont soutenu matériellement et humainement. Auprès de lui, il y avait les Mûhadjirûn, les émigrants qui, en l'an 622, ont fui La Mecque au moment de l'exode vers le nord. Voir **Mouhadjiroun.**

***Aqida* :** Foi musulmane avec les croyances et les pratiques de base.

***As-salamû 'alaykûm* :** « La paix soit avec vous. » Salutation que tous les musulmans utilisent quand ils se rencontrent. C'est également la salutation de tous les prophètes antérieurs et celle des anges. Elle représente le cœur des enseignements islamiques sur les rapports humains.

***Ayat* :** Signifie littéralement le « signe ». Représente les versets du Coran, que les musulmans considèrent comme des signes de Dieu.

Baccah **:** Ancien nom de La Mecque, déjà mentionné dans la Bible (Psaumes 84:3-6).

Batin **:** La signification cachée et ésotérique des versets du Coran.

Bid'a **:** Innovations en religion qui corrompent l'islam originel dans ses enseignements et dans ses pratiques. Considéré comme un péché.

Bismillah* ou *Basmala **:** « Au nom de Dieu, le Tout-miséricordieux, le Très-miséricordieux. » Cette expression ouvre chaque sourate sauf une, la sourate 9.

Calife (*khalifat rassûl Allah*) : Titre d'un souverain sunnite musulman ; signifie le « successeur ».

Chahada **:** La profession de foi musulmane (attester de l'unicité de Dieu et reconnaître que Mohammed est le messager de Dieu).

Chari'a **:** Signifie littéralement le « chemin qui mène au puits où l'eau ne vient jamais à manquer ». Il s'agit du chemin ou de la loi sacré de l'islam.

Chaytan : Nom du diable, Satan.

Chi'a **:** La deuxième branche la plus importante de l'islam (le chi'isme), représentant environ 10 à 15 % de tous les musulmans.

Chirk **:** Le fait d'associer d'autres dieux (des idoles) à Dieu. Est considéré comme le péché le plus grave que l'on puisse commettre.

Coran : Signifie littéralement le « récité ». Pour les musulmans, c'est la révélation divine, la Parole de Dieu.

Da'wa **:** « Appel » des personnes à l'islam. Prédication, prosélytisme.

***Dhimmi* (ou *Ahl Dhimma*) :** Signifie « Ceux qui sont protégés. » Il s'agit de la population non musulmane qui, au temps classique, vivait dans un État musulman. Au départ, il s'agissait des juifs et des chrétiens, puis cette notion s'est étendue aux zoroastriens et à certains adeptes d'autres confessions.

Din **:** Traduit approximativement par « religion » mais signifie plus exactement « un mode de vie complet ».

Djihad **:** Vient d'une racine qui signifie « se battre », « lutter ». Il s'agit du combat intérieur, spirituel, qui vise à lutter contre ses mauvais penchants. Cela implique également la lutte externe en faveur du bien et contre le mal, ce qui inclut la lutte armée pour défendre les musulmans contre les hostilités, pour assurer la liberté de culte et combattre l'oppression et la tyrannie.

Djinn **:** Création de Dieu, fabriquée à partir d'un feu sans fumée. Dans le Coran, Satan appartient à ce groupe de créatures et n'est pas considéré comme un ange déchu. Il existe des djinns bons et des djinns méchants.

Djizya **:** Impôt que les non-musulmans doivent verser à l'État musulman dans lequel ils vivent en échange de leur protection (ils ne paient pas la *zakat*).

Dounya **:** La vie terrestre. Le Coran met en garde contre un trop grand attachement à la vie terrestre qui éloigne des préoccupations spirituelles. Le Coran préconise de maintenir un équilibre entre les deux.

Faqih **:** Expert en matière de jurisprudence (droit islamique).

Fard **:** Indique un devoir obligatoire touchant à la foi ou à la pratique.

Fatwa* ou *fetwa **:** Décision non contraignante, prise par un théologien juriste islamique sur un point de la loi islamique.

Fiqh **:** Jurisprudence (droit islamique).

Fitna **:** Corruption contre laquelle les musulmans doivent lutter dans le monde. Fait référence à plusieurs rébellions qui ont menacé l'unité de l'islam à ses débuts.

Fitra **:** Inclination normale que Dieu place au cœur de chaque être humain fait pour l'adorer et le servir.

Hadith **:** Tradition ancienne rapportant ce que Mohammed a dit et fait ; également une des racines du droit.

Hadith Qûdsi **:** Parole de Dieu relatée par Mohammed et qui n'est pas dans le Coran.

Hadj **:** Pèlerinage à La Mecque qui commémore le chemin spirituel et physique du prophète Abraham. Tous les musulmans qui en ont les moyens (argent, santé) doivent le faire au moins une fois dans leur vie.

Hafidh* ou *qari **:** Personne qui a mémorisé le Coran en entier. Cela a permis de conserver le Coran intact au fil du temps et de le réciter, d'où le terme de *qari* (littéralement : « lecteur »).

Halal **:** Nourritures ou actions autorisées en droit islamique.

Haram **:** Nourriture ou actions interdites.

Hidjab **:** Le voile. On l'appelle aussi, selon les pays, tchador, *khimar*, burqa, *'abaya*, etc.

Hifdh : Le fait de mémoriser le Coran en entier, une tradition orale qui est toujours très vivante aujourd'hui.

Hijra : « Hégire ». Migration historique de Mohammed et de ses compagnons qui, en 622 après Jésus-Christ, ont fui La Mecque pour s'installer à Médine. En outre, signifie également « voyage spirituel et moral, du mal vers le bien ». L'année de l'hégire marque le début du calendrier islamique.

Hûdûd : Code pénal des fautes graves à ne pas commettre. Le Coran parle de *Hûdûd Allah*, littéralement « Les prescriptions limites de Dieu. »

Ibada : Service de Dieu, particulièrement le culte.

Iblis : Nom propre de Satan dans le Coran.

Ibrahim : Nom du prophète Abraham en arabe.

Ihram : Deux pièces de tissu blanc qui symbolisent la simplicité et l'humilité devant Dieu et son unité avec l'homme. Porté par les hommes pendant le *hadj*.

Ihsan : Vertu, éthique, bonnes œuvres, sommet de la vie spirituelle. Défini ainsi par la tradition islamique : « Honorer Dieu comme si vous le voyiez et alors que vous ne le voyez pas, savoir qu'il vous voit. »

Ihtisab : Obligation de rendre des comptes sur ce que l'on a fait.

Ijtihad : Effort intellectuel pour discerner la volonté de Dieu sur soi.

Ikhtilaf : Divergences de vues sur des affaires juridiques dans les domaines qui sont laissés à l'appréciation des hommes dans le Coran et la sunna.

Imam : Dans la tradition sunnite, celui qui mène la prière lors d'un rassemblement de fidèles. Généralement considéré comme un modèle dans la communauté. Dans la tradition chi'ite, l'imam a davantage d'autorité en tant que chef religieux.

Iman : Signifie littéralement la « foi ». Il s'agit de cet aspect de la foi qui implique la confiance totale en Dieu et en ses enseignements. Inclut la croyance dans les anges, les Livres de la Révélation, les messagers de Dieu, le Jugement dernier et le destin.

Injil : Le nom arabe (dans le Coran) de l'Évangile.

In cha' Allah : Expression qui signifie « si Dieu le veut ». Utilisée sans cesse par les musulmans dès qu'ils évoquent une action à venir.

Isä : Jésus en arabe.

Islam : Soumission fervente à la volonté de Dieu. Sur le plan théologique, cela revient à témoigner qu'il n'y a pas d'autre dieu que Dieu et que Mohammed est le messager de Dieu, à prier cinq fois par jour, à jeûner pendant le mois de ramadan, à verser l'aumône légale annuellement et à faire le pèlerinage une fois dans sa vie.

***Isnad* :** Chaîne des narrateurs indiqués au début de chaque *hadith*. Ils sont les « garants » de l'authenticité du propos rapporté.

***Jahannam* :** La « géhenne », l'enfer.

***Jahil* :** Celui qui vit sans connaître l'islam.

***Jahiliyya* :** Les temps de l'« ignorance », période du paganisme en Arabie, avant l'arrivée de l'islam.

***Jannah* :** Le paradis, le jardin d'Éden.

***Juz'* :** Partie ou section du Livre saint. Le Coran est divisé en 30 parties ; chaque *juz'* constitue une partie.

Ka'aba : Temple de Dieu, construit à l'origine par le prophète Adam, puis reconstruit par Abraham et son fils Ismaël. Le prophète Mohammed a supprimé le culte des idoles qui avait envahi le temple pour restaurer le culte du Dieu unique après des années de pratiques païennes en Arabie.

***Kafir* :** Celui qui rejette Dieu et ses enseignements.

***Kalam* :** Théologie islamique.

***Khalifa* :** Se rapporte à la nature de l'homme sur Terre, c'est-à-dire à son rôle de représentant ou de gérant de Dieu. Autre acception, « calife » (voir plus haut).

***Kitab* :** Signifie littéralement le « Livre », appellation que le Coran emploie pour se décrire lui-même.

***Koufr* :** Rejet de Dieu et de ses enseignements.

***Makrouh* :** Les actes qui sont détestés mais non interdits dans la loi islamique.

***Malaika* :** Les anges.

***Mansoukh* :** Signifie « abrogé ». Se dit d'un verset qui est annulé par un autre (dit verset « abrogeant »).

Mathal **:** Procédé littéraire souvent utilisé dans le Coran pour donner une comparaison afin de faciliter la compréhension des concepts et des enseignements.

Matn **:** Contenu ou corps du *hadith.*

Meccah : Ville Sainte où a été construit le premier Temple de Dieu. C'est également le lieu de naissance du prophète Mohammed.

Médine : Ville Sainte où Mohammed et ses compagnons ont trouvé refuge pour fuir les persécutions de La Mecque.

Millat **:** Chemin ou manière de se comporter dont le Coran parle, particulièrement en référence au prophète Abraham.

Moubah **:** Actes permis mais non obligatoires dans la loi islamique.

Moufti **:** Celui qui est spécialiste de la loi islamique, qui a la capacité d'émettre des avis juridiques non contraignants.

Mouhajir **:** Migrants de La Mecque à Médine qui ont tissé avec les résidents de Médine (les *Ansar*) des relations d'amitié et de solidarité.

Mohammed : Le dernier prophète de Dieu après une série de prophètes qui ont été envoyés à l'humanité au cours de l'histoire. Mohammed représente également l'être humain parfait, un modèle pour les musulmans.

Mouhkamat **:** Versets du Coran qui sont clairs et fermement établis dans leur signification.

Mouhsin **:** Celui dont les actes témoignent d'une belle relation à Dieu en vérité.

Moumin : Celui qui fait entièrement confiance à Dieu et à ses enseignements.

Mounafiq **:** Un hypocrite qui se déclare croyant en Dieu mais qui agit comme s'il ne croyait pas.

Moussa : Nom arabe du prophète Moïse.

Mouslim **:** Celui qui se soumet ou fait la volonté de Dieu, en croyant et en mettant en pratique les enseignements de Dieu transmis par la révélation divine. C'est le cas de tous les prophètes et de leurs vrais disciples à travers l'histoire.

Moutachabihat **:** Versets du Coran qui sont ambigus et peuvent prendre plusieurs interprétations différentes.

Mouttaqi **:** Celui qui est rempli de *taqwa.*

Nabi **:** Mot arabe signifiant « prophète de Dieu ».

Nafs **:** Terme islamique pour l'« âme ».

Nasikh **:** Verset qui abroge un autre verset.

Naskh **:** Principe de l'abrogation des versets du Coran par le Coran lui-même, c'est-à-dire par Dieu.

Nassara **:** Les Nazaréens, nom donné aux chrétiens dans le Coran.

Oulama **:** La communauté des penseurs musulmans.

Oumma **:** La communauté musulmane dans son ensemble.

Qadi **:** Un juge musulman au sein d'un tribunal islamique.

Qadr **:** Le destin.

Qalb **:** Terme islamique pour le « cœur », siège de la foi.

Qital **:** Une forme particulière du *djihad* (le combat pour Dieu) qui consiste en la lutte armée.

Qiyam **:** Position de celui qui se tient devant Dieu dans la prière.

Qiyas **:** Analogie, principe reconnu en droit islamique pour faire avancer un raisonnement par comparaison.

Ramadan : Mois saint où Dieu a commencé à révéler le Coran au prophète Mohammed par l'intermédiaire de l'ange Gabriel. Mois du jeûne canonique.

Rassoul **:** Messager de Dieu qui a reçu un livre divin pour guider les hommes.

Riba **:** Usure dont la pratique est interdite dans l'islam.

Rouh **:** Terme islamique pour parler de la dimension spirituelle de l'être humain.

Rouqou' **:** Prosternation dans la prière musulmane.

Sadaqa **:** Charité volontaire, au-delà de la *zakat* annuelle obligatoire.

Salat **:** Mot arabe pour le rituel de la prière des musulmans.

Saoum **:** Mot arabe pour le jeûne de l'aube au coucher du soleil. Obligatoire pendant le mois de ramadan pour tous les musulmans aptes, mais facultatif tout au long de l'année.

Sirat al-Mustaqim **:** Signifie « la voie droite » qui définit l'essence même du mode de vie islamique dans le Coran.

Soufi : Adepte des interprétations mystiques du Coran et de la tradition islamique.

Soufisme : Pensée et pratique mystiques de l'islam.

Soujoud **:** Acte de se prosterner devant Dieu.

Sunna **:** Pratique ou manière d'être du prophète Mohammed, dont les paroles et les actes sont une référence qui joue un rôle important dans la loi islamique.

Sunnite : La plus grande branche de l'islam qui suit les enseignements du prophète Mohammed et de ses compagnons.

Sourate : Un chapitre du Coran.

Tafsir **:** Commentaire ou interprétation du Coran.

Taqwa **:** État spirituel caractérisé par la crainte de déplaire à Dieu, qui agit comme un bouclier protecteur contre le mal qui peut venir de l'intérieur de soi comme de l'extérieur.

Tawba **:** Le fait de se repentir, de revenir vers Dieu.

Tawhid **:** Croyance en l'unicité de Dieu.

Wahy **:** Révélation divine.

Woudou **:** Acte de purification avec de l'eau que tous les musulmans doivent faire avant chaque prière.

Yahoud **:** Nom donné aux juifs dans le Coran. Signifie littéralement « Ceux qui se sont repentis », c'est-à-dire ceux qui ont accepté de suivre les enseignements de la Torah, révélés par le prophète Moïse.

Youm al-Din **:** Le dernier jour, celui du Jugement dernier.

Zabour **:** Psaumes de David.

Zahir **:** Signification explicite et claire des *ayat* dans le Coran.

Zakat **:** Mot arabe pour l'aumône légale, obligatoire, que doivent verser annuellement tous les musulmans (qui le peuvent) au profit des plus pauvres.

Annexe B

Les prophètes dans le Coran

La vie et les enseignements des prophètes composent une partie importante du message coranique (voir chapitre 8).

Cette annexe vous aide à retrouver les passages du Coran où sont mentionnés tous les prophètes, excepté Abraham, Moïse, Jésus et Marie, ainsi que Mohammed, qui font l'objet de plusieurs paragraphes spécifiques dans cet ouvrage.

- **Prophète Aaron** (Harun en arabe) **:** 2:248, 4:163, 6:84, 7:122, 7:142, 7:150, 10:75, 10:89, 19:28, 19:53, 20:30, 20:45, 20:70, 20:90-94, 21:48, 28:34, 37:114-120
- **Prophète Adam :** 2:31-37, 3:33, 3:59, 5:27, 7:11, 17:61, 17:70, 18:50, 19:58, 20:115-121, 36:60
- **Prophète David (**Dawud en arabe) **:** 2:251, 4:163, 5:78, 6:84, 17:55, 21:78-79, 27:15, 34:10-13, 38:17-30
- **Prophète Elias** (Ilyas en arabe) **:** 6:85, 37:123-130
- **Prophète Elisa** (Al Yasa' en arabe) **:** 6:86, 38:48
- **Prophète Enoch** (Idris en arabe) **:** 19:56, 21:85
- **Prophète Ezéchiel** (Dhul Kifl en arabe) **:** 21:85, 38:48
- **Prophète Houd** (non mentionné dans la Bible) **:** 7:65, 11:50, 11:53-58, 11:60, 11:89, 26:124, 46:21
- **Prophète Isaac** (Ishaq en arabe) **:** 2:133-140, 3:84, 4:163, 6:84, 11:71, 12:6, 12:38, 14:39, 19:49, 21:72, 29:72, 37:112-113, 38:45
- **Prophète Ichmaël** (Ismaïl en arabe) **:** 2:125-127, 2:133-140, 3:84, 4:163, 6:86, 14:39, 19:54, 21:85, 38:48
- **Prophète Jacob** (Ya'qoub en arabe) **:** 2:132-140, 3:84, 4:163, 6:84, 11:71, 12:6-113, 12:38, 12:66, 12:83, 19:6, 19:49, 21:72, 29:27, 38:45
- **Prophète Job** (Ayyoub en arabe) **:** 4:163, 6:84, 21:83, 38:41
- **Prophète Jean Baptiste** (Yahya en arabe) **:** 6:85

- **Prophète Jonas** (Younas en arabe) **:** 4:163, 6:86, 10:98, 37:139
- **Prophète Joseph** (Yousaf en arabe) **:** Toute la sourate 12 (qualifiée de « plus beau récit »), 40:34
- **Prophète Loth** (Lout en arabe) **:** 7:80, 11:70-77, 11:81-89, 15:59, 15:61-68, 21:71-74, 22:43, 26:160-167, 27:54-56, 29:26-33, 37:133, 38:13, 50:13, 54:33-36, 66:10
- **Prophète Noé** (Nouh en arabe) **:** 3:33, 4:163, 6:84, 7:59, 7:69, 9:70, 10:71, 11:25, 11:32, 11:36, 11:42-48, 11:89, 14:9, 17:3, 17:17, 19:58, 21:76, 22:42, 23:23, 23:26, 25:37, 26:105-6, 26:116, 29:14, 33:75-79, 38:12, 40:5, 40:31, 42:13, 50:12, 51:46, 53:52, 54:9, 57:26, 66:10, 69:11, 71:1, 71:21-26
- **Prophète Salih** (non mentionné dans la Bible) : 7 :73, 7:75-79, 11:61-66, 11:89, 26:142, 27:45, 54:27
- **Prophète Salomon** (Soulayman en arabe) **:** 2:102, 4:163, 6:84, 21:78-81, 27:15-44, 34:12, 38:30-34
- **Prophète Zacharie** (Zakariyya en arabe) **:** 3:37-38, 6:85, 19:2-11, 21:89

Index

T

U

V

W

Y

Z

Disponibles dans la collection « Pour les Nuls »

Culture générale

Histoire

Titre	*Auteur*	*Prix*	*ISBN*
La Rome antique	Guy de la Bédoyère, Catherine Salles	22,90 €	978-2-7540-1822-7
La Grèce antique	Stephen Batchelor, Marie-Dominique et Marc Porée	22,90 €	978-2-7540-1602-5
La Seconde Guerre mondiale	Robert Belot, Klaus-Peter Sick	22,90 €	978-2-7540-0818-1
Le Gaullisme	Chantal Morelle	22,90 €	978-2-7540-0821-1
La Chine	Angélina Boulesteix	22,90 €	978-2-7540-1145-7
La Culture générale, 2e édition	Florence Braunstein, Jean-François Pépin	22,90 €	978-2-7540-1628-5
La Culture générale illustrée, 2e édition	Florence Braunstein, Jean-François Pépin	29,90 €	978-2-7540-1275-1
La Révolution française	Alain-Jacques Czouz-Tornare	22,90 €	978-2-7540-0811-2
Les Années 60	Stéphane Benhamou	22,90 €	978-2-7540-0610-1
Le Socialisme	Alain Bergounioux, Denis Lefebvre	22,90 €	978-2-7540-0817-4
La Mythologie illustrée	Collectif	29,90 €	978-2-7540-0989-8
Les Grandes Civilisations	Florence Braunstein, Jean-François Pépin	22,90 €	978-2-7540-0605-7
La Première Guerre mondiale	Jean-Yves Le Naour	22,90 €	978-2-7540-0616-3
La Ve République	Nicolas Charbonneau, Laurent Guimier	24,90 €	978-2-7540-0620-0
Le Moyen Âge	Pierre Langevin	22,90 €	978-2-7540-0563-0
L'Histoire de la Suisse	Georges Andrey	22,90 €	978-2-7540-0489-3
Paris	Danielle Chadych, Dominique Leborgne	22,90 €	978-2-7540-0168-7
L'Égypte ancienne	Florence Maruéjol	22,90 €	978-2-7540-0256-1
La Mythologie	Christopher W. Blackwell, Amy Hackney Blackwell	22,90 €	978-2-7540-0257-8
L'Histoire de France illustrée	Jean-Joseph Julaud	29,90 €	978-2-7540-0110-6
Léonard de Vinci	Jessica Teisch, Tracy Barr	22,90 €	978-2-7540-0037-6
L'Histoire de France	Jean-Joseph Julaud	22,90 €	978-2-8769-1941-9

Religion

Titre	*Auteur*	*Prix*	*ISBN*
Le Coran	Malek Chebel, Sohaib Sultan	22,90 €	978-2-7540-0982-9
La Torah	Arthur Kurzweil, Victor Malka	22,90 €	978-2-7540-0978-2
Le Christianisme	Richard Wagner, Père Denis Metzinger	22,90 €	978-2-7540-0991-1
L'Islam	Malcolm Clark, Malek Chebel	22,90 €	978-2-7540-0531-9
Le Judaïsme	Josy Eisenberg	22,90 €	978-2-7540-0596-8
La Bible illustrée	Éric Denimal	29,90 €	978-2-7540-0274-5
Le Catholicisme	John Trigilio, Père Pierre Lartigue	22,90 €	978-2-7540-0182-3
La Franc-Maçonnerie	Christopher Hodapp, Philippe Benhamou	22,90 €	978-2-7540-0150-2
Le Bouddhisme	Jonathan Landaw, Stephan Bodian	22,90 €	978-2-7540-0062-8
La Bible	Éric Denimal	21,90 €	978-2-8769-1800-9
Sagesse et Spiritualité	Sharon Janis	21,90 €	978-2-8769-1769-9

Société

Titre	*Auteur*	*Prix*	*ISBN*
La Mondialisation	Francis Fontaine, Sylvie Goulard, Brune de Bodman	22,90 €	978-2-7540-0778-8
L'Instruction civique	Guillaume Bernard, Frédéric Monera	22,90 €	978-2-7540-0979-9
L'Europe, 2e édition	Sylvie Goulard	22,90 €	978-2-7540-1213-3
L'Écologie	Franck Courchamp	22,90 €	978-2-7540-0554-8
La Géopolitique	Philippe Moreau Defarges	22,90 €	978-2-7540-0623-1
La Justice	Emmanuel Pierrat	22,90 €	978-2-7540-0553-1
La Philosophie, 2e édition	Christian Godin	22,90 €	978-2-7540-0460-2
L'Économie	Michel Musolino	22,90 €	978-2-7540-0351-3
La Politique	Philippe Reinhard	22,90 €	978-2-7540-0335-3
La Géographie française	Jean-Joseph Julaud	22,90 €	978-2-7540-0245-5

Sciences et techniques

Titre	*Auteur*	*Prix*	*ISBN*
L'Histoire de l'aviation	Philippe Benhamou	22,90 €	978-2-7540-1146-4
L'Histoire des sciences	Vincent Jullien	22,90 €	978-2-7540-0977-5
La Physique	Dominique Meier (sous la dir. de)	22,90 €	978-2-7540-0915-7

Titre	*Auteur*	*Prix*	*ISBN*
La Conquête spatiale	Michel Polacco	22,90 €	978-2-7540-1143-3
Les Maths	Jean-Louis Boursin	22,90 €	978-2-7540-0093-2
L'Astronomie	Stephen Maran, Pascal Bordé	21,90 €	978-2-8769-1634-0

Beaux-arts

Titre	*Auteur*	*Prix*	*ISBN*
Le Louvre	Daniel Soulié	22,90 €	978-2-7540-1404-5
La Télévision	Marie Lherault, François Tron	22,90 €	978-2-7540-0976-8
Les Séries télé	Marjolaine Boutet	22,90 €	978-2-7540-0912-6
Le Rock	Nicolas Dupuy	22,90 €	978-2-7540-0819-8
L'Histoire de la peinture	Jean-Jacques Breton, Dominique Williatte	22,90 €	978-2-7540-0812-9
La Danse classique	Evelyne Cisneros, Scott Speck, Florence Balique	22,90 €	978-2-7540-1045-0
L'Histoire du cinéma	Vincent Mirabel	22,90 €	978-2-7540-0609-5
Le Jazz	Dirk Sutro, Stéphane Koechlin	22,90 €	978-2-7540-0779-5
L'Histoire de l'art illustrée	Jean-Jacques Breton, Philippe Cachau, Dominique Williatte	29,90 €	978-2-7540-0493-0
L'Histoire de l'art	Jean-Jacques Breton, Philippe Cachau, Dominique Williatte	22,90 €	978-2-7540-0229-5
L'Opéra	David Pogue, Claire Delamarche	22,90 €	978-2-7540-0244-8
La Musique classique	David Pogue, Claire Delamarche	22,90 €	978-2-7540-0151-9

Langue française

Titre	*Auteur*	*Prix*	*ISBN*
La Littérature française	Jean-Joseph Julaud	22,90 €	978-2-7540-0061-1
Le Français correct	Jean-Joseph Julaud	21,90 €	978-2-8769-1640-1

Régionalisme

Titre	*Auteur*	*Prix*	*ISBN*
La Bretagne	Jean-Yves Paumier	22,90 €	978-2-7540-1297-3
La Corse	Thierry Ottaviani	22,90 €	978-2-7540-1546-2

... en Poche

Titre	*Auteur*	*Prix*	*ISBN*
Sagesse et Spiritualité	Sharon Janis	11,90 €	978-2-7540-1758-9
L'Égypte ancienne	Florence Maruéjol	11,90 €	978-2-7540-1739-8
L'Histoire de France – tome 1 Des origines à 1789	Jean-Joseph Julaud	11,90 €	978-2-7540-0180-9
L'Histoire de France – tome 2 De 1789 à nos jours	Jean-Joseph Julaud	11,90 €	978-2-7540-0181-6
Paris Rive droite	Danielle Chadych, Dominique Leborgne	11,90 €	978-2-7540-0694-1
Paris Rive gauche	Danielle Chadych, Dominique Leborgne	11,90 €	978-2-7540-0695-8
La Culture générale – Histoire, géographie, art et littérature	Florence Braunstein, Jean-François Pépin	11,90 €	978-2-7540-0798-6
La Culture générale – Sciences, sports, loisirs et spiritualité	Florence Braunstein, Jean-François Pépin	11,90 €	978-2-7540-0799-3
La Franc-Maçonnerie	Philippe Benhamou	11,90 €	978-2-7540-0696-5
Le Bouddhisme	Jonathan Landraw, Stephan Bodian	11,90 €	978-2-7540-03148
La Philosophie – tome 1 Antiquité, Moyen Âge et Renaissance	Christian Godin	11,90 €	978-2-7540-0796-2
La Philosophie – tome 2 Du XVIIe siècle à nos jours	Christian Godin	11,90 €	978-2-7540-0797-9
L'Astrologie	Rae Orion	11,90 €	978-2-8769-1999-0
La Littérature française – tome 1 Du Moyen Âge au XVIIIe siècle	Jean-Joseph Julaud	11,90 €	978-2-7540-0611-8
La Littérature française – tome 2 Du XVIIIe siècle à nos jours	Jean-Joseph Julaud	11,90 €	978-2-7540-0612-5
Le Français correct	Jean-Joseph Julaud	11,90 €	978-2-8769-1924-2

Vie pratique

Cuisine

Titre	*Auteur*	*Prix*	*ISBN*
La Cuisine, 2e édition	Bryan Miller, Hélène Darroze	22,90 €	978-2-7540-1989-7

Titre	*Auteur*	*Prix*	*ISBN*
Le Vin, 5e édition	Ed McCarthy, Mary Ewing-Mulligan, Eric Beaumard	22,90 €	978-2-7540-1547-9
Les Cuisines du monde	Philippe Chavanne	22,90 €	978-2-7540-0103-8

Santé

Titre	*Auteur*	*Prix*	*ISBN*
L'Homéopathie	Daniel Scimeca	22,90 €	978-2-7540-1761-9
Les Maladies cardiovasculaires	Dr Philippe Abastado	22,90 €	978-2-7540-1591-2
Le Sexe, 2e édition	Dr Ruth K. Westheimer, Dr Marianne Pauti	22,90 €	978-2-7540-1497-7
Maigrir avec la méthode Montignac	Michel Montignac	22,90 €	978-2-7540-1586-8
Le Corps humain	Dr Patrick Gepner	22,90 €	978-2-7540-1121-1
La Maladie d'Alzheimer	Christian Derouesne, Jacques Selmes	22,90 €	978-2-7540-1058-0
Améliorer sa mémoire	John B. Arden	22,90 €	978-2-7540-0323-0
Maigrir	Jane Kirby, Dr Jocelyne Raison	22,90 €	978-2-7540-0005-5
Bien s'alimenter	Carol Ann Rinzler	21,90 €	978-2-8769-1897-9

Bien-être

Titre	*Auteur*	*Prix*	*ISBN*
Les Huiles essentielles	Elske Miles	22,90 €	978-2-7540-1596-7
Shiatsu et Réflexologie	Synthia Andrews, Bobbi Dempsey, Michel Odoul	22,90 €	978-2-7540-0981-2
Le Développement personnel	Collectif	29,90 €	978-2-7540-0865-5
Zen ! La Méditation, 2e édition	Stephan Bodian	22,90 €	978-2-7540-0322-3
Le Tai-Chi	Therèse Iknoian	22,90 €	978-2-7540-0137-3
Les Massages	Steve Capellini, Michel Van Welden	22,90 €	978-2-7540-0060-4
La Méthode Pilates	Ellie Herman	21,90 €	978-2-8769-1767-5
Le Yoga	Georg Feuerstein	21,90 €	978-2-8769-1752-1
Le Feng Shui	David Kennedy	21,90 €	978-2-8769-1687-6

Psychologie

Titre	*Auteur*	*Prix*	*ISBN*
La Pensée positive	Averil Leimon, Gdadeana McMahon, Béatrice Millêtre	22,90 €	978-2-7540-1821-0

Titre	*Auteur*	*Prix*	*ISBN*
L'Adolescence	Michel Fize	22,90 €	978-2-7540-1412-0
Exercices de programmation neuro-linguistique	Romilla Ready, Kate Burton, Béatrice Millêtre	19,90 €	978-2-7540-1593-6
Exercices de thérapies comportementales et cognitives	Rhena Branch, Rob Willson, Béatrice Millêtre	19,90 €	978-2-7540-1592-9
Les Relations amoureuses	Florence Escaravage, Kate M. Wachs	22,90 €	978-2-7540-1499-1
Apprendre mieux	Marie Joseph Chalvin	22,90 €	978-2-7540-1261-4
Le Langage des gestes	Joseph Messinger	22,90 €	978-2-7540-0597-5
La Confiance en soi	Kate Burton	22,90 €	978-2-7540-0647-7
Le Coaching	Jeni Mumford	22,90 €	978-2-7540-0353-7
La PNL	Romilla Ready, Kate Burton	22,90 €	978-2-7540-0169-4
L'Hypnothérapie	Mike Bryant, Peter Mabbutt	22,90 €	978-2-7540-0504-3
Les Thérapies comportementales et cognitives	Rob Willson, Rhena Branch	22,90 €	978-2-7540-0246-2
La Psychologie	Dr Adam Cash	21,90 €	978-2-8769-1802-3

Puériculture

Titre	*Auteur*	*Prix*	*ISBN*
La 1re année de Bébé	James Gaylord, Michelle Hagen, Dr Eric Saban	22,90 €	978-2-7540-1511-0
La Grossesse, 2e édition	Dr Joëlle Bensimhon, Dr Eddleman, Dr J. Stone	22,90 €	978-2-7540-1429-8

Droit pratique

Titre	*Auteur*	*Prix*	*ISBN*
L'Assurance	Laurence de Percin	22,90 €	978-2-7540-1073-3
Le Divorce	Martine Valot-Forest	22,90 €	978-2-7540-1479-3
Préparer sa retraite	Laurence de Percin	22,90 €	978-2-7540-0792-4
L'Immobilier, 2e édition	Laurence Boccara, Catherine Sabbah	22,90 €	978-2-7540-0530-2

Finances personnelles

Titre	*Auteur*	*Prix*	*ISBN*
Payer moins d'impôts, 3e édition	Robert Matthieu	22,90 €	978-2-7540-1630-8

Titre	*Auteur*	*Prix*	*ISBN*
La Bourse	Gérard Horny	22,90 €	978-2-7540-0637-8
Les Finances personnelles	Pascale Micoleau-Marcel (sous la dir. de)	22,90 €	978-2-7540-0630-9

Maison

Titre	*Auteur*	*Prix*	*ISBN*
Un potager	Charlie Nardozzi	22,90 €	978-2-7540-1675-9
Le Bricolage, 2e édition	G. et K. Hamilton, Frank Lecor	24,90 €	978-2-7540-1426-7
Vivre écolo	Liz Barclay, Michael Grosvenor, Franck Laval	22,90 €	978-2-7540-0707-8

… En Poche

Titre	*Auteur*	*Prix*	*ISBN*
La Cuisine pas chère	Héloïse Martel, André Le Letty	11,90 €	978-2-7540-1772-5
Le Code de la route, édition 2010	DFC Production	14,90 €	978-2-7540-1563-9
L'Armagnac	Chantal Armagnac	11,90 €	978-2-7540-1613-1
Le Diabète	Dr Alan Rubin, Dr Marc Levy	11,90 €	978-2-7540-1436-6
Les Massages	Steve Capellini, Jocelyne Rolland, Michel Van Welden	11,90 €	978-2-7540-1330-7
S'arrêter de fumer	Pr B. Dautzenberg, Dr D. Brizer	11,90 €	978-2-7540-1293-5
Les Tests du Code de la route	DFC Production	14,90 €	978-2-7540-0751-1
Le Vin	Laure Liger, Yvan-Paul Cassetari	11,90 €	978-2-7540-0087-1
La Cuisine	Brian Miller, Alain Le Courtois	11,90 €	978-2-8769-1872-6
Le Sexe	Dr Ruth	11,90 €	978-2-8769-1956-3
Maigrir	Jane Kirby	11,90 €	978-2-8769-1870-2
Zen ! La Méditation	Stephan Bodian	11,90 €	978-2-7540-0000-0
Le Feng Shui	David D. Kennedy	11,90 €	978-2-8769-1871-9
Un bureau feng shui	Holly Ziegler, Jennifer Lawler	11,90 €	978-2-8769-1949-5
La Méthode Pilates	Ellie Herman	11,90 €	978-2-7540-0223-3
Le Yoga	Georg Feuerstein, Larry Pane	11,90 €	978-2-7540-0063-5
Guérir l'anxiété	Dr Martine André, Dr Charles Eliott, Dr Laura Smith	11,90 €	978-2-7540-1195-2
Les Thérapies comportementales et cognitives	Rob Willson, Rhena Branch	11,90 €	978-2-7540-1074-0

Titre	Auteur	Prix	ISBN
La PNL	Romilla Ready, Kate Burton	11,90 €	978-2-7540-0879-2
La Psychologie	Dr Adam Cash	11,90 €	978-2-8769-1957-0
Le Bricolage	Gene Hamilton, Katie Hamilton	11,90 €	978-2-7540-0373-5

Business

Titre	Auteur	Prix	ISBN
Trouver un job	Joyce Lain Kennedy, Nicolas Barrier	22,90 €	978-2-7540-1092-4
Le Marketing, 2e édition	Alexander Hiam	22,90 €	978-2-7540-0688-0
La Comptabilité	Laurence Le Gallo	22,90 €	978-2-7540-0617-0
Créer sa boîte	Laurence de Percin	22,90 €	978-2-7540-0492-3
Le Management	Bob Nelson	21,90 €	978-2-8769-1952-5
Business Plans	Paul Tifany, Steven D. Peterson	21,90 €	978-2-8769-1712-5
La Vente	Tom Hopkins	21,90 €	978-2-8769-1670-8

… en Poche

Titre	Auteur	Prix	ISBN
Le Marketing	Alexander Hiam	11,90 €	978-2-7540-1598-1
Le Management	Bob Nelson	11,90 €	978-2-7540-0454-1
Business Plans	Paul Tiffany, Steven D. Peterson	11,90 €	978-2-7540-0094-9
La Vente	Tom Hopkins	11,90 €	978-2-8769-1950-1

Loisirs

Sports

Titre	Auteur	Prix	ISBN
Le Tennis	Patrick McEnroe, Peter Bodo, Guy Tambon	22,90 €	978-2-7540-1757-2
Les Arts martiaux	Jennifer Lawler, Nicolas Dupuy, Éric Le Cam	22,90 €	978-2-7540-1052-8
Courir	Tere Stouffer Drenth, Philippe Maquat	22,90 €	978-2-7540-1044-3
Gym et Musculation	Cyndi Targosz, Jean-Pierre Clémenceau	22,90 €	978-2-7540-1059-7

Titre	*Auteur*	*Prix*	*ISBN*
L'Équitation	Audrey Pavia, Marie Martin	22,90 €	978-2-7540-0732-0
Le Golf	Gary McCord	22,90 €	978-2-7540-0078-9
La Voile	J.-J. Isler, Peter Isler	22,90 €	978-2-7540-0059-8

Musique

Titre	*Auteur*	*Prix*	*ISBN*
Exercices de piano	David Pearl, Marc Rozenbaum	19,90 €	978-2-7540-1337-6
Exercices de guitare	John Chappell, Mark Phillips, Antoine Polin	19,90 €	978-2-7540-1336-9
L'Harmonica	Winslow Yerxa, Jean-Jacques Milteau	22,90 €	978-2-7540-1210-2
DJ	John Steventon, Nicolas Dambre	22,90 €	978-2-7540-1198-3
La Batterie	Jeff Strong, Laurent Bataille	22,90 €	978-2-7540-0352-0
Le Chant	Pamela S. Phillips, Mariette Jost	22,90 €	978-2-7540-0462-6
Le Solfège	Michael Pilhofer, Jean-Clément Jollet	22,90 €	978-2-7540-0586-9
La Guitare basse	Patrick Pfeiffer	22,90 €	978-2-7540-0288-2
Claviers et Synthétiseurs	Christophe Martin de Montagu	22,90 €	978-2-7540-0118-2
La Guitare, 2e édition	Mark Phillips, Jon Chappel	22,90 €	978-2-7540-0124-3
Le Piano	Blake Neely, Marc Rozenbaum	22,90 €	978-2-7540-0102-1
La Guitare électrique	John Chappell	22,90 €	978-2-8769-1983-9

Loisirs créatifs

Titre	*Auteur*	*Prix*	*ISBN*
Dessiner des personnages	Kensuke Okabayashi	22,90 €	978-2-7540-1322-2
L'Aquarelle	Colette Pitcher	24,90 €	978-2-7540-0934-8
La Peinture à l'huile	Anita Giddings, Cherry Stone Clifton	24,90 €	978-2-7540-0935-5
Dessiner des mangas	Kensuke Okabayashi, Nobuyuki Anzai	22,90 €	978-2-7540-0494-7
La Couture	Janice Saunders Maresh	22,90 €	978-2-7540-0193-9
Le Dessin	Brenda Hoddinott	22,90 €	978-2-7540-0185-4
Le Tricot	Pam Allen	21,90 €	978-2-8769-1705-7

Nature

Titre	*Auteur*	*Prix*	*ISBN*
Un aquarium	Maddy Hargrove, Mic Hargrove	22,90 €	978-2-7540-0917-1
Le Cheval	Audrey Pavia, Marie Martin	22,90 €	978-2-7540-0367-4

Titre	*Auteur*	*Prix*	*ISBN*
Éduquer son chiot	Sarah Hodgson	22,90 €	978-2-7540-0372-8
Éduquer son chien	Jack Volahrd, Wendy Volahrd	22,90 €	978-2-7540-0152-6

Jeux

Titre	*Auteur*	*Prix*	*ISBN*
Le Scrabble	Eugénie Michel	22,90 €	978-2-7540-1698-8
Les Échecs, 2e édition	James Eade, Vincent Moret	22,90 €	978-2-7540-1870-8
Dungeons & Dragons®	Richard Baker, Bill Slavicsek	22,90 €	978-2-7540-1390-1
Le Casino	Kevin Blackwood, François Montmirel	22,90 €	978-2-7540-0447-3
Le Poker Texas Hold'em	Mark Harlan, François Montmirel	22,90 €	978-2-7540-0448-0
La Magie	David Pogue, Bernard Bilis	22,90 €	978-2-7540-0453-4
Le Bridge	Eddie Kantar, Dominique Portal, Patrice Marmion	22,90 €	978-2-7540-0276-9
Le Poker	Richard D. Harroch, Lou Krieger, François Montmirel	22,90 €	978-2-7540-0123-6

... en Poche

Titre	*Auteur*	*Prix*	*ISBN*
Le Poker en ligne	Mark Harlan, Chris Derossi, François Montmirel	11,90 €	978-2-7540-1871-5
Le Chant	Mariette Jost, Pamelia S. Philips	11,90 €	978-2-7540-1597-4
Le Poker	François Montmirel	11,90 €	978-2-7540-1548-6
La Couture	Janice Saunders Maresh	11,90 €	978-2-7540-1600-1
Un chien	Gina Spadafori, Catherine Collignon	11,90 €	978-2-7540-1320-8
Un chat	Gina Spadafori, Monique Bourdin	11,90 €	978-2-7540-1321-5
Accords de guitare	Antoine Polin	11,90 €	978-2-7540-1009-2
Le Tricot	Pam Allen	11,90 €	978-2-7540-0135-9
Le Dessin	Brenda Hoddinott	11,90 €	978-2-7540-0889-1
La Généalogie	Francis Christian	11,90 €	978-2-7540-0565-4

Langues

Méga kit audio

Titre	*Auteur*	*Prix*	*ISBN*
L'anglais	Collectif	49,90 €	978-2-7540-2023-7

Méthodes de langues

Titre	*Auteur*	*Prix*	*ISBN*
L'hébreu	Jil Jacobs, Shifra Jacquet-Svironi	22,90 €	978-2-7540-1752-7
Le latin	Clifford Hull, Steven Perkins, Tracy Barr, Danièle Robert	22,90 €	978-2-7540-0881-5
La Grammaire anglaise	Géraldine Woods, Claude Raimond	22,90 €	978-2-7540-0564-7
Le russe	Vincent Bénet, Oleg Chinkarouk, Serafima Gettys, Andrew Kaufman	22,90 €	978-2-7540-0813-6
Le portugais	Karen Keller, Ricardo Rodrigues	22,90 €	978-2-7540-0831-0
L'arabe	Amine Bouchentouf, Sylvie Chraibi, Aboubakar Chraibi	22,90 €	978-2-7540-0312-4
Le japonais	Eriko Sato, Vincent Grépinet	22,90 €	978-2-7540-0495-4
Le néerlandais	Margreet Kwakernaak, Michael Hofland, Annick Christiaens	22,90 €	978-2-7540-0313-1
Le chinois	Wendy Abraham, Joël Bellassen	22,90 €	978-2-7540-0212-7
L'allemand	Paulina Christensen, Claude Raimond	22,90 €	978-2-7540-0038-3
L'anglais	Gail Brenner, Claude Raimond	22,90 €	978-2-8769-1973-0
L'espagnol	Suzanna Wald, Anne-Carole Grillot	22,90 €	978-2-8769-1974-7
L'italien	Francesca Onufri, Sylvie Le Bras	22,90 €	978-2-7540-0039-0

Guides de conversation

Titre	*Auteur*	*Prix*	*ISBN*
L'espagnol des affaires	David Terradas Agea	5,90 €	978-2-7540-1708-4
L'alsacien	Bénédicte Keck, Léon Daul	5,90 €	978-2-7540-1848-7
Le corse	Jean Chiorboli	5,90 €	978-2-7540-1843-2
L'espagnol du voyageur	David Tarradas	5,90 €	978-2-7540-1709-1
L'anglais des affaires	Claude Raimond	5,90 €	978-2-7540-1519-6
L'anglais du voyageur	Claude Raimond	5,90 €	978-2-7540-1520-2
Le Parler québécois	Marie-Pierre Gazaille, Marie-Lou Guévin, Yannick Resch	5,90 €	978-2-7540-1476-2

Titre	*Auteur*	*Prix*	*ISBN*
Le chti	Pierre-Marie Gryson	5,90 €	978-2-7540-1475-5
Le basque	Jean-Baptiste Coyos, Jasone Salaberria	5,90 €	978-2-7540-1239-3
Le breton	Hervé Le Bihan, Gwendal Denis, Martial Ménard	5,90 €	978-2-7540-1240-9
Le japonais	Eriko Sato, Vincent Grépinet	5,90 €	978-2-7540-0653-8
L'arabe	Amine Bouchentouf, Sylvie Chraïbi, Aboubakr Chraïbi	5,90 €	978-2-7540-0839-6
Le portugais	Karen Keller, Ricardo Rodrigues	5,90 €	978-2-7540-1016-0
Le russe	Vincent Bénet, Oleg Chinkarouk, Serafima Gettys, Andrew Kaufman	5,90 €	978-2-7540-1010-8
L'allemand	Paulina Christensen, Claude Raimond	5,90 €	978-2-7540-0324-7
L'italien	Francesca Onofri, Sylvie Le Bras	5,90 €	978-2-7540-0325-4
Le chinois	Wendy Abraham, Joël Bellassen	5,90 €	978-2-7540-0485-5
Le néerlandais	Margreet Kwakernaak, Michael Hofland, Annick Christiaens	5,90 €	978-2-7540-0484-8
L'espagnol	Suzanna Wald, Anne-Carole Grillot	5,90 €	978-2-7540-0178-6
L'anglais	Gail Brenner, Claude Raimond	5,90 €	978-2-7540-0177-9

Kits audio

Titre	*Auteur*	*Prix*	*ISBN*
Le japonais	Eriko Sato, Vincent Grépinet	17,90 €	978-2-7540-1624-7
Le néerlandais	Michaël Hofland	17,90 €	978-2-7540-1623-0
L'italien	Teresa L. Picarazzi	17,90 €	978-2-7540-1328-4
Le chinois	Mengjun Liu, Mike Packevics	17,90 €	978-2-7540-1329-1
L'anglais	Gail Brenner	17,90 €	978-2-7540-0963-8
L'espagnol	Jessica Langemeier	17,90 €	978-2-7540-0964-5

… en Poche

Titre	*Auteur*	*Prix*	*ISBN*
L'anglais correct	Claude Raimond	11,90 €	978-2-8769-1923-5

Parascolaire

Juniors

Titre	*Auteur*	*Prix*	*ISBN*
L'Histoire de France	Jean-Joseph Julaud	14,90 €	978-2-7540-1978-1

Collège

Titre	*Auteur*	*Prix*	*ISBN*
Maths 6e	Cédric Bertone	7,95 €	978-2-7540-1176-1
Maths 5e	Yann Gélébart	7,95 €	978-2-7540-1178-5
Maths 4e	Jean-Charles Alvado	7,95 €	978-2-7540-1180-8
Maths 3e	Yann Gélébart	7,95 €	978-2-7540-1182-2
Français 6e	Dominique Rat, Anne Lavielle	7,95 €	978-2-7540-1175-4
Français 5e	Nathalie Soihet	7,95 €	978-2-7540-1177-8
Français 4e	Hélène Papiernick	7,95 €	978-2-7540-1179-2
Français 3e	Hélène Papiernick	7,95 €	978-2-7540-1181-5

Lycée

Titre	*Auteur*	*Prix*	*ISBN*
Le Bac Philosophie, édition 2010	Christian Godin	12,90 €	978-2-7540-1633-9
Le Bac Français, édition 2010	Gilles Guilleron	12,90 €	978-2-7540-1631-5
Le Bac Histoire-Géo, édition 2010	Nicolas Arnaud, Hugues Vessemont	12,90 €	978-2-7540-1632-2
Le Bac Philosophie	Christian Godin	12,90 €	978-2-7540-1098-6
Le Bac Français	Gilles Guilleron	12,90 €	978-2-7540-1099-3
Le Bac Histoire-Géo	Nicolas Arnaud, Hugues Vessemont	12,90 €	978-2-7540-1100-6

Cahiers pour adultes

Titre	*Auteur*	*Prix*	*ISBN*
Cahier de Culture générale	Jean-Joseph Julaud	6,90 €	978-2-7540-1834-0
Cahier de Jeux d'esprit et de logique	Nicolas Conti	6,90 €	978-2-7540-1835-7